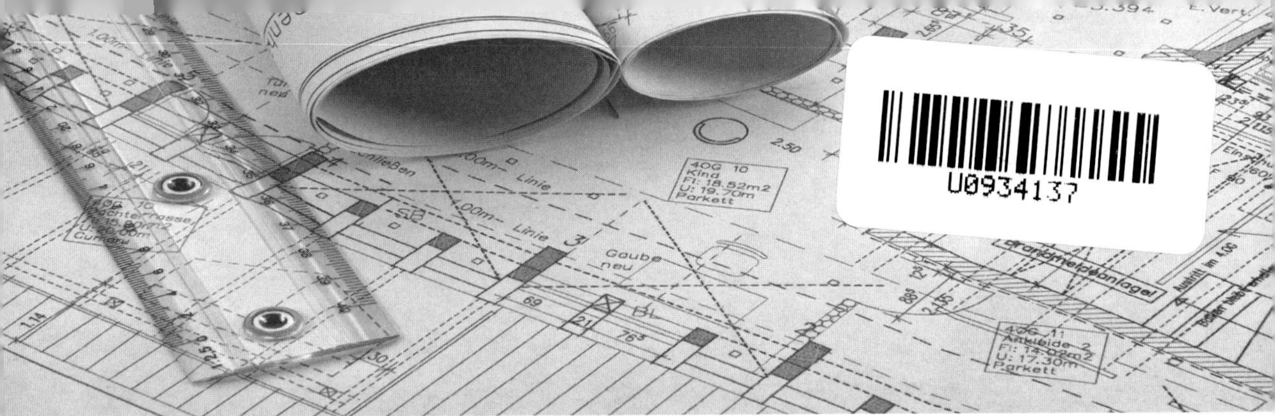
U0934137

福建省高职高专土建大类十三五规划教材

（第四版）

建筑工程资料管理

主　编 ◎ 李建梁
副主编 ◎ 颜志敏
参　编 ◎ 邱仁宗　曾永平　周雨婷
主　审 ◎ 林春建

厦门大学出版社 XIAMEN UNIVERSITY PRESS
国家一级出版社
全国百佳图书出版单位

图书在版编目（CIP）数据

建筑工程资料管理 / 李建梁主编. -- 4 版. -- 厦门：厦门大学出版社，2023.7

（福建省高职高专土建大类十三五规划教材）

ISBN 978-7-5615-9036-2

Ⅰ. ①建… Ⅱ. ①李… Ⅲ. ①建筑工程－技术档案－档案管理－高等职业教育－教材 Ⅳ. ①G275.3

中国版本图书馆CIP数据核字(2023)第119578号

出 版 人　郑文礼
总 策 划　宋文艳
责任编辑　陈进才
美术编辑　洪祖洵　李嘉彬
技术编辑　许克华

出版发行　厦门大学出版社
社　　址　厦门市软件园二期望海路 39 号
邮政编码　361008
总　　机　0592-2181111　0592-2181406(传真)
营销中心　0592-2184458　0592-2181365
网　　址　http://www.xmupress.com
邮　　箱　xmup@xmupress.com
印　　刷　厦门市明亮彩印有限公司

开本　787 mm×1 092 mm　1/16
印张　28.75
字数　668 千字
印数　1～2 000 册
版次　2013 年 5 月第 1 版　2023 年 7 月第 4 版
印次　2023 年 7 月第 1 次印刷
定价　56.00 元

本书如有印装质量问题请直接寄承印厂调换

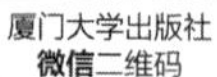

厦门大学出版社
微信二维码

厦门大学出版社
微博二维码

第四版前言

党的二十大报告宣告，高质量发展是全面建设社会主义现代化国家的首要任务。报告强调，必须坚持科技是第一生产力、人才是第一资源、创新是第一动力，深入实施科教兴国战略、人才强国战略、创新驱动发展战略，开辟发展新领域新赛道，不断塑造发展新动能新优势。

本教材是福建省高等职业教育土建类专业教材编审委员会组织编写的系列教材之一，主要用于高职高专建筑工程技术专业教学实践技能训练。建筑工程资料管理是建筑工程技术专业的一门实践性课程，通过该门课程的学习，使学生掌握工程技术资料填写收集的基本方法，并通过实际训练、案例学习和项目实训，掌握建筑工程技术资料管理的技能。对培养学生的专业岗位能力，迅速成长为有实际操作能力的施工技术管理人才有重要作用。

建筑工程技术专业是为施工企业培养一线管理人员而开设的，其教学内容必须满足企业职业岗位工作内容要求，以符合职业教育“以服务为宗旨，以就业为导向”的办学方针，实现“零距离”就业。本书是一本基于施工企业项目部资料员、施工员，监理公司监理员等工作过程而开发的教材。依据《福建省建筑工程施工文件管理规程》《建设工程质量管理条例》《建筑工程施工质量验收统一标准》《建筑工程质量验收规范》《建设工程文件归档整理规范》等有关法律、法规、技术标准组织编写。同时融入福建省地方标准《福建省建筑工程施工文件管理规程》DBJ/T13 的全部内容。全书共分 9 章，主要内容包括建筑工程资料管理概述、建设单位文件资料的管理、监理单位文件资料的管理、建筑工程施工资料管理、建筑施工现场安全资料管理、竣工图的编制与整理、工程资料编制与组卷、工程资料验收与移交、建筑工程资料管理软件及应用。本教材主审为原福建五建建设集团有限公司林春建，主编为福建五建建设集团有限公司李建梁，副主编为福建水利电力职业技术学院颜志敏，参编为闽西职业技术学院邱仁宗、福建水利电力职业技术学院曾永平和福建水利电力职业技术学院周雨婷。其中，第1章和第3章由颜志敏编写，第4章的第4.1、第4.2、第4.3、第4.6节和第6章由李建梁编写，第5章和第7章由邱仁宗编写，第2章、第8章由曾永平编写，第4章的第4.4、第4.5、第4.7节、第4.8节和第9章由周雨婷编写。

本教材第四版对第4章“建筑工程施工资料的管理”部分章节、第7章“建筑工程档案的整理与归档”内容根据近期新出台的相关标准、规范进行了局部修改。

本教材在编写过程中引用或参考了一些标准、参考资料，在此向所列标准、参考资料的作者表示感谢。

本教材在编写过程中得到了黎明职业大学的大力支持，在此表示最诚挚的谢意。同时感谢厦门大学出版社在本书出版过程中付出的努力。

由于时间仓促和编者水平有限，加上建筑工程标准的不断更新及建筑工程新技术、新工艺不断产生，书中难免存在不妥之处，敬请读者批评指正。

编者

2023年5月

目 录

第1章 建筑工程资料管理概述

本章主要介绍建筑工程资料管理相关概念、建筑工程资料管理基本知识、工程资料管理意义、建筑工程资料管理特征及载体形式、参建各方对工程资料的管理职责、资料员基本要求和工作职责。

1.1 建筑工程资料管理的基本知识

1.1.1 建筑工程资料管理的相关概念

建筑工程资料是工程建设从项目的提出、筹备、勘测、设计、施工到竣工投产等过程中形成的文件材料、图样、图表、计算材料、声像材料等各种形式的信息总和，简称为工程资料。建筑工程资料主要包括工程准备阶段资料、监理资料、施工资料、竣工图和竣工验收资料等。

建筑工程资料是建设工程合法身份与合格质量的证明文件，是工程竣工交付使用的必备文件，也是对工程进行检查、验收、维修、改建和扩建的原始依据。在我国，国家立法和验收标准都对工程资料提出了明确的要求，《中华人民共和国建筑法》、《建设工程质量管理条例》等法律、法规，《建筑工程施工质量验收统一标准》(GB 50300-2001)、《建设工程文件归档整理规范》(GB/T 0328-2001)等标准，均把工程资料放在重要的位置。

建筑工程资料管理是对建筑工程资料形成过程中各个管理环节的统称，包括工程资料的填写、编制、审核、审批、收集、整理、验收、组卷、移交等环节的管理，简称工程资料管理。

1.1.2 建筑工程资料管理的意义

建设工程文件和档案资料管理是保证工程质量与安全的重要环节，做好建设工程文件和档案资料的管理具有以下重要意义：

1. 按照规范的要求积累而成的完整、真实、具体的工程技术资料，是工程竣工验收交付的必备条件；
2. 工程技术资料为工程的检查、维护、改造、扩建提供可靠的依据；
3. 一个质量合格的工程必须有一份内容齐全、原始技术资料完整、文字记载真实可靠的技术资料；
4. 对于优质工程的评定，更有赖于技术资料的完整无缺；
5. 做好建设工程文件和档案资料管理工作也是项目管理的重要内容；
6. 建设工程文件和档案资料是建设单位对建设工程管理的依据。

1.1.3 建筑工程资料的特征及载体形式

1.1.3.1 建筑工程资料的特征

1. 真实性和全面性

真实性是对所有文件、档案资料的共同要求，但对建设工程的文件和档案资料来讲，这方面的要求更为迫切。建设工程文件和档案资料只有全面反映建设工程的各类信息，形成一个完整的系统，才更有实用价值，只言片语地引用往往会引起误导。所以，建设工程文件和档案资料必须真实地反映建设工程的情况，包括发生的事故和存在的隐患。

2. 分散性和复杂性

建设工程项目周期长且影响因素多，生产工艺复杂，建筑材料种类多，建设阶段性强且相互穿插，由此导致了建设工程文件和档案资料的分散性和复杂性。这个特征决定了建设工程文件和档案资料是多层次、多环节、相互关联的复杂系统。

3. 继承性和时效性

随着建筑技术、施工工艺、新材料和施工企业管理水平的不断提高，建设工程文件和档案资料可被继承和不断积累。新的项目在建设中可以吸取以前的经验和教训，避免重犯以前的错误。同时，建设工程文件和档案资料具有很强的时效性，其作用会随着时间的推移而衰减，有时，文件和档案资料一经形成就必须尽快送达有关部门，否则会造成严重的后果。

4. 随机性

建设工程文件和档案资料产生于项目建设的整个过程中，工程前期、工程开工、施工和竣工等各个阶段和环节都会产生各种文件和档案资料。虽然各类报批文件的产生具有规律性，但是还是有相当一部分文件和档案资料的产生是由于具体工程事件引发的，因此具有随机性。

5. 多专业性和综合性

建设工程文件和档案资料依附于不同的专业对象而存在，又依赖于不同的载体而流动，涉及建筑、市政、公用、消防等各个专业，也涉及力学、电子、声学等多种学科，且同时综合了质量、进度、造价、合同、组织、协调等方面的内容，因此，具有多专业性和综合性的特点。

1.1.3.2 建筑工程文件和档案资料的载体形式

档案的记载手段是多种多样的，除了纸质材料之外，还存在大量其他形式的载体，包括磁性材料、感光材料和其他合成材料等。它们不但可以记录文字，还可以记录声音、图像，从而能更为生动形象地反映生产经营活动的过程，如照片、缩微胶片、录音磁带、录像带、磁盘、光盘等。习惯上，人们把这些非纸质材料的档案统称为特殊载体档案，也有人称之为“新型载体档案”。

建设工程文件和档案资料的特殊载体档案包括声像档案、缩微档案和电子档案。建设工程声像档案是竣工档案不可缺少的重要组成部分，是反映建设工程现场原地物、地貌和工程施工主要过程及建成后的建(构)筑物的照片和录音、录像档案。录音、录像档案，是指用专门的器械和材料，采用录音、录像的方法，记录声音和图像的一种特殊载体的档案，分为机械录音档案(唱片档案)、磁带录音档案和磁带录像档案等。照片档案是指采用感光材料，利用摄影的方法记录形象的历史记录。声像材料整理时应附文字说明，对事由、时间、地点、人物、作者等内容进行著录。电子档案，是指利用计算机技术形成的，以代码形式存储于特定介质上的档案，如磁盘、磁带、光盘等。

1.2 建筑工程资料管理职责

1.2.1 参建各方对工程资料管理的职责

根据国家规定，参与工程建设的建设、勘察、设计、施工、监理等单位均负有工程资料管理的责任，这些管理职责对参与建设各方来说，有些是相同的、一致的，即为通用职责，有些是参与建设的某一方所特有的职责。参加各方应当认真履行通用职责和自己的职责，将工程文件的形成和积累纳入工程建设管理的各个环节和有关人员的职责范围。

1.2.1.1 建设单位在工程资料与档案的整理立卷、验收移交工作中应履行的职责

(1)在工程招标及勘察、设计、施工、监理等单位签订协议、合同时，应对工程文件的套数、费用、质量、移交时间等提出明确要求。

(2)收集和整理工程准备阶段、竣工验收阶段形成的文件，并应进行立卷归档。

(3)负责组织、监督和检查勘察、设计、施工、监理等单位的工程文件的形成、积累和立卷归档工作。

(4)收集和汇总勘察、设计、施工、监理等单位立卷归档的工程档案。

(5)在组织工程竣工验收前，应提请当地的城建档案管理机构对工程档案进行预验收；未取得工程档案验收认可文件的，不得组织工程竣工验收。

(6)对列入城建档案馆(室)接收范围的工程，工程竣工验收后的3个月内向当地城建档案馆(室)移交一套符合规定的工程档案。

1.2.1.2 勘察、设计、施工、监理等单位应履行的职责

(1)负责收集和整理工程建设过程中各个阶段的工程资料。

(2)确保各参建单位的工程资料真实、有效、齐全完整。

(3)对工程建设中收集整理的工程资料进行立卷、归档。

(4)对本单位形成的工程资料档案立卷后及时向建设单位移交。

1.2.1.3 实行总承包的施工单位资料管理的职责

除上述职责外，施工单位对工程实行总承包的，总承包单位负责收集、汇总各分包单位形成的工程档案，并及时向建设单位移交；各分包单位应将本单位形成的工程资料整理、立卷，移交给总承包单位。

1.2.1.4 城建档案管理机构资料管理的职责

城建档案管理机构对工程文件的立卷归档工作进行监督、检查、指导。在工程竣工验收前，应对工程档案进行预验收，验收合格后，须出具工程档案认可文件。

1.2.2 资料员的基本要求和工作职责

1.2.2.1 资料员的基本要求

资料员是施工企业五大员(施工技术员、质量员、安全员、材料员、资料员)之一。一个建

设工程的质量具体反映在建筑物的实体质量，即所谓硬件；此外是该项工程技术资料质量，即所谓软件，工程资料的形成，主要靠资料员的收集、整理、编制成册，因此资料员在施工过程中担负着十分重要的责任。

要当好资料员除了要认真、负责的工作态度外，还必须了解建设工程项目的工程情况，熟悉本工程的施工图、施工基本知识、施工技术规范、施工质量验收规范、建筑材料的技术性能、质量要求及使用方法，有关政策、法规和地方性法规、条文等；要了解掌握施工管理的全过程，了解掌握每项资料在什么时候产生。

1.2.2.2 资料员的工作职责

1. 负责工程项目资料、图纸等档案的收集、管理

(1)负责工程项目的所有图纸的接收、清点、登记、发放、归档、管理工作：在收到工程图纸并进行登记以后，按规定向有关单位和人员签发，由收件方签字确认。负责收存全部工程项目图纸，且每一项目应收存不少于两套正式图纸，其中至少一套图纸有设计单位图纸及图纸审查专用章。竣工图采用散装方式折叠，按资料目录的顺序，对建筑平面图、立面图、剖面图、建筑详图、结构施工图等建筑工程图纸进行分类管理。

(2)收集整理施工过程中所有技术变更、洽商记录、会议纪要等资料并归档：负责对每日收到的管理文件、技术文件进行分类、登录、归档。负责项目文件资料的登记、受控、分办、催办、签收、用印、传递、立卷、归档和销毁等工作。负责做好各类资料积累、整理、处理、保管和归档立卷等工作，注意保密的原则。来往文件资料收发应及时登记台账，视文件资料的内容和性质准确及时递交项目经理批阅，并及时送有关部门办理。确保设计变更、洽商的完整性，要求各方严格执行接收手续，所接收到的设计变更、洽商，须经各方签字确认，并加盖公章。设计变更(包括图纸会审纪要)原件存档。所收存的技术资料须为原件，无法取得原件的，详细背书，并加盖公章。做好信息收集、汇编工作，确保管理目标的全面实现。

2. 参加分部分项工程的验收工作

(1)负责备案资料的填写、会签、整理、报送、归档：负责工程备案管理，实现对竣工验收相关指标(包括质量资料审查记录、单位工程综合验收记录)作备案处理。对桩基工程、基础工程、主体工程、结构工程备案资料核查。严格遵守资料整编要求，符合分类方案、编码规则，资料份数应满足资料存档的需要。

(2)监督检查施工单位施工资料的编制、管理，做到完整、及时，与工程进度同步。对形成的管理资料、技术资料、物资资料及验收资料，按施工顺序进行全程督查，保证施工资料的真实性、完整性、有效性。

(3)按时向公司档案室移交：在工程竣工后，负责将文件资料、工程资料立卷移交公司。文件材料移交与归档时，应有“归档文件材料交接表”，交接双方必须根据移交目录清点核对，履行签字手续。移交目录一式二份，双方各持一份。

(4)负责向市城建档案馆的档案移交工作：提请城建档案馆对列入城建档案馆接收范围，工程档案进行预验收，取得《建设工程竣工档案预验收意见》，在竣工验收后将工程档案移交城建档案馆。

(5)指导工程技术人员对施工技术资料(包括设备进场开箱资料)的保管：指导工程技术人员对施工组织设计及施工方案、技术交底记录、图纸会审记录、设计变更通知单、工程洽商记录等技术资料分类保管交资料室。指导工程技术人员对工作活动中形成的，经过办理完

毕的，具有保存价值的文件材料；一项基建工程进行鉴定验收时归档的科技文件材料；已竣工验收的工程项目的工程资料分级保管交资料室。

3. 负责计划、统计的管理工作

(1)负责对施工部位、产值完成情况的汇总、申报，按月编制施工统计报表：在平时统计资料基础上，编制整个项目当月进度统计报表和其他信息统计资料。编报的统计报表要按现场实际完成情况严格审查核对，不得多报，早报，重报，漏报。

(2)负责与项目有关的各类合同的档案管理：负责对签订完成的合同进行收编归档，并开列编制目录。作好借阅登记，不得擅自抽取、复制、涂改，不得遗失，不得在案卷上随意画线、抽拆。

4. 负责工程项目的内业管理工作

(1)协助项目经理做好对外协调、接待工作：协助项目经理对内协调公司、部门间，对外协调施工单位间的工作。做好与有关部门及外来人员的联络接待工作，树立企业形象。

(2)负责工程项目的内业管理工作：汇总各种内业资料，及时准确统计，登记台账，报表按要求上报。通过实时跟踪、反馈监督、信息查询、经验积累等多种方式，保证汇总的内业资料反映施工过程中的各种状态和责任，能够真实地再现施工时的情况，从而找到施工过程中的问题所在。对产生的资料进行及时的收集和整理，确保工程项目的顺利进行。有效地利用内业资料记录、参考、积累，为企业发挥它们的潜在作用。

(3)负责做好文件收发、归档工作。负责对竣工工程档案整理、归档、保管、便于有关部门查阅调用。

本章小结

本章介绍了建筑工程资料的基本概念，建筑工程资料主要有工程准备阶段资料、监理资料、施工资料、竣工图和竣工验收资料等组成；建筑工程资料具有的真实全面性、分散复杂性、继承时效性、随机性和多专业综合性等特征。建设单位在工程资料与档案的整理立卷、验收移交工作中应履行的职责，勘察、设计、施工、监理等单位应履行的职责，城建档案机构资料管理的职责。资料员的工作职责主要有负责工程项目资料、图纸等档案的收集、管理，参加分部分项工程的验收工作，负责计划、统计的管理工作，负责工程项目的内业管理工作。

复习思考题

1. 建筑工程资料管理的意义是什么？
2. 建筑工程资料的特征有哪些？其载体有哪些形式？
3. 参建各方对工程资料管理的职责是什么？
4. 资料员的基本要求有哪些？
5. 资料员的工作职责是什么？

第2章 建设单位文件资料的管理

本章主要介绍了工程准备与验收阶段各类资料各种资料的来源、收集资料内容，用地规划文件、勘察测绘文件、开工审批文件的编制方法，决策立项文件、招投标文件、工程质量监督手续的内容。

2.1 建设单位文件资料管理流程

2.1.1 建设单位文件资料的概念

建设单位是指建筑工程合同的投资方，对该项工程拥有产权。建设单位也称为业主单位或项目业主，指建设工程项目的投资主体或投资者，它也是建设项目管理的主体。主要履行：提出建设规划和提供建设用地和建设资金的责任，在此过程中形成的文件称为建设单位文件资料。

2.1.2 建设单位资料管理流程

见图2-1。

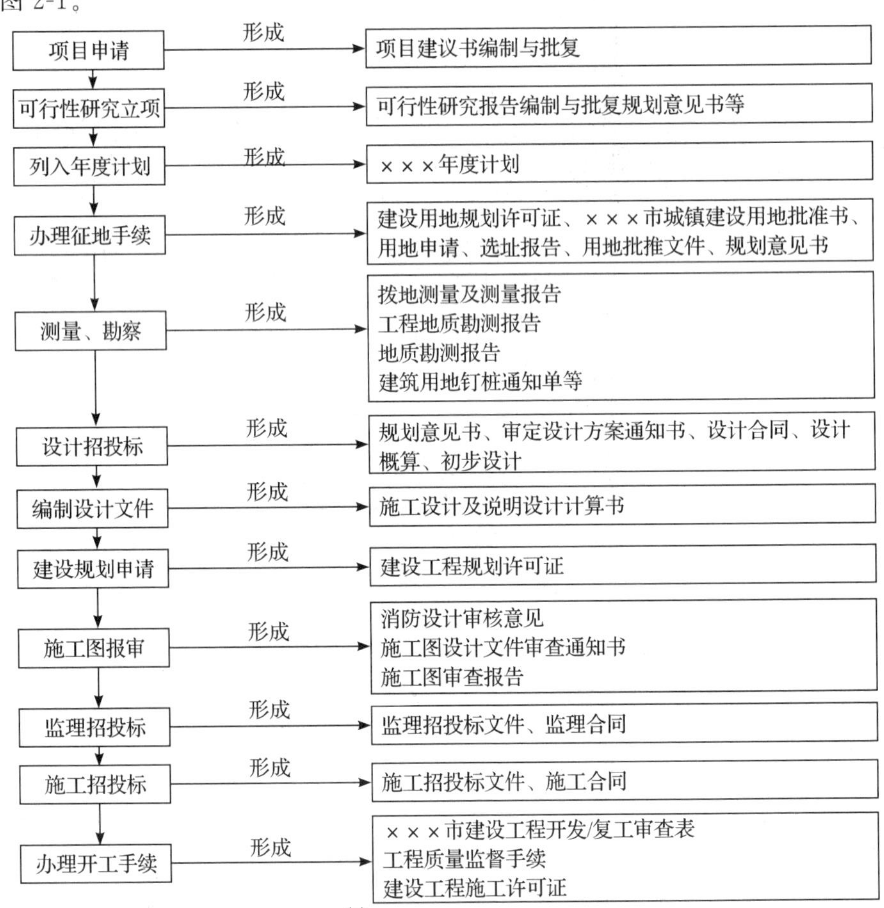

(a)

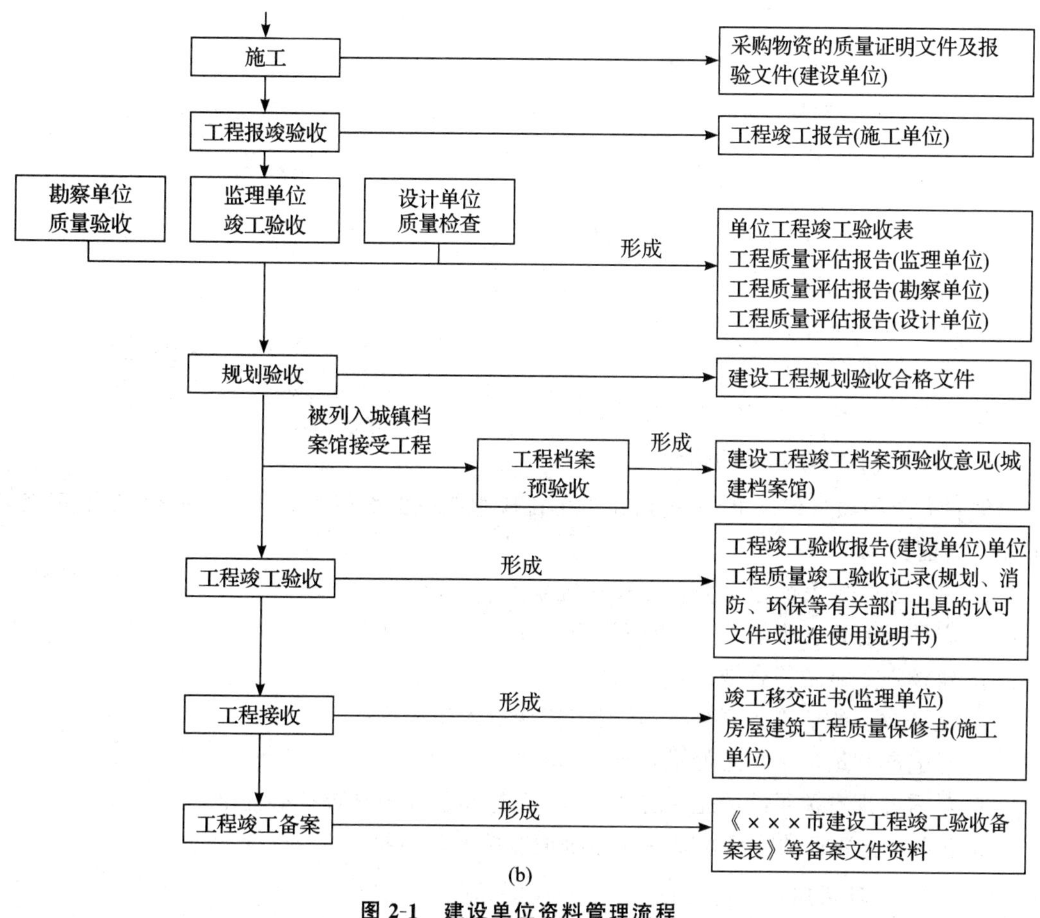

(b)

图 2-1 建设单位资料管理流程

2.2 决策立项阶段文件

2.2.1 项目建议书

2.2.1.1 项目建议书的概念

项目建议书是建设单位向国家提出申请建设某一具体建设项目的建议文件，是投资决策对拟建项目的大体设想，提出拟建项目目的、必要性和依据。项目建议书的目的是为国家选择建设项目、制定基本建设计划和管理部门确定是否进行下一步可行性研究工作的依据。

2.2.1.2 项目建议书的作用

1. 国家选择建设项目的依据；
2. 进行下一阶段可行性研究的依据；
3. 利用外资的项目对外开展工作的依据；

4. 选择建设地点、联系配套条件、签订意向协议的依据。

2.2.1.3 项目建议书的内容

项目建议书根据拟建项自的必要性、条件的可行性、获利的可能性，并以分析必要性为主，其内容一般包括以下几个方面：

1. 建议建设项目的必要性和依据；
2. 产品方案、拟建条件、建设地点的初步设想；
3. 资源情况、建设条件、协作关系的初步分析；
4. 投资估算和资金筹措的设想；
5. 项目的进度安排；
6. 对经济效果、投资效益的初步估计。

2.2.1.4 项目建议书的审查

编制完成的项目建议书，审批前建设单位应组织有关部门和专家参与审查，主要审查以下几个方面：

1. 是否符合国家的建设方针和长期规划；
2. 产品是否符合市场需要，论证是否充分；
3. 建设地点是否符合城市规划；
4. 经济效益的估算是否合理，是否与资金投入相一致；
5. 对遗漏和论证不足之处进行补充、修改；
6. 对需办理有关手续的是否办理齐全，需补办手续的是否补办齐全。

经审查符合要求的项目建议书才能报请有关部门审批。

2.2.1.5 项目建议书的报批

经审查合格的项目建议书，应报送上级有关主管部门审批。根据国家有关文件规定：

1. 大型和重大建设项目由国家计委审查，纳入国家前期工作计划；
2. 中小型建设项目由国务院主管部门或省、自治区、直辖市的计委审批，纳入部门和地区的前期工作计划，并报国家计委备案。

根据国家下达的前期工作计划，经国务院主管部门和省、自治区、直辖市计委审查批准的提出项目建议书的建设项目，发出前期工作通知书。

2.2.1.6 项目建议书编制及报批程序

从项目建议书的酝酿、编制、报批到审批同意，发给前期工作通知书，编制及报批程序见图 2-2。

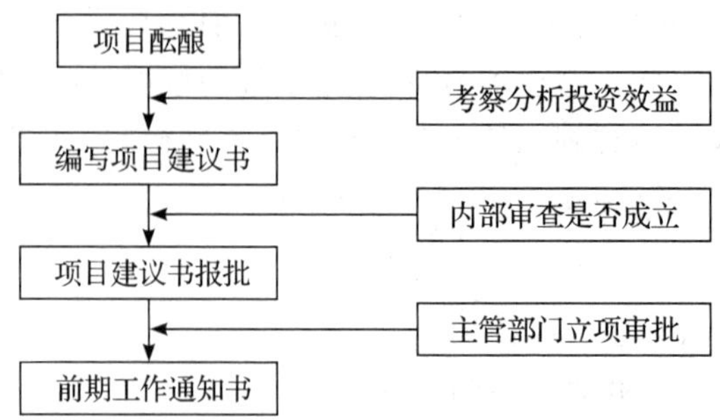

图 2-2 项目建议书编制及报批程序

2.2.2 可行性研究报告及附件

建设单位接到前期工作通知书后，便着手进行建设项目的可行性研究。

可行性研究的目的是：

1. 根据国民经济发展和地区规划，结合自然和资源条件，对拟建项目在技术、经济上全面进行考查、论证，通过多种方案比较，提出评价意见，为编制可行性研究报告提供可靠依据；

2. 拟建设项目获得尽可能好的效益；

3. 分析论证拟建项目经济上是否合理、技术上是否先进、条件上是否可行、经营上是否盈利、成果是否实用，使决策更加科学。

2.2.2.1 可行性研究的内容

针对不同行业和用途的建设项目，可行性研究的内容有不同的侧重点，主要有以下基本内容：

1. 项目提出的背景和依据，投资的必要性和经济意义；
2. 建设规模、产品方案、市场需求预测和确定的依据；
3. 技术工艺、建设标准、主要设备；
4. 资源、原材料、燃料供应及公用设施配合条件；
5. 建设地点、占地面积、布置方案、选址意见；
6. 项目构成、设计方案、公用辅助配套工程；
7. 环境影响及防震要求；
8. 企业组织、劳动定员和人员培训；
9. 建设工期和施工进度；
10. 投资估算和资金筹措方式；
11. 经济效益和社会效益。

可行性研究要收集各种与本建设项目有关的资料和信息，整理出相关的调查材料，根据调查材料进行客观的分析研究，提出分析研究成果、建议材料和评价材料。

2.2.2.2 可行性研究报告

可行性研究报告是根据可行性成果编制的综合报告。它是根据国家国民经济发展的长远规划和地区布局的要求，按照建设项目隶属关系，由主管部门组织计划、经济、设计等部门在可行性研究的基础上选择经济效益最好的方案的文件。

建设项目可行性研究报告的主要内容有以下几个方面：

1. 概述

(1)项目提出的背景(改扩建项目要说明现有单位的概况)、投资的必要性和经济意义；

(2)研究工作的依据和范围。

2. 需求预测和拟建规模

(1)国内外需求预测；

(2)国内现有项目生产能力的预测；

(3)销售预测，价格分析，产品竞争能力，进入国内外市场的前景；

(4)对拟建项目的规模、产品方案和发展方向的经济技术进行比较和分析。

3. 资源、原材料、辅助材料、燃料及公用设施落实情况

(1)资源、原材料、辅助材料、燃料的种类、数量和供应可能；

(2)需用公用设施的种类、数量、供应方式和供应条件。

4. 建设条件和建设方案

(1)建设地点的地理位置，气象、水文、地质、地形条件和社会经济现状；

(2)交通运输及水、电、热、气的现状和发展趋势；

(3)不同建设地点比较和选择意见。

5. 设计方案

(1)项目构成范围(指主要的单项工程)，主要技术来源和生产方法，主要技术、工艺和设备选型方案的比较，引进技术、设备的来源国别，合作制造的设想，改扩建项目要说明原有国有资产的利用情况；

(2)建设项目布置方案的初步选择和土建工程量估算；

(3)公用辅助设施和内外交通运输方式的比较和初步选择。

6. 环境保护

调查环境现状，预测项目对环境的影响，提出环境保护和治理"三废"的初步方案。

7. 生产组织、劳动定员和人员培训

拟定生产组织和形式，对劳动定员和人员培训进行数目估算。

8. 实施进度的建议

拟定工程项目建设进度，提出施工方案、进度建议。

9. 投资估算和资金筹措

(1)主体工程和协作配套工程所需的投资；

(2)生产流动资金的估算；

(3)资金来源、筹措方式及贷款的偿付方式。

10. 社会及经济效果评价

对经济效果评价要进行动态和静态分析，不仅计算建设项目本身的微观经济效果，还要分析建设项目对国民经济的宏观经济效果的贡献，以及建设项目对社会的影响。

以上的可行性研究报告是以工业项目为蓝本。对非工业项目的可行性研究报告的内容，可参照上述内容，再结合自身项目的特点适当进行调整。

2.2.2.3 可行性研究报告附件

除可行性研究报告正文外，还需具备以下几个附件：

1. 选址意向书

(1)选址依据

选址就是具体选择建设项目建设地点，确定坐落位置和东西南北四至。它是建设项目前期工作的重要环节，是设计工作的基础。

选择建设地点的依据是：

①要执行城市的总体规划和分区规划。城市中的任何建筑物和构筑物的建设均要遵守城市规划，因此，建设项目选址一定要经过规划管理部门的同意。

②满足项目的技术要求。各种建设工程都必须考虑自然地理特征，供水、供电、供热、排水、交通运输条件，环卫、环保条件，以适应人们生产、生活的需要。

③经济合理。在投资建设某一个建设项目的时候，选择能更大限度地满足建设和生产经营的要求，建设费用、经营费用最省的建设位置。

(2)选址意向书

在城市规划区域内进行建设的建设项目，都需要向城市规划管理部门申请用地，提出选址报告，又称为工程选址意向书。

在意向书中，除选址的依据和经过、经济技术指标外，还要考虑以下几方面的内容：

①土地面积和外形满足建设需要；

②地理位置、气象、水文、地质、地形条件合适；

③交通、运输及水、电、气供应能力及发展趋势；

④生产资料情况；

⑤社会条件。

最后，对各个选址方案进行比较，选出建设场地的初步方案。

2. 选址意见书

新建、改建、扩建的工程项目，建设单位的选址意向书应报城市规划管理部门备案，并需征得规划管理部门的意见。对其安排在城市规划区内的建设项目，城市规划管理部门应从城市规划方面提出选址意见书。在可行性研究报告报请有关部门审批时，城市规划管理部门的选址意见书是必备的附件。

选址意见书的内容包括：

(1)建设项目的基本情况

主要是指建设项目名称、性质、用地与建设规模、能源的需求、运输方式以及“三废”处理方式和排放量。

(2)建设项目选址的主要依据

①建设项目建议书批准文件；

②建设项目与城市规划布局的协调；

③建设项目与城市交通、通风、能源、市政、防灾规划的衔接与协调；

④与建设项目相配套的生活设施、城市生活居住条件、公共设施的衔接和协调；

⑤建设项目对城市环境可能造成污染的影响，以及与城市环境保护规划和风景名胜、文物古迹保护规划的协调。

(3)建设项目选址、用地范围

①建设项目选址、用地范围要符合城市详细规划要求。

②选址意见书的审批要与建设项目规划审批权限相一致。

③选址意见通知书

由城市规划主管部门下发，并有附图(图略)。

3. 外协意向性协议

外协意向性协议，是与建设项目有关的外部协作单位主管部门进行磋商，双方签订供应使用的协议意向书。

项目建议书批准后，建设单位应与有关部门协商办理外协意向性协议。需要办理外协意向协议的项目主要有征用土地、原材料及燃料供应、动力供应、通讯、交通运输条件、配套设施、辅助设施等内容。

(1)拆迁安置意向书

在选址意向书圈定的征地范围内,对地上的建(构)筑物、住户,耕地上的青苗等,要与辅助拆迁安置的当地政府拆迁安置部门共同研究、协商拆迁安置具体意见。按照国家和地方有关拆迁安置条例及实施细则,协商确定安置费用意向,签订用地范围内地面和地下设施及建筑物处理意向性协议。

(2)原材料、燃料供应意向书

对原材料、燃料、辅助材料需要量比较大的种类,需与当地政府主管部门和生产厂家联系,就材料来源、质量要求、供应数量、交货地点、供应时间、交货方式等进行协商,并签订意向书,作为建设时期和投入使用后的物质保证。

(3)动力供应意向性协议

动力供应主要是指供水和供电。建设单位要与当地政府主管部门签订供水水源、取水地点和取用量协议意向书。建设单位与当地供电主管部门签订外部供电意向书,主要是电力供应数量、方式、价格等项内容。如果供应有困难,需要采取补救措施的意向书,为施工用电和建成后用电打下基础。

(4)电信协议

电信包括通讯和通邮。通讯要征得当地的电讯部门的同意,签订安装电话、广播电视信息、租用通信卫星线路等意向书;通邮要与邮政部门签订通邮意向书。

(5)运输条件

建设项目需自建铁路、公路设施的建设单位,要与当地铁道、公路的主管部门联系并备案,取得准建证和运输协议意向书。

(6)配套措施和辅助设施

配套措施指建设时原材料加工、机械维修等,辅助措施指地方提供服务的设施,如供热、供气等。这些配套设施及辅助设施如何为建设项目提供服务,事先应与有关主管部门协商,如能提供服务,双方签订协作意向书。

4. 可行性研究报告的审批

(1)审批权限

建设单位完成编制可行性研究报告后,向有关主管计委或行业主管部门申报和审批。

对可行性研究报告的申报和审批,国家有关文件的规定审批权限为:

①大中型项目可行性研究报告,按照项目隶属关系由行业主管部门或省、自治区、直辖市和计划单列市审查同意后,报国家计委审批;或由国家计委委托有关单位审批。重大项目和特殊项目以及投资 2 亿元以上的项目,由国家计委审核后报国务院审批。

②小型项目的可行性研究报告,按照隶属关系,分别由行业主管部门和省、自治区、直辖市和计划单列市计委审批。

③企业横向联合投资的大中型基本建设项目,凡自行解决资金以及投产后的产供销能够自己落实,不需要国家安排的项目,可行性研究报告由有关部门和省、自治区、直辖市、计划单列市计委审批,抄报国家计委和有关部门备案

④地方投资的地方院校、医院和其他文化、教育、卫生事业的大中型项目可行性研究报

告由省、自治区、直辖市和计划单列市计委审批，报国家计委有关部门备案。

(2)审批后文件的效力

可行性研究报告经过正式批准后，建设项目即正式立项。正式立项的建设项目应当按审批意见严肃执行，任何部门、单位或个人都不得随意修改和变更，如因建设条件变化、建设内容变化或建设投资变化，确实需要变更或调整可行性研究报告的指标和内容时，要经过原批准单位同意，并正式办理变更手续。

5. 可行性研究工作程序

从接到建设项目前期工作通知书后，到建设项目正式立项，可行性研究工作程序见图 2-3。

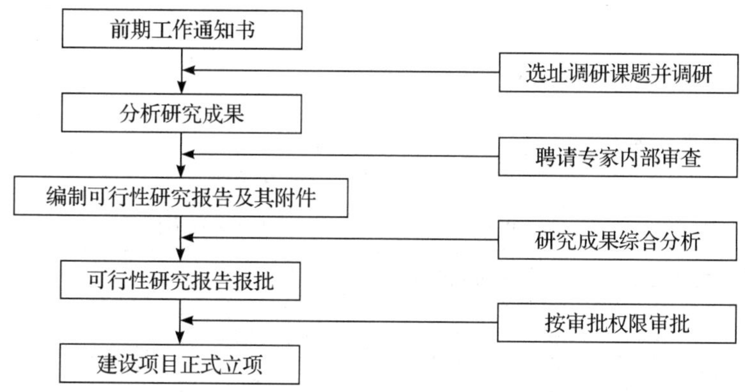

图 2-3　可行性研究工作程序

6. 建设项目立项文件

建设单位根据批复的可行性研究报告，召开立项会议，组织关于立项的事宜。

以纪要的形式对立项进行全面的概括阐述，对专家们立项的建议进行组织和整理，形成文件，并对项目评估做出研究。其归档文件有：项目建议书；对项目建议书的批复文件；可行性研究报告；对可行性研究报告的批复文件；关于立项的会议纪要；领导批示，专家对项目的有关建议文件，项目评估研究资料；计划部门批准的立项文件；计划部门批准的设计任务等。

2.3　建设规划用地文件

2.3.1　规划用地审批

2.3.1.1　工程项目选址申请及选址规划意见通知书

1. 工程项目选址申请

在城市规划区域内进行建设的建设项目，申请人根据申请条件、依据，向城市规划管理部门提出选址申请，填写建设项目规划审批及其他事项申报表(表 2-1)。申请还需提交如下申报材料：

表 2-1　建设项目规划审批及其他事项申报

项目代码	(首次申报时,由行政规划主管部门填写)				
建设单位(个人)	郑重承诺:对提交的申报材料实质内容的真实性负责并依法承担相应法律责任。(盖章)			组织机构代码	
				邮政编码	
通信地址	区(县)				
委托代理人(或产权人)				身份证号码	
电话				手机	
设计单位	郑重承诺:对设计文件和图纸表述内容的真实性、准确性、合法性负责,并依法承担相应责任。(盖章)			资质等级	级
				资质证号	
	项目负责人		电话		注册建筑师证号
申报或征询类别	行政许可事项	规划意见书(选址)	□新征(占)用地项目		
		建设用地规划许可证	□新征(占)用地项目 □临时建筑用地规划许可证	□自有用地项目	
		建筑工程规划许可证	□新征(占)用地项目 □城镇居民建房 □临时建筑用地规划许可证	□自有用地项目 □村民建房 □外装修工程	
		变更	□变更建设用地规划许可证附件 □变更建设工程用地许可证附件	□规划意见复函	
		延续	□建设用地规划许可证 □临时建设用地规划许可证 □城镇居民建房　□村民建房	□建设工程规划许可证 □临时建设工程规划许可证 □外装修工程	
	其他事项		□规划意见书(条件) □控规调整 □规划验线 □规划验收 (□规划意见复函)	备注:申报《自由用地规划意见书(条件)》的建设项目,如涉及新增用地,你单位是(　　)否(　　)同意将《规划意见书(条件)》转为《规划意见书(选址)》。如同意将《规划意见书(条件)》转为《规划意见书(选址)》,须在取得规划意见时,补交建设单位申报委托书 1 份	
建设项目基本情况	项目性质			图幅号	
	建设位置		区(县)		
	建筑规模	用地面积	m^2	建筑面积	m^2　其他
	上阶段审批文号				
	原规划许可证件文号				

(1)建设项目新征(占)用地(包括出让、转让用地和尚未办理建设用地规划许可证的用地)

①建设单位出具的申报委托书和填写完整并加盖单位印章的"建设项目规划审批及其他事项申报表";

②市计划主管部门对项目建议书的批复文件原件 1 份;

③建设单位新征(占)用地申请文件(包含发文号、签发人、单位印章等基本公文要素)、选址要求及拟建项目情况说明各 1 份;

④拟建项目设计方案图纸(含主要经济技术指标)1 份;

⑤在基本比例尺图纸上,用铅笔画出新征(占)用地范围或位置的地形图 1 份;

⑥依法需进行环境影响评价的建设项目,需持经相应环保部门批准的环境影响评价文件;

⑦普测或钉桩成果;

⑧其他法律、法规、规章规定的相关要求。

(2)自有用地建设项目

①建设单位出具的申报委托书和填写完整并加盖单位印章的"建设项目规划审批及其他事项申报表"。

②建设用地规划许可证或国有土地使用证、房产证等其他证明土地权属的文件的复印件 1 份。

③建设单位对拟建项目情况的说明 1 份。建设项目拟加层的,需附设计部门出具的建筑结构基础证明文件。

④拟建项目设计方案图纸(含主要经济技术指标)1 份。

⑤在基本比例尺图纸上,用铅笔画出新征(占)用地范围或位置的地形图 1 份。

⑥依法需要进行环境影响评价的建设项目,需持经相应环保部门批准的环境影响评价文件。

⑦普测或钉桩成果。

⑧其他法律、法规、规章规定的相关要求。

2. 选址规划意见通知书

建设单位的工程项目选址申请经城市规划管理部门审查,符合有关法规标准的,即时收取申请人申请材料,填写"选址规划意见通知书"两份。将"选址规划意见通知书"一份加盖收件专用印章后交申请人;将申请材料和"选址规划意见通知书"一份装袋,填写移交单,转交有关管理部门。

选址规划意见通知书由城市规划主管部门下发,并有附图(图 2-4)。

2.3.1.2 建设用地规划许可证及附件

1. 提出规划用地申请

建设单位持有按国家基本建设程序批准的建设项目立项的有关证明文件,向城市规划管理部门提出用地申请,填写规划审批申报表和准备好有关文件。

×××市城市规划管理局

选址规划意见通知书

04-规条字-0211

规划管理专用章　　　　发件日期：2004 年 3 月 8 日

×××开发公司：

你单位 2003 年 12 月 11 日根据(×××)计能字(2002)第 012 号计划任务申报的×××厂房工程，经研究，同意在×××区×××村按下列意见向房屋土地管理部门办理用地有关事宜：

1. 规划建设用地面积约：3000 m^2

2. 代征城市公共用地面积：

3. 应征求有关单位意见或应取得的协议：

4. 其他：

5. 遵守事项：

(1)征用农村集体土地时，执本通知书向市房屋土地管理部门办理征用土地有关事宜，待市人民政府批复后，再向我局申报建设用地规划许可证。

(2)使用国有土地时，执本通知书向市房屋土地管理部门征询本用地图示范围内有关单位和居民住宅的拆迁安置意见，由市房地产管理部门在本通知书下栏内填写拆迁安置意见，待我局审定设计方案后，建设单位或申报单位执本通知书和办理建设用地规划许可证所需报送的文件及图纸，向我局申报建设用地规划许可证。

(3)本通知书附图一份，图文一体方为有效文件。

(4)本通知书有效期一年(从发出之日算起)，逾期自行作废，用地重新安排。

市房屋土地管理部门对使用国有土地进行拆迁安置意见：

同意规划意见(盖章)

2004 年 5 月 8 日

图 2-4　选址规划意见通知书

建设用地规划许可证申报表主要内容为建设单位、申报单位、工程名称、建设内容、地址、规模等概况。需要准备好的有关文件，主要有计划主管部门批准的征用土地计划、土地管理部门的拆迁安置意见、地形图和规划管理部门选址意见书，以及要求取得的有关协议、意向书等文件和图纸。

填写的申报表要加盖建设单位和申报单位公章。

经审查符合申报要求的用地申请，发给建设单位或申报单位建设用地规划许可证立案表，作为取件凭证。

2. 建设用地规划许可证

征用土地是工程项目建设的最基本条件，要在工程设计时办理完成规划用地许可证和拆迁安置协议等有关事宜。

规划管理部门根据城市总体规划的要求和建设项目的性质、内容，以及选址定点时初步确定的用地范围界线，提出规划设计条件，核发建设用地规划许可证。办理建设用地规划许可证时应当注意：

(1)征用农村集体土地,由城市规划行政主管部门提出选址规划意见通知书,待批准后,方可办理建设用地规划许可证。使用国有土地时,城市规划行政主管部门提出选址意见通知书,待批准后方可办理建设用地规划许可证。

(2)国有土地管理部门提出拆迁安置意见后,正式确定使用国有土地的范围和数量,并待城市规划行政主管部门审定设计方案后,方可办理建设用地规划许可证。

(3)建设用地规划许可证规定的用地性质、位置和界线,未经原审批单位同意,任何单位和个人不得擅自变更。

2.3.1.3 用地申请及批准书

征用土地应严格按照国家规定的基本建设程序和审批权限办理,办理程序如下:

1. 建设用地申请

建设单位和个人在取得建设用地规划许可证后,方可向县级以上地方人民政府土地管理部门申请用地,编制申请用地报告。

2. 协商征地数量和补偿安置方案

县级以上人民政府土地管理部门对建设用地申请进行审核,划定用地范围,并组织建设单位与被征用土地单位以及有关单位依法商定征用土地协议和补偿、安置方案,报县级以上人民政府批准。

3. 划拨土地

建设用地的申请,依照法律规定,经县级以上人民政府批准后,由土地管理部门根据建设进度需要进行一次或者几次分期划拨建设用地。

4. 核发国有土地使用证

建设项目竣工后,由城市规划管理部门会同土地管理部门、房地产管理部门核查实际用地后,由县级以上人民政府办理土地登记手续,核发《国有土地使用证》。

2.3.2 工程建设项目报建资料

根据建设部(建〔1994〕482 号令)《工程建设项目报建管理办法》规定,新开工的建设工程项目,建设单位向建设行政主管部门和工程规划部门申请开工许可时,需办理下列工程项目报建资料:

1. 建设工程用地批准书或土地许可证;
2. 建设工程规划许可证;
3. 建设单位银行资信证明;
4. 工程立项批准文件;
5. 工程地质勘察报告:
6. 工程施工设计图纸;
7. 工程勘察、设计合同;
8. 工程建设项目报建书;
9. 施工企业投标能力评估报告。

2.4 勘察设计文件

2.4.1 工程地质勘察报告

勘察工作是基本建设的基础工作之一，勘察成果是工程设计的基本依据。

2.4.1.1 勘察工作的内容和方法

1. 勘察工作的内容

工程建设的勘察工作主要包括自然条件的调查、工程勘察、水文勘察、地震调查等内容。

(1)自然条件的调查主要是气象、气候条件的观察，环境资源评价，地形测量和地形图的测绘工作。

(2)工程勘察包括建筑物基础的岩土工程勘察，公路工程、铁路工程、海港工程等地质勘察。

(3)水文勘察主要指工程水文地质勘察，了解并解决地下水对建筑工程造成的危害等不良影响。

(4)地震调查主要指工程建设地区的地震情况调查，并做出地震时建筑物的安全评价。

2. 勘察的方法

常用的地质勘察方法有野外调查、测绘、钻探、槽探、现场试验、室内试验和长期观测等。对于城市基本建设勘察来说，一般多采用槽探、井探、物探、试验室试验等。

2.4.1.2 工程地质勘察

对于一个建设项目，为查明建筑物的地质条件而进行的综合性的地质勘察工作，称为工程地质勘察城市工程地质勘察一般分为四个阶段：

1. 选址勘察阶段

选址勘察是程地质勘察的第一阶段；任务是对拟选场地的稳定性和适宜性做出评价。以收集资料、踏勘为主要手段，对工程地质条件复杂的可做必要的勘探工作。

2. 初步勘察阶段

初步勘察是工程地质勘察的第二阶段，任务是对建设场地内建设地段的稳定性做出评价。

3. 详细勘察阶段

详细勘察是工程地质勘察的第三阶段，任务是对建筑地基做出工程地质评价，并为地基基础设计、地基处理与加固、不同地质现象的防治工程提供工程地质资料。

4. 施工勘察阶段

施工勘察是对工程地质条件复杂或有特殊施工要求的建筑物地基进行进一步的勘察工作。

2.4.1.3 地质勘查报告

工程地质勘察报告是为查明建筑地区工程地质条件，进行综合性的地质勘察工作所获得的成果而编写的报告。通过工程地质勘察，对建筑地区工程地质情况和存在问题做出评价，为工程建设的规划、设计、施工提供必需的参考依据。

工程地质勘察报告的内容分为文字和图表两部分。文字部分的内容包括前言、地形、地貌、地层结构、含水层构造、不良地质现象、土的最大冻结深度、地震基本裂度、预测环境工程地质的变化和不良影响、工程地质建议等。图表部分包括工程地质分区图、平面图、剖面图、勘探点平面位置图、钻孔柱状图，以及不良地质现象的平剖面图、物探剖面图和地层的物理力学性质、试验成果资料等。

城市规划区内的建设工程，因建筑范围有限，一般只进行工程地质勘察工作，就可以满足设计需要。需注意，工程地质勘察报告要由经国家批准的有资质等级的单位进行工程地质勘察工作后再进行编写。

2.4.2 工程测量与规划设计审批

2.4.2.1 工程测量、测绘

工程测量是工程建设中各种测量工作的总称；工程设计阶段的工程测量，按工作程序和作业性质主要有地形测量和拨地测量。

1. 地形测量

工程建设的地形测量指建设用地范围内的地形测量，反映坞貌、水文、植被、建筑物和居民点。地形测量大都采用实地测量，测量结果直接，内容较详尽。基建项目地形测量所绘地形图的比例尺一般为1∶1000或1∶500。根据测绘地点的水平位置、高程和地面形态及建筑物、构筑物等实测结果，绘制出建设用地范围内的地形图。

2. 拨地测量

征用的建设用地，要进行位置测量、形状测量和确定四至，一般称为拨地测量。拨地测量一般采用解析实钉法。

根据拨地条件，一般以规划部门批准的建设用地钉桩通知单中规定的条件，选定测量控制点，进行拨地导线测量、距离测量、测量成果计算等一系列工作，编制出征用土地的测量报告。

测量报告的内容为拨地条件、成果表、工作说明、略图、条件坐标、内处作业计算记录手簿等资料，并将拨地资料和定线成果展绘在1∶1000或1∶500的地形图上，建立图档。

测量成果报告是征用土地的依据性文件，也是工程设计的基础资料。

2.4.2.2 建设用地钉桩(验线)通知单

规划行政主管部门在核发规划许可证时，应当向建设单位一并发放建设用地钉桩(验线)通知单(见表2-2)。

建设单位在施工前应当向规划行政主管部门提交填写完整的《建设用地钉桩(验线)通知单》。规划行政主管部门应当在收到验线申请后3个工作日内组织验线。经验线合格的，方可施工。对未经验线进行建设的，由规划、建设行政主管部门分别对建设单位和施工单位予以警告，并责令限期补验。对未按照规划许可证批准内容进行建设，尚能及时纠正的，由

规划行政主管部门责令限期改正；不履行规划许可证规定和要求的，责令限期履行；构成违法建设的。依照有关规定给予行政处罚。

表 2-2 建设用地钉桩(验线)通知单

工程名称		许可证号	
建设单位		设计图幅号	
公共单位		钉桩时间	
建设项目钉线情况说明			

附件：

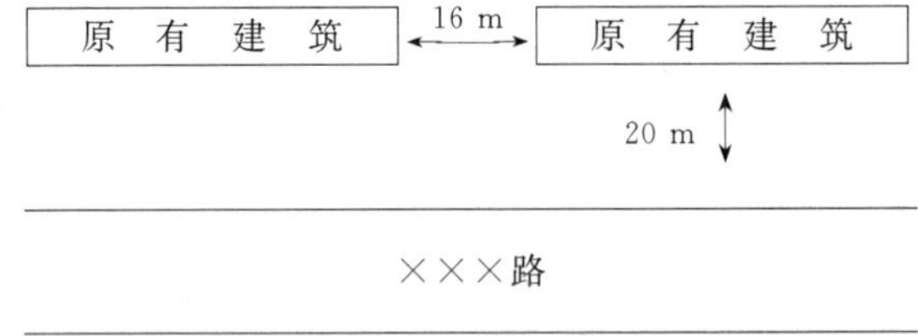

	建设单位代表	施工单位代表	规划院代表	规划局代表
现场签名				

2.4.3 规划设计条件通知书

2.4.3.1 建设单位申报规划设计条件

建设项目立项后，建设单位应向规划行政管理部门申报规划设计条件，并准备好相关文件和图纸。相关文件和图纸为：

1. 计划部门批准的可行性研究报告；
2. 建设单位对拟建项目说明；
3. 拟建方案示意图；
4. 地形图和用地范围；
5. 其他。

2.4.3.2 规划行政管理部门签发《规划设计条件通知书》

规划行政主管部门对建设单位申报的规划设计条件进行审查和研究，同意进行设计时，签发《规划设计条件通知书》，作为方案设计的依据。

《规划设计条件通知书》主要内容包括：

1. 用地情况。

包括规划建设用地面积和代征城市公共用地面积(代征道路用地和绿化用地面积)。

2. 用地使用性质。

土地使用性质及其可兼容性质。

3. 用地使用强度。

用地强度是指用地范围的容积率、建筑密度、居住人口和居住建筑面积毛密度。

4. 建设设计要求。

建筑规模、建筑高度、建筑层数(地上、地下)、建筑规划用地边界线、建筑物间距、交通出入的方位(机动车、人流)、停车数量(机动车、自行车)、绿化(绿地率、绿地位置、保留古树及其他树木)、人均集中绿地面积。

5. 城市设计要求(略)。

6. 市政要求(略)。

7. 配套要求(略)。

8. 其他(略)。

9. 遵守事项(略)。

2.4.4 设计文件

所有新建、扩建、改建和技术改造项目在计划任务被批准以后,应当及时委托设计单位根据规划管理部门签发的工程设计条件通知书及附图,进行工程设计,编制设计文件。委托设计是指建设项目主管部门对有设计能力的设计单位或者经过招投标中标单位提出委托设计的委托书,建设单位和设计单位签订设计合同。一般建设项目实行两阶段设计,即初步设计和施工图设计。对于技术比较复杂,采用新工艺、新技术的重大项目,而又缺乏设计经验的,通常采用三阶段设计,即初步设计、技术设计和施工图设计。

2.4.4.1 初步设计图纸及说明

初步设计图纸主要包括总平面图、建筑图、结构图、给水排水图、电气图、弱电图、采暖通风及空气调节图、动力图、技术与经济概算等。

初步设计说明书由设计总说明和各专业的设计说明书组成。

设计总说明是初步设计文件的主要组成部分,是对整个建筑工程设计有关总体方面的文字叙述。其内容一般应包括下列几个方面:

1. 工程设计的主要依据

(1)批准的设计任务书文号、协议书文号及其有关的摘录;

(2)工程所在地区的气象、地理,建设场地的工程地质概述;

(3)水、电、气、燃料等能源的供应,公用设施的利用和交通运输的条件;

(4)城建规划、环境保护部门等对有关用地、环保、消防、人防,抗震设防烈度等的要求和依据资料;

(5)建设单位提供的使用要求或生产工艺的设计资料。

2. 工程设计的规模和设计范围

(1)工程设计的规模及项目组成;

(2)如果是分期建设,应说明近期、远期工程的情况;

(3)承担设计的范围与分工。

3. 设计的指导思想和设计特点

(1)设计在贯彻国家政策、法令和有关规定等方面的阐述;

(2)采用新技术、新材料、新设备和新结构的情况;

(3)对环境保护、节约用地、节约能源、综合利用、抗震设防等采取的主要措施;

(4)根据使用功能要求,对总体布局和选用标准方面的综合叙述。

4. 总指标

(1)总用地面积、总建筑面积、总建筑占地面积;

(2)总概算或建筑工程的总投资,节约或超过投资的主要原因分析;

(3)水、电、气、燃料等能源总的和单位消耗量,主要建筑材料(三材)总消耗量;

(4)其他相关的技术经济指标及分析。

5. 需提请在设计审批时解决或确定的主要问题

(1)有关城市规划、红线、拆迁和水、电、气、燃料等能源供应的协作问题;

(2)设计总建筑面积、总投资(概算)存在的问题;

(3)设计选用标准方面的主要问题;

(4)有关主要设计基础资料和施工条件的落实。

各专业初步设计说明书的内容详见《建筑工程设计文件编制深度的规定》。

若工程简单、规模小,设计总说明和各专业的设计说明书可合并编写,有关内容可适当简化,初步设计说明书的章节也可适当缩减。

2.4.4.2 技术设计

技术设计是对初步设计的补充和深化,是对于一些技术比较复杂或有特殊要求的建设项目,以及采用新工艺、新技术的重大项目,而又缺乏设计经验的,通常增加技术设计。

技术设计编制的目的:

1. 对设计方案中比较复杂的技术问题和有关科学试验新开发的项目以及外援项目、特殊要求的建设项目,需通过更详细的设计和计算,对于工艺流程、建筑结构、工程技术问题等进一步阐明其可靠性和合理性。

2. 核实建设规模,检查设备选型。

2.4.4.3 施工图设计及说明

施工图设计主要包括总平面图、建筑图、结构图、给水排水图、电气图、弱电图、采暖通风及空气调节图、动力图设计,预算等。

在图纸目录中先列新绘制图纸,后列选用的标准图、通用图或重复利用图。

施工图说明书由设计总说明和各专业的设计说明书组成。

一般工程的设计说明,可分列写在有关的图纸上。如重复利用某一专门的施工图纸及其说明时,应详细注明其编制单位资料名称和编制日期。如果施工图设计阶段对初步设计有改变,应重新计算并列出主要技术经济指标表。这些表可列在总平面布置图上。

各专业施工图设计说明书的内容详见《建筑工程设计文件编制深度的规定》。

2.4.4.4 施工图设计审查

建筑工程施工图设计文件审查是为了加强工程项目设计质量的监督和管理,保护国家和人民生命财产安全，保证建设工程设计质量而实施的行政管理。

国务院《建设工程质量管理条例》规定“建设单位应当将施工图设计文件报县级以上政府建设行政部门或者其他有关部门审查”、“施工图设计文件未经审查和批准的不得使用”。目前实施的是对各类新建、改建、扩建的建筑工程项目的施工图设计文件的审查。

1. 管理部门和审查机构

各级建委(县级以上)负责本市施工图审查的管理工作，并委托施工图审查机构审查，建筑业管理办公室负责对施工图审查机构的考核管理和工程施工图审查的备案等监督管理工作，并委托质量监督总站实施备案。

2. 审查范围

审查范围是行政地域范围内符合建筑工程设计等级分级标准中的各类新建、改建、扩建的建筑工程项目。

3. 审查内容

(1)建筑物的稳定性、安全性，包括地基基础和主体结构体系是否安全、可靠；

(2)是否符合消防、节能、环保、抗震、卫生、人防等有关强制标准和规范；

(3)施工图是否达到规定的深度要求；

(4)是否损害公众利益。

2.5 招投标文件

2.5.1 勘察设计招投标文件

2.5.1.1 勘察招标

勘察是招标人委托有资格的勘察设计单位对建设项目的可行性研究立项选址，并作为后期设计工作提供现场的实际资料。由于建设项目的建设地点、规模、性质、复杂程度的不同，工程设计所需的技术要求千差万别，委托勘察工作的内容和科研项目也相应不同。在招标文件中勘察任务应具体明确，给出任务的数量指标，如地质勘探的孔位、眼数、总钻探进尺长度等。勘察任务可以采取勘察设计总承包，也可以单独发包给具有相应资质的勘察单位实施完成，前者对招标人较为有利。后者使招标人可以摆脱实施过程中可能遇到的协调义务，而且能使勘察工作直接根据设计需要进行，满足设计对勘察资料精度、内容及进度的要求，必要时还可以进行补充勘察工作。

勘察的内容有以下八个类别：(1)自然条件观测；(2)地形图测绘；(3)资源探测；(4)岩土工程勘察；(5)地震安全性评价；(6)工程水文地质勘察；(7)环境评价和环境观测；(8)模型试验和科研。

2.5.1.2 设计招标

为了保证设计指导思想连续地贯彻于设计的各个阶段，一般工程项目多采用技术设计招标或施工图设计招标，不单独进行初步设计招标，由中标的设计单位承担初步设计任务。

招标人应根据工程项目的具体特点决定发包的工作范围，可以采用设计全过程总发包的一次性招标，也可以选择分单项或分专业的发包招标。

以招标投标方式委托设计任务，是为了让设计的技术和成果作为有价值的商品进入市场，通过招标择优确定实施单位，达到拟建工程项目能够采用先进的技术和工艺、降低工程造价、缩短建设周期和提高投资效益的目的。设计招标的特点表现为承包任务是投标人通过自己的智力劳动，将招标人对建设项目的设想变为可实施的蓝图。

在设计招标文件中投资人只是简单介绍工程项目的实施条件、预期达到的技术经济指标、投资限额、进度要求等，招标人通过开标、评标程序对各方案进行比较选择后确定中标人。鉴于设计任务本身的特点，设计招标应采用设计方案竞选的方式招标。

设计招标与其他招标在程序上的主要区别表现为如下几个方面：

1. 招标文件的内容不同

设计招标文件中仅提出设计依据、工程项目应达到的技术指标、项目限定的工作范围、项目所在地的基本资料、要求完成的时间等内容，而无具体的工作量。

2. 对投标书的编制要求不同

投标人的投标报价不是按规定的工程量清单填报单价后算出总价，而是首先提出设计构思和初步方案，并论述该方案的优点和实施计划，在此基础上进一步提出报价。

3. 开标形式不同

开标时不是由招标单位的主持人宣读投标书并按报价高低排定标价次序，而是由各投标人自己说明投标方案的基本构思和意图，以及其他实质性内容，而且不按报价高低排定标价次序。

4. 评标原则不同

评标时不过分追求标价的高低，评标委员更多关注于所提供方案的技术先进性、所达到的技术指标、方案的合理性，以及对工程项目投资效益的影响。

2.5.1.3 设计招标文件

方案竞选的设计招标文件是指导投标人正确编标报价的依据，既要全面介绍拟建工程项目的特点和设计要求，还应详细提出应当遵守的投标规定。

1. 招标文件的主要内容

招标文件通常由招标人委托有资质的中介机构准备，其内容应包括以下几个方面：

(1)投标须知，包括所有对投标要求的有关事项；

(2)设计依据文件，包括设计任务书及经批准的有关行政文件复印件；

(3)项目说明书，包括工作内容、设计范围和深度、建设周期和设计进度要求等方面内容，并告知建设项目的总投资限额；

(4)合同的主要条件；

(5)设计依据资料，包括提供设计所需资料的内容、方式和时间；

(6)组织现场考察和召开标前会议的时间、地点；

(7)投标截止日期；

(8)招标可能涉及的其他有关内容。

2. 设计要求文件的主要内容

招标文件中，对项目设计提出明确要求的“设计要求”或“设计大纲”是最重要的文件部分，大致包括以下内容：

(1)设计文件编制的依据；

(2)国家有关行政主管部门对规划方面的要求；

(3)技术经济指标要求；

(4)平面布局要求；

(5)结构形式方面的要求；

(6)结构设计方面的要求；

(7)设备设计方面的要求；

(8)特殊工程方面的要求；

(9)其他有关方面的要求，如环境、消防等。

编制设计要求文件应兼顾三个方面：严格性，文字表达应清楚不被误解；完整性，任务要求全面不遗漏；灵活性，要为投标人发挥设计创造性留有充分的自由度。

2.5.1.4 对投标人的资格审查

对申请投标人的资格审查，无论是对公开招标还是邀请招标，审查的基本内容相同。

1. 资格的审查

资格审查是审查投标人所持有的资质证书是否与招标项目的要求一致，具备实施资格。审查的主要内容包括证书的种类、证书的级别、允许承接的业务范围。

2. 能力的审查

判定投标人是否具备承担发包任务的能力，通常审查投标人的技术力量和所拥有的技术设备两方面是否满足要求。

3. 经验的审查

通过投标人报送的最近几年完成的工程项目表，评定其设计能力和水平，侧重于考察已完成的设计项目与招标工程在规模、性质、形式上是否相适应。

2.5.1.5 评标

1. 勘察投标书的评审

对勘察投标书主要评审以下几个方面：

①勘察方案是否合理；②勘察技术水平是否先进；③各种数据是否可靠；④报价是否合理。

2. 设计投标书的评审

①设计方案的优劣；②投入与产出经济效益比较；③设计进度快慢；④设计资历和社会信誉；⑤报价的合理性。

2.5.2 勘察设计承包合同

发包人通过招标方式与选择的中标人就委托的勘察、设计任务签订合同。订立合同，委托勘察、设计任务是发包人与承包人的自主市场行为，但必须遵守相关法律、法规的要求。为了保障勘察、设计承包合同的内容完整、责任明确、风险责任合理分担，建设部和国家工商行政管理局在 2000 年颁布了建设工程勘察合同示范文本和建设工程设计合同示范文本(简称范本)。

2.5.2.1 勘察承包合同

依据范本订立建设工程勘察合同时,双方应根据工程项目的特点,通过协商,在合同的相应条款内明确以下具体内容:

1. 发包人应提供的勘察依据文件和资料

(1)提供本工程批准文件(复印件),用地(附红线范围)、施工、勘察许可等批准文件(复印件);

(2)提供工程勘察任务委托书、技术要求和工作范围的地形图、建筑总平面布置图;

(3)提供勘察工作范围已有的技术资料及工程所需的坐标和高程资料;

(4)提供勘察工作范围内地下已有埋藏物的资料(如电力、通讯电缆:各种管道、人防设施、洞穴等)及具体位置图;

(5)其他必要的相关资料。

2. 委托任务的工作范围

(1)工程勘察内容;

(2)技术要求;

(3)预计的勘察工作量;

(4)勘察成果资料提供的份数。

3. 合同工期

合同约定的勘察工作的开始时间和终止时间。

4. 勘察费用

(1)勘察费用的预算金额;

(2)勘察费用的支付程序和每次支付的百分比。

5. 发包人应为勘察人提供的现场工作条件

根据工程项目的具体情况,合同双方当事人可以在合同内约定由发包人负责保证勘察工作顺利开展应提供的条件。

6. 违约责任

(1)承担违约责任的条件和处理办法;

(2)违约金的计算方法等。

7. 合同争议的最终解决方式

合同中应明确约定解决合同争议的最终解决方式是采用仲裁还是诉讼。采用仲裁时,约定仲裁委员会的名称。

2.5.2.2 设计承包合同

依据范本订立建设工程设计合同时,双方应根据工程项目的特点,通过协商,在合同的相应条款内明确以下具体内容:

1. 发包人应提供的文件和资料

(1)设计依据文件和资料,主要包括经批准的项目可行性研究报告或项目建议书;城市规划许可文件、工程勘察资料等。

(2)项目设计的要求,主要包括工程的范围和规模,限额设计的要求,设计依据的标准,法律、法规规定应满足的其他条件。

2. 委托任务的工作范围

(1)设计范围。合同内应明确建设规模,详细列出工程分项的名称、层数和建筑面积。

(2)建筑物的合理使用年限要求。

(3)委托的设计阶段和内容。包括方案设计、初步设计和施工图设计的全过程,也可以是其中的某个阶段。

(4)设计深度的要求。方案设计文件应当满足编制初步设计文件和控制概算的需要;初步设计文件应当满足编制施工招标文件、主要设备材料订货和编制施工图设计文件的需要;施工图设计文件应当满足设备材料、非标准设备制作和施工的需要。具体的内容应根据项目的特点在合同中约定。设计人应根据国家有关标准进行设计,设计标准可以高于国家规范的强制性规定。

(5)设计人配合施工的要求。包括向发包人和施工承包人进行设计交底;处理有关设计问题;参加重要隐蔽工程部位验收和竣工验收等。

3. 设计人交付设计资料的时间。

合同约定的方案设计、初步设计和施工图设计交付时间。

4. 设计费用。

(1)合同双方应根据国家有关规定,确定最低的设计费用。

(2)设计费用的分阶段支付进度款的条件和每次支付总设计费的百分比及金额。

5. 发包人应为设计人提供的现场工作条件。

6. 违约责任(见“勘察承包合同示范文本”)。

7. 合同争议的最终解决方式(见“勘察承包合同示范文本”)。

2.5.3 施工招投标文件

建设工程施工招投标是建设单位以竞争的方式择优选择施工队伍的一种管理制度。它的特点是发包的工作内容具体、明确,各投标人编制的投标书在评标时易于进行横向对比。虽然投标人按照招标文件的工程量表既定的工作内容和工程量编标报价,但价格的高低并非是确定中标人的唯一条件,投标过程实际上是各投标人完成该任务的技术、经济、管理等综合能力的竞争。

2.5.3.1 招投标程序

建设工程施工招投标程序与设计招投标程序基本相同,一般按下述程序进行:

1. 招标准备阶段

招标准备阶段的工作由招标人单独完成,投标人不参与。主要工作包括选择招标方式,办理招标备案手续、组织招标班子和编制招标有关文件。

2. 招投标阶段

在招投标阶段,招标人应做好招标的组织工作,投标人则按照招标有关文件规定程序和具体要求进行投标报价的竞争。此阶段工作是发布招标公告,资格预审,确定投标单位名单;分发招标文件以及图纸和技术资料,组织踏勘现场和招标文件答疑,接受投标文件,建立评标组织,制定评标、决标的办法。

3. 决标阶段

从开标日到签订合同这一时期称为决标阶段，是对各投标书进行评审比较，最终确定中标人的过程。此阶段工作是召开开标会议，审查投标标书，组织评标，公开标底，决标前谈判，决定中标单位，发布中标通知书，签订施工承发包合同。

2.5.3.2 编制招标文件

在招标方式、合同类型、发包数量确定后，建设单位应组织编写招标有关文件。

1. 招标公告

由招标人通过指定的报刊、信息网或其他媒介，并同时在中国工程建设网和建筑业信息网上发布招标公告；实行邀请招标的，应向3个以上符合资质条件的投标人发送投标邀请书。主要介绍招标工程项目基本情况和招标单位的情况、投标单位购买预审文件办法等有关事宜。

2. 资格预审文件

资格预审文件由资格预审须知和资格预审申请表两部分组成。资格预审须知是明确参加投标单位应知事项和申请人应具备的资历及有关证明文件。由投标人填写的资格预审申请表是按照招标单位对投标申请人的要求条件而编写的。

3. 招标文件

招标文件是投标人编写投标书和报价的依据，文件中的各项内容应尽可能完整、详细，明确而具体，要最大限度减少误解和可能产生的争议。由于招标文件的内容繁多，必要时可以分卷、分章编写。施工招标合同示范文本推荐的招标文件组成结构包括如下内容：

第一卷　投标须知、合同条件及合同格式

　　第一章　投标须知

　　第二章　合同通用条件

　　第三章　合同专用条件

　　第四章　合同格式

第二卷　技术规范

　　第五章　技术规范

第三卷　投标文件

　　第六章　投标书及投标书附录

　　第七章　工程量清单与报价单

　　第八章　辅助资料表

　　第九章　资格审查表(有资格预审的不再采用)

第四卷　图纸

　　第十章　图纸

4. 标底

工程施工招投标通常要编制标底，一般委托工程造价单位编制。编制标底应根据图纸和有关资料确定工程量，标底价格要考虑成本、利润和税金，而且要与市场实际相一致，还要考虑人工、材料、机械价格等变动因素和不可预见因素的影响，既利于竞争，又保证工程质量。

标底须报请主管部门审定，审定后应密封保存，严格保密，不得泄露，直至开标。

2.5.3.3 编制投标文件

投标单位在正式投标前进行投标资格预审，投标单位要填写资格预审文件，申请投标。招标单位要对参加申请的投标单位进行资质审查，并将审查结果通知各申请投标人，确定合格的投标单位。

1. 投标单位应向招标单位提供的文件材料

(1)企业的营业执照和资质证书；

(2)企业简历；

(3)自有资金情况和财务状况；

(4)全体职工人数、人员技术等级、自有设备；

(5)近三年承建的主要工程和质量；

(6)现有主要施工任务。

2. 编写投标文件

投标单位根据招标文件的要求认真编写投标书，投标书编制完成后在规定的期限内密封送达招标单位。

2.5.3.4 开标、评标和中标

1. 开标

(1)开标由招标人主持，邀请所有的投标人参加。

(2)当众检查投标文件，并应得到公证机关公证。

2. 评标

(1)评标由招标人依法组建的评标委员会负责，在严格保密的情况下进行。

(2)评标委员会应当客观公正地履行职责，遵守职业道德，对所提的评审意见承担个人责任。

3. 中标

中标单位确定后，招标单位向中标单位发出通知书，然后招标单位与中标的施土单位签订施工合同。

2.5.4 施工承包合同

建设工程施工合同是建设单位(招标单位)与施工单位根据有关法律、法规，遵循平等、自愿、公平和诚实信用的原则，签订完成某一建设工程施工任务，明确相互权利、义务关系的有法律效力的协议。《建设工程施工合同示范文本》中把合同分为协议书、通用条款、专用条款三个部分，并附有三个附件。

1. 协议书

合同协议书是施工合同的总纲性法律文件，经双方当事人签字盖章后合同即成立。标准化的协议书需要填写的主要内容包括工程概况、工程承包范围、合同工期、质量标准、合同价款、组成合同的文件及合同的生效时间等。

2. 通用条款

通用条款是根据有关法律、法规规定及建设工程施工的需要订立，它是一个规范性文

本,适用于各个建设工程项目,建设单位和施工单位都应遵守。通用条款包括:词语定义及合同文件,双方一般权利和义务,施工组织设计和工期,质量与检验,安全施工,合同价款与支付,材器设备与供应,工程变更,竣工验收与结算,违约、索赔和争议,其他。共十一个部分,47 个条款

3. 专用条款

专用条款是结合具体工程实际,经协商达成一致意见的条款,是对通用条款的具体化、补充或修改。其内容由合同当事人根据建设工程项目的具体特点和实际要求细化。

4. 附件

建设工程施工合同示范文本中附有三个附件,即"承包人承揽工程项目一览表"、"发包人供应材料设备一览表"和"房屋建筑工程质量保修书"。

2.5.5 监理招投标文件

2.5.5.1 招标文件

招标人为了指导投标人正确编制投标书,监理招标文件应包括以下几方面的内容,并提供必要的资料。

1. 投标须知。

(1)工程项目综合说明,包括主要的建设内容、规模、工程等级、地点、总投资、现场条件、开竣工日期;

(2)委托的监理范围和监理业务;

(3)投标文件的格式、编制、递交;

(4)无效投标文件的规定;

(5)投标起止时间,开标、评标、定标的时间和地点;

(6)招标文件、投标文件的澄清与修改;

(7)评标的原则等。

2. 合同条件。

3. 业主提供的现场办公条件(包括交通、通讯、住宿、办公用房等)。

4. 对监理单位的要求(包括现场监理人员、检测手段、工程技术难点等方面)。

5. 有关技术规定。

6. 必要的设计文件、图纸、有关资料。

7. 其他事宜。

2.5.5.2 投标文件

投标人根据招标文件编制投标书,投标书应注意以下几方面的合理性:

1. 投标人的资质(包括资质等级、批准的监理业务范围、主管部门或股东单位、人员综合情况等)。

2. 监理大纲的合理性。

3. 拟派项目的主要监理人员(总监理工程师和主要专业监理工程师)。

4. 人员派驻计划和监理人员的素质(学历证书、职称证书、上岗证书等)。

5. 监理单位提供用于工程的检测设备和仪器，或委托有关单位检测的协议。
6. 近几年监理单位的业绩和奖惩情况。
7. 监理费报价和费用的组成。
8. 招标文件要求的其他情况。

2.5.6 建设工程委托监理合同

建设工程委托监理合同，是委托人与监理人就委托的工程项目管理内容签订的明确相互权利、义务关系的有法律效力的协议。《建设工程委托监理合同示范文本》中把合同分为工程建设委托监理合同、建设工程委托监理合同标准条件、建设工程委托监理合同专用条件三个部分。

1. 建设工程委托监理合同

监理合同是总的纲领性法律文件，是一个总的协议，经双方当事人签字盖章后合同即成立。合同中需要明确和填写的主要内容包括：工程概况（工程名称、地点、工程规模、工程等级、总投资、现场条件、开竣工日期），委托人向监理人支付报酬的期限和方式，合同签订、生效、完成时间，双方愿意履行约定的各项义务的表示。

2. 建设工程委托监理合同标准条件

建设工程委托监理合同标准条件是委托监理合同的通用性文件，适用于各类建设工程项目监理，委托人和监理人都必须遵守。其内容包括：词语定义及合同文件，双方责任、权利和义务，合同生效、变更与终止，监理报酬，争议的解决，其他。

3. 建设工程委托监理合同专用条件

由于标准条件适用于各行各业建设项目的建设工程监理，对于具体建设工程项目监理，某些条款内容已不具有适用性，需要在签订建设工程委托监理合同时，根据建设工程项目的具体情况和实际要求，对标准条件中的某些条款进行补充和修正。

2.6 开工审批文件

2.6.1 建设工程规划许可证及附件

新开工的项目应列入年度计划，建设单位应向建设行政主管部门和工程规划部门申请开工许可。申请开工的建设项目需办理建设工程规划许可证和建设工程开工证。

2.6.1.1 开工应具备的条件

1. 有经过审批的可行性研究报告和初步设计文件；
2. 已列入国家或地方的年度基本建设计划；
3. 完成了征用土地、拆迁安置工作；
4. 落实了三通一平（或四通、五通、六通、七通一平）；
5. 施工图纸和原材料物资准备能满足工程施工进度的要求；

6. 办理了施工招标手续，与施工单位签订了施工合同；

7. 选定了建设监理部门，并与监理单位签订了工程施工监理合同；

8. 资金到位，并取得了审计机关出具的开工前审计意见书；

9. 建设项目与市政有关部门协调，落实了配套工程设计并签订了合同；

10. 办理了建设工程规划许可证；

11. 办理了建设工程施工许可证。

根据开工项目应具备的条件，建设单位基本落实前九项的条件，即可申请办理建设工程规划许可证和建设工程施工许可证。

2.6.1.2 建设工程规划许可证

建设工程规划许可证是建设单位在城市规划内新建、改建、扩建的建筑物、构筑物、道路、管线和其他工程设施，必须持有相关批准文件向城市规划行政主管部门提出申请，根据城市规划，由城市规划行政主管部门提出规划要求，并审查设计施工图等有关文件、核发的法规性文件。

1. 建设工程规划许可证申报程序

(1)建设单位领取并填写规划审批申请表，加盖建设单位和申报单位公章；

(2)提交申报建设工程规划许可证要求中所列要求报送的文件和图纸；

(3)城市规划行政管理部门填发建设工程许可证立案表，作为申报建设工程规划许可证的回执；

(4)城市规划行政管理部门进行审查，对不符合规划要求的初步设计提出修改意见，发现修改工程图纸通知书，修改后重新申报；

(5)经审查合格的建设工程，建设单位在取件日期内在规划管理单位领取建设工程规划许可证；

(6)办理建设工程规划许可证要经过建设单位申请和规划行政管理部门审查批准。

2. 申报建设工程规划许可证要求报送的文件和图纸

申报时要求报送的文件和图纸主要有：

(1)年度施工任务批准文件；

(2)人防、消防、环保、园林、市政、文物、通讯、教育、卫生等有关行政主管部门的审批意见和要求，以及取得的协议书；

(3)工程竣工档案登记表；

(4)工程设计图，包括总平面图，各层平、立、剖面图，基础平面图和设计图纸目录；

(5)其他。

3. 核发建设工程规划许可证(表 2-3)

建设工程规划许可证还包括建设工程规划许可证附图与附件。附图与附件由发证机关确定，与建设工程规划许可证具有同等的法律效力。

建设工程规划许可证中除正文外，还规定了应注意的事项：

(1)建设工程放线后，由测绘院、规划行政管理部门验线，合格后方可施工；

(2)与消防、交通、环保、市政等部门未尽事宜，由建设单位负责与有关行政主管部门联系，妥善解决；

(3)建设工程规划许可证发出后 2 年内工程未动土，本许可证自动失效，再需要建设时应向审批机关重新申报，经审核批准后方可动工；

(4)建设工程竣工后应按规定编制工程竣工档案，报送城市建设档案馆。

表2-3 建设工程规划许可证

<table>
<tr><td colspan="2">封面

中华人民共和国
建设工程规划许可证

编号 95-规建字-108

根据《中华人民共和国城市规划法》第三十二条规定，经审定本建设工程符合城市规划要求，准予建设。

发证机关×××规划
委员会专用章
日期：1995年10月12日</td></tr>
<tr><td>建设单位</td><td>××××房屋开发有限公司</td></tr>
<tr><td>建设项目名称</td><td>×××大厦</td></tr>
<tr><td>建设位置</td><td>×××市四合路××号</td></tr>
<tr><td>建设规模</td><td>18659 m²</td></tr>
<tr><td colspan="2">附图及附件名称

本工程建设工程规划许可证附件一份

本工程设计图一份</td></tr>
</table>

遵守事项：

(1)本证是城市规划区内，经城市规划行政主管部门审定，许可建设各类工程的法律凭证。

(2)凡未取得本证或不按本证规定进行建设，均属违法建设。

(3)未经发证机关许可，本证的各项规定不得随意变更。

(4)建设工程施工期间，根据城市规划行政主管部门的要求，建设单位有义务随时将本证提交查验。

(5)本证所需附图及附件由发证机关确定，与本证具有同等法律效力。

2.6.2 建设工程施工许可证

2.6.2.1 建设工程施工许可证申请表

建设工程开工前，建设单位应当按照国家有关规定向工程所在地建设行政主管部门申请领取施工许可证。建设单位在取得建设工程规划许可证和其他有关行政主管部门的批准文件后，向建设行政主管部门提出申请开工报告，填报建设工程开工审批表，由建设行政主管部门审查批准，核发给建设工程施工许可证。

申请表是指新建、改建、扩建项目在工程正式动工前，对具备了开工条件的建设项目，由建设单位向建设行政主管部门提出要求开工的申请。填写工程开工审批表，一般由建设单位会同施工单位共同办理，其基本内容包括：

1. 建设工程概况；
2. 可行性研究报告和初步设计的批准文件；
3. 列入年度建设计划；
4. 完成了施工现场准备，完成了三通一平、测量放线等工作；
5. 施工材料、物资准备基本就绪，建筑材料、施工机具等已做好准备，开工必备的物资已进场；
6. 施工技术准备完成了施工图设计和施工组织设计；
7. 组织准备已建立了项目组织机构和项目管理规划；
8. 资金准备已出具证明文件，审计部门出具了审计证明；
9. 与施工单位签订了施工合同；
10. 与监理单位签订了监理合同；
11. 其他。

2.6.2.2 建设工程施工许可证

建设单位准备好应当提供的各种文件材料到建设行政主管部门办理建设工程施工许可证。建设行政主管部门应当自收到申请之日起 15 日内，对符合条件的申请者发给施工许可证。

1. 审批建设工程施工许可证

建设行政主管部门及有关部门接到工程开工审批表后，要进行逐项认真审查、核实，确定是否具备了开工条件。基本建设大中型项目批准开工之前，国家计委或委托有关部门派人到现场检查落实开工条件，凡未达到开工条件的，不予批准。小型项目的开工审批工作按各地区、各部门制定的具体办法办理。

2. 核发建设工程施工许可证

建设工程施工许可证是新建、改建、扩建工程开工必备的依据性文件，开工的建设项目经审查具备开工条件后，由具有审批权限的建设行政主管部门核发建设工程施工许可证。军队建设项目由军队系统基本建设行政主管部门直接进行审核并核发建设工程施工许可证。

建设单位应当自领取施工许可证之日起 3 个月内开工。因故不能按期开工，应当向发证机关申请延期。延期以两期为限，每次不超过 3 个月。因故不能按期开工超过 6 个月的，应当重新办理开工报告的审批手续。

2.6.3 工程质量监督手续

凡由市建委审批开工的建设工程，建设单位应在开工前到市建设工程质量监督部门办理工程质量监督手续。由区(县)建委审批开工的建设工程，建设单位应在开工前到区(县)建设工程质量监督站办理工程质量监督注册手续。

办理工程质量监督注册手续时，建设单位应提供下列文件资料：

1.《工程规划许可证》；

2.《工程开工审查表》；

3. 勘察、设计单位资质等级证书和工程勘察设计文件；

4. 施工图审查批准书；

5. 监理单位资质登记证书以及《工程监理通知书》；

6. 外埠施工企业承包工程施工证；

7. 中标通知书和建设单位与施工企业签订的施工合同。

建设单位在提交上述文件后，方可办理监理注册登记并填写《建设工程质量监督注册登记表》，由监督注册部门审查符合要求后，当即办理监督注册手续，指定监督机构并发出《质量监督通知书》。然后在《建设工程开工审查表》及《建设工程质量注册登记表》的规定栏目内加盖监督机构专用章。

2.6.4 建筑工程施工安全监督手续

2.6.4.1 见证取样和送检见证人授权书

为了加强建设工程质量管理和监督，每个单位工程必须有 1～2 名取样和送检见证人，见证人由施工现场监理人员或由建设单位委派具有一定试验知识的专业技术人员担任。见证人设定后，建设单位根据建设工程质量监督的有关规定，向工程质量监督机构办理见证取样和送检见证人授权备案书(见图 2-5)，一式四份(质量监督机构、质量检测试验室、施工单位、见证人各一份)。工程竣工后备案书存入工程档案。见证人和送检单位对送检试验样品的真实性和代表性负法定责任。

见证取样和送检见证人授权备案书

×××××质量监督站

×××××检测中心(试验室)

我单位决定由__________同志担任________工程有见证取样和送检见证人。

有关的印章和签字如下，请查收备案。

有见证取样和送检印章	见证人签字

建设单位名称(盖章)：　　　　年　　月　　日

监理单位名称(盖章)：　　　　年　　月　　日

施工项目负责人签字：　　　　年　　月　　日

图 2-5 见证取样和送检见证人授权备案书

2.6.4.2 见证取样试验

在施工过程中，见证人根据见证取样的有关规定，按有见证取样和送检计划对施工现场的取样和送检进行见证，并在试样上做出标识、封志。试验委托单上应有见证人和送检人签名试验委托单从实验室领取，由见证人保管使用。

实验室在检查确认试样上做出标识、封志和试验委托单见证人的签名无误后方可进行试验，否则应拒绝试验有见证取样和送检项目的试验报告应有见证人姓名(必须与委托单上姓名一致，并由实验室人员填写)，同时加盖有见证取样章。

未按有见证取样规定送检的材料试验项目，其试验报告视为无效，其工程质量应由法定检测单位进行检测确定，检测费用由责任方承担。

各种有见证取样和送检试验资料必须真实、完整。对伪造、涂改、抽换、丢失试验资料等行为的责任单位和责任人，依法追究其责任。

见证取样试验委托单(表 2-4)一式二份(一份随试样送实验室，一份存根)。

表 2-4 有见证取样送检材料试验委托单

委托单位			
工程名称			
工程结构			
材料名称			
代表部位			
见证取样日期			
见证送检日期			
送检人(签名)		电话	
见证人(签名)		电话	

2.7 财务文件

2.7.1 工程投资估算资料

投资估算是投资决策阶段的项目建议书，它包括从工程筹建到竣工验收、交付使用所需的全部费用。具体包括建筑安装工程费，设备、工器具购置费，工程建设其他费用，预备费，固定资产投资方向调节税，建设期贷款利息等。投资估算由建设单位编制或委托设计单位(或咨询单位)编制，主要依据相应建设项目投资估算招标，参照以往类似工程的造价资料编制的。它对初步设计的概算和工程造价起控制作用。

1. 建筑安装工程费用

指建设单位为从事该项目建筑安装工程所支付的全部生产费用。包括直接用于各单位工程的人工、材料、机械使用费,其他直接费以及分摊到各单位工程中的管理费及利税。

2. 设备、工器具费用

设备、工器具费用是指建设单位按照建设项目设计文件要求而购置或自备的设备及工器具所需的全部费用,包括需要安装与不需要安装设备及未构成固定资产的各种工具、器具、仪器、生产家具的购置费用。

3. 工程建设其他费用

工程建设其他费用是指除上述工程和设备、工器具费用以外的,根据有关规定在固定资产投资中支付,并列人建设项目总概算或单项工程综合概算的费用。

4. 预备费

指初步设计和概算中难以预料的工程和费用。其中包括实行按施工图概算加系数包干的概算包干费用。

2.7.2 工程设计概算预算

2.7.2.1 工程设计概算书

初步设计阶段,设计单位根据初步设计规定的总体布置及单项工程的主要建筑结构和设备清单来编制建设项目总概算。设计概算一般包括:建筑安装工程费用,设备、工器具购置费用,其他工程和费用,预备费等。设计概算经批准后是确定建设项目总造价、编制固定资产投资计划,签订建设项目贷款总合同的依据,也是控制建设项目基本建设拨款、考核设计经济合理性的依据。

2.7.2.2 工程施工图预算书

工程项目招标投标阶段,根据施工图设计确定的工程量编制施工图预算。招标单位(或委托单位)编制的施工图预算是确定标底的依据,投标单位编制的施工图预算是确定报价的依据,标底、报价是评标、决标的重要依据。施工图预算经审核后,是确定工程概算造价、签订工程承包合同、实行建筑安装工程造价包干的依据。

2.7.2.3 工程决算书

工程决算书是建设单位按照国家有关规定编制的竣工决算报告。竣工决算是竣工验收文件的重要组成部分。工程决算是建筑安装企业完成工程任务后向建设单位办理的工程款最终数额的计算。对于包干范围以外的设计变更,国家规定的材料、设备价格调整,不可抗力的灾害损失等,在工程竣工结算时根据双方签订的资料据实结算价款。

本章小结

本章通过工程进程详细介绍了工程从可行性研究到工程开工、竣工过程建设单位所负责的工程资料。主要介绍了:用地规划文件、勘察设计文件、开工审批文件的编制方法;决策立项文件、招投标文件、工程质量监督手续的内容。

复习思考题

1. 可行性研究的主要内容有哪些?
2. 工程开工前建设单位需要办理的文件有哪些?
3. 工程质量监督手段主要有哪些?
4. 开工应该具备的条件有哪些?
5. 勘察设计招投标中主要包括哪些内容?
6. 举例说明工程质量监督的几个手段?
7. 财务设计概预算包括哪些主要内容?

参考文献

1.《建设工程文件归档整理规范》GB/T 50328-2001
2.《建筑工程资料管理规程》JGJ/T 185-2009

第3章 监理单位文件资料的管理

本章主要介绍了监理单位文件资料管理的概念和流程,各种监理资料的概念、资料表式、资料要求及填表方法等内容。

3.1 监理单位文件资料管理流程

3.1.1 监理单位文件资料的概念

建设工程监理是监理单位受项目建设单位委托,依据我国建设法律、法规、政策文件、技术标准以及建设工程监理合同、建设工程施工合同等合同文件,对工程建设进行的监督、控制、指导和评价。监理资料是在建设工程监理实施过程中形成的并由监理单位收集、汇总、整理的文件或资料。

按照监理的属性和主要控制环节将监理资料划分为监理管理资料、进度控制资料、质量控制资料、造价控制资料、合同管理资料、竣工验收资料等几类。

3.1.2 监理单位资料管理流程的内容

监理单位资料管理流程如图3-1所示。

3.2 监理管理资料

3.2.1 监理规划

监理规划是监理单位在签订委托监理合同及收到设计文件后由总监理工程师主持、专业监理工程师参加编制的,经监理单位技术负责人审核批准,用来指导项目监理机构全面开展监理工作的纲领性文件。

3.2.1.1 监理规划的作用

1. 是项目监理机构全面开展监理工作的具有可操作性的指导性文件;
2. 是监理单位的主管部门对监理单位进行检查了解、考核评判的依据资料之一;
3. 是建设单位确认监理单位是否全面、认真履行监理合同的主要依据;

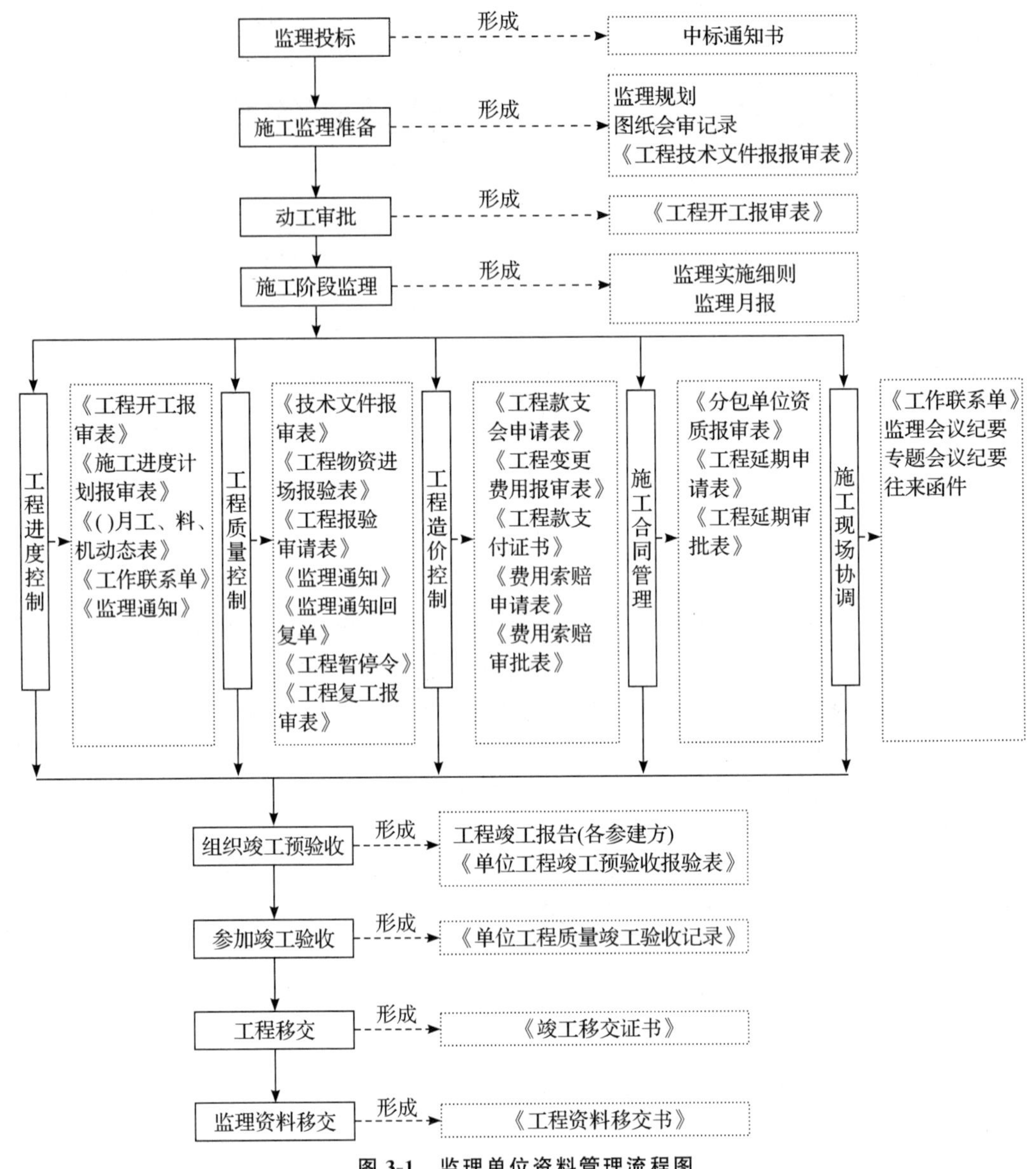

图 3-1 监理单位资料管理流程图

4. 是监理资料的重要组成部分。

3.2.1.2 监理规划的编制依据

1. 建设工程的相关法律、法规及项目审批文件；
2. 与建设工程项目有关的标准、设计文件、技术资料；
3. 监理大纲、委托监理合同文件以及与建设工程项目相关的合同文件；
4. 工程地质、水文地质、气象资料、材料供应、勘察、设计、施工、交通、能源、市政公用设施等方面的资料；
5. 工程报建的有关批准文件、招投标文件及国家、地方政府对建设监理的规定；
6. 勘察、设计、施工、质量检验评定等方面的规范、规程、标准等。

3.2.1.3 监理规划的主要内容

根据《建设工程监理规范》(GB 50319-2000)的规定，监理规划至少应包括以下12项内容：

1. 工程项目概况。包括工程名称、建设地址、工程项目组成及建设规模、主要建筑结构类型、建筑面积、工期及开竣工日期、工程质量等级、预计工程投资总额、主要设计单位及工程总承包单位等。

2. 监理工作范围。指监理单位所承担任务的工程项目建设监理的范围。监理工作范围应根据监理合同界定的工作范围来划分。如果监理单位承担全部工程项目的工程建设监理任务，监理的范围为全部工程项目。

3. 监理工作内容。应根据监理工作界定的范围制定监理工作内容。在工程项目建设的不同阶段，监理的工作内容都不相同。在项目的施工阶段，监理工作内容主要是三控制(投资控制、质量控制、进度控制)、二管理(信息管理、合同管理)、一协调(组织协调)。

4. 监理工作目标。它是监理单位所承担工作项目的投资、工期、质量等的控制目标，应按照监理合同所确定的监理工作目标来控制。

5. 监理工作依据。建设工程相关的法律、法规、规范、标准；建设项目设计文件；监理大纲；委托监理合同文件以及与建设工程项目相关的合同文件。

6. 项目监理机构的组织形式。按照项目监理机构的岗位设置内容采用的组织形式，用图或表的形式表示。

7. 项目监理机构的人员配备计划。根据监理工作内容、工作复杂程度，配备相应层次和数量的总监理工程师、总监代表、专业监理工程师和监理员。

8. 项目监理机构的人员岗位职责。包括项目监理机构各职能部门的职责以及各类监理人员的职责分工。

9. 监理工作程序。按照《建设工程监理规范》(GB 50319-2000)第5章第5.1节的规定编写。

10. 监理工作方法及措施。针对监理工作内容的不同方面制定详细的工作方法及相应的措施。

11. 监理工作制度。包括监理会议制度、信息和资料管理制度、监理工作报告制度以及其他监理工作制度。

12. 监理设施。包括由建设单位按照监理合同约定提供的设施和监理单位自备的监理设施。

当工程项目较为特殊时，还应增加其他必要的内容。

3.2.2 监理实施细则

监理实施细则是根据监理规划，在落实了各专业的监理责任后，由专业监理工程师编写，并经总监理工程师批准，针对工程项目中某一专业或某一方面开展监理工作的操作性文件。

3.2.2.1 编制监理实施细则的一般要求

监理实施细则一定要根据不同工程对象有针对性地编写。

1. 对中型及以上或专业性较强的或技术复杂的工程项目,项目监理机构应编制监理实施细则;对规模较小或小型的工程可将监理规划编制得详细一点,不再另行编写监理实施细则。

2. 监理实施细则应符合监理规划的要求,并应体现项目监理机构对所监理的工程项目的专业特点,做到详细具体、具有可操作性。例如:砖混、框架、排架、框剪等不同结构类型的建筑各有特点,在专业技术、管理和目标控制方面都有具体要求,应分别编制。

3. 监理实施细则编制程序、依据和主要内容应符合《建设工程监理规范》(GB 50319-2000)第 4.2.2 条和第 4.2.3 条的要求。

4. 要求监理实施细则必须在相应工程开始前编制完成。当某分部或单位工程按专业划分构成一个整体的局部或施工图未出齐就开工等情况时,可按工程进展情况分阶段编写监理实施细则。

5. 监理实施细则应由专业监理工程师编写。

6. 监理实施细则实施前必须经总监理工程师批准。

7. 在监理工作实施过程中,监理实施细则应根据实际情况进行补充、修改和完善。

3.2.2.2 编制监理实施细则的依据

1. 已批准的监理规划;
2. 与专业工程相关的标准、设计文件和技术资料;
3. 施工组织设计。

3.2.2.3 监理实施细则应包括的主要内容

1. 专业工程的特点;
2. 监理工作的流程;
3. 监理工作的控制要点及目标值;
4. 监理工作的方法及措施。

3.2.3 监理月报

监理月报是在工程施工过程中项目监理机构就工程实施情况和监理工作定期向建设单位所做的报告。项目监理机构每月以监理月报的形式向建设单位报告本月的监理工作情况,使建设单位了解工程施工的基本情况,同时掌握工程进度、质量、投资及施工合同的各项目标完成的监理控制情况。

3.2.3.1 监理月报的作用

监理月报应全面反映施工进展情况及监理工作情况,它主要的作用是:

1. 向建设单位通报本月份工程各方面的进展情况,目前工程尚存在哪些待解决的问题;

2. 向建设单位汇报在本月份中项目监理部做了哪些工作,收到什么效果;

3. 项目监理部向监理公司领导及有关部门汇报本月份工程进度控制、工程质量控制、工程造价控制、合同管理、信息管理、资料管理及协调建设各方之间各种关系中所做的工作,存在的问题及其经验教训;

4. 项目监理部通过编制监理月报总结本月份工作，为下一阶段工作作出计划与部署；

5. 为上级主管部门来项目监理部检查工作时提供关于工程概况、施工概况及监理工作情况的说明文件。

3.2.3.2 编制依据

1.《建设工程监理规范》(GB 50319-2000)；

2. 省市地方标准《建设工程监理规程》；

3. 省市地方标准《建筑工程资料管理规程》；

4. 工程质量验收系列规范、规程和技术标准；

5. 监理单位的有关规定。

3.2.3.3 编制的基本要求

1. 监理月报应由项目总监理工程师组织编制，签认后报送建设单位和本监理单位。

2. 监理月报报送时间由监理单位和建设单位协商确定。一般来说监理月报的编制周期为上月26日到本月25日，在下月5日前发出。

3. 监理月报应真实反映工程现状和监理工作情况，做到数据准确、重点突出、语言简练，并附必要的图表和照片。

4. 监理月报采用A4规格纸编写。

5. 监理月报的封面由项目总监理工程师签字，并加盖项目监理机构公章。

3.2.3.4 施工阶段监理月报的主要内容

1. 本月工程概况。

2. 本月工程形象进度。

3. 工程进度：

(1)本月实际完成情况与计划进度比较；

(2)对进度完成情况及采取措施效果的分析。

4. 工程质量：

(1)本月工程质量情况分析；

(2)本月采取的工程质量措施及效果。

5. 工程计量与工程款支付：

(1)工程量审核情况；

(2)工程款审批情况及月支付情况；

(3)工程款支付情况分析；

(4)本月采取的措施及效果。

6. 合同其他事项的处理情况：

(1)工程变更；

(2)工程延期；

(3)费用索赔。

7. 本月监理工作小结：

(1)对本月进度、质量、工程款支付等方面情况的综合评价；

(2)本月监理工作情况；

(3)有关本工程的意见和建议；

(4)下月监理工作的重点。

3.2.3.5 编写监理月报注意事项

1. 月报的内容要实事求是，按提纲要求逐项编写。要求文字简练，表达有层次，突出重点，多用数据说明，但数据必须有可靠的来源。

2. 提纲中开列的各项内容编排顺序不得任意调换或合并；各项内容如本期未发生，应将项目照列，并注明“本期未发生”。

3. 月报底稿要求字体工整，不得潦草，使用规范的简体汉字，使用国家标准规定的计量单位，如 m、cm^2、mm^2、t、L 等，不使用中文计量单位名称，如千克、吨、米、平方厘米、千帕、兆帕等。

4. 文中出现的数字一律使用阿拉伯数字，如地下 2 层、第 15 层，不使用地下二层、第十五层等。

5. 各种技术用语应与各种设计、标准、规范、规程中所用术语相同。

6. 本规定中的各种表格的表号不得任意变动，不得自行增减栏目，也不得颠倒各栏目的排列顺序，以免打印时发生错误。

7. 月报中参加工程建设各方的名称作如下统一规定：

(1)建设单位：不使用业主、甲方、发包方、建设方。

(2)承包单位：不使用乙方、承包商、承包方；可使用总包单位和分包单位；承包单位分包的包清工的建筑队一律称包工队；承包单位派驻施工现场的执行机构统称项目经理部。

(3)监理单位：不使用监理方；监理单位派驻施工现场的执行机构统称项目监理部。一般不宜单独使用“监理”一词，应具体注明所指为监理公司、监理单位、项目监理部、监理人员或者监理工程师。

(4)设计单位：不使用设计院、设计、设计人员等。

8. 文稿中所用的图表及文件，要求字迹及图表线条清楚，一律使用黑色或蓝黑色墨水，或黑色圆珠笔，不得使用铅笔或红蓝铅笔。

9. 各项目监理部编写的监理月报稿，应按目录顺序排列，各表格应排列至相应适当位置，并装订成册，经总监理工程师检查无误并签认后再打印。

10. 各项图表填报的依据及各表格中填报的统计数字，均应由监理工程师进行实地调查或进行实际计量计算，如需承包单位提供时，也应进行审查与核对无误后自行填写，严禁将图表、表格交承包单位任何人员代为填报。

3.2.4 监理会议纪要

监理会议纪要是指施工监理过程中，根据项目监理机构主持的会议(包括工地例会和专题会议)记录整理，并经有关各方签字认可的文件。

3.2.4.1 会议纪要内容

工地例会是总监理工程师定期主持召开的工地会议，其内容应包括以下几个方面：

1. 检查上次例会议定事项的落实情况，分析未完事项原因；

2. 检查分析工程项目进度计划完成情况,提出下一阶段进度目标及其落实措施;

3. 检查分析工程项目质量状况,针对存在的质量问题提出改进措施;

4. 检查工程量核定及工程款支付情况;

5. 解决需要协调的有关事项;

6. 其他有关事宜。

专题会议是为解决施工过程中的各种专项问题而召开的不定期会议,由总监理工程师或其授权的监理工程师主持,工程项目各主要参建单位参加,会议应有主要议题。专题工地会议纪要的形成过程与工地例会相同。

3.2.4.2 资料表式(表3-1)。

表3-1 ×××会议纪要

工程名称: 编号:

时间: 地点: 主持人: 与会单位及人员:
主要内容:
会议决定:
到会人员签字: 记录人: 年 月 日

3.2.4.3 填表说明

1.“主要内容”应简明扼要地写清楚会议的主要内容及中心议题(即与会各方提出的主要事项和意见),工地例会还包括检查上次例会议定事项的落实情况。

2.“会议决定”应写清楚会议达成的一致意见、下步工作安排和对未解决问题的处理意见。

3.2.4.4 资料要求

1. 会议纪要必须及时记录、整理,记录内容齐全,对会议中提出的问题记录准确,技术用语规范,文字简练明了。

2. 会议纪要由项目监理机构起草,总监理工程师审阅,与会各方代表签字。

3. 会议记录必须有会议名称、主持人、参加人、会议时间、地点、会议内容、参加人员签章。

3.2.5 监理日记

监理日记是项目监理机构在被监理工程施工期间每日记录气象、施工工作、监理工作及有关事项的日记。监理日记是监理资料中重要的组成部分,是监理服务工作量和价值的体现,是工程实施过程中最真实的工作证据,也是监理人员素质和技术水平的体现。监理日记中应真实、准确、全面的记录工程施工过程中的监理工作及相关事项。

3.2.5.1 资料表式(表 3-2)。

表 3-2 监理日记

工程名称: 编号:

日期		气象		最高与最低气温	
施工部位				风力	
当日施工主要内容记录:					
主要事项记录:					
监理工程师				填表人	

3.2.5.2 填表说明

1.“施工主要内容记录”指承包单位参与施工的施工人数、作业内容及部位,使用的主要施工设备、材料等;对主要的分部、分项工程开工、完工做出标记。

2.“主要事项记录”指记载当日的下列监理工作内容和有关事项:

(1)施工过程巡视检查和旁站监理、见证取样情况；
(2)施工测量放线、工程报验情况及验收结果；
(3)材料、设备、构配件和主要施工机械设备进场情况及进场验收结果；
(4)施工单位资料报审及审查结果；
(5)施工图交接、工程变更的有关事项；
(6)所发监理通知(书面或口头)的主要内容及签发人、接收人；
(7)建设单位、施工单位提出的有关事宜及处理意见；
(8)工地会议议定的有关事项及协调确定的有关问题；
(9)工程质量事故(问题)及处理方案；
(10)异常事件及其对施工的影响情况；
(11)设计人员到工地及处理、交代的有关事宜；
(12)质量监督人员、有关领导来工地检查、指导工作情况及有关指示；
(13)其他重要事项。

3.2.5.3 资料要求

1. 监理日记以单位工程为记录对象，从工程开工之日起至工程竣工日止，由专人或相关人逐日记载，记载内容应保持其连续和完整。

2. 监理日记应使用统一制定的表格形式，每册封面应标明工程名称、册号、记录时间段及建设、设计、施工、监理单位名称，并由总监理工程师签字。

3. 监理人员巡检、专检或工作后应及时填写监理日记并签字。

4. 监理日记不得补记，不得隔页或扯页以保持其原始记录。

5. 监理日记必须及时记录、整理，应做到记录内容齐全、详细、准确，真实反映当天的具体情况；技术用语规范，文字简练明了。

3.2.5.4 监理工作工程巡检中监理日志的记录内容

1. 砌体工程

(1)明确记录工程巡检的区段与范围；

(2)对总体砌体质量如组砌方法、灰缝(十皮砖平均高度，平均灰缝厚度，最大、最小灰缝宽度等是否超规范)、砖的质量、墙面平整度、砌体加筋(钢筋弯钩、伸入长度、钢筋的数量及断面)、砌体留槎(同时砌筑或留置凸槎)、构造柱(马牙槎、凸凹尺寸)、砂浆(稠度、和易性和砂浆饱满度)等予以记录。

2. 混凝土工程

(1)明确记录工程巡检的区段与范围；

(2)对总体混凝土质量如混凝土工程用材料(水泥、砂、石子、外加剂、掺和料等的质量及出厂合格证及试验报告单)、混凝土配合比(试配、施工配合比、盘、磅、实际计量等)、模板(清理、浇水湿润、平整度、粘贴缝条、标高、构件断面、模板支撑)、混凝土拌和时间、混凝土稠度(坍落度测验)、混凝土运输、现场浇筑、振捣、混凝土浇筑(部位、数量、厚度)、施工缝处理、混凝土养护等。

3. 其他工程

诸如地基与基础工程、钢筋混凝土工程的钢筋工程、装饰装修工程、屋面工程、地面工程、地下防水工程、木结构工程、钢结构工程、给水排水与采暖、建筑电气、通风与空调工程、电梯工程、智能化工程等均应根据其工程的施工内容，通过旁站、巡检等方式进行监理并按工艺特点、重要环节予以记录。

3.2.6 旁站监理记录

旁站监理是在工程项目实施过程中，项目监理人员在施工现场对承包商的施工活动进行的跟踪监理。旁站监理是监理单位执行法律和规范、规定所应尽的职责，是监理单位为保证工程质量的自身价值体现。

3.2.6.1 资料表式(表 3-3)。

表 3-3 旁站监理记录

工程名称： 编号：

日期及气候：	工程地点：
旁站监理的部位或工序：	
旁站监理开始时间：	旁站监理结束时间：
施工情况：	
监理情况：	
发现问题：	
处理意见：	
备注：	
施工单位： 项目经理部： 质检员(签字)： 年 月 日	监理单位： 项目监理机构(章)： 旁站监理人员(签字)： 年 月 日

3.2.6.2 资料要求

1. 旁站监理必须坚决执行并记录，记录应及时、准确；内容完整、齐全，技术用语规范，文字简练明了。

2. 旁站监理记录是监理工程师或总监理工程师依法行使其签字权的重要依据。对于需要旁站监理的关键部位、关键工序施工，凡没有实施旁站监理或者没有旁站监理记录的，监理工程师或总监理工程师不得在相应文件上签字。

3. 经工程师验收后，应当将旁站监理记录存档备查。

4. 签字及盖章必须齐全，不得代签和加盖手章，不签字无效。

3.2.6.3 旁站监理应记录的内容要点

1. 记录旁站监理的部位或工序名称，说明该部位是关键部位或关键工序。

2. 旁站监理起讫时间、地点、气候与环境(如冬期、酷夏、特殊天气)。

3. 旁站监理施工中执行规范、设计等的情况。例如，混凝土工程中的坍落度、和易性、浇筑厚度、施工缝处理等，钢筋位移、保护层厚度、预埋件固定等控制情况。

4. 旁站监理工作中对所监理的关键部位、工序等的质量控制情况，对旁站监理系统的工程质量的总体评价。

5. 旁站监理工作中发现的操作、工艺、质量等方面的问题；旁站监理中有无突发性事故发生，如有，是什么内容；提出了哪些解决办法。

6. 旁站监理的工程质量结果如何。

7. 其他应记录的内容。

3.2.6.4 旁站监理工作要点

1. 旁站监理的范围

房屋建筑工程施工旁站监理管理办法(试行)规定：施工阶段监理中对房屋建筑工程的关键部位、关键工序的施工质量实施全过程现场跟班监督活动。

关键部位与关键工序的质量控制，不同结构类型的工程，其控制内容是不同的。在地基基础工程方面包括土方回填、混凝土灌注桩浇筑、地下连续墙、土钉墙、后浇带等其他结构混凝土、防水混凝土浇筑、卷材防水细部构造处理、钢结构安装；在主体结构方面包括梁柱节点钢筋隐蔽过程、混凝土浇筑、预应力张拉、装配式结构安装、钢结构安装等。

监理单位在编制监理规划时，应当制定旁站监理方案，明确旁站监理的范围、内容、程序和旁站监理人员的职责等。

2. 旁站监理的主要任务

(1)见证整个单项产品质量的形成过程，必须做到记录齐全，发现问题必须及时解决；

(2)监督施工单位严格按照设计和规范要求施工。

3. 旁站监理工作的主要操作程序

(1)检查用于该旁站监理的全部工程的材料、半成品和构配件是否经过检验，该检验是否合格；

(2)检查特殊工种的上岗操作证书，无证不准上岗；

(3)检查施工机械、设备运行是否正常；

(4)检查施工环境是否对工程质量产生不利影响；

(5)按批准执行的施工方案、操作工艺,检查操作人员的技术水平,操作条件是否达到标准要求,是否经过技术交底;

(6)检查施工是否按技术标准、规范、规程和批准的设计文件、施工组织设计、"工程建设标准强制性条文"施工;

(7)施工方的质量管理人员、质量检查人员,必须在岗并定期进行检查;

(8)对已施工的工程进行检查,看其是否存在质量和安全隐患,发现问题及时上报;

(9)做好监理的有关资料填报、整理、签审、归档等工作。

4. 旁站监理必须考核的内容

(1)旁站监理的时间考核,必须保证全过程监理;

(2)旁站监理的工程质量考核,必须保证旁站监理的工程质量符合设计和规范规定的质量标准;

(3)旁站监理的绩效考核,保证旁站监理的质量效果达到100%。

3.2.7 监理工作联系单

监理工作联系单是指在施工过程中,与监理有关各方的工作联系用表。即与监理有关的某一方需向另一方或几方告知某一事项,或督促某项工作,或提出某项建议时发出的联系文件。要注意的是,联系单不是指令,也不是监理通知,对方执行情况不需要书面回复时均用此表。

3.2.7.1 资料表式(表3-4)。

表3-4 监理工作联系单

工程名称:　　　　　　　　　　　　　　　　　　　　编号:

致: 事由: 内容: 单位(章):________ 负责人:________ 日　期:________

3.2.7.2 填表说明

1."事由"指需要联系事项的主题。

2."内容"指需要联系的详细内容。要求内容完整、齐全,技术用语规范,文字简练明了。内容一般包括:

(1)召开某种会议的时间、地点安排;

(2)建设单位向监理机构提供的设施、物品及监理机构在监理工作完成后向建设单位移交的设施及剩余物品;

(3)建设单位、承包单位就本工程及本合同需要向监理机构提出保密的有关事项;

(4)建设单位向监理机构提供的本工程合作的原材料、构配件、机械设备生产厂家名录以及与本工程有关的协作单位、配合单位的名录;

(5)按《建设工程委托监理合同》监理单位权利中需向委托人书面报告的事项;

(6)监理单位调整总监及监理人员;

(7)建设单位要求监理单位更换监理人员;

(8)监理合同的变更与终止;

(9)监理费用支付通知;

(10)监理机构提出的合理化建议;

(11)建设单位派驻及变更施工场地履行合同的代表姓名、职务、职权;

(12)承包单位认为不合理的指令提出的修改意见;

(13)紧急情况下无法与专业监理工程师联系时,项目经理采取保证人员生命和财产安全的紧急措施,并在采取措施后8小时内向专业监理工程师提交的报告;

(14)对不能按时开工提出延期开工理由和要求的报告;

(15)实施爆破作业、在放射性毒害环境中施工及使用毒害性、腐蚀性物品,施工承包单位在施工前1天内向专业监理工程师提出的书面通知;

(16)可调价合同发生实体调价的情况时,承包单位向专业监理工程师发出的调整原因、金额的书面通知;

(17)索赔意向通知;

(18)发生不可抗力事件,承包单位向专业监理工程师通报受害损失情况,承包单位提出使用专利技术和特殊工艺,向专业监理工程师提出的书面报告及专业监理工程师的认可;

(19)在施工中发现文物、地下障碍物,向专业监理工程师提出的书面汇报等其他各方需要联系的事宜。

3."单位"指提出监理工作联系事项的单位,如建设单位、监理单位、承包单位。填写本工程现场管理机构名称全称并加盖公章。

4."负责人"指提出监理工作联系事项单位在本工程中的负责人。建设单位为驻工地代表,监理单位为项目总监理工程师,承包单位为项目经理。

3.2.8 监理工程师通知单

监理工程师通知单是指监理单位认为在工程实施工程中需要将建设、设计、勘察、施工、材料供应等各方应知的事项发出的监理文件。监理工程师现场发出的口头指令及要求,也应采用此表予以确认。

3.2.8.1 资料表式(表 3-5)

表 3-5 监理工程师通知单

工程名称： 编号：

致：
事由：
内容：
项目监理结构(章)：__________ 总/专业监理工程师：__________ 日　期：__________

3.2.8.2 资料说明

1. 本表由监理单位填写，必须及时、准确，通知内容完整，技术用于规范，文字简练明了。需附图时，附图应简单易懂，且能反映附图的内容。

2. 监理单位必须加盖公章和总监理工程师签字，不得代签和加盖手章，不签字无效。

3. "致"指监理单位发给某单位的单位名称；"事由"指通知事项的主题(发生问题的部位，问题的性质，提出问题的依据)；"内容"指通知事项的详细说明和对施工单位的工作要求、指令等。

3.2.9 监理工程师通知回复单

3.2.9.1 资料表式(表 3-6)

表 3-6 监理工程师通知回复单

工程名称： 编号：

致：__________(监理单位) 我方接到编号为__________的监理工程师通知后，已按要求完成了__________ __________工作，现报上，请予以复查。 详细内容： 承包单位(章)：__________ 项目经理：__________ 日　期：__________
审查意见： 项目监理结构(章)：__________ 总/专业监理工程师：__________ 日　期：__________

3.2.9.2 资料说明

1. 承包单位落实《监理工程师通知单》后，报项目监理机构复查。

2. 涉及由总监理工程师审批工作内容的回复单，应由总监理工程师审批。

3."详细内容"指针对《监理工程师通知单》的要求，简要说明落实过程，结果及自检情况，必要时附有关证明资料。

4."复查意见"指专业监理工程师根据对所报资料的检查核对工作成果的复核情况签署意见，对不符合要求的应指出具体项目或部位，并要求承包单位继续整改。

3.2.10 见证取样、送检记录表

单位工程施工前，项目监理机构应根据施工单位报送的施工试验计划编制有见证取样和送检计划。

见证人员应进行有见证取样和送检项目的管理，按照见证取样和送检计划，对施工现场的取样和送检进行见证，按规定填写《见证取样记录表》。

见证人员应对试样的代表性和真实性负责。

1. 资料表式(表3-7)。

表3-7 见证取样记录表

工程名称： 编号：

<table>
<tr><td>样品名称</td><td></td><td>取样地点</td><td></td></tr>
<tr><td>取样部位</td><td colspan="3"></td></tr>
<tr><td>取样数量</td><td></td><td>取样日期</td><td></td></tr>
<tr><td colspan="4">见证记录：

取样人签字、印章：________________
见证人签字、印章：________________
填制日期：</td></tr>
<tr><td>备注</td><td colspan="3"></td></tr>
</table>

2. 填表说明

(1)"工程名称"为本见证取样的工程全称。

(2)"表头部分"填写试样的名称、部位、地点、数量和取样日期。

(3)"见证记录"栏记录取样的方法、过程及样品的表观质量。

(4)由取样人和见证人本人签字和加盖送检印章。

3.2.11 承包单位通知单

资料表式(表 3-8)。

表 3-8 承包单位通知单

工程名称： 编号：

致：________________(监理单位) 事由： 内容： 承包单位(章)：________ 项目经理：________ 日 期：
签收意见： ____年____月____日____时收到。 □同意于____年____月____日____时前进行(工程或部位)____________监理工作。 □不同意进行____________(工程或部位)____________监理工作。 项目监理机构(章)：________ 总/专业监理工程师：________ 日 期：________

3.3 进度控制资料

3.3.1 工程开工/复工报审表

1. 资料表式(见表 3-9)。

表 3-9 工程开工/复工报审表

工程名称： 编号：

<table>
<tr><td>致：____________（监理单位）
我方承担的____________工程，已完成了一下各项工作，具备了开工/复工条件，特此申请施工，请核查并签发开工/复工指令。
附：(1)开工报告(略)。
(2)证明文件。
承包单位(章)：________
项目经理：________
日　期：________</td></tr>
<tr><td>审查意见：
监理工程师：________
日　期：________</td></tr>
<tr><td>审批意见：
项目监理机构(章)：________
总监理工程师：________
日　期：________</td></tr>
</table>

2. 工程开工/复工报审表资料要求：

(1)用于工程项目开工及停工的恢复施工报审用表，承包单位报项目监理机构复核和批复开工及复工时间。

(2)整个项目一次开工，只填报一次，如工程项目中含有多个单位工程且开工时间不同，则每个单位工程都应填报一次，此时将表头和表内的“复工”两字划掉。因各种原因工程暂停，承包单位准备恢复施工，工程复工报审时，将表头和表内的“开工”两字划掉。

3. 填表内容：

(1)“工程名称”指相应的建设项目或单位工程名称，应与施工图的工程名称一致。

(2)用于复工报审时，“____________工程”栏填写相应停工令所暂停的分部分项工程名称及工程部位，即需要复工的部位。

(3)“附件”指开工前的各项准备工作已按《开工报告》内容逐一落实，自查符合要求后将《施工现场质量管理检查记录》及其要求的有关证件，《建筑工程施工许可证》，现场专职管理人员资格证、上岗证，现场管理人员、机具、施工人员进场情况，工程主要材料落实情况等资料作为附件同时报送。“证明文件”是指证明已具备开工或复工条件的相关资料。工程暂停原因是由承包单位的原因引起时，承包单位应报告整改情况和预防措施；工程暂停原因是由非承包单位的原因引起时，承包单位仅提供工程暂停原因消失证明。

(4)“审查意见”指监理工程师对承包单位的开工准备情况和复工条件进行检查，并逐项记录检查结果，报项目总监理工程师审核；总监理工程师应在施工合同约定的时间内完成对开工和复工申请的审批，并注明同意或不同意开工或复工的原因和对承包单位的要求。

(5)“承包单位(章)”指填写承包该项目施工的项目部全称并加盖公章。

3.3.2 施工进度计划(调整计划)报审表

施工进度计划报审表是由承包单位根据已批准的施工总进度计划，按承包合同约定或监理工程师的要求编制的施工进度计划，报项目监理机构审查、确认和批准的资料。

1. 资料表式(表 3-10)。

表 3-10 施工进度计划报审表

工程名称： 编号：

<table>
<tr><td>致：__________(监理单位)
兹上报____年____季____月__________工程施工进度计划，请审查批准。
附件：
施工进度计划(包括编制说明、形象进度、工程量、机械、劳动力计划)。

承包单位(章)：______
项目经理：______
日　期：______</td></tr>
<tr><td>监理工程师审查意见：

监理工程师：______
日　期：______</td></tr>
<tr><td>总监理工程师审审核意见：

项目监理机构(章)：______
总监理工程师(章)：______
日　期：______</td></tr>
</table>

2. 填表说明：

(1)“工程施工进度计划”前填写所报进度计划的时间和工程的名称。

(2)“附件”指报审的工程施工进度计划，包括编制说明、形象进度、工程量、机械、劳动力计划。

(3)“监理工程师审查意见”指对施工进度计划，主要审核其与所批准总进度计划的开、完工时间是否一致；主要工程内容是否有遗漏，各项施工计划之间是否协调；施工顺序的安排是否符合施工工艺要求；材料、设备、施工机械、劳动力、水电等生产要素供应计划能否保证进度计划的需要，供应是否均衡；对建设单位提供的施工条件的要求是否准确、合理。

(4)“总监理工程师审核意见”要求简要说明同意或不同意的原因和理由，提出建议、修改、补充的意见。

3. 资料要求：

(1)本表由承包单位填报，加盖公章，项目经理签字，经专业监理工程师审查符合要求后报总监理工程师批准后签字有效，加盖项目监理机构章。

(2)承包单位提请施工进度计划报审，提供的附件应齐全真实，对任何不符合附件要求的资料，承包单位不得提请报审，监理单位不得签发报审表。

(3)调整计划是在原有计划已不适应实际情况，为确保进度控制目标的实现，需确定新的计划目标时对原有进度计划的调整。对于调整计划，不管采取哪种调整方法，都会增加费用或涉及工期的延长，专业监理工程师应慎重对待，尽量减少变更计划的调整。

4. 施工进度计划(调整计划)报审程序：

(1)承包单位按施工合同要求的时间编制好施工进度计划，并填报《施工进度计划(调整计划)报审表》报监理机构。

(2)总监理工程师指定专业监理工程师对承包单位所报的《施工进度计划(调整计划)报审表》及有关资料进行审查，并向总监理工程师报告。

(3)总监理工程师按施工合同要求的时间，对承包单位所报《施工进度计划(调整计划)报审表》予以确认或提出修改意见。应该注意，编制和实施施工进度计划是承包单位的责任，因此监理机构对施工进度的审查或批准，并不解除承包单位对施工进度计划的责任和义务。

3.3.3 工程暂停令

工程暂停令是指施工过程中发生了需要停工处理的事件，由总监理工程师签发的暂时停止施工的指令性文件。总监理工程师应根据暂停工程的影响范围和影响程度，依据《建设工程监理规范》(GB 50319-2000)第6.1.2条，按照承包合同和委托监理合同的约定签发工程暂停令。

1. 资料表式(表3-11)。

表 3-11　工程暂停令

工程名称：　　　　　　　　　　　　　　　　　　　　　　　编号：

<table>
<tr><td>致：____________（承包单位）
　　由于______________________原因，现通知你方必须于____年____月____日____时起，对本工程的____________部位（工序）实施暂停施工，并按下述要求做好各项工作。

项目监理机构（章）：________
总监理工程师：________
日　期：________</td></tr>
</table>

2. 填表说明：

(1)“致(承包单位)”应填写施工该单位工程的施工单位名称，按全称填写。

(2)“由于”后面应简明扼要的准确填写工程暂停原因。

(3)“部位(工序)”应填写本暂停令所停工工程项目的范围。

(4)“要求做好各项工作”指工程暂停后要求承包单位所做的有关工作，如对停工工程的保护措施，针对工程质量问题的整改、预防措施等。

3. 资料要求：

(1)本表由监理单位填写、下发。

(2)工程暂停指令办理必须及时、准确，通知内容完整，技术用语规范，文字简练明了。

(3)工程暂停指令项目监理机构必须加盖公章和总监理工程师签字，不得代签和加盖手章，不签字无效。

(4)因试验报告单不符合要求下达停工指令时，应注意在指令中说明试验编号，以备核对。

(5)工程暂停令由监理工程师提出建议并经总监理工程师批准，经建设单位同意后下发。

4. 签发工程暂停令时相关问题的处理：

(1)工程暂停原因是承包单位的原因造成，承包单位申请复工时，除了填报“工程复工报审表”外，还应报送针对导致停工原因所进行的整改工作报告等有关材料。

(2)工程暂停原因是非承包单位的原因造成，若是建设单位的原因(或应由建设单位承担责任的风险)，总监理工程师在签发工程暂停令之后，应尽快按承包合同的规定处理因工程暂停引起的工期、费用等有关问题。

(3)施工中出现下列情况之一者，总监理工程师有权下达《工程暂停指令》，要求承包单位停工整改、返工。

a. 未经监理工程师审查同意，擅自变更设计或修改施工方案进行施工者；

b. 未通过监理工程师审查的施工人员或经审查不合格的施工人员进入现场施工者；

c. 擅自使用未经监理工程师审查认可的分包单位进入现场施工者；

d. 使用不合格的或未经监理工程师检查验收的材料、构配件、设备或擅自使用未经审查认可的代用材料者；

e. 工序施工完成后，未经监理工程师验收或验收不合格而擅自进行下一道工序施工者；

f. 隐蔽工程未经监理工程师验收确认合格而擅自隐蔽者；

g. 施工中出现质量异常情况，经监理工程师指出后，承包单位未采取有效改正措施或措施不力、效果不好仍继续作业者；

h. 已发生质量事故，迟迟不按监理工程师要求进行处理，或发生质量隐患、质量事故，如不停工则质量隐患、质量事故将继续发展，或已发生质量事故，承包单位隐瞒不报，私自处理者。

3.4 质量控制资料

3.4.1 施工组织设计(专项施工方案)报审表

组织设计(方案)报审表是用于承包单位向项目监理机构报审施工组织设计(方案)的资料。

工程项目开工前，承包单位按施工合同规定的时间向项目监理机构报送自审手续完备的施工组织设计(方案)，总监理工程师组织专业监理工程师在合同规定时间内完成审查工作，提出审查意见，并经总监理工程师审核、签认后，返回承包单位并报建设单位。审查不合格的施工组织设计(方案)，监理工程师应提出修改完善的审查意见，要求承包单位在指定时间内重新报审。

1. 资料表式(表 3-12)。

2. 填表说明：

(1)“____________工程施工组织设计(方案)”填写相应的建设项目、单位工程、分部工程、分项工程或关键工序名称。

(2)“附件”指需要审批的施工组织总设计，单位工程施工组织设计或施工方案。

(3)“审查意见”指专业监理工程师对施工组织设计(方案)内容的完整性、符合性、适用性、合理性、可操作性及实现目标的保证措施的审查所得出的结论。

(4)“审核意见”是由总监理工程师对专业监理工程师的审查意见进行审核确认并签字、盖章。

3. 资料要求：

(1)本表由施工单位填报，项目监理机构的专业监理工程师审核，总监理工程师签发。需经建设单位同意时，应经建设单位同意后签发。

(2)如经批准的施工组织设计(方案)发生改变，项目监理机构要求将变更方案报送时也采用此表。

4. 施工组织设计审查要求：

(1)承包单位提送报审的施工组织设计(方案)，文件内容必须具有全面性、针对性和可操作性，编制人、单位技术负责人必须签字，报送单位必须加盖公章；施工组织设计应符合施工合同要求。

(2)承包单位必须完成施工组织设计的编制及自审工作,并填写施工组织设计(方案)报审表,报送项目监理机构审查。

(3)总监理工程师应在约定时间内组织专业监理工程师审查,提出审查意见后,由总监理工程师审定批准。需要承包单位修改时,由总监理工程师签发书面意见,退回承包单位修改后再报审,总监理工程师应重新审定。

(4)已审定的施工组织设计由项目监理机构报送建设单位。

(5)承包单位应按审定的施工组织设计文件组织施工。如需对其内容做较大变更,在实施前将变更内容书面报送项目监理机构重新审定。

(6)对规模大、结构复杂或属新结构、特种结构的工程,项目监理机构应在审查施工组织设计后,报送监理单位技术负责人审查,组织有关专家会审。

表 3-12　施工组织设计(方案)报审表

工程名称:　　　　　　　　　　　　　　　　编号:

致:__________(监理单位) 我方已根据施工合同的有关规定完成了__________工程施工组织设计(方案)的编制,并经我单位上级技术负责人审查批准,请予以审查。 附件:施工组织设计(方案)。 承包单位(章):__________ 项目经理:__________ 日　期:__________
专业监理工程师审查意见: 专业监理工程师:__________ 日　期:__________
总监理工程师审查意见: 项目监理机构(章):__________ 总监理工程师:__________ 日　期:__________

3.4.2　施工测量放线报验单

施工测量放线报验单是项目监理机构对施工单位的工程或部位的测量放线进行报验的确认和批复。专业监理工程师应实地查验放线精度是否符合规范及标准要求,施工轴线控制桩的位置、轴线和高程的控制标志是否牢靠、明显等。经审核、查验合格后,签认施工测量报验申请表。

1. 资料表式(表 3-13)。

表 3-13 施工测量放线报验单

工程名称： 编号：

<table>
<tr><td colspan="3">致：____________
我单位已完成____________(工程或部位名称)的放线工作，经自检合格，清单如下，请予查验。
专职测量人员岗位证书编号：
测量设备鉴定证书编号：
附件：测量放线依据材料及放线成果。</td></tr>
<tr><td>工程或部位名称</td><td>放线内容</td><td>备注</td></tr>
<tr><td></td><td></td><td></td></tr>
<tr><td></td><td></td><td></td></tr>
<tr><td colspan="3">承包单位(章)：__________
项目经理：__________
日　期：__________</td></tr>
<tr><td colspan="3">专业监理工程师审查意见：
□查验合格
□纠正差错后再报
项目监理机构(章)：__________
专业监理工程师：__________
日　期：__________</td></tr>
</table>

2. 填表说明：

(1)“工程或部位的名称”指工程定位测量时填写工程名称，轴线、标高测量时填写被测项目部位名称。

(2)“专职测量人员岗位证书编号”指承担这次测量放线工作的专职测量人员岗位证书编号。

(3)“测量设备鉴定证书编号”指这次放线工作所用测量设备的法定检测部门的鉴定证书编号。

(4)“测量放线依据材料及放线成果”中“依据材料”指施工测量方案、建设单位提供的红线桩、水准点等材料，“放线成果”指承包单位测量放线所放出的控制线及其施工测量放线记录表(“依据材料”应是已经项目监理机构确认)。

(5)“放线内容”指测量放线工作内容的名称，如轴线测量、标高测量等。

(6)“备注”内容应为施工测量放线使用测量仪器的名称、型号、编号。

(7)“专业监理工程师审查意见”指分包单位资质由专业监理工程师先行审查，必须填写审查意见和审查日期，并签字。

3. 资料要求：

(1)本表由承包单位填报，加盖公章，项目经理签字，经专业监理工程师初审符合要求后签字，由总监理工程师最终审核加盖项目监理机构章，经总监理工程师签字后执行。

(2)施工测量报审应提送专职测量人员岗位证书及测量设备鉴定证书、测量放线依据材料及放线成果，并认真填写工程或部位名称和放线内容。

(3)资料内必须附图时，附图应简单易懂，且能全面反映附图内容的质量。

3.4.3 工程材料/构配件/设备报审表

工程材料/构配件/设备报验表是承包单位对拟进场的主要工程材料、构配件、设备，在自检、复试、测试合格后报项目监理机构进行进场验收，并将复试结果及出厂质量证明文件作为附件报项目监理机构审核、确认，进而给予批复的文件。报验完毕后，附件归还施工单位存档。

对未经监理人员验收或验收不合格的工程材料、构配件、设备，监理人员应拒绝签认，承包单位不得在工程上使用，并应限期将不合格的材料、构配件、设备撤出现场。

工程材料/构配件/设备报验必须按单位工程分开报验，并应有时限要求，施工单位和监理单位应按施工合同的约定完成各自的报送和审批工作。

1. 资料表式(表 3-14)。

表 3-14 工程材料/构配件/设备报验表

工程名称： 编号：

工程材料/构配件/设备报验表
致：____________(监理单位) 我方于____年____月____日进场的工程材料/构配件/设备数量如下(见附件)。现将质量证明文件及自检结果上报，拟用于下述部位： ____________________ ____________________ 请予以审核。 附件：1. 数量清单(名称、产地、规格、数量)。 2. 质量证明文件。 3. 自检结果(复试报告等)。 承包单位(章)：______ 项目经理：______ 日 期：______
审查意见： 经检查上述工程材料/构配件/设备，符合/不符合设计文件和规范的要求，准许/不准许进场，同意/不同意使用于拟定部位。 项目监理机构(章)：______ 总/专业监理工程师：______ 日 期：______

2. 填表说明：

(1)“工程名称”指报验的材料、构配件、设备拟用于的单位工程名称。

(2)“拟用于部位”指工程材料、构配件、设备拟用于工程的具体部位。

(3)“数量清单”按表列括号内容用表格形式按单位工程需用量填报。

(4)“质量证明文件”指生产单位提供的证明工程材料/构配件/设备质量的证明资料，如合格证、性能检测报告等。凡无国家或省正式标准的新材料、新产品、新设备，应有省级及以上有关部门鉴定文件，并委托国家认可的检测机构进行试验，出具检测报告。凡进口的材料、产品、设备，应有商检的证明文件。

(5)“自检结果”指承包单位的进场验收记录、复试报告和项目监理机构见证取样证明。

(6)“审查意见”需专业监理工程师经对所报资料审查，与进场实物核对和观感质量验收，全部符合要求的，将“不符合”“不准许”“不同意”用横线划掉；否则，将“符合”“准许”“同意”用横线划掉，并指出不符合要求之处。

3. 资料要求：

(1)工程原材料、构配件、设备报验是指原材料、构配件、设备进场后由施工单位向监理单位进行的报验。对进场的原材料、构配件、设备等，施工单位首先要组织自检自验，并按有关规定进行抽样测试，确认合格后填写工程材料/构配件/设备报验表，连同出厂合格证、质量保证书、复试报告等一并报驻地监理工程师进行质量认证。

有的材料、构配件、设备在进场前，曾由建设单位和监理单位看过样品或调研过，但这个过程不能代替进场后使用前的报验。

(2)本表由施工单位填报，由项目监理机构审查。报验表内的承包单位、项目监理机构均盖章，不盖章无效。以专业监理工程师签字有效，不盖章、监理工程师不签字无效。

(3)承包单位提请工程材料、构配件、设备报验时提供的附件，如数量清单、质量证明文件、自检结果等应齐全真实。对任何不符合附件要求的资料，承包单位不得提请报验，监理单位不得签发报验表。

(4)工程原材料、构配件、设备报验应由施工单位的工程技术负责人提出。

(5)报验应每一材料品种、每一批量填报一表，不得多品种、多批量一表混填。

4. 工程材料、构配件和设备的报验要求：

(1)承包单位应对拟进场的工程材料、构配件和设备(包括建设单位采购的工程材料、构配件、设备)填写《工程材料/构配件/设备报验表》并附上相应的准用证明、出厂质量证明等有关资料，报项目监理机构审核、签认。对新材料、新产品，承包单位应报送经有关部门鉴定、确认的证明文件。

(2)承包单位应对进场的工程材料按工程质量管理规定进行自检和复试，对构配件进行自检，对设备进行开箱检查，并将复试结果和检查结果报送项目监理机构审核、签认。

(3)专业监理工程师应对进场的工程材料、构配件和设备，按照委托监理合同的约定和工程质量管理文件的规定，进行平行检测、见证取样。

(4)对进口材料、构配件和设备，应按照事先约定，由建设单位、承包单位、供货单位、项目监理机构及其他有关单位进行联合检查。

(5)经专业监理工程师审核，检查合格，签认《工程材料“构配件”设备报验表》。对未经监理工程师验收或验收不合格的工程材料、构配件、设备，监理工程师应拒绝签认，并应签发

《工程材料/构配件/设备报验表》,书面通知承包单位限期运出现场。

(6)原材料、构配件报验附件资料应齐全,如材料出厂合格证、复试报告、构配件出厂合格证明等。附件资料不齐全不予报验。

3.4.4 主要施工机械设备报审表

资料表式 3-15。

表 3-15 主要施工机械设备报审表

工程名称: 编号:

致:______(监理单位) 下列施工设备已按施工组织设计(方案)要求进场,请核查并准予使用。					
设备名称	规格型号	数量	进场日期	技术状态	备注
承包单位(章):______ 项目经理(签字):______ 日　期:______					
专业监理工程师意见: 经查验: 1. 性能数量能满足施工需要设备:______ (准予进场使用的设备) 2. 性能不符合施工需要设备:______ (需要更换后再报的设备) 3. 数量或能力不足的设备:______ (需补充的设备) 请你方尽快按施工进度要求,配足所需设备。 项目监理机构(章):______ 监理工程师(签字):______ 日　期:______					

3.4.5 隐蔽工程报验表

资料表式3-16。

表3-16 隐蔽工程报验表

工程名称：　　　　　　　　　　　　　　　　　　　　编号：

致：＿＿＿＿＿＿＿＿（监理单位） ＿＿＿＿＿＿＿＿隐蔽工程已按合同要求完成施工，经自检合格，请核验。 附：＿＿＿＿＿＿＿＿单元工程工序质量验测表 承包单位（章）：＿＿＿＿＿＿ 项目经理（签字）：＿＿＿＿＿＿ 日　期：＿＿＿＿＿＿
核验意见： 项目监理机构（章）：＿＿＿＿＿＿ 监理工程师（签字）：＿＿＿＿＿＿ 日　期：＿＿＿＿＿＿

3.4.6 分部(子分部)工程施工质量验收报验表

分项工程、分部(子分部)工程施工质量报验时按实际完成的工程名称填写，并附有该分项、分部(子分部)工程质量验收记录表和相关附件。

1. 资料表式(表3-17)。

表3-17 工程报验单

工程名称：　　　　　　　　　　　　　　　　　　　　编号：

致：＿＿＿＿＿＿＿＿（监理单位） 我单位已完成了工程，按设计文件和有关规范进行了自检，质量合格。请予以审查和验收。 附件： 承包单位（章）：＿＿＿＿＿＿ 项目经理：＿＿＿＿＿＿ 日　期：＿＿＿＿＿＿
审查意见： 项目监理机构（章）：＿＿＿＿＿＿ 总/专业监理工程师：＿＿＿＿＿＿ 日　期：＿＿＿＿＿＿

2. 资料要求。

(1)本表由承包单位填报，加盖公章，项目经理签字，经专业监理工程师初审符合要求后签字，由总监理工程师最终审核加盖项目监理机构章，经总监理工程师签字后执行。

(2)表列附件的材料必须齐全真实，对任何不符合报验条件的工程项目，承包单位不得提请报审，监理单位不得签发报审表。

(3)资料内必须附图，附图应简单易懂，且能全面反映附图质量。

(4)本表是分项、分部(子分部)工程的报验通用表式。报验时应按实际完成的工程名称填写。

(5)用于施工放样报验申请时，应附有承包单位的施工放样成果。

3. 填表说明。

(1)附件内容

a. 所报验的分项工程、分部(子分部)工程质量验收记录表。

b. 工程质量控制资料。指相应质量验收规范中规定工程验收时应检查的工程质量控制资料、文件和记录。

c. 安全和功能检验(检测)报告。指相应质量验收规范中规定工程验收时应对材料及其性能指标进行检验(检测)或复验的项目的检验(检测)报告。

d. 观感质量验收记录。指分部(子分部)观感质量验收记录。

e. 施工放样成果。

(2)审查意见

项目监理机构对所报分项、分部(子分部)工程进行认真核查，确认资料是否齐全、填报是否符合要求，并根据现场实际检查情况按表式项目签署审查意见，分部工程由总监理工程师组织验收并签署验收意见。

3.4.7 监理抽检记录

当监理工程师对施工质量或材料、设备、工艺等有怀疑时，可以随时进行抽检，并填写《监理抽检记录》。

监理在抽检过程中如发现工程质量有不合格项，应填写《工程质量整改通知单》，通知承包单位进行整改并进行复检，直到合格为止。

资料表式见表 3-18。

表 3-18 监理抽检记录

<table>
<tr><td>工程名称</td><td></td><td>抽检日期</td><td></td></tr>
<tr><td>承包单位</td><td></td><td>监理单位</td><td></td></tr>
<tr><td colspan="4">检查项目：</td></tr>
<tr><td colspan="4">检查部位：</td></tr>
<tr><td colspan="4">检查数量：</td></tr>
<tr><td colspan="4">检查结果：</td></tr>
<tr><td colspan="4">处理意见：
项目监理机构(章)： 监理工程师：
总监理工程师：
年 月 日 年 月 日</td></tr>
</table>

3.4.8 不合格项处置记录

资料表式见表3-19。

表3-19 不合格项处置记录表

工程名称： 编号：

监理项目部名称		不合格项发生/发现日期	年 月 日
不合格项发生部位与原因： 致：________（单位） 由于以下情况的发生，使你单位在________发生严重□/一般□不合格项，请及时采取措施予以整改。 具体情况： □自行整改 □整改后报公司________部验收 签发公司部门名称： 签发人(签字)： 日期：			
不合格项改正措施： 整改期限：________ 整改责任人(签字)：________ 监理项目部负责人(签字)：________ 日 期：________			
不合格项整改结果： 致：________ 根据您方指示，我方已完成整改，请予以验收。 整改结论： □同意验收 □继续整改 □其他________ 验收公司部门名称：________ 验收人(签字)：________ 日 期：________			

3.4.9 工程变更单

工程变更单是在施工过程中，建设单位、承包单位提出工程变更要求，报项目监理机构审核确认的用表。

1. 资料表式(表3-20)。

表 3-20　工程变更单

工程名称：　　　　　　　　　　　　　　　　　　　　　　　　　　　　　　编号：

<table>
<tr><td colspan="4">致：________________(监理单位)
由于________________原因，兹提出________________工程变更(内容见附件)，请予以审批。
附件：

提出单位(章)：__________
提出单位负责人：__________
日　期：__________</td></tr>
<tr><td colspan="4">审查意见：</td></tr>
<tr><td>建设单位(章)：______
代表签字：________
日　期：</td><td>设计单位(章)：______
代表签字：________
日　期：</td><td>项目监理机构(章)____
代表签字：________
日　期：</td><td>承包单位(章)：______
代表签字：________
日　期：</td></tr>
</table>

2. 填表说明：

(1)“原因”是指引发工程变更的原因。

(2)“提出工程变更”栏填写要求工程变更的部位和变更项目。

(3)“附件”应包括工程变更的详细内容、变更的依据，工程变更对工程造价及工期的影响程度，对工程项目功能、安全的影响分析，必要的附图等。

(4)“提出单位”指提出工程变更的单位。

(5)“审查意见”指项目监理机构经与有关方协商达成的一致意见。

(6)“建设单位代表”指建设单位派驻施工现场履行合同的代表。

(7)“设计单位代表”指设计单位派驻施工现场的设计代表或与工程变更内容有关专业的原设计人员或负责人。

(8)“项目监理机构代表”指项目总监理工程师。

(9)“承包单位代表”指项目经理。承包单位代表签字仅表示对有关工期、费用处理结果的确认和工程变更收到的签认。

3. 资料要求：

(1)本表由提出单位填写，经建设、设计、监理、施工等单位协商同意并签字后为有效工程变更单。

(2)工程变更单、设计变更必须是建设单位同意，由设计单位出具设计变更通知；洽商变更必须经建设、监理、施工三方签章，否则为不符合要求。

(3)工程变更单要及时办理，必须是先变更后施工。紧急情况下，必须是在标准规定时限内办理完工程变更手续，否则为不符合要求。

4. 监理规范关于监理工程师对工程变更处理的程序要求：

(1)设计单位对原设计存在的缺陷提出的工程变更，应编制设计变更文件；建设单位或承包单位提出的工程变更，应提交总监理工程师，由总监理工程师组织专业监理工程师审查、同意后，应由建设单位转交原设计单位编制设计变更文件。当工程变更涉及安全、环保等内容时，应按规定经有关部门审定。

(2)项目监理机构应了解实际情况，收集与工程变更有关的资料。

(3)总监理工程师必须根据实际情况、设计变更文件和其他有关资料，按照施工合同的有关条款，对工程变更的费用和工期做出评估：确定工程变更项目与原工程项目之间的类似程度和难易程度；确定工程变更项目的工程量；确定工程变更的单价或总价。

(4)总监理工程师应就工程变更费用及工期的评估情况与承包单位和建设单位进行协商。

(5)总监理工程师签发工程变更单，应包括工程变更要求、工程变更说明、工程变更费用和工期、必要的附件等内容，有设计变更文件的工程变更应附设计变更文件。

(6)项目监理机构应根据工程变更单监督承包单位实施。

5. 监理规范规定监理机构处理工程变更的权力：

(1)所有工程变更必须经过总监理工程师签发，承包单位方可实施，这是监理机构保证工程项目的实施处于受控状态的一个非常重要的方面。如果工程项目实施中工程变更不通过监理机构，监理人员开展监理工作时将非常被动。

(2)建设单位或承包单位提出工程变更时要经过总监理工程师审查，总监理工程师要从工程项目建设的大局来审查工程变更的建议或要求。

(3)项目监理机构对工程变更的费用和工期做出评估只是作为与建设单位、承包单位进行协商的基础。没有建设单位的充分授权，监理机构无权确定工程变更的最终价格。

(4)项目监理机构在工程变更的质量、费用和工期方面取得建设单位授权后，应按施工合同规定与承包单位进行协商，经协商达成一致后，总监理工程师应将协商结果向建设单位通报，并由建设单位与承包单位在变更文件上签字。

(5)当建设单位与承包单位就工程变更的价格等未能达成一致时，监理机构有权确定暂定价格来指令承包单位继续施工和便于工程进度款的支付。

(6)在项目监理机构未能就工程变更的质量、费用和工期方面取得授权时，总监理工程师应协助建设单位和承包单位进行协商，并达成一致。

(7)项目监理机构应按照委托监理合同的约定进行工程变更的处理，不应超越所授权限，并应协助建设单位与承包单位签订工程变更的补充协议。

(8)如果建设单位委托监理单位有权处理工程变更时，监理单位一定要谨慎使用这一权力，一切以为建设单位负责为出发点。

3.4.10 工程竣工预验报验表

工程竣工预验报验单是承包单位向建设单位和项目监理机构提请，当单位(子单位)工程经承包单位自检符合竣工条件后，提出的对该工程项目进行初验的申请。

总监理工程师组织项目监理人员根据有关规定与施工单位共同对工程进行检查验收，

合格后总监理工程师签署《工程竣工预验报验单》并及时报告建设单位和编写《工程质量评估报告》。

1. 资料表式(表 3-21)。

表 3-21 工程竣工预验报验单

工程名称： 编号：

致：__________(监理单位) 根据合同规定，我方已完成了工程项目的全部施工内容，经自检符合合同及设计要求和施工规范要求，且技术资料齐全，现报请竣工预验，请予以检查和验收。 附件： 承包单位(章)：________ 项目经理：________ 日　期：________
审查意见： 经初步审查，该工程： 1. 构成单位工程的各分部工程全部/未全部验收合格； 2. 文件资料完整/不完整，符合/不符合有关规定； 3. 符合/不符合设计文件要求； 4. 符合/不符合施工合同要求。 经核查，该工程初步验收合格/不合格，可以/不可以组织正式验收。 说明： 项目监理机构(章)：________ 总监理工程师：________ 日　期：________

2. 填表说明：

(1)“工程项目”指施工合同签订的达到竣工要求的工程名称。

(2)“附件”指用于证明工程按合同约定完成并符合竣工验收要求的全部竣工资料。

(3)“审查意见”由总监理工程师组织专业监理工程师按现行的单位(子单位)工程竣工验收的有关规定逐项进行核查，并对工程质量进行预验收，根据核查和预验收结果，将“未全部”“不完整”“不符合”或“全部”“完整”“符合”用横线划掉；全部符合要求的，将“不合格”“不可以”用横线划掉；否则，将“合格”“可以”用横线划掉，并在说明栏中向承包单位列出符合、不符合项目的理由和要求。

3. 资料要求：

(1)本表由承包单位填报，项目监理机构的总监理工程师审查并签发。

(2)承包单位提交的工程竣工预验收报验的附件内容，保证工程技术资料必须齐全、真实，承包单位加盖公章，项目经理必须签字。

(3)检验批及分项、分部工程数量必须齐全，企业技术负责人对单位工程已组织有关人员进行了验收，并达到合格以上标准。据此，承包单位根据初验结果向建设、监理单位提请预验。

4. 竣工预验收的资料内容：

单位工程竣工预验收资料内容包括单位(子单位)工程质量竣工验收记录、单位(子单位)工程质量控制资料核查记录、单位(子单位)工程安全和功能检验资料核查及主要功能抽查记录、单位(子单位)工程观感质量检查记录。

5. 竣工预验收的程序：

(1)当单位工程达到竣工验收条件后，承包单位应在自审、自查、自评工作完成后，编制竣工报告，施工单位的法定代表人和技术负责人签章后填写工程竣工预验报验单，并将全部竣工资料报送项目监理机构，申请竣工预验收。

(2)总监理工程师应组织各专业监理工程师对竣工资料及各专业工程的质量情况进行全面检查，对检查出的问题，应督促承包单位及时整改。

(3)总监理工程师应组织各专业监理工程师对本专业工程的质量情况进行全面检查、检测，对发现影响竣工验收的问题，签发《监理工程师通知单》，要求承包单位整改和完善。

(4)对需要进行工程安全和功能检验的工程项目(包括单机试车和无负荷试车)，监理工程师应督促承包单位及时进行试验，并对重要项目进行现场监督、检查，必要时请建设单位和设计单位参加；监理工程师应认真审查试验报告单。

(5)监理工程师应督促承包单位搞好成品保护和现场清理。

(6)经项目监理机构对竣工资料及实物全面检查、验收合格后，由总监理工程师签署申请工程竣工报验单，并向建设单位提出质量评估报告，请建设单位组织工程竣工验收。

3.4.11 工程质量评估报告

工程质量评估报告是项目监理机构对被监理工程的单位(子单位)工程施工质量进行总体评价的技术性文件。监理单位应在工程完成且于验收评定后一周内完成。

工程质量评估报告是在被监理工程预验收后，由总监理工程师组织专业监理工程师编写。

工程监理质量评估经项目监理机构对竣工资料及实物全面检查、验收合格后，由总监理工程师签署工程竣工报验单，并向建设单位提出质量评估报告。

工程质量评估报告由总监理工程师和监理单位技术负责人签字，并加盖监理单位公章。工程质量评估报告编写的主要依据是：

(1)坚持独立、公正、科学的准则；

(2)以平时质量验收并经各方签认的质量验收记录为依据；

(3)以建设、监理、施工单位竣工预验收汇总整理的资料为依据，这些资料包括单位(子单位)工程质量竣工验收记录、单位(子单位)工程质量控制资料核查记录、单位(子单位)工程安全和功能资料核查及主要功能抽查记录、单位(子单位)工程观感质量检查记录等。

资料表式如表 3-22 所示。

表 3-22 建设工程质量评估报告

工程名称：　　　　　　　　　　　　　　　　　　　　　　　　　　监理单位：

工程名称			工程地址		
面积/层数	m^2 层	结构形式		建筑总高度	m
开、竣工日期			工程造价		
建设单位			勘察单位		
施工单位			设计单位		
监理单位			监理资质		
工程监理概况：					
项目监理人员及专业分工：					
监理过程中履行职责情况：					
进场材料、设备见证试验情况：					
检验批分项、分部、单位工程质量预验收情况(程序、执行强制性条文、整改复查、验收结果)：					
安全和功能性检查检测情况：					
工程观感质量检查情况：					
设计变更、设计核定情况：					
质量事故(问题)处理情况：					
工程资料(施工、监理)核查情况：					
工程质量评估意见：					
项目总监理工程师签章： 单位技术负责人签章：			报告编写人签章： 年 月 日		

工程质量评估报告应包括下列主要内容：

1. 工程概况。

2. 工程监理基本情况。

3. 单位(子单位)工程所包含的分部(子分部)、分项工程，并逐项说明其施工质量验收情况。主要包括：

(1)天然地基施工：地基验槽与地基钎探情况，地基局部处理情况，地基处理中设计参数的满足程度，地基处理中混合料的配合比、材质、夯实等情况，取样检验情况等。

(2)复合地基施工：复合地基所用材料质量、配比及试验、成孔、分层夯填及夯实情况，复合地基所用水泥土、灰土、砂、砂石等的测试结果及评价，复合地基总体检测结果与评价，满足设计及规范要求情况。

(3)桩基础施工：灌注桩成孔(孔径、深度、清淤、垂直度等)质量，灌注桩钢筋笼检查，灌注桩混凝土浇筑(计量、坍落度、灌注时间等)，试块取样数量及试验，打入桩桩身质量、贯入锤击数试验、打入等满足设计情况，接桩(电焊或硫黄胶泥)施工情况，静压桩的最终试验结果及满足设计情况。

(4)主体工程的总体质量评价。按相关建筑安装工程施工质量验收规范所列主体分部内的主要检验批、分项工程质量实施评定结果分别进行质量评价。

(5)幕墙材料与安装质量实施验收结果总体评价。

(6)装饰工程质量实施验收结果总体评价。

(7)建筑材料质量实施验收结果总体评价。

(8)对建筑设备安装工程中需要进行功能试验的工程项目，包括单机试车和无负荷试车等。

4. 质量控制资料验收情况。

5. 工程所含分部工程有关安全和功能的检测验收情况及检测资料的完整性核查情况。

6. 工资料核查情况。

7. 观感质量检查情况。

8. 施工过程质量事故和主要质量问题、原因分析及处理结果。

9. 对工程施工质量的综合评估意见。

3.4.12 竣工移交证书

资料表式3-23。

表 3-23 竣工移交证书

工程名称： 编号：

<table>
<tr><td colspan="2">致：____________(建设单位)
兹证明施工单位____________施工的____________工程，已按施工合同的要求完成，并验收合格，即日起该工程移交建设单位管理，并进入保养期。

附件：单位工程验收记录。</td></tr>
<tr><td>总监理工程师(签字)</td><td>监理单位(章)</td></tr>
<tr><td>日　期：　年　月　日</td><td>日　期：　年　月　日</td></tr>
<tr><td>建设单位代表(签字)</td><td>建设单位(章)</td></tr>
<tr><td>日　期：　年　月　日</td><td>日　期：　年　月　日</td></tr>
</table>

3.5 造价控制资料

3.5.1 工程款支付申请表

工程款支付申请是承包单位根据施工合同中有关工程款支付约定的条款，向项目监理机构申请支付工程预付款、工程进度款、工程结算款的申请。

申请支付工程款金额应包括合同内工程款、工程变更增减费用、批准的索赔费用，扣除应扣预付款、保留金及施工合同中约定的其他费用。

1. 资料表式(表 3-24)。

2. 填表说明：

(1)“我方已完成了____________工作”栏填写经专业监理工程师验收合格的工程(如定期支付进度款，填写本支付期内经专业监理工程师验收合格工程的工作量)。

(2)“工程量清单”指本次付款申请中经过专业监理工程师确认已完成的合格工程的工程量清单及经专业监理工程师签认的工程计量报审表(包括项目监理机构确认的工程变更)。

(3)“计算方法”指本次付款申请中经过专业监理工程师确认的已完合格工程量按施工合同约定采用的有关定额的工程价款的计算方法。

(4)“承包单位(章)”指与建设单位签订施工合同的法人单位的项目经理部级，签章有效。

(5)“项目经理”指与建设单位签订施工合同的法人单位的项目经理部级的项目经理，签字有效。

表 3-24 工程款支付申请表

工程名称： 编号：

致：＿＿＿＿＿＿＿＿＿＿（监理单位） 我方已完成了＿＿＿＿＿＿＿＿＿＿工作，按施工合同的规定，建设单位应在＿＿年＿＿月＿＿日前支付该项工程款共(大写)＿＿＿＿＿＿＿＿（小写：＿＿＿＿＿＿＿＿），现报上工程付款申请表，请予以审查并开具工程款支付证书。 附件：1. 工程量清单（工程量清单报审表）； 2. 计算方法。 承包单位(章)：＿＿＿＿＿＿ 项目经理：＿＿＿＿＿＿ 日　期：＿＿＿＿＿＿

3. 资料要求：

(1)工程款支付申请由承包单位填报。

(2)承包单位提请工程款支付申请时，提供的附件(工程量清单、计算方法)必须齐全真实，对任何形式的不符合工程款支付申请的内容，承包单位不得提出申请。

(3)承包单位应认真填写表列子项，不得缺漏。工程款支付申请承包单位必须盖章，项目经理签字。

(4)承包单位统计报送的工程量必须是经专业监理工程师质量验收合格的工程，才能按施工合同的约定填报工程量清单和工程款支付申请表。

(5)承包单位报送的工程量清单和工程款支付申请表，专业监理工程师必须按施工合同的约定进行现场计量复核，并报总监理工程师审定。

(6)总监理工程师指定专业监理工程师对工程款支付申请中包括合同内工作量、工程变更增减费用、经批准的费用索赔、应扣除的预付款、保留金及施工合同约定的其他支付费用等项目应逐项审核，并填写审查记录，提出审查意见报总监理工程师审核签认。

3.5.2 工程变更费用报审表

工程变更费用报审表是承包单位收到总监理工程师签认的《工程变更单》、《图纸会审记录》和《设计变更通知单》后，在承包合同约定的期限内就变更工程价款报项目监理机构审核确认的资料。

总监理工程师应在承包合同规定的期限内签发《工程变更费用报审表》，在签认此表之前应与建设单位、承包单位协商。

1. 资料表式(表 3-25)。

2. 填表说明：

(1)“附件”中“工程变更费用计算书”是指按承包合同约定的标准定额(或其他计价方法的单价)对工程变更价款的计算书。

(2)“监理工程师审查意见”指专业监理工程师在承包合同约定期限内对承包单位所报的资料就工程变更是否有效，申报时间是否在承包合同约定的期限内，计价依据、工程量和价款计算是否正确进行审查，填写审查意见并报总监理工程师审核，由总监理工程师签署审核意见和暂定价款数。

表 3-25 工程变更费用报审表

工程名称：　　　　　　　　　　　　　　　　　　　　　　　　编号：

致：________________（监理单位） 兹申报年月日第号的工程变更单，申请费用见附表，请审核。 附件：工程变更费用计算书。 承包单位（章）：________ 项目经理：________ 日　期：________
监理工程师审查意见： 监理工程师：________ 日　期：________
审核意见： 项目监理机构（章）：________ 总监理工程师：________ 日　期：________

3. 资料要求：

(1)本表由承包单位填报，由项目监理机构审查。报审表内的承包单位、项目监理机构均盖章，不盖章无效。专业监理工程师提出审查意见，总监理工程师签字有效。

(2)承包单位提请工程变更费用报审，提供的附件应齐全真实。对任何不符合附件要求的资料，承包单位不得提请报审，监理单位不得签发报审表。

(3)发生工程变更，无论是由设计单位或建设单位或承包单位提出，均应经过建设单位、设计单位、承包单位和监理单位的代表签认，并通过项目总监理工程师下达变更指令后，承包单位方可进行施工和费用报审。

4. 提请报审的工程变更：

(1)图纸会审时提出的变更并已实施的；

(2)业主提出的工程变更并已实施的；

(3)由于施工环境、施工技术等原因，施工单位已提请审查并已经建设、监理单位批准且已实施的工程变更；

(4)由于其他原因提出，已经建设、设计、施工、监理各方同意并已实施的工程变更。

5. 可拒审的工程变更费用：

(1)未经监理工程师审查同意，擅自变更设计或修改施工方案进行施工而计量的费用；

(2)工序施工完成后，未经监理工程师验收或验收不合格而计量的费用；

(3)隐蔽工程未经监理工程师验收确认合格而计量和提出的费用。

3.5.3 工程款支付证书

工程款支付证书是项目监理机构在收到承包单位的《工程款支付申请表》后，根据承包合同和有关规定审查复核后签署的，用于建设单位应向承包单位支付工程款的证明文件。它是项目监理机构向建设单位转呈的支付证明书。

1. 资料表式(表3-26)。

表3-26 工程款支付证书

工程名称： 编号：

致：____________(建设单位) 根据施工合同的规定，经审核承包单位的付款申请和报表，并扣除有关款项，同意本期支付工程款共(大写)____________(小写：____________)。请按合同规定及时付款。 其中： 1. 承包单位申报款为： 2. 经审核承包单位应得款为： 3. 本期应扣款为： 4. 本期应付款为： 附件： 1. 承包单位的工程款支付申请表及附件； 2. 项目监理机构审查记录。 项目监理机构(章)：__________ 总监理工程师：__________ 日　期：__________

2. 填表说明：

(1)"建设单位"指施工承包合同中的发包人。

(2)"承包单位申报款"指承包单位向监理机构申报《工程款支付申请表》中申报的工程款额。

(3)"经审核承包单位应得款"指经专业监理工程师对承包单位向监理机构填报的《工程款支付申请表》审核后核定的工程款额，包括合同内工程款、工程变更增减费用、经批准的索赔费用等。

(4)"本期应扣款"指根据承包合同的约定本期应扣除的预付款、保留金及其他应扣除的工程款的总和。

(5)"本期应付款"指经审核承包单位应得款扣除本期应扣款的余额。

(6)"承包单位的工程款支付申请表及附件"指承包单位向监理机构申报的《工程款支付申请表》及其附件。

(7)"项目监理机构审查记录"指总监理工程师指定专业监理工程师对承包单位向监理机构申报的《工程款支付申请表》及其附件的审查记录。

(8)"项目监理机构"指与建设单位签订监理合同的法人单位指派到施工现场的项目监理机构，签章有效。

(9)“总监理工程师”指与建设单位签订监理合同的法人单位指派到施工现场的项目监理的总监理工程师，签字有效(凡质量、技术问题方面的有法律效力的最后签证，只能由项目总监理工程师一人签字)。

3. 资料要求：

(1)本表是项目监理机构根据承包单位提请报审的《工程款支付申请表》的审查结果填写的工程款支付证书，由总监理工程师签字后报建设单位。

(2)工程款支付证书的办理必须及时、准确，内容填写完整，文字简练明了。

(3)工程款支付证书项目监理机构必须加盖公章和总监理工程师签字，不得代签和加盖私章，不签字无效。

4. 工程量计量和工程款支付方法：

(1)专业监理工程师对承包单位报送的工程款支付申请表进行审核时，应会同承包单位对现场实际完成情况进行计量，对验收手续齐全、资料符合验收要求并符合施工合同规定的计量范围内的工程量予以核定。

(2)工程款支付申请中包括合同内工程款、工程变更增减费用、经批准的索赔费用，应扣除的预付款、保留金及施工合同约定的其他支付费用。专业监理工程师应逐项审查后提出审查意见，报总监理工程师审核签认。

3.5.4 工程竣工结算审核意见书

工程竣工结算审核意见书是指总监理工程师签发的工程竣工结算文件或提出的工程竣工结算合同争议的处理意见。

工程竣工结算审查应在工程竣工报告确认后依据施工合同及有关规定进行。

竣工结算审查程序应符合《建设工程监理规范》(GB 50319-2000)第 5.5.2 条的规定。当工程竣工结算的价款总额与建设单位和承包单位无法协商一致时，应按《建设工程监理规范》(GB 50319-2000)第 6.5 节的规定进行处理，提出工程竣工结算合同争议处理意见。

工程竣工结算审核意见书的基本内容包括：

1. 合同工程价款、工程变更价款、费用索赔合计金额、依据合同规定承包单位应得的其他款项；

2. 工程竣工结算的价款总额；

3. 建设单位已支付工程款、建设单位向承包单位的费用索赔合计金额、质量保修金额、依据合同规定应扣承包单位的其他款项；

4. 建设单位应支付金额。

本章小结

本章介绍了建筑工程监理资料的基本内容、表格样式以及资料编制的基本要求与方法；主要介绍了监理管理资料、进度控制资料、质量控制资料和造价控制资料等监理单位整理、立卷的资料表式、资料要求及填表方法等内容。

复习思考题

1. 简述监理单位资料管理的流程。
2. 建筑工程监理规划的作用是什么？其主要内容是什么？
3. 编制监理细则的依据和内容分别是什么？
4. 监理月报编制的基本要求是什么？
5. 项目监理机构主持工地例会的内容有哪些方面？
6. 监理日记的资料表式填写的资料要求是什么？
7. 什么是监理工程师通知单？
8. 工程开工/复工报审表的资料要求有哪些？
9. 工程暂停令的作用是什么？其表式填写有哪些要求？
10. 施工测量放线报验单的资料表如何填写？
11. 工程变更单应如何填写？
12. 工程款支付申请表有何作用？其表如何填写？

参考文献

1. 王立信.建筑工程技术资料应用指南.北京:中国建筑工业出版社,2006
2. 周无极.工程资料整理.北京:中国水利水电出版社,2007
3. 吕宗斌.建设工程资料管理.武汉:武汉理工大学出版社,2005
4. 吴锡桐.建筑工程资料员手册.上海:同济大学出版社,2005
5.《图解建筑工程现场管理系列丛书》编委会.资料员全能图解.天津:天津大学出版社,2009
6. 侯君伟.建筑工程施工常用资料手册.北京:机械工业出版社,2004
7.《建筑工程施工质量验收统一标准》GB 50300-2001
8.《建设工程文件归档整理规范》GB/T 50328-2001

第4章 建筑工程施工资料的管理

建筑工程施工资料是建筑工程资料的核心部分，是施工过程中见证记录及工程实体质量的证明文件。凡是在福建省内施工的建筑工程在施工过程中都必须严格执行《福建省建筑工程施工文件管理规程》DBJ/T 13 的规定.本章内容中的表号和《福建省建筑工程施工文件管理规程》DBJ/T 13 中的表号相同。本章材料检验试验及部分表格给出填写示例，未给出示例的参见与本书配套的《建筑工程资料管理实训》。

本章主要介绍了建筑工程施工资料管理的管理流程，各种建筑工程施工资料的概念、资料表式、资料要求及填表方法等内容。

4.1 建筑工程施工资料管理的基本知识

4.1.1 建筑工程施工资料管理的概念

建筑工程施工资料包括的范围很广，施工单位在施工过程中形成的资料主要有：经营管理(召投标)、计划管理(各种计划图表)、施工管理、技术管理、质量管理、物资供应管理及施工图纸等文件。工程技术资料是工程施工的依据及施工过程中见证记录。

1. 从质量管理角度分

(1)施工技术资料

(2)施工物资资料

(3)工程质量检查资料

(4)竣工图

2. 按重要性分类

(1)Ⅰ类：工程质量控制资料(结构安全及使用功能证明材料)。

(2)Ⅱ类：与建设单位、设计部门、监理单位等形成的资料。

如：设计更改签证，隐蔽验收等。

(3)Ⅲ类：在施工过程中管理形成的资料。

如施工组织设计，技术交底，预检工程检查记录。

4.1.2 建筑工程施工资料管理流程的内容

建筑工程施工资料的形成过程要与工程施工活动同步进行。

1. 施工技术资料的形成过程宜符合图 4-1 的步骤；

2. 施工物资资料的形成过程宜符合图 4-2 的步骤；
3. 分项工程质量验收资料的形成过程宜符合图 4-3 的步骤；
4. 子分部工程质量验收资料的形成过程宜符合图 4-4 的步骤；
5. 分部工程质量验收资料的形成过程宜符合图 4-5 的步骤。

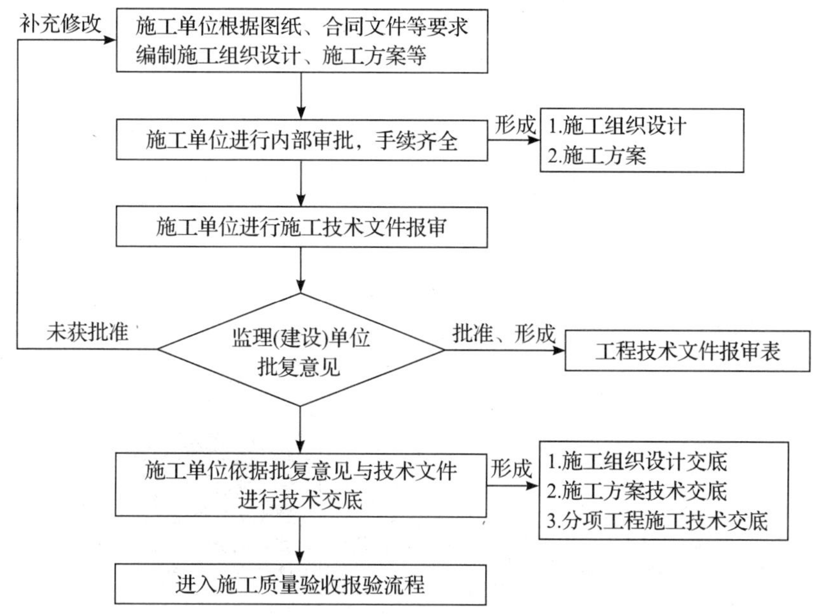

图 4-1 施工技术资料的形成过程

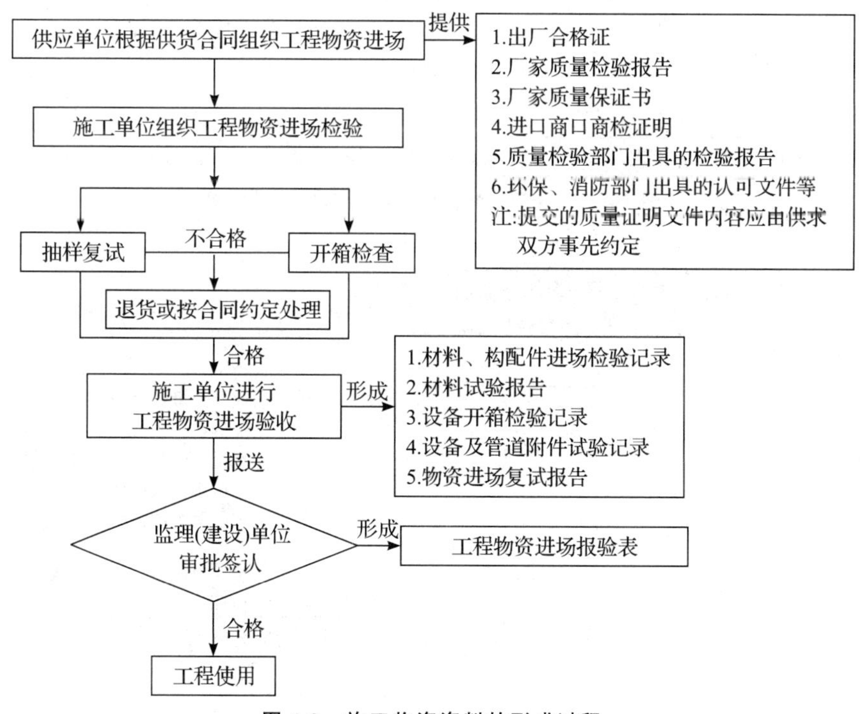

图 4-2 施工物资资料的形成过程

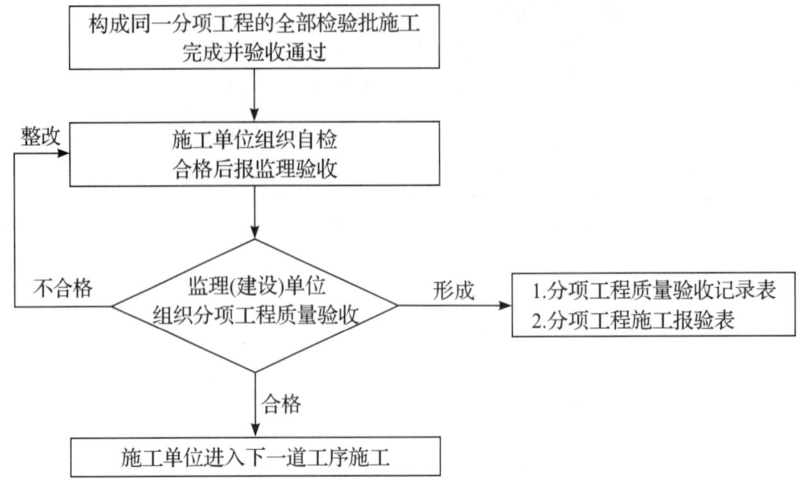

图 4-3 分项工程质量验收资料的形成过程

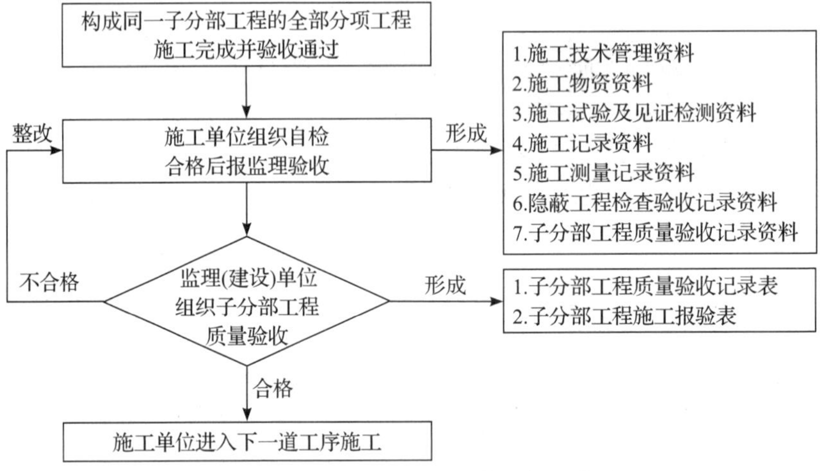

图 4-4 子分部工程质量验收资料的形成过程

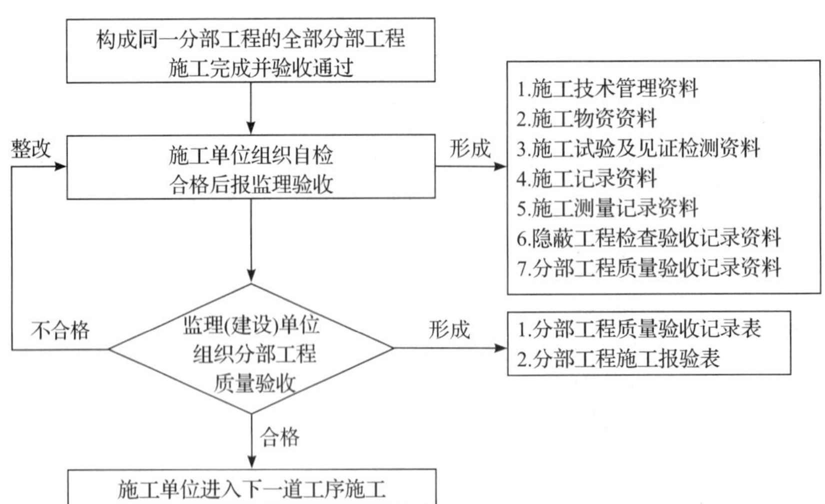

a.

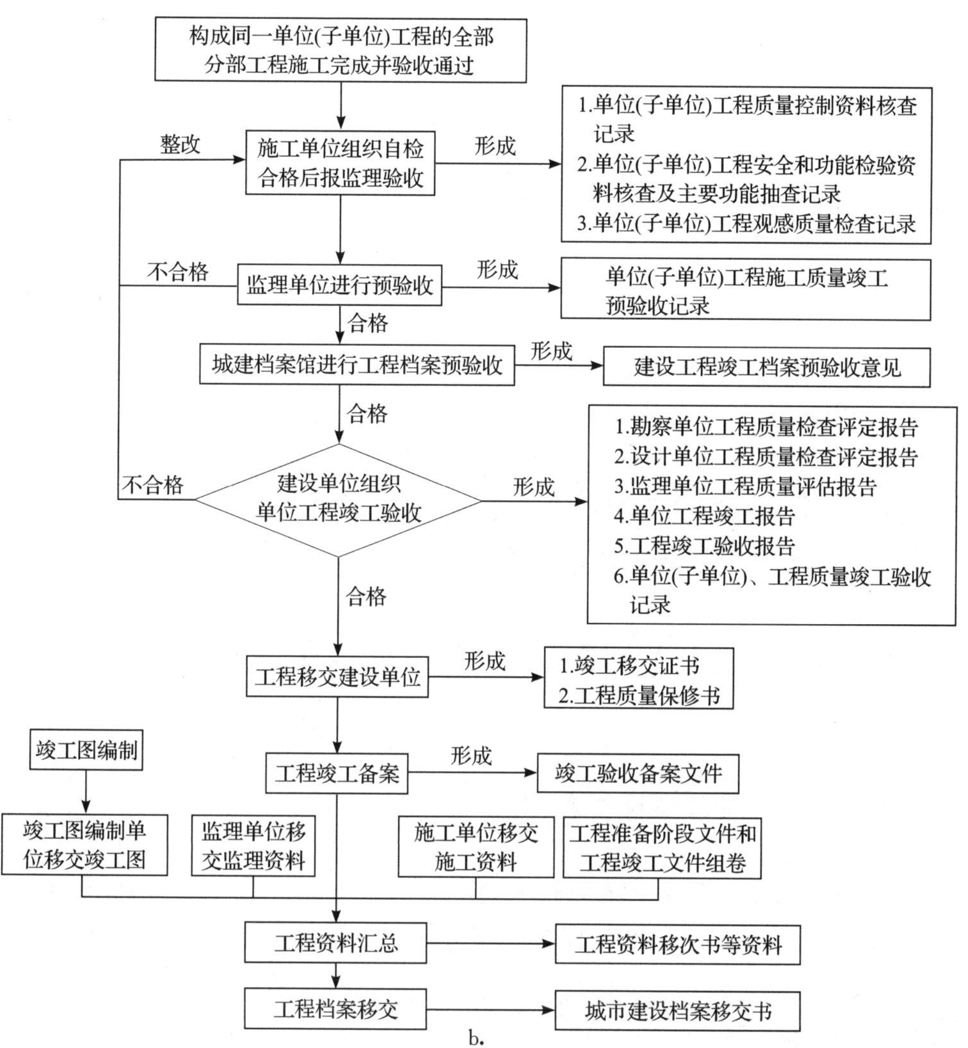

图 4-5 分部工程质量验收资料的形成过程

4.1.3 建筑工程质量控制资料的概念

1. 质量控制资料分类

分为分部，子分部工程质量控制资料，见各专业质量验收规范，单位工程质量控制资料，土建 11 项。

2. 工程质量控制资料的作用

建筑工程质量控制资料是反映建筑工程施工过程中，各个环节工程质量状况的基本数据的原始记录，反映完工项目测试结果及记录，是反映工程质量的客观见证，是评价工程的质量的主要依据，是工程合格证及技术说明书。

3. 工程质量控制资料完整性判断

对工程质量控制资料应完整的理解，验收时，核查主要是判定其是否反映保证结构安全或主要使用功能是否达到设计要求。如果能反映出来，即使按标准及规范要求或有少量欠缺时，也可以认可。

三个层次：

(1)该有资料的项目有了：在单位、子单位工程质量控制资料检查记录中，应该有的项目资料有了。如建筑与结构中，第 11 项如果没有新工艺，第 11 项资料可以没有，如果没有质量事故，第 10 项没有。

(2)每个项目该有资料有了：如第七项，工程是全现浇的，可以没有预制构件的资料，对工程结构功能及有关质量不会出现影响其性能的资料，有缺点可以认可。如第三项钢材，规定既要有合格证，也要有试验报告为完整，但有个别非重要部位用钢筋，由于多方原因没有合格证，经过有资质的检测单位检验，该批钢材力学，化学性能符合要求，可以认为钢材材料完整。

(3)每个资料中该有的数据有了：资料中应该证明材料，工程性能的数据必须齐全，如果是重要数据没有或不齐全，设项资料无效。如水泥复检报告，安定性、强度、初凝、终凝时间必须有明确结论，钢材、强度、延伸率、冷弯性能试验项目应齐全并有明确结论。

4.2 建筑工程施工准备文件

4.2.1 施工现场质量管理检查表(表 4-1)

按 GB 50300《建筑工程质量验收统一标准》，要求企业在施工前应建立健全的质量保证体系，并提供相应的施工前准备内业资料，供建设单位项目负责人或总监理工程师审查，方可批准开工。

4.2.1.1 具体内容

1. 现场质量管理制度

主要是图纸会审、设计交底、技术交底、施工组织设计编制审批程序、工序交接、质量检查评定制度，质量好的奖励及达不到质量要求的处罚办法，以及质量例会制度及质量问题处理制度等。

2. 质量责任制

质量负责人的分工，各项质量责任制的落实规定，定期检查及有关人员奖罚制度等。

3. 主要专业工种操作上岗证书

起重、塔吊垂直运输司机、钢筋、混凝土、焊接、瓦工、防水工等建筑结构工种。电工、管道等安装工种的上岗证，以当地建设行政主管部门的规定为准，包括见证取(送)样员证。

4. 分包方资质与对分包单位管理制度

专业承包单位的资质应在其承包业务范围内承建工程，超出范围的应办特许证书，否则不能承包工程。在有分包的情况下，总承包单位应有管理分包单位的制度，主要是质量、技术的管理制度等。

表 4-1 施工现场质量管理检查记录

开工日期：

<table>
<tr><td>工程名称</td><td colspan="2"></td><td colspan="2">施工许可证(开工报告)</td><td></td></tr>
<tr><td>建设单位</td><td colspan="2"></td><td colspan="2">项目负责人</td><td></td></tr>
<tr><td>代建单位</td><td colspan="2"></td><td colspan="2">项目负责人</td><td></td></tr>
<tr><td>工程总承包单位</td><td colspan="2"></td><td colspan="2">项目负责人</td><td></td></tr>
<tr><td>设计单位</td><td colspan="2"></td><td colspan="2">项目负责人</td><td></td></tr>
<tr><td>勘察单位</td><td colspan="2"></td><td colspan="2">项目负责人</td><td></td></tr>
<tr><td>监理单位</td><td colspan="2"></td><td colspan="2">总监理工程师</td><td></td></tr>
<tr><td></td><td colspan="2"></td><td colspan="2"></td><td></td></tr>
<tr><td>施工单位</td><td></td><td>项目负责人</td><td></td><td>项目技术负责人</td><td></td></tr>
<tr><td>序号</td><td colspan="2">项 目</td><td colspan="3">主 要 内 容</td></tr>
<tr><td>1</td><td colspan="2">项目部质量管理体系</td><td colspan="3">①质量例会制度；②月评比及奖罚制度；③三检及交接检制度；④质量与经济挂钩制度</td></tr>
<tr><td>2</td><td colspan="2">现场质量责任制</td><td colspan="3">①岗位责任制；②设计交底会制度；③技术交底制；④挂牌制度</td></tr>
<tr><td>3</td><td colspan="2">主要专业工种操作岗位证书</td><td colspan="3">测量工、钢筋工、起重工、电焊工、架子工电工有证</td></tr>
<tr><td>4</td><td colspan="2">分包单位管理制度</td><td colspan="3">对分包方资质审查：满足施工要求，总包对分包单位的管理制度可行</td></tr>
<tr><td>5</td><td colspan="2">图纸会审记录</td><td colspan="3">审查报告及审查批准书×××</td></tr>
<tr><td>6</td><td colspan="2">地质勘察资料</td><td colspan="3">已提供地质勘察报告</td></tr>
<tr><td>7</td><td colspan="2">施工技术标准</td><td colspan="3">有模板、钢筋混凝土灌注、给排水管道、电工套管等 20 多种</td></tr>
<tr><td>8</td><td colspan="2">施工组织设计、施工方案编制及审批</td><td colspan="3">施工组织设计编制审核批准齐全</td></tr>
<tr><td>9</td><td colspan="2">物资采购管理制度</td><td colspan="3">按材料、设备性能要求制定管理措施、制度，设置相应库房与存放场地</td></tr>
<tr><td>10</td><td colspan="2">施工设施和机械设备管理制度</td><td colspan="3">有管理制度及控制措施</td></tr>
<tr><td>11</td><td colspan="2">计量设备配备</td><td colspan="3">有管理制度和计量设施精确度及控制措施</td></tr>
<tr><td>12</td><td colspan="2">检测试验管理制度</td><td colspan="3">有管理制度及控制措施、检测计划</td></tr>
<tr><td>13</td><td colspan="2">工程质量检查验收制度</td><td colspan="3">①原材料及施工检验制度；②抽测项目的检测计划；③分项工程质量三检制度</td></tr>
<tr><td>14</td><td colspan="2"></td><td colspan="3"></td></tr>
<tr><td colspan="3">自检结果：

(项目部章)

施工单位项目负责人：
年 月 日</td><td colspan="3">检查结论：通过上这项目的检查，项目部施工现场质量管理制度明确到位，质量责任制措施得力，主要专业工种操作工上岗证书齐全，施工组织设计、施工方案已审批，现场工程质量检验制度制定齐全，现场材料、设备存放按施工组织设计平面图布置，有材料、设备管理制度，施工现场质量管理制度完整。

总监理工程师：
年 月 日</td></tr>
</table>

5. 施工图审查情况

根据建设部[2000]41 号文《建筑工程施工图设计文件审查暂行办法》,重点是看建设行政主管部门出具的的施工图审查批准书及审查机构出具的审查报告,填写施工图审查批准编号。

6. 地质勘察资料

有勘察资质的单位出具的正式地质勘察报告,地下部分施工方案制定时和施工组织总平面图编制时可做参考。

7. 施工组织设计、施工方案及审批

检查编写内容、有针对性的具体措施,编制程序、内容完整合理,有编制单位、审核单位、批准单位,并有贯彻执行的措施。

8. 施工技术标准、操作依据

施工技术标准是分项工程操作的依据,是保证工程质量的基础,承建企业应有不低国家质量验收规范的操作规程等企业标准。但企业标准要有相应的批准程序,由企业总工程师审查批准,设区市建设行政主管部门备案,要有备案号、批准日期、执行日期、企业标准编号及名称。

9. 工程质量检验制度

包括三方面的检验,一是原材料、设备进场检验制度;二是施工过程的试验报告;三是竣工后的抽查检测,应专门制订抽测项目、抽测时间、抽测单位等计划(如结构实体检测项目及方案),使监理、建设单位等都做到心中有数,可结合 GB 50300《建筑工程质量验收统一标准》的第 3.0.4 条。可以单独搞一个计划,也可以在施工组织设计中作为一项内容。

10. 搅拌站及计量设置

主要是说明设置在工地搅拌站的计量设施的精确度、管理制度等内容。预拌混凝土或安装专业没有这项内容。

11. 现场材料、设备有效管理制度

这是为保证材料、设备质量必须有的措施。要根据材料、设备性能及相应原材料规范制定管理制度,建立相应的库房等。

填写由施工单位负责人填写,填写之后,并将有关文件的原件或复印件附在后边,请总监理工程师(建设单位项目负责人)验收核查,验收核查后,返还施工单位,并签字认可。

4.2.1.2 表格填写要求和填写方法

1. 表头部分

填写参与工程建设各方责任主体的概况,由施工单位的现场负责人填写。

(1)施工许可证:

填写当地建设行政主管部门批准发给的施工许可证的编号。

(2)建设单位的项目负责人:

应填写合同书上的签字人或签字人以文字形式委托的代表,工程的项目负责人,工程完工后竣工验收备案表中的单位项目负责人应与此一致。

(3)设计单位项目负责人:

应填写合同书上签字人或签字人以文字形式委托的该项目设计负责人,工程完工后竣工验收备案表中的设计单位项目负责人应与此一致。

(4)总监理工程师：

应是监理合同或协议书中明确的项目监理负责人，也可以是监理单位以文件形式明确的该项目监理负责人，必须有监理工程师任职资格证书，专业要对口。

(5)项目经理：

与施工合同书中明确的项目经理相一致。项目技术负责人与施工合同中明确的项目技术负责人一致。

(6)表头部分可统一填写，不需要具体人员签名，只是明确了负责人的地位。

2. 检查项目部分

该表是GB 50300-2001第3.0.1条附表，健全的质量管理体系的具体要求。一般一个标段或一个单位(子单位)工程检查一次，在开工前检查，由施工单位现场负责人填写，由监理单位的总监理工程师(建设单位项目负责人)验收。填写各项检查项目文件的名称或编号，并将文件(复印件或原件)附在表的后面供检查，检查后应将文件归还或归档。

填写由施工单位负责人填写，填写之后，并将有关文件的原件或复印件附在后边，请总监理工程师(建设单位项目负责人)验收核查，验收核查后，返还施工单位，并签字认可。

4.2.2 施工组织设计及施工方案

施工组织设计及施工方案是施工单位在工程开工前为工程所做的施工组织、施工工艺、施工计划等方面的设计，是指导工程施工全过程各项活动的技术、经济和组织的综合性文件。一个工程有许多施工方案可以选择，施工组织设计的任务是确定最佳的施工方案、施工方法、进度计划、各项材料，劳动力需用量计划。重点三个内容，技术(施工方法)、时间(施工进度)、空间(施工平面布置)。

4.2.2.1 施工组织设计及施工方案的编制

施工组织设计根据编制对象的不同可分为：施工组织总设计，单位工程施工组织设计和分部、分项工程施工方案。

施工组织设计应针对工程重点和难点进行重点阐述，对常规的施工方法应简明扼要，编制的内容和原则应符合《建筑施工组织设计规范》GB/T 50502的有关规定。

由若干个相联系的单位工程组成，且通常需要分期分批建设的特大型项目，应编制施工组织总设计，其所含的每个单位工程应分别编制单位工程施工组织设计；由单个单位工程组成的工程项目，其施工组织总设计与单位工程施工组织设计可一并编制。

地基处理、桩基工程、地下支护工程、大型土石方工程、混凝土工程、预应力砼工程、大体积混凝土工程、钢结构工程、屋面防水工程、地下防水工程、雨季施工、幕墙工程、采用新结构、新技术、新材料的工程及结构复杂、技术难度大的工程应编制分部、分项工程施工方案。

施工组织总设计和单位工程施工组织设计的编制应由施工总承包单位的项目经理主持并组织有关施工技术人员与施工分包单位进行编制，施工总承包技术负责人审批；分部、分项工程施工方案的编制应由承包单位的项目技术负责人主持并组织有关施工技术人员或分包单位进行编制,施工单位技术部门负责人或技术负责人审核、审批。

4.2.2.2 危险性较大分部分项工程专项方案

1.施工单位应当在危险性较大的分部分项工程施工前编制专项方案,专项方案编制应当包括以下内容:

(1)工程概况:危险性较大的分部分项工程概况、施工平面布置、施工要求和技术保证条件。

(2)编制依据:相关法律、法规、规范性文件、标准、规范及图纸(国标图集)、施工组织设计等。

(3)施工安排:包括施工顺序及施工流水段的确定、施工进度计划、材料与设备计划。

(4)施工工艺技术:技术参数、工艺流程、施工方法、检查验收等。

(5)施工安全保证措施:组织保障、技术措施、应急预案、监测监控等。

(6)劳动力计划:专职安全生产管理人员、特种作业人员等。

(7)计算书及相关图纸。

2.对于超过一定规模的危险性较大的分部分项工程,施工单位应当组织专家对专项方案进行论证,实行施工总承包的,应由施工总承包单位组织召开专家论证会,论证专家应按规定选取,本项目参建各方的人员不得以专家身份参加专家论证会。

3.危险性较大分部、分项工程专项方案应当由施工单位技术部门组织本单位施工技术、安全、质量等部门的专业技术人员进行审核,经审核合格的,由施工单位技术负责人签字;实行施工总承包的,专项方案应当由总承包单位技术负责人及相关专业承包单位技术负责人签字。

4.不需专家论证的危险性较大分部、分项工程专项方案,应经施工单位按本条第3款规定的要求审核、审批合格后报监理单位,由项目总监理工程师审核签字;经专家论证的危险性较大分部、分项工程专项方案,施工单位应当根据论证报告修改完善专项方案,并经施工单位技术负责人、项目总监理工程师、建设单位项目负责人签字后,方可组织实施。

5.危险性较大的分部分项工程范围应符合下列规定:

(1)开挖深度超过3 m(含3 m)或虽未超过3 m但地质条件和周边环境复杂的基坑(槽)支护、降水工程;开挖深度超过3 m(含3 m)的基坑(槽)的土方开挖工程。

(2)包括大模板、滑模、爬模、飞模等各类工具式模板;搭设高度5 m及以上,搭设跨度10 m及以上,施工总荷载10 kN/m^2及以上,集中线荷载15 kN/m^2及以上,高度大于支撑水平投影宽度且相对独立无联系构件的混凝土模板支撑工程;用于钢结构安装等承重满堂支撑体系。

(3)采用非常规起重设备、方法,且单件起吊重量在10 kN及以上的起重吊装工程;采用起重机械进行安装的工程;起重机械设备自身的安装、拆卸。

(4)搭设高度24 m及以上的落地式钢管脚手架工程;附着式整体和分片提升脚手架工程;悬挑式脚手架工程;吊篮脚手架工程;自制卸料平台、移动操作平台工程;新型及异型脚手架工程。

(5)建筑物、构筑物拆除工程;采用爆破拆除的工程。

(6)建筑幕墙安装工程;钢结构、网架和索膜结构安装工程;人工挖扩孔桩工程;地下暗挖、顶管及水下作业工程;预应力工程。

6.超过一定规模的危险性较大的分部分项工程范围应符合下列规定:

(1)开挖深度超过 4 m(含 4 m)的基坑(槽)的土方开挖、支护、降水工程;开挖深度虽未超过 4 m,但地质条件、周围环境和地下管线复杂,或影响毗邻建筑(构筑)物安全的基坑(槽)的土方开挖、支护、降水工程;市政工程开挖或填筑施工所形成的高度超过 8 m 的边坡工程;或虽未超过规定高度但地质条件和周边环境复杂的边坡工程。

(2)包括滑模、爬模、飞模等工具式模板工程;搭设高度 8 m 及以上,搭设跨度 18 m 及以上,施工总荷载 15 kN/m^2 及以上,集中线荷载 20 kN/m^2 及以上的混凝土模板支撑工程;用于钢结构安装等满堂支撑体系,承受单点集中荷载 700 kg 以上的承重支撑体系。

(3)采用非常规起重设备、方法,且单件起吊重量在 100 kN 及以上的起重吊装工程;起重量 300 kN 及以上的起重设备安装工程;高度 200 m 及以上内爬起重设备的拆除工程。

(4)搭设高度 50 m 及以上落地式钢管脚手架工程;提升高度 150 m 及以上附着式整体和分片提升脚手架工程;架体高度 20 m 及以上悬挑式脚手架工程。

(5)采用爆破拆除的工程;码头、桥梁、高架、烟囱、水塔或拆除中容易引起有毒有害气(液)体或粉尘扩散、易燃易爆事故发生的特殊建、构筑物的拆除工程;可能影响行人、交通、电力设施、通信设施或其他建、构筑物安全的拆除工程;文物保护建筑、优秀历史建筑或历史文化风貌区控制范围的拆除工程。

(6)施工高度 50 m 及以上的建筑幕墙安装工程;跨度大于 36 m 及以上的钢结构安装工程;跨度大于 60 m 及以上的网架和索膜结构安装工程;开挖深度超过 16 m 的人工挖孔桩工程;地下暗挖工程、顶管工程、水下作业工程;采用新技术、新工艺、新材料、新设备及尚无现行相关技术标准的分部分项工程。

4.2.2.3 施工组织设计及施工方案的审批(施表 F.0.1)

施工组织总设计、单位工程施工组织设计均应在施工前经总监理工程师审核签字后实施;分部、分项或专项工程施工方案应在施工前经监理工程师审核签字后实施;规模大、结构复杂或属新结构、特种结构的工程,其施工组织设计应经监理单位技术负责人审查,由总监理工程师签发后实施。

施工单位应根据监理单位审查提出的意见对施工组织设计进行修改或重新编制,并应按监理审定的施工组织设计组织施工。

施工组织设计在实施前,应按施表 F.0.1 的要求办理文件的报审手续。分部、分项工程施工方案可分施工阶段进行编制,并应在各阶段实施前独立办理报审手续。

4.2.3 技术交底(施表 F.0.2)

技术交底是施工单位以企业施工工艺标准、规范、施工图为依据,在施工开始前编制的用于保证施工进度、质量、安全、达到设计及规范要求而制定的一系列技术文件,技术交底包括设计交底、单位工程技术交底和主要分项工程技术交底。

施工组织设计(施工方案)报审表

施表 F.0.1　　　　　　　　　　　　　　　　　　　　　　　　　　共　　页　第　　页

<table>
<tr><td colspan="2">工程名称</td><td colspan="3"></td><td colspan="2">施工单位</td><td colspan="3"></td></tr>
<tr><td rowspan="3">编制单位</td><td colspan="4" rowspan="2">现报上＿＿＿＿＿＿＿＿＿＿工程施工组织总设计/施工组织设计/施工方案文件，请予以审查。</td><td colspan="2">主　编</td><td colspan="3"></td></tr>
<tr><td colspan="2">编制人</td><td colspan="3"></td></tr>
<tr><td colspan="4">工程项目部/专业分包施工单位　　（盖章）</td><td colspan="2">技术负责人</td><td colspan="3"></td></tr>
<tr><td rowspan="2">审核单位</td><td colspan="9">总承包单位审核意见：

年　　月　　日</td></tr>
<tr><td colspan="2">总承包单位(盖章)</td><td>审核人</td><td colspan="3"></td><td colspan="2">审批人</td><td></td></tr>
<tr><td rowspan="3">审查单位</td><td colspan="9">监理审查意见：

监理审查结论：□同意实施　　□修改后报　　□重新编制</td></tr>
<tr><td colspan="2" rowspan="2">监理单位　　（盖章）</td><td colspan="3">专业监理工程师</td><td colspan="2"></td><td colspan="2">日期：</td></tr>
<tr><td colspan="3">总监理工程师</td><td colspan="2"></td><td colspan="2">日期：</td></tr>
</table>

技术交底记录

施表 F.0.2

<table>
<tr><td rowspan="2">工程名称</td><td rowspan="2"></td><td>编号</td><td></td></tr>
<tr><td>交底日期</td><td></td></tr>
<tr><td>施工单位</td><td></td><td>分项工程名称</td><td></td></tr>
<tr><td>交底摘要</td><td></td><td>页数</td><td>共　页,第　页</td></tr>
<tr><td colspan="4">交底内容:</td></tr>
</table>

<table>
<tr><td rowspan="2">签字栏</td><td>交底人</td><td></td><td>审核人</td><td></td></tr>
<tr><td>接受交底人</td><td colspan="3"></td></tr>
</table>

4.2.3.1 技术交底编制内容

设计交底应包括介绍设计意图和要点，强调施工中应注意的事项，回答施工单位提供的疑问等。

单位工程技术交底应包括施工组织设计及施工方案的交底，包括施工部署、主要施工方法、施工进度计划、资源计划、总平面布置、主要施工管理计划、分项施工方法等。

分项工程技术交底：重点和主要内容

1. 分项工程简介：主要说明本工序的基本情况，明确材料规格型号、工具用具、场地等。
2. 工作内容：明确班组的分项工程所有施工环节的操作内容。
3. 工序交接：明确上一道工序的完成情况、工序交接情况。
4. 工作安排：工作部位、作业条件、工作人数、工期要求等。
5. 操作步骤：阐明操作工艺的先后顺序。
6. 操作方法：操作工艺的具体要求及做法，宜按照图例、草图大师、照片等配合文字说明的方式编制，尽量不要纯文字说明。
7. 质量验收标准：本分项的验收标准及紧后工序移交的处理措施。
8. 安全注意事项：本分项操作过程中要注意的安全事项及措施。
9. 文明及绿色施工要求：明确材料堆放、使用要求，工完场清，成品保护等要求及措施。

4.2.3.2 技术交底编制时间及资料收集

设计交底应在工程施工前进行，单位工程技术交底应在工程开工时进行，分项工程技术交底应在分项工程施工前进行，并应为施工留出一定的准备时间，技术交底不得后补。

技术交底记录应按施表 F.0.2 填写，交底结束后，交底人和被交底人应履行签字手续。技术交底记录由资料员收集。

4.2.4 施工日志(质控(建)表 C.0.84)

施工日志应是单位工程在施工过程中对有关施工技术和管理工作的原始记录，不得后补、编造，施工日志应以单位工程为对象。施工日志应从工程开始起至工程竣工止，对工程技术管理和质量管理活动及效果逐日进行记载，记载的内容必须连续和完整。

施工日志的主要内容：

1. 日期、天气、气温(最高温度、最低温度)。
2. 工程部位、施工班组、工程管理等人员。
3. 施工活动记载内容包括：

主要分部、分项工程的起止日期；施工阶段特殊情况(停电、停水、停工、窝工等)的记录；质量、安全、设备事故(或未遂事故)发生的原因，处理意见和处理方法的记录；设计单位在现场解决问题的记录(若变更设计应由设计单位出变更设计联系单)；变更施工方法或在紧急情况下采取的特殊措施和施工方法的记录；进行技术交底、技术复核和隐蔽工程验收的摘要记载；有关领导或部门对该项工程所做的决定或建议；其他(砂浆试块编号、混凝土试块编号、同条件养护试块的存放、见证取样等)，施工日志应由施工员或单位工程技术负责人按质控(建)表 C.0.84 进行填写。

施工日志

质控(建)表C.0.84　　　　共　　页　第　　页

日期	天气状况	风力	最高/最低温度	备注

生产情况记录:(部位项目、机械作业、班组工作、生产存在问题等)

技术质量安全工作记录:(技术质量安全活动、技术质量安全问题、质量验收及其他等)

工程负责人		记录人	

4.2.5 控制网设置资料

4.2.5.1 控制网设置资料的主要内容

1. 大中型的施工项目，应先建立场区控制网，再分别建立建筑物施工控制网；小规模的独立施工项目，可直接布设建筑物施工控制网。

2. 施工控制网可引用原区域内的平面与高程控制网作为建筑物、构筑物定位的依据。当原区域内的控制网不能满足施工测量的技术要求时，应另测设施工的控制网。

3. 施工的平面控制网，应符合下列规定：

(1)施工平面控制网的坐标系统，应与工程设计所采用的坐标系统相同。

(2)当利用原有的平面控制网时，其精度应满足需要，投影所引起的长度变形不应超过1/40000；当超过时应进行换算。

(3)当原控制网精度不能满足需要时，可选用原控制网中个别点作为施工平面控制网坐标和方位的起算数据。

(4)应绘制平面控制网图。

4. 建筑物的平面控制网可按建筑物、构筑物的设计形式和特点，布设成十字轴线或矩形控制网。矩形网可采用导线法或增测对角线的测边法测定。民用建筑物施工控制网也可根据建筑红线定位。

5. 建筑物的施工平面控制网，应根据建筑物的分布、结构、高度、基础埋深和机械设备传动的连接方式、生产工艺的连续程度分别布设一级或二级控制网，其主要技术要求如表4-2。

表 4-2 建筑物施工平面控制网的主要技术要求

等　级	边长相对中误差	测角中误差
一级	1/30000	$7''\sqrt{n}$
二级	1/15000	$15''\sqrt{n}$

注：n 为建筑物结构的跨数。

4.2.5.2 建筑物的控制测量的具体要求

1. 控制网应按设计总图和施工总布置图布设，并满足建筑物施工测设的需要。点位应选择在通视良好、利于长期保存的地方。

2. 控制网加密的指示桩，宜选在建筑物行列线或主要设备中心线方向上。主要的控制网点和主要设备中心线端点，应埋设混凝土固定标桩。

3. 控制网轴线起始点的测量定位误差不应低于同级控制网的要求，允许误差宜为20 mm；两建筑物(厂房)间有联动关系时，允许误差宜为10 mm，定位点不得少于3个。

4. 角度观测可采用方向观测法，其测回数应根据测角中误差的大小按下表4-3确定。

表4-3 水平角观测的测回数

测角中误差 仪器精度等级	2.5″	3.5″	4.0″	5″	10″
1″级仪器	4	3	2	—	—
2″级仪器	6	5	4	3	1

5. 矩形网的角度闭合差不应大于测角中误差的4倍。

6. 边长测量宜采用电磁波测距的方法，当采用钢尺丈量距离时，一级网的边长应以二测回测定，二级网的边长应以一测回测定，长度应进行温度、坡度和尺长修正。电磁波测距及钢尺量距的主要技术要求应按有关规定执行。

7. 矩形网应按平差结果进行实地修正，调整到设计位置。当增设轴线时，可采用现场改点法进行配合调整。

8. 点位修正后，应进行矩形网角度的检测。

4.2.5.3 建筑物的控制测量控制点的具体要求

1. 建筑物的围护结构封闭前，应根据施工需要将建筑物外部控制转移至内部。内部的控制点，宜设置在浇筑完成的预埋件上或预埋的测量标板上，引测的投点误差，一级不应超过2 mm，二级不应超过3 mm。

2. 建筑物高程控制的水准点可单独埋设在建筑物的平面控制网的标桩上，也可利用场地附近的水准点，其间距宜在200 m左右。

3. 当施工中水准点标桩不能保存时，应将其高程引测至稳固的建筑物或构筑物上，引测的精度，不应低于原有水准的等级要求。

4.3 建筑与结构资料

4.3.1 图纸会审、设计变更、工程洽商记录

4.3.1.1 图纸会审记录质控((建)表C.0.1)

图纸会审记录是施工、建设、监理等参建各方对施工图对施工条件的适应性、设计图纸本身的错误等提出问题，经设计认可修改后形成的正式文件，是施工图的重要补充及优化。

1. 图纸会审的程序

(1)图纸会审应由建设(监理)单位组织，设计单位交底，勘察、施工等单位参加(含分包单位)。

(2)图纸会审前各单位应做好图纸自审，形成自审记录，报建设(监理)单位并由其转交设计单位进行设计交底准备。

2. 图纸会审的主要内容

设计是否符合国家、地方现行标准和施工技术装备条件，特殊技术措施在技术上是否有

困难、能否保证施工安全，特殊材料的品种、规格、数量等是否满足需要，建筑、结构、水卫、电气、设备等之间有无矛盾，图纸尺寸、坐标、标高及管线、道路交叉连接是否正确，图纸及说明是否齐全、清楚、明确；施工图审查机构的意见是否已反馈并通过其认可。

3. 图纸会审纪要整理

(1)图纸会审纪要应由建设(监理)单位按建筑、结构、安装等顺序整理、汇总，各单位技术负责人会签并加盖公章形成正式文件。

(2)在图纸会审中提出的问题，凡涉及设计变更的，均应由设计单位按规定程序发出设计变更单(图)，重要设计变更应由原施工图审查机构审核后方可实施。

4.3.1.2 设计变更记录(质控(建)表 C.0.2)

设计变更记录是指施工过程中发现设计文件和图纸有差错、不合理，或因施工条件、材料规格、品种、质量不能够完全符合设计要求及建设单位要求需进行施工图修改时，由设计单位修改设计并由建设(监理)单位签认而办理的正式文件。设计变更的内容包括需变更的内容、原图号、必要的附图。

1. 设计变更记录的程序

(1)建设(监理)单位对建筑工程提出的修改意见，应经设计单位同意并由其修改设计后方可实施。

(2)涉及工程规模、规划、环境、消防、人防等政府监管内容的修改，应经相关行政主管部门重新审批后，方可进行设计变更。

(3)设计变更应及时办理，内容必须明确具体，变更应注明原图号，必要时应附图。

(4)设计变更应严格执行变更签证制度，重要设计变更应由原施工图审查机构审核后方可实施。

(5)分包工程的设计变更应通过工程总包单位确认后，方可按规定的程序办理设计变更。

2. 设计变更记录整理

(1)设计变更的内容包括需变更的内容、原图号、必要的附图。

(2)设计变更记录汇总应由资料员按质控(建)表 C.0.2 进行汇总。

4.3.1.3 工程洽商记录(质控(建)表 C.0.3)

工程洽商是有关单位就技术或其他事务交换意见的记录文件，其内容涉及设计变更的，应由建设(监理)单位、设计单位、施工单位各方签认并满足设计变更记录的有关规定。不涉及设计变更的，由洽商涉及各方签认。

工程洽商记录的程序：

1. 工程洽商的内容涉及设计变更的，应由建设(监理)单位、设计单位、施工单位各方签认并应满足设计变更的有关规定。不涉及设计变更的，可由洽商涉及各方签认。

2. 工程洽商记录的内容包括工程洽商的依据、内容、原图号、必要的附图。工程洽商记录应按日期先后顺序编号及质控(建)表 C.0.3 的规定填写。

3. 工程洽商经签认后不得随意涂改或删除。

4. 工程洽商记录原件应存档于提出单位，其他单位可复印存档，复印件应注明原件存放处。

4.3.2 工程定位测量、放线验收记录

工程定位测量、放线记录包括建筑物定位测量、桩基定位测量、轴线及标高放线测量，测量工具和测量人员应固定，测量前应校验仪器。测量所使用的仪器应定期进行检定，并在检定有效期内使用，并提供检定报告。建筑物定位测量、桩基定位测量、轴线及标高放线测量工作结束后，应及时整理原始资料和进行验收，及时填写验收记录。

4.3.2.1 工程定位测量验收记录（质控（建）表 C.0.4）

工程定位测量验收记录的主要内容：

1. 测量工作开始前，应熟悉设计图纸及有关技术资料，且应根据设计图纸要求，结合现场实际情况进行测量。当建筑区域范围较大、工程平面较复杂时，应制定测量技术方案。

2. 当建筑区域范围较大、单位工程较多时，可根据设计总平面布置图和现场实际情况，在施工场地内布设平面控制网（点）和高程控制点，作为施工定位测量的依据。

3. 根据施工场地控制点、水准点、城市规划部门确定的建筑红线桩等和有关设计图纸、技术资料，进行工程定位测量放线，测定建筑物平面位置、主控轴线及建筑物±0.000 标高的绝对高程。

4. 建筑物定位测量，可根据施工现场实际情况，分段进行验收。建筑物定位测量复核情况应以简图形式记录在验收表中，简图中应标明轴线控制桩的位置及标高、轴线位置及偏差等。

4.3.2.2 桩基定位测量验收记录（质控（建）表 C.0.4）

桩基定位测量验收记录的主要内容：

1. 桩基应根据设计图纸进行定位测量，其桩位的放样允许偏差应符合国家现行标准《建筑地基基础工程施工质量验收规范》GB 50202 的规定。允许偏差：群桩 20 mm、单排桩 10 mm。

2. 简图中应标明轴线控制桩的位置及标高、桩位偏差。

3. 桩基定位测量宜采用分段（轴线）进行定位；当采用逐根定位的，监理工程师应及时进行复核。

4.3.2.3 轴线及标高放线测量验收记录（质控（建）表 C.0.5）

轴线及标高放线测量验收记录的主要内容：

1. 根据二端轴线控制桩，用经纬仪将外墙纵横轴线投测到基础面及侧面，按设计尺寸复核，作为上部施工的依据，用水准仪测设标高。单层、多层：用吊垂线法，经纬仪逐层向上引测，高层：经纬仪、激光铅直仪竖向通投点法。

2. 轴线及标高放线测量每一楼（层）段均应进行验收。

3. 测量复核情况应以简图形式记录在验收表中，简图中应标明轴线位置及偏差、轴线投测点、标高投测点的位置。

图纸会审记录

质控(建)表 C.0.1　　　　　　　　　　　　　　　　　　　　共　　页　第　　页

<table>
<tr><td colspan="2">工程名称</td><td colspan="2"></td></tr>
<tr><td colspan="2">分部工程名称</td><td></td><td>日期</td></tr>
<tr><td>序号</td><td>图纸编号</td><td>会审中发现的问题</td><td>答复意见</td></tr>
<tr><td></td><td></td><td></td><td></td></tr>
<tr><td></td><td></td><td></td><td></td></tr>
<tr><td></td><td></td><td></td><td></td></tr>
<tr><td></td><td></td><td></td><td></td></tr>
<tr><td></td><td></td><td></td><td></td></tr>
<tr><td></td><td></td><td></td><td></td></tr>
<tr><td></td><td></td><td></td><td></td></tr>
<tr><td></td><td></td><td></td><td></td></tr>
<tr><td></td><td></td><td></td><td></td></tr>
<tr><td colspan="4">参加会审单位及人员</td></tr>
<tr><td colspan="2">单位名称</td><td colspan="2">会审人员</td></tr>
<tr><td colspan="2">建设单位(公章)</td><td colspan="2"></td></tr>
<tr><td colspan="2">设计单位(公章)</td><td colspan="2"></td></tr>
<tr><td colspan="2">施工单位(公章)</td><td colspan="2"></td></tr>
<tr><td colspan="2">监理单位(公章)</td><td colspan="2"></td></tr>
<tr><td colspan="2"></td><td colspan="2"></td></tr>
</table>

设计变更汇总表

质控(建)表C.0.2　　　　　　　　　　共　页　第　页

工程名称		××大厦	工程地点	福州市××路
施工单位		××建筑工程公司		
序号	变更单日期	变更主要内容		变更提出单位
1	××.×.×	……		××建筑工程公司
2	××.×.×	……		××建筑工程公司
3	××.×.×	……		××房地产开发公司
4	××.×.×	……		××房地产开发公司
5	××.×.×	……		××房地产开发公司
6	××.×.×	……		××建筑工程公司
7	××.×.×	……		××建筑工程公司

整理人：×××

工程洽商记录

质控(建)表 C.0.3　　　　　　　　　　　　　　　　　　　　共　　页　第　　页

工程名称	××大厦	编号	××
提出单位	××建筑工程公司	提出日期	××年××月××日

记录事项：

主变间、主变间夹层、地下电缆夹层，原设计顶棚为喷大白浆，现改为耐擦洗涂料。

主变间内墙、地下电缆夹层墙面，原设计为 1∶3 石灰膏砂浆打底，纸筋灰罩面，现改为水泥砂浆打底、压光。

洽商单位	代表签字	日期
××建筑工程公司	×××	××年××月××日
××房地产开发公司	×××	××年××月××日
××工程建设监理公司	×××	××年××月××日
××建筑设计院	×××	××年××月××日

建筑物、桩基定位测量验收记录

质控(建)表 C.0.4　　　　　　　　　　　　　　　　　　　　　　　　共 1 页　第 1 页

<table>
<tr><td>工程名称</td><td>××大厦</td><td>施工单位</td><td>××建筑工程公司</td></tr>
<tr><td>施测部位</td><td>①～⑩/A～G 轴</td><td>施测日期</td><td>2011 年××月××日</td></tr>
<tr><td>测量仪器及编号</td><td>DZS3-1 水准仪,检测编号:043453210
TDJ 2-E 经纬仪,检测编号:042455280</td><td>检定日期</td><td>2011 年××月××日</td></tr>
<tr><td>施测人</td><td>×××</td><td>复核人</td><td>×××</td></tr>
<tr><td>测量复核情况(简图)</td><td colspan="3">N
+0.400−23.500
① ⑩
x=2344.340 y=1344.310
2000 42000 2100
2000 Ⓕ 12000 Ⓐ 2000
±0.000=23.100
x=2344.340 y=1344.310
x=2344.340 y=1358.310
x=2344.340 y=1358.310
+0.400−23.500　+0.400−23.500
复测结果:
①/Ⓕ:①～⑩边±2 mm;Ⓕ～Ⓐ边±1 mm,角+3″
⑩/Ⓐ:①～⑩边±2 mm;Ⓕ～Ⓐ边 0 mm,角+5″
引测施工现场的施工标高±0.000=23.100,三个误差在 2 mm 以内。</td></tr>
<tr><td>检查结论</td><td>符合设计和规划红线图要求
项目专业技术负责人:×××
2011 年××月××日</td><td>验收结论</td><td>符合设计和规划红线图要求
监理工程师:×××
(建设单位项目专业技术负责人)
2011 年××月××日</td></tr>
</table>

轴线及标高测量放线验收记录

质控(建)表 C. 0. 5　　　　　　　　　　　　　　　　　　　　　　共 1 页　第 1 页

<table>
<tr><td>工程名称</td><td>××大厦</td><td>施工单位</td><td>××建筑工程公司</td></tr>
<tr><td>施测部位</td><td>二层框架柱</td><td>施测日期</td><td>2011 年××月××日</td></tr>
<tr><td>测量仪器及编号</td><td>DZS3-1 水准仪，检测编号：043453210
TDJ 2-E 经纬仪，检测编号：042455280</td><td>检定日期</td><td>2011 年××月××日</td></tr>
<tr><td>施测人</td><td>×××</td><td>复核人</td><td>×××</td></tr>
<tr><td>测量复核情况（简图）</td><td colspan="3">放线简图：

二层柱平面结构布置图
①/Ⓕ：①－⑥边±1 mm；Ⓕ－Ⓐ边±1 mm，角＋3″；
⑥/Ⓐ：①－⑥边±1 mm；Ⓕ－Ⓐ边 0 mm，角＋5″；
本层结构面标高＋11. 800 m，误差在±3 mm 以内。</td></tr>
<tr><td>检查结论</td><td>符合设计图纸要求
项目专业技术负责人：×××
2011 年××月××日</td><td>验收结论</td><td>同意验收
监理工程师：×××
（建设单位项目专业技术负责人）
2011 年××月××日</td></tr>
</table>

4.3.3 原材料出厂合格证及进场检验报告

原材料不包括施工的辅助材料，如模板、隔离剂等。原材料质量证明资料分为进场验收记录(包括产品质量合格证、厂家提供检验或试验报告、产品生产许可证、进口材料的商检证明和中文版的质量证明文件、型式检验报告等技术文件)、见证取样记录及复验报告三部分。

规范要求复验的原材料进场验收合格后，必须按规定的批次及数量见证取样进行复验。原材料的复验应由建设单位指定有资质的检测机构承担，复验报告应加盖计量认证章、检测机构资质章、检测机构公章，试验人员、审核人、负责人签字必须齐全，报告内容不能涂改。复验报告由有资质的检测机构提供，由资料员收集并填写单位工程材料用料汇总表。

符合下列条件之一时，可按相关专业验收规范的规定适当调整抽样复验、试验数量，调整后的抽样复验、试验方案应由施工单位编制，并报监理单位审核确认。

1.同一项目中由相同施工单位施工的多个单位工程，使用同一生产厂家的同品种、同规格、同批次的材料、构配件、设备。

【说明】如果按每一个单位工程分别进行复验、试验势必会造成重复，且必要性不大。

2.同一施工单位在现场加工的成品、半成品、构配件用于同一项目中的多个单位工程。

【说明】仅对施工现场加工的成品、半成品、构配件等，不针对施工安装后形成的结构部分

3.在同一项目中，针对同一抽样对象已有检验成果可以重复利用。

【说明】在实际工程中，同一专业内或不同专业之间对同一对象难免会有重复检验的情况。例如主体结构分部对混凝土结构墙体已验收，节能工程分部也需对墙体验收；装饰装修工程和节能工程中对门窗的气密性试验等。因此本条规定可避免对同一对象的重复检验，可重复利用检验成果，只需复制后分别归档即可。当符合规定的条件时，适当调整(主要是减少)抽样复验、试验的数量，可降低检验成本，节约时间。

4.3.3.1 单位工程材料用料汇总表(质控(建)表 C.0.6)

单位工程材料用料汇总表主要内容：

1. 材料名称、生产厂家、品种、规格、进场数量，在备注栏中应填写主要使用部位。

2. 原材料应根据工程特点及设计要求按材料分类填写并汇总，不可将各种材料按随进场随填写的方式填写。汇总表一般分为基础分部工程材料用料汇总表、主体分部工程材料用料汇总表、装饰装修工程材料用料汇总表、屋面分部工程材料用料汇总表等。

3. 汇总表应根据原材料进场验收记录的情况，在每个分部工程施工完成后由资料员尽快整理填写。

4.3.3.2 钢材出厂合格证及进场检验报告(质控(建)表 C.0.7、C.0.8、)

1. 钢材出厂合格证及进场检验报告的主要内容：

(1)结构设计施工图的各种受力钢筋应有钢筋出厂合格证及力学性能现场抽样检验报告单。

单位工程材料用料汇总表

质控(建)表 C.0.6　　　　　　　　　　　　　　　　　　　　共　　页　第　　页

<table>
<tr><td colspan="2">工程名称</td><td colspan="3"></td><td>施工单位</td><td colspan="5"></td></tr>
<tr><td rowspan="2">种类</td><td rowspan="2">级别规格</td><td rowspan="2">使用数量(t)</td><td colspan="4">进场情况</td><td colspan="2">检验报告</td><td rowspan="2">备　注</td></tr>
<tr><td>厂　家</td><td>合格证编号</td><td>时　间</td><td>数量(t)</td><td>编　号</td><td>结　论</td></tr>
<tr><td></td><td></td><td></td><td></td><td></td><td></td><td></td><td></td><td></td><td></td></tr>
<tr><td></td><td></td><td></td><td></td><td></td><td></td><td></td><td></td><td></td><td></td></tr>
<tr><td></td><td></td><td></td><td></td><td></td><td></td><td></td><td></td><td></td><td></td></tr>
<tr><td></td><td></td><td></td><td></td><td></td><td></td><td></td><td></td><td></td><td></td></tr>
<tr><td></td><td></td><td></td><td></td><td></td><td></td><td></td><td></td><td></td><td></td></tr>
<tr><td></td><td></td><td></td><td></td><td></td><td></td><td></td><td></td><td></td><td></td></tr>
<tr><td></td><td></td><td></td><td></td><td></td><td></td><td></td><td></td><td></td><td></td></tr>
<tr><td></td><td></td><td></td><td></td><td></td><td></td><td></td><td></td><td></td><td></td></tr>
<tr><td></td><td></td><td></td><td></td><td></td><td></td><td></td><td></td><td></td><td></td></tr>
<tr><td></td><td></td><td></td><td></td><td></td><td></td><td></td><td></td><td></td><td></td></tr>
<tr><td></td><td></td><td></td><td></td><td></td><td></td><td></td><td></td><td></td><td></td></tr>
<tr><td></td><td></td><td></td><td></td><td></td><td></td><td></td><td></td><td></td><td></td></tr>
<tr><td></td><td></td><td></td><td></td><td></td><td></td><td></td><td></td><td></td><td></td></tr>
</table>

施工单位(公章)：　　　　　　　　　　　　　　　　　　项目负责人：

钢筋力学性能检测报告

质控(建)表 C.0.7

委托编号：　　　　　　　　　　报告编号：　　　　　　　　　　(第1页　共1页)

<table>
<tr><td>委托单位 名称</td><td colspan="10">××建筑工程公司</td><td colspan="2">样品名称</td><td colspan="5">钢筋</td><td colspan="3">委托日期</td><td colspan="3">×年×月×日</td></tr>
<tr><td>地址</td><td colspan="10">××市××路</td><td colspan="2">钢筋种类</td><td colspan="5">热轧带肋钢筋</td><td colspan="3">检测日期</td><td colspan="3">×年×月×日</td></tr>
<tr><td>工程名称</td><td colspan="10">××大厦</td><td colspan="2">牌号</td><td colspan="5">HRB400</td><td colspan="3">报告日期</td><td colspan="3">×年×月×日</td></tr>
<tr><td>工程地点</td><td colspan="10">××市××路</td><td colspan="2">样品数量及状态</td><td colspan="5">符合要求</td><td colspan="3">检测性质</td><td colspan="3">见证检验</td></tr>
<tr><td>见证单位</td><td colspan="10">××工程建设监理公司</td><td colspan="2">见证人</td><td colspan="5">×××</td><td colspan="3">证书编号</td><td colspan="3">×××</td></tr>
<tr><td>施工单位</td><td colspan="10">××建筑工程公司</td><td colspan="2">结构部位</td><td colspan="11">主体结构</td></tr>
<tr><td rowspan="3">样品编号</td><td rowspan="3">公称直径(mm)</td><td colspan="6">技术要求</td><td rowspan="3">序号</td><td rowspan="3">屈服强度 R_e (MPa)</td><td rowspan="3">极限强度 R_m (MPa)</td><td rowspan="3">断后伸长率 A (%)</td><td rowspan="3">最大力总伸长率(%)</td><td colspan="4">冷弯</td><td colspan="2">实测强度比值</td><td rowspan="3">重量偏差(%)</td><td rowspan="3">生产厂别</td><td rowspan="3">炉号</td><td rowspan="3">代表数量(t)</td><td rowspan="3">出厂合格证编号</td></tr>
<tr><td rowspan="2">屈服强度(MPa)</td><td rowspan="2">抗拉强度(MPa)</td><td rowspan="2">断后伸长率(%)</td><td rowspan="2">最大力总伸长率(%)</td><td colspan="2">强度比值</td><td rowspan="2">序号</td><td rowspan="2">弯心直径(mm)</td><td rowspan="2">弯曲角度(°)</td><td rowspan="2">结果</td><td rowspan="2">R_m/R_e</td><td rowspan="2">R_e/R_{ek}</td></tr>
<tr><td>R_m/R_e</td><td>R_e/R_{ek}</td></tr>
<tr><td rowspan="2">×××</td><td rowspan="2">20</td><td rowspan="2">≥400</td><td rowspan="2">≥540</td><td rowspan="2">≥16</td><td rowspan="2">≥9</td><td rowspan="2">≥1.25</td><td rowspan="2">≤1.30</td><td>1</td><td>465</td><td>630</td><td>27</td><td>11</td><td>4</td><td>80.0</td><td>180</td><td>合格</td><td>1.35</td><td>1.16</td><td>3</td><td rowspan="2">三钢</td><td rowspan="2">××</td><td rowspan="2">20</td><td rowspan="2">11—15</td></tr>
<tr><td>2</td><td>475</td><td>595</td><td>29</td><td>13</td><td>5</td><td>80.0</td><td>180</td><td>合格</td><td>1.25</td><td>1.19</td><td>5</td></tr>
<tr><td rowspan="2"></td><td rowspan="2"></td><td rowspan="2"></td><td rowspan="2"></td><td rowspan="2"></td><td rowspan="2"></td><td rowspan="2"></td><td rowspan="2"></td><td>1</td><td></td><td></td><td></td><td></td><td>4</td><td></td><td></td><td></td><td></td><td></td><td></td><td rowspan="2"></td><td rowspan="2"></td><td rowspan="2"></td><td rowspan="2"></td></tr>
<tr><td>2</td><td></td><td></td><td></td><td></td><td>5</td><td></td><td></td><td></td><td></td><td></td><td></td></tr>
<tr><td>检测依据</td><td colspan="10">热轧带肋钢筋 GB 1499.2-2007</td><td colspan="2" rowspan="2">主要仪器设备</td><td colspan="5">仪器名称</td><td colspan="4">型号规格</td><td colspan="2">管理编号</td></tr>
<tr><td>检测结论</td><td colspan="10">符合热轧带肋钢筋 GB 1499.2-2007 指标要求</td><td colspan="5">万能试验机</td><td colspan="4">WE-60</td><td colspan="2">×××</td></tr>
<tr><td>声明</td><td colspan="10"></td><td colspan="2">联系方式</td><td colspan="11"></td></tr>
<tr><td>备注</td><td colspan="23"></td></tr>
</table>

批准：×××　　　　　　　　　　审核：×××　　　　　　　　　　项目负责：×××

钢材化学成分检测报告

质控(建)表 C.0.8

委托编号：　　　　　　　　报告编号：　　　　　　　　第1页　共1页

<table>
<tr><td rowspan="2">委托单位</td><td>名称</td><td>××建筑工程公司</td><td>检测性质</td><td>见证检验</td><td>委托日期</td><td>×月×日</td></tr>
<tr><td>地址</td><td>××市××路</td><td>样品编号</td><td>材×××</td><td>检测日期</td><td>×月×日</td></tr>
<tr><td colspan="2">工程名称</td><td>××大厦</td><td>样品名称</td><td>钢筋</td><td>报告日期</td><td>×月×日</td></tr>
<tr><td colspan="2">工程地点</td><td>××市××路</td><td>样品数量</td><td></td><td>代表数量</td><td>40 t</td></tr>
<tr><td colspan="2">施工单位</td><td>××建筑工程公司</td><td>样品状态</td><td>符合要求</td><td>规格</td><td>22</td></tr>
<tr><td colspan="2">生产单位</td><td>××钢铁厂</td><td>型号商标</td><td>HRB 400</td><td>使用部位</td><td>主体结构</td></tr>
<tr><td colspan="2">见证单位</td><td>××工程建设监理公司</td><td>见证人</td><td>×××</td><td>见证编号</td><td>11－25</td></tr>
<tr><td colspan="3">检测项目</td><td colspan="2">技术要求</td><td colspan="2">检测结果</td></tr>
<tr><td colspan="3">C</td><td colspan="2">≤0.20</td><td colspan="2">0.20</td></tr>
<tr><td colspan="3">S</td><td colspan="2">≤0.045</td><td colspan="2">0.040</td></tr>
<tr><td colspan="3">Mn</td><td colspan="2">≤1.60</td><td colspan="2">1.32</td></tr>
<tr><td colspan="3">P</td><td colspan="2">≤0.045</td><td colspan="2">0.021</td></tr>
<tr><td colspan="3">Si</td><td colspan="2">≤0.80</td><td colspan="2">0.66</td></tr>
<tr><td colspan="2">检测依据</td><td colspan="5">热轧带肋钢筋 GB 1499.2-2007</td></tr>
<tr><td colspan="2">检测结论</td><td colspan="5">符合热轧带肋钢筋 GB 1499.2-2007 指标要求</td></tr>
<tr><td colspan="2" rowspan="3">主要仪器设备</td><td>仪器名称</td><td colspan="2">型号规格</td><td colspan="2">管理编号</td></tr>
<tr><td>碳硫联测分析仪</td><td colspan="2"></td><td colspan="2">14－025</td></tr>
<tr><td>磷、锰、硅三元素联测分析仪</td><td colspan="2"></td><td colspan="2">14－055</td></tr>
<tr><td colspan="2">声明</td><td colspan="5"></td></tr>
<tr><td colspan="2">联系方式</td><td colspan="5"></td></tr>
<tr><td colspan="2">备注</td><td colspan="5"></td></tr>
</table>

批准：×××　　　　　　审核：×××　　　　　　项目负责：×××

(2)钢筋进场时,应按国家现行相关标准的规定抽取试件作力学性能和重量偏差检验,检验结果必须符合有关标准的规定。

(3)在钢筋加工过程中,如发现脆断、焊接性能不良或力学性能显著不正常现象,应进行化学成分检验或其他专项检验,并做出鉴定处理结论。

(4)冷拉钢筋、冷拔钢筋、冷轧扭钢筋、冷轧带肋钢筋除应有母材的出厂合格证及力学性能检验报告外,还应有冷拉、冷拔、冷轧后的钢筋出厂合格证及力学性能现场抽样检验报告。

(5)对有抗震设防要求的结构,其纵向受力钢筋的性能应满足设计要求,当设计无具体要求时,对按一、二、三级抗震等级设计的框架和斜撑构件(含梯段)中的纵向受力钢筋应采用 HRB 335E、HRB 400E、HRB 500E、HRBF 335E、HRBF 400E 或 HRBF 500E 钢筋,其强度和最大力下总伸长率的实测值应符合下列规定:

①钢筋的抗拉强度实测值与屈服强度实测值的比值不应小于 1.25;

②钢筋的屈服强度实测值与钢筋的屈服强度标准值的比值不应大于 1.30。

③钢筋的最大力总伸长率不小于 9%。

(6)钢筋调直后应进行力学性能和重量偏差的检验,其强度应符合有关标准的规定。

2. 钢材进场后的抽样检验的批量:

(1)钢筋混凝土用热轧带肋钢筋、热轧光圆钢筋以同一牌号、同一炉罐号、同一规格的钢筋为一批,每批重量不大于 60 t,超过 60 t 部分,每增加 40 t(或不足 40 t 的余数),增加一个拉伸试验试样和一个弯曲试验试样;允许由同一牌号、同一冶炼方法、同一浇注方法的不同炉罐号组成混合批,但各炉罐号含碳量之差不大于 0.02%,含锰量之差不大于 0.15%。混合批的重量不大于 60 t

(2)抽样方法:

对钢筋砼用(热轧带肋钢筋、热轧光圆钢筋及钢筋砼用余热处理钢筋)钢筋:按每一验收批要随机从任选的 2 根钢筋的每根钢筋上先切除端头 500 mm 长后,再在其每根钢筋上切取长度分别为 400~500 mm(约 20 d)与 400 mm 的 2 个试样,作拉伸(2 个)、弯曲(2 个)检验之用。对热轧盘条钢筋:按每一验收批要随机从不同盘上截取试样 4 根,长度同上。作拉伸(2 根)、弯曲(2 根)检验之用。

3. 钢筋调直后的抽样检验的批量:

同一厂家、同一牌号、同一规格调直钢筋,重量不大于 30 t 为一批,每批见证取 3 件试件。检验方法:3 个试件先进行重量偏差检验,再取其中 2 个试件经时效处理后进行力学性能检验。检验重量偏差时,试件切口应平滑且与长度方向垂直,且长度不应小于 500 mm;长度和重量的最测精度分别不应低于 1 mm 和 1 g。

4. 钢筋混凝土用余热处理钢筋以同一牌号、同一规格、同一炉罐号、同一交货状态的钢材不大于 60 t 为一批。

5. 钢结构工程用碳素结构钢以同一牌号、同一炉号、同一等级、同一品种、同一尺寸、同一交货状态的钢材不大于 60 t 为一批。

6. 钢结构工程用低合金高强度结构钢以同一牌号、同一质量等级、同一炉罐号、同一规格、同一轧制制件或同一热处理制度的钢材不大于 60 t 为一批。

7. 预应力混凝土用钢丝及预应力混凝土用钢绞线以同一牌号、同一规格、同一生产工艺不大于 60 t 为一批。

8. 预应力筋用锚具、夹具和连接器以同一种产品、同一批原材料、用同一种工艺一次投料生产的数量为一批,每批不得超过 2000 件(套);外观检验抽取 5%~10%,对有硬度要求的零件应做硬度检验，按热处理每炉装炉量的3%～5%抽样；静载试验用的锚具、夹具或连接器按成套产品抽样，应在外观及硬度检验合格后的产品中抽取，每生产组批抽取3个组装件的用量。

9. 冷轧带肋钢筋以同一牌号、同一规格、同一外形、同一生产工艺和交货状态的钢筋为一验收批，每批不大于60 t，弯曲试验每批抽检2个，拉伸试验每盘抽检1个。

10. 预应力混凝土用金属波纹管由同一个钢带生产厂生产的同一批钢带所制造的预应力混凝土用金属波纹管，每半年或累计50000 m生产量为一批，每批抽检6件试样。

11. 其他建筑用钢材按国家现行标准的规定进行组批。

12. 钢筋内业资料注意时间，批量，规格三要素：

(1)核对顺序：核对质该书日期—原材机械性能检验日期—化学成分检验报告日期—钢材焊接检验日期—结构开始施工日期，避免先使用，后检验。

(2)批量：总批量与该工程使用量一致。

(3)规格：钢材出厂合格证同一品种有几份，应有几次检验。

4.3.3.3 水泥出厂合格证及进场检验报告(质控(建)表C.0.17)

通用硅酸盐水泥应符合《通用硅酸盐水泥》(GB 175-2007)的规定。通用硅酸盐水泥按混合材料品种和掺量分为硅酸盐水泥(代号P·Ⅰ和P·Ⅱ)、普通硅酸盐水泥(代号P·O)、矿渣硅酸盐水泥(代号P·S·A和P·S·B)、火山灰质硅酸盐水泥(代号P·P)、粉煤灰硅酸盐水泥(代号P·F)和复合硅酸盐水泥(代号P·C)六类。硅酸盐水泥的强度等级分为42.5、42.5R、52.5、52.5R、62.5、62.5R六个等级。普通硅酸盐水泥的强度等级分为42.5、42.5R、52.5、52.5R四个等级。矿渣硅酸盐水泥、火山灰质硅酸盐水泥、粉煤灰硅酸盐水泥、复合硅酸盐水泥的强度等级分为32.5、32.5R、42.5、42.5R、52.5、52.5R六个等级。

1. 水泥出厂合格证及进场检验报告的主要内容

(1)建设工程用的水泥均应按厂别、品种提供水泥出厂合格证，合格证备注栏中由施工单位填明单位工程名称及使用部位、进场数量，散装水泥还应提供出厂卡片。

(2)水泥进场使用前必须进行强度、凝结时间和安定性检验。

(3)水泥检验报告应按质控(建)表C.0.17的规定填写，并应在混凝土配合比设计之前提供，检验结论要明确。

(4)产品质量证明文件应包括生产单位提供的水泥3 d、28 d出厂检验报告单原件。生产单位应在水泥发出之日起7天内寄发28 d强度以外的各项检验结果，32天内补报28 d强度检验结果。

2. 水泥进场后的抽样检验的批量

水泥检验应按批进行，并应按同一生产厂家，同一强度等级，同一品种，同一批号且连续进场的水泥，袋装水泥不超过200 t为一批，散装水泥不超过500 t为一批，每批水泥抽样不少于一次。

3. 取样方法

(1)对袋装水泥，要随机从水泥库中至少是20袋不同部位的水泥中抽取等量样品而组成一混合样20 kg左右的样品送试验室作“物理性能”检验。

(2)对散装水泥，则要从不少于3个车罐中等量抽取20 kg左右的样品送试验室作“物理性能”检验。

4.3.3.4 砖、砌块出厂合格证及进场检验报告(质控(建)表C.0.18、C.0.19)

1. 砖、砌块出厂合格证及进场检验报告的主要内容：

水泥理化性能检测报告

质控(建)表 C. 0. 17

委托编号:　　　　　　　　报告编号:　　　　　　　　　第　　页　共　　页

委托单位	名称	××建筑工程公司	样品编号	材×××	委托日期	×××
	地址	××市××路	样品数量	20 kg	检测日期	×××
工程名称		××大厦	样品状态	密封	报告日期	×××
工程地点		××市××路	厂别	××水泥厂	代表数量	150 t
施工单位		××建筑工程公司	商标	××	出厂编号	K100
使用部位		一层柱	品种	P·O	强度等级	42.5 RR
检测性质		见证检验	出厂日期	×年×月×日	包装形式	袋装
见证单位		××工程建设监理公司	见证人	×××	证书编号	A100

检测项目			技术要求	检测结果						
物理性能	细度		≤10(%)	8						
	凝结时间	初凝(min)	≥45 min	171						
		终凝(min)	≤60 min	243						
	安定性(雷氏法)		用沸煮法检验必须合格	雷氏夹膨胀值 0.5 mm,合格						
强度检验	3 d	抗折强度(MPa)	≥4.0	5.6		5.7		5.7		$X=5.7$
		抗压强度(MPa)	≥22.0	26.5	25.9	26.1	25.5	25.7	25.5	$X=25.9$
	28 d	抗折强度(MPa)	≥6.5	8.7		8.7		8.7		$X=8.7$
		抗压强度(MPa)	≥42.5	41.4	43.4	43.4	43.3	43.3	43.5	$X=43.0$
化学分析	不溶物(%)									
	烧失量(%)									
	三氧化硫(%)									
	氧化镁(%)									
	氯离子(%)									
	碱含量(选择性指标)		/							
检测依据	通用硅酸盐水泥(GB 175-2007)									
结论	符合通用硅酸盐水泥(GB 175-2007)42.5 R 指标要求									

主要仪器设备	仪器名称	型号规格	管理编号
	抗折试验机	DKZ-5000	01—13
	压力试验机	YE-30	01—10
声明			
联系方式			
备注			

批准:×××　　　　　　审核:×××　　　　　　项目负责:×××

蒸压加气混凝土砌块检测报告

质控(建)表 C. 0. 18

委托编号： 报告编号： 第 页 共 页

<table>
<tr><td rowspan="2">委托单位</td><td>名称</td><td></td><td>检测性质</td><td></td><td>委托日期</td><td></td></tr>
<tr><td>地址</td><td></td><td>样品编号</td><td></td><td>检测日期</td><td></td></tr>
<tr><td colspan="2">工程名称</td><td></td><td>样品名称</td><td>蒸压加气混凝土砌块</td><td>报告日期</td><td></td></tr>
<tr><td colspan="2">工程地点</td><td></td><td>样品数量及状态</td><td></td><td>生产日期</td><td></td></tr>
<tr><td colspan="2">施工单位</td><td></td><td>设计强度等级</td><td></td><td>出厂日期</td><td></td></tr>
<tr><td colspan="2">生产单位</td><td></td><td>出厂合格证编号</td><td></td><td>代表数量</td><td></td></tr>
<tr><td colspan="2">结构部位</td><td></td><td>型号商标</td><td></td><td>规格
(mm×mm×mm)</td><td></td></tr>
<tr><td colspan="2">见证单位</td><td></td><td>见证人</td><td></td><td>证书编号</td><td></td></tr>
</table>

<table>
<tr><td colspan="3">检测项目</td><td colspan="2">技术要求</td><td>检测结果</td></tr>
<tr><td colspan="3">尺寸偏差</td><td colspan="2"></td><td></td></tr>
<tr><td colspan="3">外观质量</td><td colspan="2"></td><td></td></tr>
<tr><td colspan="3" rowspan="2">干密度(kg/m³)</td><td></td><td></td><td rowspan="2"></td></tr>
<tr><td></td><td></td></tr>
<tr><td colspan="2" rowspan="2">抗压强度
(MPa)</td><td>平均值</td><td colspan="2"></td><td></td></tr>
<tr><td>单块值</td><td colspan="2"></td><td></td></tr>
<tr><td colspan="3">干燥收缩值(mm/m)</td><td colspan="2"></td><td></td></tr>
<tr><td colspan="3">导热系数[W/(m·k)]</td><td colspan="2"></td><td></td></tr>
<tr><td rowspan="4">抗冻性</td><td colspan="2">破坏(块)</td><td colspan="2"></td><td></td></tr>
<tr><td rowspan="3">未破坏</td><td>质量损失(%)</td><td colspan="2"></td><td></td></tr>
<tr><td rowspan="2">冻后强度
(MPa)</td><td></td><td></td><td rowspan="2"></td></tr>
<tr><td></td><td></td></tr>
</table>

<table>
<tr><td>检测依据</td><td colspan="3"></td></tr>
<tr><td>结　　论</td><td colspan="3"></td></tr>
<tr><td rowspan="2">主要
仪器设备</td><td>仪器名称</td><td>型号规格</td><td>管理编号</td></tr>
<tr><td></td><td></td><td></td></tr>
<tr><td>声　　明</td><td colspan="3"></td></tr>
<tr><td>联系方式</td><td colspan="3"></td></tr>
<tr><td>备　　注</td><td colspan="3"></td></tr>
</table>

批准： 审核： 项目负责：

混凝土多孔砖检测报告

质控(建)表 C. 0. 19

委托编号：　　　　　　　　报告编号：　　　　　　　　第　　页 共　　页

委托单位	名称	××建筑工程公司	检测性质	委托检验	委托日期	×××
	地址	××市××路	样品编号	11－55	检测日期	×××
工程名称		××大厦	样品名称	混凝土多孔砖	报告日期	×××
工程地点		××市××路	样品数量及状态	符合要求	生产日期	×××
施工单位		××建筑工程公司	设计强度等级	MU10	出厂日期	×××
生产单位		××砖厂	出厂合格证编号	02－123	代表数量	15 万
结构部位		一层	型号商标		规格(mm×mm×mm)	290×180×190
见证单位		见证检验	见证人	×××	证书编号	×××
检测项目			技术要求		检测结果	
尺寸偏差			—			
外观质量			—			
强度等级(MPa)	平均值		≥10.0		11.2	
	单块值		≥8.0		9.8	
干燥收缩率(%)						
抗冻性	破坏(块)		0			
	未破坏	≤5	≤5			
		≤25	≤25			
抗渗性	水面下降高度(mm)		三块中任一块不大于 10			
放射性	内照射指数		≤1.0			
	外照射指数		≤1.0			
检测依据	JC 943-2004《混凝土多孔砖》					
结　　论	符合 JC 943-2004《混凝土多孔砖》指标要求					
主要仪器设备	仪器名称		型号规格		管理编号	
	压力试验机		NYL-2000		11－24	
声　　明						
联系方式						
备　　注						

批准：×××　　　　　　　　审核：×××　　　　　　　　项目负责：×××

(1)砌体工程所用砌墙砖和砌块应有出厂合格证,其出厂检验数据及结论均应满足设计要求,且应符合国家标准和行业标准的要求。

(2)进场的砌墙砖和砌块应按规定取样检验,并提供强度检验报告,有保温要求的应提供强度、密度、导热系数检验报告单。

(3)砖和砌块检验报告应按质控(建)表 C.0.18、C.0.19 的规定填写。

2. 砖和砌块抽样检验的批量应符合下列要求:

表 4-4 砖、砌块检验批量

序号	材料名称	检验批量
1	烧结普通砖、烧结多孔砖、烧结空心砖和空心砌块、混凝土普通砖和装饰砖	3.5 万～15 万块为一批,不足 3.5 万块按一批计
2	蒸压灰砂空心砖、粉煤灰砖、蒸压灰砂砖	每 10 万块为一批,不足 10 万块按一批计
3	混凝土多孔砖	以用同一种原材料配制成、同一工艺生产的相同外观质量等级、强度等级的 35000～150000 块混凝土多孔砖为一批,不足 35000 块的按一批计。
4	粉煤灰砌块	以 200 m^3 为一批
5	普通混凝土小型空心砌块	以同一种原材料配制成的相同外观质量等级、强度等级和同一工艺生产的 10000 块砌块为一批,每月生产的块数不足 10000 块者亦按一批。
6	轻集料混凝土小型空心砌块	它以用同一品种轻集料配制成的相同密度等级、相同强度等级、质量等级和同一生产工艺制成的 10000 块轻集料混凝土小砌块为一批;每月生产的砌块数不足 10000 块者亦以一批论。
7	蒸压加气混凝土砌块	同品种、同规格、同等级的砌块以 10000 块为一批,不足 10000 块亦为一批。
8	粉煤灰混凝土小型空心砌块	以用同一种粉煤灰、同一种集料与水泥、同一生产工艺制成的相同密度等级、相同强度等级的 10000 块砌成为 1 批,每月生产的砌块数不足 10000 块亦以 1 批计。

4.3.3.5 砂、石出厂合格证及进场检验报告(质控(建)表 C.0.20、C.0.21)

1. 砂、石出厂合格证及进场检验报告的主要内容

(1)混凝土用砂、石及砂浆用砂应有出厂合格证或检验报告,混凝土用砂、石应符合《普通混凝土用砂、石质量及检验方法标准》JGJ 52 标准的要求,其中人工砂尚应符合《混凝土中人工砂应用技术规程》DBJ/T 13-116 标准的要求。

(2)每批砂至少应进行颗粒级配、含泥量、泥块含量检验。对于海砂或有氯离子污染的砂,应检验其氯离子含量;对于海砂,应检验贝壳含量;对于人工砂及混合砂,应检验石粉含量;对重要工程或特殊工程应根据工程要求,增加检测项目;如对其他指标合格性有怀疑时,应予以检验。

(3)每批石子应进行颗粒级配、含泥量、泥块含量及针、片状含量检验,高强度等级混凝土石子应进行压碎指标检验。对重要工程或特殊工程应根据工程要求增加检测项目,对其他指标合格性有怀疑时,应予以检验

(4)砂、石检验报告应按质控(建)表 C.0.20、C.0.21 的规定填写,主要的检验指标不得缺检。

普通砼用砂检测报告

质控(建)表 C.0.20

委托编号：　　　　报告编号：　　　　第　　页 共　　页

委托单位	名称	×××建筑公司			委托日期	×月×日
	地址	××市××路			检测日期	×月×日
工程名称		××大厦			报告日期	×月×日
工程地点		××市××路			检测性质	委托检验
施工单位		×××建筑公司	材料种类	河砂	代表数量	400
生产厂名		××砂厂	样品数量	20 kg	样品状态	符合要求
见证单位		××工程建设监理公司	见证人		见证编号	

检测项目	技术要求			检测结果	检测项目		技术要求	检测结果
	砼≤C25	C55～C30	砼≥C60					
表观密度(kg/m³)					有机物含量			
堆积密度(kg/m³)				1420	云母含量(%)			
紧密密度(kg/m³)					轻物质含量(%)			
吸水率(%)					坚固性质量损失率(%)			
含水率(%)					硫酸盐及硫化物含量(%)			
氯离子含量(%)					人工砂	石粉含量(%)		
含泥量(%)	≤5.0	≤3.0	≤2.0	1.8		MB值		
泥块含量(%)	≤2.0	≤1.0	≤0.5	0.2	压碎值指标(%)			
贝壳含量(%)					碱活性			

颗粒级配

公称粒径(mm)		10.0	5.00	2.50	1.25	0.630	0.315	0.160	细度模数
砂颗粒级配区	Ⅰ区	0	10～0	35～5	65～35	85～71	95～80	100～90	2.4
	Ⅱ区	0	10～0	25～0	50～10	70～41	92～70	100～90	
	Ⅲ区	0	10～0	15～0	25～0	40～16	85～55	100～90	
实际累计筛余(%)		0	4	14	21	41	79	99	

检测结论	该样品为Ⅱ区中砂		
检测依据	普通混凝土用砂、石质量及检验方法标准 JGJ 52-2006		
主要仪器设备	仪器名称	型号规格	管理编号
	电子天平	JJ 1000	01-36
	方孔砂石筛		01-26
声　　明			
联系方式			
备　　注			

批准：×××　　　　审核：×××　　　　项目负责：×××

普通砼用碎石或卵石检测报告

质控(建)表C.0.21

委托编号：　　　　　　　　报告编号：　　　　　　　　第　　页　共　　页

委托单位	名称	×××建筑公司			委托日期	×月×日
	地址	××市××路			检测日期	×月×日
工程名称		××大厦			报告日期	×月×日
工程地点		××市××路			检测性质	委托检验
施工单位		××建筑工程公司	材料种类	碎石	代表数量	400
生产厂名		××砂石厂	样品数量	20 kg	样品状态	符合要求
见证单位		××工程建设监理公司	见证人		见证编号	

检测项目	技术要求			检测结果	检测项目	技术要求			检测结果
	砼≤C25	C55～C30	砼≥C60			砼≤C25	C55～C30	砼≥C60	
表观密度(kg/m^3)	2630			1400	有机物含量				
堆积密度(kg/m^3)	1430				坚固性质量损失率(%)				
紧密密度(kg/m^3)					岩石强度(MPa)				
吸水率(%)					压碎值指标(%)				8.8
含水率(%)					SO_3含量(%)				
含泥量(%)	≤2.0	≤1.0	≤0.5	0.2	泥块含量(%)	≤0.7	≤0.5	≤0.5	0.3
针状和片状颗粒总含量(%)	≤25	≤15	≤8	5	碱活性				

颗粒级配											
公称粒径(mm)	80.0	63.0	50.0	40.0	31.5	25.0	20.0	16.0	10.0	5.00	2.50
标准颗粒级配范围累计筛余(%)									0～15	80～100	95～100
实际累计筛余(%)	0	0	0	0	0	0	0	0	12	88	98

检测结论	该碎石符合5～10 mm单粒级配。		
检测依据	普通混凝土用砂、石质量及检验方法标准 JGJ 52-2006		
主要仪器设备	仪器名称	型号规格	管理编号
	电子秤	ACS-15A	11－56
	方孔砂石筛		15－90
声明			
联系方式			
备注			

批准：×××　　　　　　　审核：×××　　　　　　　项目负责：×××

2. 砂、石抽样检验的批量应符合下列要求

砂、石应按同产地同规格分批验收，用大型工具（如火车、货船、汽车）运输的，应以400 m^3或600 t为一批，用小型工具运输的，应以200 m^3或300 t为一批，不足上述数量以一批论。当砂或石的质量比较稳定、进料量又较大时，可以1000 t为一验收批。

3. 砂取样方法与数量

采用随机取样方法，每批河砂要抽取一组试样，每组试样20 kg。取样部位应均匀分布，取样前应先将河砂的表层铲除，然后在料堆上从8个不同部位抽取等量试样（每份约11 kg），再按"四分法"将试件缩至20 kg后再送试验室作物理性能检验。

4. 石取样方法、数量

随机抽取，每批一组，每组取40 kg（用于最大粒径为10、16或20 mm）与60 kg（用于最大粒径为31.5或40 mm）。取样部位应均匀分布，应随机在现场存放的料堆上的顶、中、底至少5个不同部位抽取大致相等数量的试样15份。每份5～40 kg，然后用"四分法"缩分到40 kg与60 kg送检。

4.3.3.6 外加剂出厂合格证及进场检验报告（质控（建）表C.0.22）

1. 外加剂出厂合格证及进场检验报告的主要内容

（1）混凝土用外加剂应符合《混凝土外加剂》GB 8076、《聚羧酸系高性能减水剂》JG/T 223、《混凝土泵送剂》JC 473、《砂浆、混凝土防水剂》JC 474、《混凝土膨胀剂》GB 23439、《混凝土外加剂应用技术规范》GB 50119标准的要求和有关环境保护的规定。

（2）凡属工程使用的外加剂，必须按进场的批次和产品的抽样检验方案进行取样检验，并提供检验报告单。

（3）混凝土配制应根据混凝土性能要求、施工工艺及气候条件，结合混凝土的原材料性能、配合比以及对水泥的适应性，通过试验确定使用外加剂的品种与掺量。

（4）进场的外加剂应附有合格证和出厂检验报告，同时必须提供有效的抽样型式检验报告。对首次使用或使用间断三个月以上的外加剂，厂方必须提供有效的型式检验报告或经型式检验合格后方可使用。存放期超过三个月的外加剂，使用前应重新检验，并应相应调整配合比。

（5）外加剂检验报告应按质控（建）表C.0.22的规定填写，对一些主要的检验指标不得缺检，检验方法应符合产品国家及行业标准的规定。

2. 外加剂进场复验项目及抽样检验批量

表4-5 外加剂进场复验项目及抽样检验批量

序号	材料名称	现场抽样数量	复验项目
1	普通减水剂 高效减水剂	应以同厂家、同品种一次供应量为一批，掺量大于1%，以100 t为一批，掺量小于1%，以50 t为一批，不足100 t和50 t按一批进行检验。	pH值、密度（或细度）、减水率
2	早强减水剂	应以同厂家、同品种一次供应量为一批，掺量大于1%，以100 t为一批，掺量小于1%，以50 t为一批，不足100 t和50 t按一批进行检验。	密度（或细度）、钢筋锈蚀、减水率、1 d和3 d抗压强度

续表

序号	材料名称	现场抽样数量	复验项目
3	缓凝减水剂 缓凝高效减水剂	应以同厂家、同品种一次供应量为一批，掺量大于1%，以100 t为一批，掺量小于1%，以50 t为一批，不足100 t和50 t按一批进行检验。	pH值、密度（或细度）、混凝土凝结时间、减水率
4	引气减水剂	应以同厂家、同品种一次供应量为一批，掺量大于1%，以100 t为一批，掺量小于1%，以50 t为一批，不足100 t和50 t按一批进行检验。	pH值、密度（或细度）、减水率、含气量
5	早强剂	应以同厂家、同品种一次供应量为一批，掺量大于1%，以100 t为一批，掺量小于1%，以50 t为一批，不足100 t和50 t按一批进行检验。	钢筋锈蚀、密度（或细度）、1 d和3 d抗压强度比
6	缓凝剂	应以同厂家、同品种一次供应量为一批，掺量大于1%，以100 t为一批，掺量小于1%，以50 t为一批，不足100 t和50 t按一批进行检验。	pH值、密度（或细度）、混凝土凝结时间
7	泵送剂	以同厂家、同品种一次供应量为一批，年产量不小于500 t以50 t为一批，年产量小于500 t以30 t为一批，不足50 t和30 t按一批进行检验。	pH值、密度（或细度）、坍落度增加值 坍落度保留值
8	防冻剂	同一品种的防冻剂，每50 t为一批，不足50 t也可为一批。	钢筋锈蚀、密度（或细度）、R_{-7d}、R_{+28d}抗压强度比
9	膨胀剂	以同厂家、同品种一次供应200 t为一批，不足200 t以日产量为一批进行检验。	限制膨胀率
10	引气剂	应以同厂家、同品种一次供应量为一批，掺量大于1%，以100 t为一批，掺量小于1%，以50 t为一批，不足100 t和50 t按一批进行检验。	pH值、密度（或细度）、含气量
11	防水剂	以同厂家、同品种一次供应量为一批，年产量不小于500 t以50 t为一批，年产量小于500 t以30 t为一批，不足50 t和30 t按一批进行检验。	pH值、密度（或细度）、钢筋锈蚀
12	速凝剂	每20 t为一批，不足20 t也按一批计。	密度（或细度）、钢筋锈蚀、1 d抗压强度、凝结时间

3. 取样数量

每批号取样数量不少于0.2 t水泥所需要的外加剂量。

外加剂检测报告

质控(建)表C.0.22　　　　共1页　第1页

工程名称	××大厦	报告编号	材HY××××
委托单位	福建省××建筑工程有限公司	委托编号	材××××
施工单位	福建省××建筑工程有限公司	样品编号	HY××××
建设单位	福建省××房地产开发公司	委托日期	2011/11/20
见证单位	福建省××建设监理咨询有限公司	检测日期	2011/11/20-2011/11/21
见证人	×××	证书编号	04××××
外加剂品种	福建省××建设监理咨询有限公司	型号规格	普通减水剂
注册商标	×××	生产单位	××市新型建材厂
出厂日期	2011/10/23	出厂编号	××××
代表数量	10 t	检测掺量或配料比	1%
使用部位	主体	检测性质	见证检验
检测结果	该试验所检项目符合《混凝土外加剂》GB 8076标准要求。		
检测仪器			
检测依据	《混凝土外加剂》GB 8076		
检测结论	该试验所检项目符合《混凝土外加剂》GB 8076标准要求。		
备注			

批准:×××　　审核:×××　　校核:×××　　项目负责:×××

(附　页)

普通减水剂检测结果

<table>
<tr><th colspan="3" rowspan="2">检测项目</th><th colspan="3">指标要求</th><th rowspan="2">检测结果</th></tr>
<tr><th>早强型 WR-A</th><th>标准型 WR-S</th><th>缓凝型 WR-R</th></tr>
<tr><td rowspan="11">匀质性</td><td colspan="2">氯离子含量/%</td><td colspan="3">不超过生产厂控制值</td><td></td></tr>
<tr><td colspan="2">总碱量/%</td><td colspan="3">不超过生产厂控制值</td><td></td></tr>
<tr><td rowspan="2">含固量/%</td><td>$S>25\%$</td><td colspan="3">应控制在 0.95 S～1.05 S</td><td rowspan="2"></td></tr>
<tr><td>$S\leqslant25\%$</td><td colspan="3">应控制在 0.90 S～1.10 S</td></tr>
<tr><td rowspan="2">含水率/%</td><td>$W>5\%$</td><td colspan="3">应控制在 0.90 W～1.10 W</td><td rowspan="2"></td></tr>
<tr><td>$W\leqslant5\%$</td><td colspan="3">应控制在 0.80 W～1.20 W</td></tr>
<tr><td rowspan="2">密度/(g/cm^3)</td><td>$D>1.1$</td><td colspan="3">应控制在 D±0.03</td><td rowspan="2"></td></tr>
<tr><td>$D\leqslant1.1$</td><td colspan="3">应控制在 D±0.02</td></tr>
<tr><td colspan="2">细度</td><td colspan="3">应在生产厂控制范围内</td><td></td></tr>
<tr><td colspan="2">pH 值</td><td colspan="3">应在生产厂控制范围内</td><td></td></tr>
<tr><td colspan="2">硫酸钠含量(%)</td><td colspan="3">不超过生产厂控制值</td><td></td></tr>
<tr><td rowspan="12">混凝土性能</td><td colspan="2">减水率,%,不小于</td><td>8</td><td>8</td><td>8</td><td>12</td></tr>
<tr><td colspan="2">泌水率比,%,不大于</td><td>95</td><td>100</td><td>100</td><td>56</td></tr>
<tr><td colspan="2">含气量,%,不大于</td><td>4.0</td><td>4.0</td><td>5.5</td><td>2.8</td></tr>
<tr><td rowspan="2">凝结时间之差(min)</td><td>初凝</td><td rowspan="2">−90～+90</td><td rowspan="2">−90～+120</td><td>>+90</td><td>+60</td></tr>
<tr><td>终凝</td><td>—</td><td>+45</td></tr>
<tr><td rowspan="4">抗压强度比,%,不小于</td><td>1 d</td><td>135</td><td>—</td><td>—</td><td></td></tr>
<tr><td>3 d</td><td>130</td><td>115</td><td>—</td><td>140</td></tr>
<tr><td>7 d</td><td>110</td><td>115</td><td>110</td><td>126</td></tr>
<tr><td>28 d</td><td>100</td><td>110</td><td>110</td><td>114</td></tr>
<tr><td>收缩率比,%不大于</td><td>28 d</td><td>135</td><td>135</td><td>135</td><td>120</td></tr>
<tr><td colspan="2">相对耐久性(200 次)/%,不小于</td><td>—</td><td>—</td><td>—</td><td></td></tr>
</table>

(以下空白)

4.3.3.7 掺合料出厂合格证及进场检验报告(质控(建)表 C.0.24、C.0.25)

1. 掺合料出厂合格证及进场检验报告的主要内容

(1)混凝土及砂浆用粉煤灰应符合《用于水泥和混凝土中的粉煤灰》GB 1596 标准中对拌制混凝土和砂浆用粉煤灰的要求。高炉矿渣粉应符合《用于水泥和混凝土中的粒化高炉矿渣粉》GB/T 18046 标准的要求。

(2)用于拌制混凝土和砂浆用的粉煤灰检验方法应符合《用于水泥和混凝土中的粉煤灰》GB 1596 标准的规定,主要的检验指标不得缺检,检验报告应按附录 C 表 C.0.24 的规定填写,高炉矿渣粉检验方法应符合《用于水泥和混凝土中的粒化高炉矿渣粉》GB/T 18046 标准的规定,高炉矿渣粉检验报告应按附录 C 表 C.0.25 的规定填写。

(3)用于混凝土中的粉煤灰必须按《粉煤灰混凝土应用技术规范》GBJ 146 的要求,每批粉煤灰应检验细度、烧失量、需水量比和三氧化硫含量。

2. 掺合料抽样检验批量

(1)相同等级连续供应的粉煤灰应以 200 t 为一批,不足 200 t 者按一批计,粉煤灰的数量按干灰(含水率≤1%)的重量计,必要时需方可对粉煤灰的品质进行随机抽样检验。

(2)矿渣粉应按同级别进行编号和取样,每一编号为一个取样单位。应以 200 t 为一编号,不足 200 t 按一编号计。取样应有代表性,可连续取样,也可以在 20 个以上部位取等量样品总量至少 20 kg。

4.3.3.8 防水材料出厂合格证及进场检验报告(质控(建)表 C.0.26、C.0.27、C.0.28)

1. 防水材料合格证及检验报告的主要内容

(1)建筑工程用的防水材料,如防水卷材、防水涂料、卷材胶粘剂、涂料胎体增强材料,密封材料及刚性防水材料等必须有出厂合格证和进场复验报告。

(2)防水材料检验报告应按质控(建)表 C.0.26、C.0.27、C.0.28 的规定填写,检验方法应符合国家现行有关标准。

(3)防水卷材应在外观质量和规格尺寸检验合格的卷材中,任取一卷作物理性能检验。

2. 防水材料进场复验项目及抽样检验批量

表 4-6 建筑防水工程材料进场复验项目及抽样检验批量

序号	材料名称	现场抽样数量	外观质量检验	物理性能检验
1	沥青防水卷材	大于 1000 卷抽 5 卷,每 500～1000 卷抽 4 卷,100～499 卷抽 3 卷,100 卷以下抽 2 卷。	孔洞、硌伤、露胎、涂盖不匀,折纹、皱折,裂经纬度,裂口、缺边,每卷卷材的接头	纵向拉力,耐热度,柔度,不透水性
2	高聚物改性沥青防水卷材	大于 1000 卷抽 5 卷,每 500～1000 卷抽 4 卷,100～499 卷抽 3 卷,100 卷以下抽 2 卷。	孔洞、缺边、裂口,边缘不整齐,胎体露白、未浸透,撒布材料粒度、颜色,每卷卷材的接头	拉力,延伸率,耐热性,低温柔度,不透水性

续表

序号	材料名称	现场抽样数量	外观质量检验	物理性能检验
3	合成高分子防水卷材	大于1000卷抽5卷，每500～1000卷抽4卷，100～499卷抽3卷，100卷以下抽2卷。	折痕，杂质，胶块，凹痕，每卷卷材的接头	断裂拉伸强度，扯断伸长率，低温弯折，不透水性
4	石油沥青	同一批至少抽一次	—	针入度，延度，软化点
5	沥青玛蹄脂	每工作班至少抽一次	—	耐热度，柔韧性，黏结力
6	高聚物改性沥青防水涂料	每10 t为一批，不足10 t按一批抽样	包装完好无损，且标明涂料名称、生产日期、生产厂名、产品有效期；无沉淀、凝胶、分层	固体含量，耐热度，低温柔度，不透水性，断裂伸长率
7	合成高分子防水涂料	每10 t为一批，不足10 t按一批抽样	包装完好无损，且标明涂料名称、生产日期、生产厂名、产品有效期	固体含量，拉伸强度，断裂伸长率，低温柔性，不透水性
8	胎体增强材料	每3000 m^2为一批，不足3000 m^2按一批抽样	均匀，无团状，平整，无折皱	拉力，延伸率
9	改性石油沥青密封材料	每2 t为一批，不足2 t按一批抽样	黑色均匀膏状，无结块和未浸透的填料	耐热度，低温柔性，拉伸黏结性，施工度
10	合成高分子密封材料	每1 t为一批，不足1 t按一批抽样	均匀膏状物，无结皮、凝胶或不易分散的固体团状	拉伸黏结性，柔性
11	平瓦	同一批至少抽一次	边缘整齐，表面光滑，不得有分层、裂纹、露砂	—
12	油毡瓦	同一批至少抽一次	边缘整齐，切槽清晰，厚薄均匀，表面无孔洞、硌伤、裂纹、折皱及起泡	耐热度，柔度
13	金属板材	同一批至少抽一次	边缘整齐，表面光滑，色泽均匀，外形规则，不得有扭翘、脱膜、锈蚀	—
14	高分子防水材料止水带	每月同标记的止水带产量为一批抽样	尺寸公差；开裂，缺胶，海绵状，中心孔偏心；凹痕，气泡，杂质，明疤	拉伸强度，扯断伸长率，撕裂强度
15	高分子防水材料遇水膨胀橡胶	每月同标记的膨胀橡胶产量为一批样	尺寸公差；开裂，缺胶，海绵状；凹痕，气泡，杂质，明疤	制品型：拉伸强度，扯断伸长率，体积膨胀率 腻子型：体积膨胀率、低温试验、高温流淌性

粉煤灰检测报告

质控(建)表 C.0.24

工程名称:××大厦　　报告编号:　　(第　页　共　页)

<table>
<tr><td rowspan="2">委托单位</td><td>名称</td><td colspan="3">福建省××建筑工程有限公司</td><td>委托编号</td><td>HY××××</td></tr>
<tr><td>地址</td><td colspan="3">××市××路</td><td>样品编号</td><td>HY××××</td></tr>
<tr><td colspan="2">施工单位</td><td colspan="3">福建省××建筑工程有限公司</td><td>委托日期</td><td>×月×日</td></tr>
<tr><td colspan="2">使用部位</td><td colspan="3">主体</td><td>检测日期</td><td>×月×日</td></tr>
<tr><td colspan="2">见证单位</td><td colspan="3">福建省××建设监理咨询有限公司</td><td>报告日期</td><td>×月×日</td></tr>
<tr><td colspan="2">见证人</td><td colspan="3">×××</td><td>检测性质</td><td></td></tr>
<tr><td colspan="2">证书编号</td><td colspan="3">04×××</td><td>代表数量</td><td>200 t</td></tr>
<tr><td colspan="2">样品名称</td><td>粉煤灰</td><td>类别</td><td>C类</td><td>规格</td><td>Ⅰ级</td></tr>
<tr><td colspan="2">厂别</td><td>福建省××粉煤灰厂</td><td>样品数量</td><td>20 kg</td><td>样品状态</td><td>密封</td></tr>
<tr><td colspan="2">出厂日期</td><td>×××</td><td>掺量</td><td>15%</td><td>出厂编号</td><td>11—20</td></tr>
<tr><td colspan="2">检测依据</td><td colspan="5">《用于水泥和混凝土中的粉煤灰》GB 1596</td></tr>
<tr><td colspan="2">检测仪器</td><td colspan="5">电子天平</td></tr>
</table>

<table>
<tr><td colspan="7">检测结果</td></tr>
<tr><td rowspan="2">项目序号</td><td rowspan="2" colspan="2">指标</td><td colspan="3">粉煤灰级别</td><td rowspan="2">检测结果</td></tr>
<tr><td>Ⅰ</td><td>Ⅱ</td><td>Ⅲ</td></tr>
<tr><td>1</td><td>细度(45 μm方孔筛筛余,不大于/%)</td><td>C类、F类</td><td>12.0</td><td>25.0</td><td>45.0</td><td>10</td></tr>
<tr><td>2</td><td>需水量比,不大于/%</td><td>C类、F类</td><td>95</td><td>105</td><td>115</td><td>90</td></tr>
<tr><td>3</td><td>烧失量,不大于/%</td><td>C类、F类</td><td>5.0</td><td>8.0</td><td>15.0</td><td>3.3</td></tr>
<tr><td>4</td><td>含水量,不大于/%</td><td>C类、F类</td><td colspan="3">1.0</td><td>0.8</td></tr>
<tr><td>5</td><td>三氧化硫,不大于/%</td><td>C类、F类</td><td colspan="3">3.0</td><td>0.8</td></tr>
<tr><td rowspan="2">6</td><td rowspan="2">游离氧化钙,不大于/%</td><td>C类</td><td colspan="3">4.0</td><td rowspan="2">2.0</td></tr>
<tr><td>F类</td><td colspan="3">1.0</td></tr>
<tr><td>7</td><td>安定性:雷氏夹沸煮增加距离,不大于/mm</td><td>C类</td><td colspan="3">5.0</td><td>3.0</td></tr>
<tr><td>8</td><td>强度活性指数,不小于/%</td><td>C类、F类</td><td colspan="3">70.0</td><td>81</td></tr>
<tr><td>9</td><td colspan="2">放射性</td><td colspan="3">合格</td><td>合格</td></tr>
<tr><td>10</td><td colspan="2">碱含量/%</td><td colspan="3">—</td><td></td></tr>
<tr><td>结论</td><td colspan="6"></td></tr>
<tr><td>声明</td><td colspan="6"></td></tr>
<tr><td>联系方式</td><td colspan="6"></td></tr>
<tr><td>备注</td><td colspan="6"></td></tr>
</table>

批准:×××　　审核:×××　　校核:×××　　项目负责:×××

粒化高炉矿渣检测报告

质控(建)表 C.0.25

工程名称： 报告编号： (第 页 共 页)

<table>
<tr><td rowspan="2">委托单位</td><td>名称</td><td colspan="2"></td><td>委托编号</td><td></td></tr>
<tr><td>地址</td><td colspan="2"></td><td>样品编号</td><td></td></tr>
<tr><td colspan="2">施工单位</td><td colspan="2"></td><td>委托日期</td><td></td></tr>
<tr><td colspan="2">使用部位</td><td colspan="2"></td><td>检测日期</td><td></td></tr>
<tr><td colspan="2">见证单位</td><td colspan="2"></td><td>报告日期</td><td></td></tr>
<tr><td colspan="2">见证人</td><td colspan="2"></td><td>证书编号</td><td></td></tr>
<tr><td colspan="2">样品名称</td><td colspan="2"></td><td>检测性质</td><td></td></tr>
<tr><td colspan="2">样品数量及状态</td><td colspan="2"></td><td>代表数量</td><td></td></tr>
<tr><td colspan="2">厂别</td><td colspan="2"></td><td>规格</td><td>S95</td></tr>
<tr><td colspan="2">出厂日期</td><td colspan="2"></td><td>出厂编号</td><td></td></tr>
<tr><td colspan="2">检测依据</td><td colspan="4">GB/T 18046-2008《用于水泥和混凝土中的粒化高炉矿渣粉》</td></tr>
<tr><td colspan="2">检测仪器</td><td colspan="4"></td></tr>
</table>

<table>
<tr><td colspan="7">检测结果</td></tr>
<tr><td rowspan="2">项目序号</td><td rowspan="2" colspan="2">项　目</td><td colspan="3">级别</td><td rowspan="2">检测结果</td></tr>
<tr><td>S105</td><td>S95</td><td>S75</td></tr>
<tr><td>1</td><td colspan="2">密度(g/cm³)≥</td><td colspan="3">2.8</td><td></td></tr>
<tr><td>2</td><td colspan="2">比表面积(m²/kg)≥</td><td>500</td><td>400</td><td>300</td><td></td></tr>
<tr><td rowspan="2">3</td><td rowspan="2">活性指数(%)≥</td><td>7 d</td><td>95</td><td>75</td><td>55</td><td></td></tr>
<tr><td>28 d</td><td>105</td><td>95</td><td>75</td><td></td></tr>
<tr><td>4</td><td colspan="2">流动度比(%)≥</td><td colspan="3">95</td><td></td></tr>
<tr><td>5</td><td colspan="2">含水量(质量分数)(%)≤</td><td colspan="3">1.0</td><td></td></tr>
<tr><td>6</td><td colspan="2">三氧化硫(质量分数)(%)≤</td><td colspan="3">4.0</td><td></td></tr>
<tr><td>7</td><td colspan="2">氯离子(质量分数)(%)≤</td><td colspan="3">0.06</td><td></td></tr>
<tr><td>8</td><td colspan="2">烧失量(质量分数)(%)≤</td><td colspan="3">3.0</td><td></td></tr>
<tr><td>9</td><td colspan="2">玻璃体含量(质量分数)(%)≥</td><td colspan="3">85</td><td></td></tr>
<tr><td>10</td><td colspan="2">放射性</td><td colspan="3">合格</td><td></td></tr>
<tr><td>结论</td><td colspan="6"></td></tr>
<tr><td>声明</td><td colspan="6"></td></tr>
<tr><td>联系方式</td><td colspan="6"></td></tr>
<tr><td>备注</td><td colspan="6"></td></tr>
</table>

批准：××× 审核：××× 项目负责：×××

防水卷材检测报告

质控(建)表C.0.26　　　　　　　　　　　　　　　　　　　　共　　页　第　　页

委托单位	名称	福建省××建筑工程公司	委托编号	材WP××××
	地址	××市××路	委托日期	材××××
工程名称		××大厦	检测日期	××年××月××日
工程地点		××市××路		
施工单位		福建省××建筑工程公司	检测性质	见证检验
样品名称		SBS弹性体改性沥青防水卷材	样品编号	WP××××
样品状况		试样表面平整，边缘整齐无裂纹孔洞和黏结，没有明显气泡和疤痕。	生产日期	××年××月××日
生产厂名		××防水卷材厂	配料比	
代表数量		100卷	规格型号 注册商标	
使用部位		屋面	见证单位	福建省××建设监理咨询公司
见证人		×××	见证人证书编号	E100
检测依据		GB 18242-2000弹性体改性沥青防水卷材		
检测项目及检测结果				
检测结论		根据GB 18242-2000弹性体改性沥青防水卷材标准，试样所检项目均符合标准性能指标要求		
主要仪器设备		仪器名称	型号规格	管理编号
		拉力试验机 卧式低温冷柜 电热恒温干燥箱	XL-100A BD-255CT 101A-2	
备注				

批准：×××　　　　审核：×××　　　　校核：×××　　　　项目负责：×××

（附　页）

防水卷材检测结果

共　　页　第　　页

检测项目	指标要求	检测结果
最大峰拉力(N/50 mm)	≥1.2	2.5
最大峰时延伸率(%)	≥200	210
不透水性	不透水	无透水
低温柔度	−15 ℃无裂纹	试件弯折处无裂纹
耐热性	90 ℃，恒温2 h，无滑动、流淌、滴落	无滑动、流淌、滴落

（以下空白）

防水涂料检测报告

质控(建)表 C.0.27　　　　共　页 第　页

委托单位	名称	福建省××建筑工程公司	委托编号	材 WP××××
	地址	××市××路	委托日期	××年××月××日
工程名称		××大厦	检测性质	见证检验
工程地点		××市××路		
施工单位		福建省××建筑工程公司	生产日期	××年××月××日
样品名称		聚合物水泥防水涂料	样品编号	WP××××
样品状况		液料为无杂质,无凝胶的均匀乳液 粉料为无结块,无杂质的淡绿色粉末	生产日期	××年××月××日
生产厂名		福建省××防水涂料公司	配料料比	液料∶粉料=1∶1
代表数量		100 桶	规格型号 注册商标	
使用部位		屋面	见证单位	福建省××建设监理咨询公司
见证人		×××	见证人 证书编号	×××
检测依据		JC/T 894-2001 聚合物水泥防水涂料		
检测项目 及检测结果				
检测结论		根据 JC/T 894-2001 聚合物水泥防水涂料标准,试样所检项目均符合标准性能指标要求		
主要 仪器设备		仪器名称	型号规格	管理编号
		拉力试验机 卧式低温冷柜 电热恒温干燥箱	XL-100A BD-255CT 101A-2	
备注				

批准:×××　　审核:×××　　校核:×××　　项目负责:×××

(附　页)

防水涂料检测结果

共　页 第　页

检测项目	指标要求	检测结果
固体含量(%)	≥65	72
拉伸强度(无处理)(MPa)	≥1.8	2.4
断裂伸长率(无处理)(%)	≥80	84
不透水性	不透水	无透水
低温柔度	-15℃无裂纹	试件弯折处无裂纹

合成高分子防水材料检测报告

质控(建)表 C.0.28

委托编号：　　　　报告编号：　　　　(第　页　共　页)

<table>
<tr><td rowspan="2">委托单位</td><td>名称</td><td></td><td>检测性质</td><td></td><td>委托日期</td><td></td></tr>
<tr><td>地址</td><td></td><td>样品编号</td><td></td><td>检测日期</td><td></td></tr>
<tr><td colspan="2">工程名称</td><td></td><td>样品名称</td><td></td><td>报告日期</td><td></td></tr>
<tr><td colspan="2">工程地点</td><td></td><td>样品数量</td><td></td><td>代表数量</td><td></td></tr>
<tr><td colspan="2">施工单位</td><td></td><td>样品状态</td><td></td><td>规格</td><td></td></tr>
<tr><td colspan="2">生产单位</td><td></td><td>型号商标</td><td></td><td>使用部位</td><td></td></tr>
<tr><td colspan="2">见证单位</td><td></td><td>见证人</td><td></td><td>见证编号</td><td></td></tr>
<tr><td colspan="3">检测项目</td><td colspan="2">技术要求</td><td colspan="2">检测结果</td></tr>
<tr><td colspan="3">断裂拉伸强度(常温)(N/cm)</td><td colspan="2"></td><td colspan="2"></td></tr>
<tr><td colspan="3">扯断伸长率(常温)(%)</td><td colspan="2"></td><td colspan="2"></td></tr>
<tr><td colspan="3">不透水性</td><td colspan="2"></td><td colspan="2"></td></tr>
<tr><td colspan="3">低温柔度</td><td colspan="2"></td><td colspan="2"></td></tr>
<tr><td colspan="3">撕裂强度(N)</td><td colspan="2"></td><td colspan="2"></td></tr>
<tr><td colspan="2">检测依据</td><td colspan="5"></td></tr>
<tr><td colspan="2">检测结论</td><td colspan="5"></td></tr>
<tr><td colspan="2" rowspan="3">主要
仪器设备</td><td colspan="2">仪器名称</td><td>型号规格</td><td colspan="2">管理编号</td></tr>
<tr><td colspan="2"></td><td></td><td colspan="2"></td></tr>
<tr><td colspan="2"></td><td></td><td colspan="2"></td></tr>
<tr><td colspan="2">声明</td><td colspan="5"></td></tr>
<tr><td colspan="2">联系方式</td><td colspan="5"></td></tr>
<tr><td colspan="2">备注</td><td colspan="5"></td></tr>
</table>

批准：　　　　审核：　　　　项目负责：

4.3.3.9 隔热保温材料出厂合格证及进场检验报告(质控(建)表 C.0.29)

1. 隔热保温材料出厂合格证及进场的主要内容

(1)隔热保温材料的品种、规格和质量应符合设计要求和国家现行标准的规定。严禁使用国家明令淘汰的材料。

(2)进场后需要进行检验项目必须包括:保温隔热材料的导热系数、密度、抗压强度或压缩强度,黏结材料的黏结强度,增强网的力学性能、抗腐蚀性能。

(3)检测报告应按质控(建)表 C.0.29 的规定填写。

2. 墙体节能工程使用的材料、产品进场时,应对其下列性能进行复验,复验应为见证取样检验:

(1)保温隔热材料的导热系数或热阻、密度、压缩强度或抗压强度、垂直于板面方向的抗拉强度、吸水率、燃烧性能(不燃材料除外);

(2)复合保温板等墙体节能定型产品的传热系数或热阻、单位面积质量、拉伸粘结强度、燃烧性能(不燃材料除外);

(3)保温砌块等墙体节能定型产品的传热系数或热阻、抗压强度、吸水率;

(4)反射隔热材料的太阳光反射比、半球发射率;

(5)粘结材料的拉伸粘结强度;

(6)抹面材料的拉伸粘结强度、压折比;

(7)增强网的力学性能、抗腐蚀性能。

检验方法:核查质量证明文件,随机抽样检验,核查复验报告,其中:导热系数(传热系数)或热阻、密度或单位面积质量、燃烧性能必须在同一个报告中。

检查数量:同厂家、同品种产品,按照扣除门窗洞口后的保温墙面面积所使用的材料用量,在 5000 m^2 以内时应复验 1 次;面积每增加 5000 m^2 应增加 1 次;建筑节能工程施工前,对于采用相同建筑节能设计的房间和构造做法,应在现场采用相同材料和工艺制作样板间或样板件,经有关各方确认后进行施工的规定时,检验批容量可以扩大一倍。

外墙外保温工程应采用预制构件、定型产品或成套技术,并应由同一供应商提供配套的组成材料和型式检验报告。型式检验报告中应包括耐候性和抗风压性能检验项目以及配套组成材料的名称、生产单位、规格型号及主要性能参数。

3. 屋面节能工程使用的材料进场时,应对其下列性能进行复验,复验应为见证取样检验:

(1)保温隔热材料的导热系数或热阻、密度、压缩强度或抗压强度、吸水率、燃烧性能(不燃材料除外);

(2)反射隔热材料的太阳光反射比、半球发射率。

检验方法:核查质量证明文件,随机抽样检验,核查复验报告,其中:导热系数或热阻、密度、燃烧性能必须在同一个报告中。

检查数量:同厂家、同品种产品,扣除天窗、采光顶后的屋面面积在 1000 m^2 以内时应复验 1 次;面积每增加 1000 m^2 应增加复验 1 次;建筑节能工程施工前,对于采用相同建筑节能设计的房间和构造做法,应在现场采用相同材料和工艺制作样板间或样板件,经有关各方确认后进行施工的规定时,检验批容量可以扩大一倍。

4. 地面节能工程使用的保温材料进场时，应对其导热系数或热阻、密度、压缩强度或抗压强度、吸水率、燃烧性能（不燃材料除外）等性能进行复验，复验应为见证取样检验。

检验方法：核查质量证明文件，随机抽样检验，核查复验报告，其中：导热系数或热阻、密度、燃烧性能必须在同一个报告中。

检查数量：同厂家、同品种产品，地面面积在 1000 m^2 以内时应复验 1 次；面积每增加 1000 m^2 应增加 1 次；建筑节能工程施工前，对于采用相同建筑节能设计的房间和构造做法，应在现场采用相同材料和工艺制作样板间或样板件，经有关各方确认后进行施工的规定时，检验批容量可以扩大一倍。

4.3.3.10 建筑外墙涂料及外墙腻子出厂合格证及进场检验报告（质控（建）表 C.0.30、C.0.31）

1. 建筑外墙涂料及外墙腻子出厂合格证及进场检验报告的主要内容

(1)建筑外墙涂料进场后需要进行检测项目应包括：对比率、耐水性、耐碱性、耐洗刷性、耐沾污性。外墙腻子进场后需要进行检测项目应包括：打磨性、黏结强度、动态抗开裂性、初期干燥抗裂性、腻子膜柔韧性、耐水性及耐碱性

(2)检测报告应按质控（建）表 C.0.30、C.0.31 的规定填写。

2. 建筑外墙涂料及外墙腻子抽样检验批量

同厂家生产的同品种、同批次的进场材料应至少抽取一组样品进行检验。从每批产品中按《涂料类产品取样方法》GB 3160 的规定抽取 2 kg。

4.3.4 施工试验报告及见证检测报告

施工试验及见证检测报告是根据设计要求及规范规定，对涉及安全使用功能的部位、构件进行试验，记录试验数据和计算结果，得出试验结论。需借助试验设备和实验室进行分析研究的试验，应由有资质的实验室承担，并应出具有效检测报告。如混凝土试块抗压强度试验、钢筋焊接试验、幕墙后置埋件拉拔试验等均应由有资质的实验室出具检测报告。而诸如卫生间蓄水试验、泼水试验、屋面蓄水试验及泼水试验等简单直观的试验则应在监理的见证下，由施工项目技术负责人组织完成，形成施工试验记录即可，此记录应由主要试验人员、项目技术负责人、监理人员签字后生效。

4.3.4.1 地基压实系数试验报告（质控（建）表 C.0.32、C.0.33、C.0.34、C.0.35、C.0.36、C.0.37）

1. 主要项目

灰土地基、砂和砂石地基、粉煤灰地基及土方回填工程；密度及含水率试验、灌水、灌砂法密度试验、击实试验、砂的相对密度试验及压实度试验。

2. 地基压实系数试验报告的主要内容

(1)灰土地基、砂和砂石地基、粉煤灰地基及土方回填工程，应按设计要求和规范规定，分层填筑，夯压密实，现场分层取样，实测试样的密度、含水率，并据此计算压实系数。

保温材料检测报告

质控(建)表 C. 0. 29

委托单位：　　　　　　报告编号：　　　　　　（第 1 页　共 1 页）

<table>
<tr><td rowspan="2">委托单位</td><td>名称</td><td></td><td>检测性质</td><td></td><td>委托日期</td><td></td></tr>
<tr><td>地址</td><td></td><td>样品编号</td><td></td><td>检测日期</td><td></td></tr>
<tr><td colspan="2">工程名称</td><td></td><td>样品名称</td><td>胶粉聚苯颗粒保温浆料</td><td>报告日期</td><td></td></tr>
<tr><td colspan="2">工程地点</td><td></td><td>样品数量及状态</td><td></td><td>生产日期</td><td></td></tr>
<tr><td colspan="2">施工单位</td><td></td><td>型号商标</td><td></td><td>合格证号</td><td></td></tr>
<tr><td colspan="2">生产单位</td><td></td><td>代表数量</td><td></td><td>使用部位</td><td></td></tr>
<tr><td colspan="2">见证单位</td><td></td><td>见证人</td><td></td><td>证书编号</td><td></td></tr>
<tr><td colspan="2">配料比</td><td colspan="5"></td></tr>
<tr><td colspan="3">检测项目</td><td colspan="2">技术要求</td><td colspan="2">检测结果</td></tr>
<tr><td colspan="3">湿表观密度(kg/m³)</td><td colspan="2">≤420</td><td colspan="2"></td></tr>
<tr><td colspan="3">干表观密度(kg/m³)</td><td colspan="2">180～250</td><td colspan="2"></td></tr>
<tr><td colspan="3">导热系数[W/(m·K)]</td><td colspan="2">≤0.060</td><td colspan="2"></td></tr>
<tr><td colspan="3">抗压强度(kPa)</td><td colspan="2">≥200</td><td colspan="2"></td></tr>
<tr><td colspan="3">压剪黏结强度(kPa)</td><td colspan="2">≥50</td><td colspan="2"></td></tr>
<tr><td colspan="3">线性收缩率(%)</td><td colspan="2">≤0.3</td><td colspan="2"></td></tr>
<tr><td colspan="3">软化系数</td><td colspan="2">≥0.5</td><td colspan="2"></td></tr>
<tr><td colspan="2">检测依据</td><td colspan="5"></td></tr>
<tr><td colspan="2">结　　论</td><td colspan="5"></td></tr>
<tr><td colspan="2" rowspan="2">主要仪器设备</td><td colspan="2">仪器名称</td><td colspan="2">型号规格</td><td>管理编号</td></tr>
<tr><td colspan="2"></td><td colspan="2"></td><td></td></tr>
<tr><td colspan="2">声　　明</td><td colspan="5"></td></tr>
<tr><td colspan="2">联系方式</td><td colspan="5"></td></tr>
<tr><td colspan="2">备　　注</td><td colspan="5"></td></tr>
</table>

批准：　　　　　　审核：　　　　　　项目负责：

建筑涂料检测报告

质控(建)表C.0.30

委托编号：　　　　　　　报告编号：　　　　　　　　　　　　(第　　页　共　　页)

<table>
<tr><td rowspan="2">委托单位</td><td>名称</td><td></td><td>检测性质</td><td></td><td>委托日期</td><td></td></tr>
<tr><td>地址</td><td></td><td>样品编号</td><td></td><td>检测日期</td><td></td></tr>
<tr><td colspan="2">工程名称</td><td></td><td>样品名称</td><td></td><td>报告日期</td><td></td></tr>
<tr><td colspan="2">工程地点</td><td></td><td>样品数量</td><td></td><td>代表数量</td><td></td></tr>
<tr><td colspan="2">施工单位</td><td></td><td>样品状态</td><td></td><td>规格</td><td></td></tr>
<tr><td colspan="2">生产单位</td><td></td><td>型号商标</td><td></td><td>使用部位</td><td></td></tr>
<tr><td colspan="2">见证单位</td><td></td><td>见证人</td><td></td><td>见证编号</td><td></td></tr>
<tr><td colspan="3">检测项目</td><td colspan="2">技术要求</td><td colspan="2">检测结果</td></tr>
<tr><td colspan="3">在容器中状态</td><td colspan="2"></td><td colspan="2"></td></tr>
<tr><td colspan="3">施工性</td><td colspan="2"></td><td colspan="2"></td></tr>
<tr><td colspan="3">涂膜外观</td><td colspan="2"></td><td colspan="2"></td></tr>
<tr><td colspan="3">干燥时间(表干)</td><td colspan="2"></td><td colspan="2"></td></tr>
<tr><td colspan="3">对比率(白色和浅色)</td><td colspan="2"></td><td colspan="2"></td></tr>
<tr><td colspan="3">低温稳定性</td><td colspan="2"></td><td colspan="2"></td></tr>
<tr><td colspan="3">耐洗刷</td><td colspan="2"></td><td colspan="2"></td></tr>
<tr><td colspan="3">耐碱性</td><td colspan="2"></td><td colspan="2"></td></tr>
<tr><td colspan="3">耐水性</td><td colspan="2"></td><td colspan="2"></td></tr>
<tr><td colspan="2" rowspan="2">黏结强度</td><td>标准状态</td><td colspan="2"></td><td colspan="2"></td></tr>
<tr><td>浸水后</td><td colspan="2"></td><td colspan="2"></td></tr>
<tr><td colspan="2">检测依据</td><td colspan="5"></td></tr>
<tr><td colspan="2">检测结论</td><td colspan="5"></td></tr>
<tr><td colspan="2" rowspan="2">检测仪器</td><td colspan="2">仪器名称</td><td colspan="2">型号规格</td><td>管理编号</td></tr>
<tr><td colspan="2"></td><td colspan="2"></td><td></td></tr>
<tr><td colspan="2"></td><td colspan="5"></td></tr>
<tr><td colspan="2">声明</td><td colspan="5"></td></tr>
<tr><td colspan="2">联系方式</td><td colspan="5"></td></tr>
<tr><td colspan="2">备注</td><td colspan="5"></td></tr>
</table>

批准：　　　　　　　　　　　　审核：　　　　　　　　　　　　项目负责：

建筑外墙腻子检测报告

质控(建)表C.0.31

委托编号：　　　　　报告编号：　　　　　(第　　页 共　　页)

委托单位	名称		检测性质		委托日期	
	地址		样品编号		检测日期	
工程名称			样品名称		报告日期	
配料比			样品数量		代表数量	
施工单位			样品状态		规格	
生产单位			型号商标		使用部位	
见证单位			见证人		见证编号	
检测项目			技术要求			检测结果
容器中状态			无结块、均匀			
施工性			刮涂无障碍			
干燥时间(表干)(h)			<5			
打磨性			能打磨平整			
耐水性(96 h)			无异常			
耐碱性(48 h)			无异常			
初期干燥抗裂性			无裂纹			
黏结强度(MPa)	标准状态		>0.70			
	浸水48 h后		>0.50			
检测依据						
检测结论						
主要仪器设备	仪器名称		型号规格		管理编号	
声明						
联系方式						
备注						

批准：　　　　　审核：　　　　　项目负责：

含水率、密度试验检验报告

质控(建)表C.0.32　　　　共　　页 第　　页

<table>
<tr><td>工程名称</td><td colspan="3">××大厦</td><td>报告编号</td><td>材TG×××</td></tr>
<tr><td>委托单位</td><td colspan="3">福建省××建筑工程公司</td><td>委托编号</td><td>材×××</td></tr>
<tr><td>施工单位</td><td colspan="3">福建省××建筑工程公司</td><td>委托日期</td><td>年×月×日</td></tr>
<tr><td>工程部位</td><td colspan="3">室内回填</td><td>检验日期</td><td>年×月×日</td></tr>
<tr><td>取土地点</td><td>A-R轴/1－5轴</td><td>取土深度</td><td>－0.600～－0.900</td><td>检验性质</td><td>见证检验</td></tr>
<tr><td>土样说明</td><td colspan="3">砂壤土</td><td>报告日期</td><td>年×月×日</td></tr>
<tr><td>见证单位</td><td>福建省××工程监理公司</td><td>见证人</td><td>×××</td><td>证书编号</td><td>05111</td></tr>
<tr><td colspan="6">含水率试验</td></tr>
<tr><td>试验次数</td><td>1</td><td>2</td><td>3</td><td colspan="2">允许平行差值</td></tr>
<tr><td>盛土器号</td><td>1#</td><td>2#</td><td>3#</td><td>含水量(%)</td><td>允许差值(%)</td></tr>
<tr><td>盛土器+湿土质量(g)</td><td>84.30</td><td>69.55</td><td>82.58</td><td rowspan="2"><40</td><td rowspan="2">≤1</td></tr>
<tr><td>盛土器+干土质量(g)</td><td>77.66</td><td>64.68</td><td>76.22</td></tr>
<tr><td>盛土器质量(g)</td><td>33.60</td><td>34.06</td><td>33.37</td><td>≥40</td><td>≤2</td></tr>
<tr><td>含水率 W(%)</td><td>15.1</td><td>15.9</td><td>14.9</td><td rowspan="2">检验仪器</td><td rowspan="2">仪器名称:电子天平检定
证书编号</td></tr>
<tr><td>平均含水率 W(%)</td><td colspan="3">15.3</td></tr>
<tr><td colspan="6">密度试验</td></tr>
<tr><td>试验次数</td><td>1</td><td>2</td><td>3</td><td colspan="2">允许平行差值</td></tr>
<tr><td>盛土器号</td><td>1#</td><td>2#</td><td>3#</td><td colspan="2" rowspan="4">≤0.03 g/cm³</td></tr>
<tr><td>盛土器+土样质量(g)</td><td>511.96</td><td>512.30</td><td>515.04</td></tr>
<tr><td>盛土器质量(g)</td><td>172.56</td><td>172.56</td><td>172.56</td></tr>
<tr><td>土样体积(cm³)</td><td>200</td><td>200</td><td>200</td></tr>
<tr><td>土样密度 ρ(g/cm³)</td><td>1.70</td><td>1.70</td><td>1.71</td><td rowspan="3">检验仪器</td><td rowspan="3">仪器名称:电子天平
证书编号</td></tr>
<tr><td>平均土样密度 ρ(g/cm³)</td><td colspan="3">1.70</td></tr>
<tr><td>土样干密度 ρ(g/cm³)</td><td colspan="3">1.47</td></tr>
<tr><td>检验依据</td><td colspan="5">GB/T 50123 土工试验方法标准</td></tr>
<tr><td>备注</td><td colspan="5"></td></tr>
</table>

批准:×××　　审核:×××　　校核:×××　　检验:×××

密度检验报告(灌水法)

质控(建)表 C.0.33　　　　　　　　　　　　　　　　　　　　　　共　　页　第　　页

<table>
<tr><td>工程名称</td><td colspan="6"></td><td>报告编号</td><td></td></tr>
<tr><td>委托单位</td><td colspan="6"></td><td>委托编号</td><td></td></tr>
<tr><td>施工单位</td><td colspan="6"></td><td>委托日期</td><td></td></tr>
<tr><td>工程部位</td><td colspan="6"></td><td>检验日期</td><td></td></tr>
<tr><td>见证单位</td><td colspan="3"></td><td>见证人</td><td colspan="2"></td><td>证书编号</td><td></td></tr>
<tr><td>施工方法</td><td colspan="3"></td><td>最大干密度检验编号</td><td colspan="2"></td><td>检验性质</td><td></td></tr>
<tr><td colspan="2">设计干密度(g/cm^3)</td><td colspan="5"></td><td>报告日期</td><td></td></tr>
<tr><td>试坑编号</td><td></td><td></td><td></td><td></td><td></td><td rowspan="4">检验仪器</td><td colspan="2" rowspan="4">仪器名称：
检定证书编号：</td></tr>
<tr><td>标高(m)</td><td></td><td></td><td></td><td></td><td></td></tr>
<tr><td>灌水前容器水位(cm)</td><td></td><td></td><td></td><td></td><td></td></tr>
<tr><td>灌水后容器水位(cm)</td><td></td><td></td><td></td><td></td><td></td></tr>
<tr><td>容器断面积(cm^2)</td><td></td><td></td><td></td><td></td><td></td><td colspan="3" rowspan="8">平面示意：</td></tr>
<tr><td>试坑体积(cm^3)</td><td></td><td></td><td></td><td></td><td></td></tr>
<tr><td>试坑中挖出的湿料质量(g)</td><td></td><td></td><td></td><td></td><td></td></tr>
<tr><td>试样湿密度(g/cm^3)</td><td></td><td></td><td></td><td></td><td></td></tr>
<tr><td>试样含水率(%)</td><td></td><td></td><td></td><td></td><td></td></tr>
<tr><td>干密度(g/cm^3)</td><td></td><td></td><td></td><td></td><td></td></tr>
<tr><td>压实系数(%)</td><td></td><td></td><td></td><td></td><td></td></tr>
<tr><td>检验依据</td><td colspan="8"></td></tr>
<tr><td>备注</td><td colspan="8"></td></tr>
</table>

批准：×××　　　　审核：×××　　　　校核：×××　　　　检验：×××

密度检验报告(灌砂法)

质控(建)表 C.0.34　　　　　　　　　　　　　　　　　　　　　共　　页　第　　页

<table>
<tr><td>工程名称</td><td colspan="8"></td><td>报告编号</td><td></td></tr>
<tr><td>委托单位</td><td colspan="8"></td><td>委托编号</td><td></td></tr>
<tr><td>施工单位</td><td colspan="8"></td><td>委托日期</td><td></td></tr>
<tr><td>工程部位</td><td colspan="8"></td><td>检验日期</td><td></td></tr>
<tr><td>见证单位</td><td colspan="4"></td><td colspan="2">见证人</td><td colspan="2"></td><td>证书编号</td><td></td></tr>
<tr><td>施工方法</td><td colspan="4"></td><td colspan="2">最大干密度
检验编号</td><td colspan="2"></td><td>检验性质</td><td></td></tr>
<tr><td colspan="3">量砂堆积密度(g/cm^3)</td><td colspan="2"></td><td colspan="2">设计干密度
(g/cm^3)</td><td colspan="2"></td><td>报告日期</td><td></td></tr>
<tr><td colspan="2">试坑编号</td><td></td><td></td><td></td><td></td><td></td><td rowspan="4">检验仪器</td><td colspan="3" rowspan="4">仪器名称：

检定证书编号：</td></tr>
<tr><td colspan="2">标高(m)</td><td></td><td></td><td></td><td></td><td></td></tr>
<tr><td colspan="2">灌砂前砂＋容器质量(g)</td><td></td><td></td><td></td><td></td><td></td></tr>
<tr><td colspan="2">灌砂后砂＋容器质量(g)</td><td></td><td></td><td></td><td></td><td></td></tr>
<tr><td colspan="2">试坑灌入量砂的质量(g)</td><td></td><td></td><td></td><td></td><td></td><td colspan="4" rowspan="8">平面示意：</td></tr>
<tr><td colspan="2">试坑体积(cm^3)</td><td></td><td></td><td></td><td></td><td></td></tr>
<tr><td colspan="2">试坑中挖出的湿料质量(g)</td><td></td><td></td><td></td><td></td><td></td></tr>
<tr><td colspan="2">试样湿密度(g/cm^3)</td><td></td><td></td><td></td><td></td><td></td></tr>
<tr><td colspan="2">试样含水率(%)</td><td></td><td></td><td></td><td></td><td></td></tr>
<tr><td colspan="2">干密度(g/cm^3)</td><td></td><td></td><td></td><td></td><td></td></tr>
<tr><td colspan="2">压实系数(%)</td><td></td><td></td><td></td><td></td><td></td></tr>
<tr><td colspan="2">检验依据</td><td colspan="9"></td></tr>
<tr><td colspan="2">备注</td><td colspan="9"></td></tr>
</table>

批准：×××　　　　　审核：×××　　　　　校核：×××　　　　　检验：×××

土壤击实检验报告

质控(建)表 C.0.35　　　　共　页 第　页

<table>
<tr><td>工程名称</td><td colspan="3">××大厦</td><td>报告编号</td><td>材 TG×××</td></tr>
<tr><td>委托单位</td><td colspan="3">福建省××建筑工程公司</td><td>检验性质</td><td>见证检验</td></tr>
<tr><td>施工单位</td><td colspan="3">福建省××建筑工程公司</td><td>委托编号</td><td>材×××</td></tr>
<tr><td>使用部位</td><td colspan="3">室内回填</td><td>样品编号</td><td>2321</td></tr>
<tr><td>土样编号</td><td>2321</td><td>检验日期</td><td>年×月×日</td><td>报告日期</td><td>年×月×日</td></tr>
<tr><td>样品产地</td><td>福州</td><td>见证单位</td><td colspan="3">福建省××工程监理公司</td></tr>
<tr><td>见证人</td><td>×××</td><td>见证人证书编号</td><td colspan="3">05111</td></tr>
<tr><td>估计最优含水率(%)</td><td>24.0</td><td>风干含水率(%)</td><td colspan="3">3.6</td></tr>
<tr><td>每层击数(次)</td><td>25</td><td>大于 5 mm 颗粒含量(%)</td><td colspan="3">0</td></tr>
<tr><td>最大干密度(g/cm^3)</td><td>1.78</td><td>最优含水率(%)</td><td colspan="3">22.6</td></tr>
<tr><td>校正后最大干密度(g/cm^3)</td><td>1.78</td><td>校正后最优含水率(%)</td><td colspan="3">22.6</td></tr>
<tr><td>检验依据</td><td colspan="5">GB/T 50123 土工试验方法标准</td></tr>
<tr><td>检验仪器</td><td colspan="5">检验仪器：　　　　检定证书编号：
土壤轻型击实仪</td></tr>
<tr><td>备注</td><td colspan="5"></td></tr>
</table>

批准：×××　　审核：×××　　校核：×××　　检验：×××

砂相对密度检验报告

质控(建)表 C.0.36　　　　共　页 第　页

<table>
<tr><td>工程名称</td><td colspan="4">××大厦</td><td>报告编号</td><td>材 TG×××</td></tr>
<tr><td>委托单位</td><td colspan="2">福建省××建筑工程公司</td><td>委托编号</td><td>TG×××</td><td>报告日期</td><td>年×月×日</td></tr>
<tr><td>施工单位</td><td colspan="2">福建省××建筑工程公司</td><td>样品名称</td><td>河砂</td><td>产地</td><td>福州</td></tr>
<tr><td>委托日期</td><td>年×月×日</td><td>检验日期</td><td>年×月×日</td><td>样品编号</td><td>TG×××</td><td>检验性质</td><td>见证检验</td></tr>
<tr><td>见证单位</td><td colspan="2">福建省××工程监理公司</td><td>见证人</td><td>×××</td><td>证书编号</td><td>2431</td></tr>
<tr><td>使用部位</td><td colspan="6">室内回填</td></tr>
<tr><td>检验项目</td><td>检验结果</td><td>检验项目</td><td>检验结果</td><td>检验项目</td><td colspan="2">检验结果</td></tr>
<tr><td>砂最大干密度(%)</td><td>1.66</td><td>砂最小干密度(%)</td><td>1.35</td><td>砂相对密度</td><td colspan="2"></td></tr>
<tr><td>检验依据</td><td colspan="6">GB/T 50123 土工试验方法标准</td></tr>
<tr><td>检验仪器</td><td colspan="6">仪器名称:砂相对密度测定仪　　　　检定证书编号:</td></tr>
<tr><td>备注</td><td colspan="6"></td></tr>
</table>

批准:×××　　　审核:×××　　　校核:×××　　　检验:×××

土壤压实度检验报告

质控(建)表 C.0.37　　　　共　　页　第　　页

工程名称	××大厦			报告编号	材 TG×××
委托单位	福建省××建筑工程公司			委托编号	材×××
施工单位	福建省××建筑工程公司			委托日期	年×月×日
工程部位	室内回填			检验日期	年×月×日
见证单位	福建省××工程监理公司	见证人	×××	证书编号	2431
施工方法	分层压实	最大干密度　试验编号	材 TG×××	检验性质	见证检验
土样类别	黏土	最大干密度(g/cm^3)	1.78	报告日期	年×月×日

样品编号	层次	标高(m)	含水率(%)	干密度(g/cm^3)	压实系数(%)
TG×××−1	1	−0.004	16.2	1.62	91.0
TG×××−2	1	−0.004	15.7	1.63	91.6
TG×××−3	1	−0.004	16.1	1.62	91.0
TG×××−4	1	−0.004	15.4	1.62	91.0
TG×××−5	2	−0.001	16.3	1.61	90.4
TG×××−6	2	−0.001	16.5	1.62	91.0
TG×××−7	2	−0.001	16.8	1.62	91.0
TG×××−8	2	−0.001	16.2	1.61	90.4

检验仪器：
仪器名称:环刀
检定证书编号:×××

平面示意:

检验依据：GB/T 50123 土工试验方法标准

备注：

批准:×××　　　审核:×××　　　校核:×××　　　检验:×××

(2)设计未提出控制干密度指标的工程,在施工前应对填料做击实试验(黏性土)或砂的相对密度试验(回填砂)确定其最大干密度 ρ_{dmax},再根据设计压实系数,分别计算出填料的施工控制干密度。

(3)环刀法取样应在每层压实后的下半部,含水率及环刀法密度试验应进行两次平行测定,两次测定的差值不大于规定时,取两次测值的平均值。

(4)密度及含水率试验、灌水、灌砂法密度试验、击实试验、砂的相对密度试验及压实度试验报告应按规定填写。压实度试验报告应附分层取样平面示意图。

(5)现场干密度试验报告的简图应按规范要求绘制,包括回填土取点平面、剖面示意图,标明重要控制轴线、尺寸数字。剖面图应标明分层厚度、回填土起止标高。压实度试验报告应附分层取样平面示意图。

3. 灰土地基、砂和砂石地基、粉煤灰地基的取样数量:

每单位工程不应少于3点,1000 m^2 以上工程,每100 m^2 应至少1点,3000 m^2 以上工程,每300 m^2 应至少1点。每一独立基础下应至少1点,基槽每20延米应有1点。土方回填的取样数量应按协议规定,协议未规定的可按上述规定执行。

4.3.4.2　砂浆配合比设计报告(质控(建)表C.0.38)

1. 使用砌筑砂浆的工程,施工单位必须在砌筑施工前委托有资质的试验室做砂浆配合比试验,出具配合比通知单后方可进行砌筑施工。厂家已明确给出配比组分的专用砂浆,可按厂家给出的配比进行配制。委托单位应依据设计强度等级、技术要求、施工部位、原材料情况等,向试验部门提出配合比申请单,试验部门依据配合比申请单,按照《砌筑砂浆配合比设计规程》JGJ 98、《建筑砂浆基本性能试验方法》JGJ 70的规定签发配合比通知单。

2. 砌筑砂浆应采用重量配合比,施工中应严格按配合比计量施工,不得随意变更。如砂浆的组成材料(水泥、骨料、外加剂等)有变化,其配合比应重新试配选定。

4.3.4.3　砂浆试件抗压强度试验报告(质控(建)表C.0.39)

砂浆试件应在砂浆搅拌机出料口或在湿拌砂浆的储存容器出料口随机取样制作,现场拌制的砂浆,同盘只应制作1组试块。

1. 砂浆试件抗压强度试验报告的主要内容:

(1)砂浆应按设计分类提供符合质控(建)表C.0.39规定的试件抗压强度试验报告。

(2)砂浆强度应以标准养护、龄期为28 d的试件抗压试验结果为准。

2. 砂浆试件取样留置数量:

(1)每一检验批且不超过250 m^3 砌体的各种类型及强度等级的砌筑砂浆,每台搅拌机应至少取样一次,验收批的预拌砂浆、蒸压加气混凝土砌块专用砂浆,抽检可为3组。

(2)建筑地面工程水泥砂浆强度试件,按每一层(或检验批)不应小于1组,当每一层(或检验批)面积大于1000 m^2 时,每增加1000 m^2 应增做一组试件,剩余不足1000 m^2 的按1000 m^2 计。当配合比不同时,应相应制作不同试件。

(3)抹灰砂浆试件取样留置应满足下列要求:

①相同砂浆品种、强度等级、施工工艺的室外抹灰工程,每1000 m^2 应划分为一个检验批,不足1000 m^2 的,也应划分为一个检验批;

砂浆配合比设计报告

质控(建)表 C.0.38　　　　共　页第　页

<table>
<tr><td>工程名称</td><td colspan="9">××大厦</td><td>报告编号</td><td colspan="5">材 PB×××</td></tr>
<tr><td>委托单位</td><td colspan="6">福建省××建筑工程公司</td><td rowspan="2">水泥</td><td>厂别</td><td>福建</td><td>强度等级</td><td colspan="2">P. O42.5</td><td colspan="2">出厂日期</td><td>×××</td></tr>
<tr><td>施工单位</td><td colspan="6">福建省××建筑工程公司</td><td>出厂编号</td><td>2011××</td><td>检验编号</td><td colspan="5">材 SN×××</td></tr>
<tr><td>使用部位</td><td colspan="6">墙体砌筑</td><td>砂</td><td>种类</td><td>河砂</td><td>细度模数</td><td colspan="2">2.5</td><td colspan="2">检验编号</td><td>材 SG×××</td></tr>
<tr><td>委托编号</td><td colspan="2">材 PB×××</td><td>委托日期</td><td colspan="3">2011 年 1 月 2 日</td><td rowspan="2">掺合料</td><td>种类</td><td></td><td>厂　别</td><td colspan="5"></td></tr>
<tr><td>样品编号</td><td colspan="2"></td><td>检验日期</td><td colspan="3">2011 年 1 月 2 日—2011 年 1 月 8 日</td><td>出厂日期</td><td></td><td>检验编号</td><td colspan="5"></td></tr>
<tr><td>设计等级</td><td colspan="2">M5</td><td>报告日期</td><td colspan="3">2011 年 1 月 8 日</td><td rowspan="5">外加剂Ⅰ</td><td>种类</td><td colspan="2"></td><td rowspan="5">外加剂Ⅱ</td><td colspan="2">种类</td><td colspan="2"></td></tr>
<tr><td rowspan="2">砂浆种类</td><td colspan="2" rowspan="2">水泥砂浆</td><td rowspan="2">试配强度(MPa)</td><td colspan="3" rowspan="2">5.8</td><td>厂别</td><td colspan="2"></td><td colspan="2">厂别</td><td colspan="2"></td></tr>
<tr><td>型号</td><td colspan="2"></td><td colspan="2">型号</td><td colspan="2"></td></tr>
<tr><td>见证单位</td><td colspan="6">福建省××工程监理公司</td><td>掺量(%)</td><td colspan="2"></td><td colspan="2">掺量(%)</td><td colspan="2"></td></tr>
<tr><td>见证人</td><td colspan="2">×××</td><td>证书编号</td><td colspan="3">1124</td><td>检验编号</td><td colspan="2"></td><td colspan="2">检验编号</td><td colspan="2"></td></tr>
<tr><td>材料名称</td><td>水</td><td>水泥</td><td>砂</td><td>掺合料</td><td>外加剂Ⅰ</td><td>外加剂Ⅱ</td><td colspan="2">检验依据</td><td colspan="7">JGJ 98 砌筑砂浆配合比设计规程</td></tr>
<tr><td>重量(kg/m³)</td><td>360</td><td>230</td><td>1370</td><td></td><td></td><td></td><td rowspan="4">检验仪器</td><td colspan="8" rowspan="4">仪器名称：砂浆稠度仪、砂浆分层度仪、压力试验机
检定证书编号：</td></tr>
<tr><td>质量比</td><td>1.57</td><td>1.00</td><td>5.96</td><td></td><td></td><td></td></tr>
<tr><td>稠度(mm)</td><td colspan="2">68</td><td colspan="2">搅拌方式</td><td colspan="2">机拌</td></tr>
<tr><td>分层度(mm)</td><td colspan="2">14</td><td colspan="2">砂浆密度(kg/m³)</td><td colspan="2">1960</td></tr>
<tr><td>备注</td><td colspan="15"></td></tr>
</table>

批准：×××　　　　审核：×××　　　　校核：×××　　　　检验×××：

砂浆试块抗压强度检验报告

质控(建)表 C.0.39　　　　　　共　页　第　页

工程名称	××大厦			报告编号	材 SS××
委托单位	福建省××建筑工程公司			委托日期	×××
施工单位	福建省××建筑工程公司	委托编号	材 SS××	报告日期	×××
砂浆种类	水泥砂浆	试块尺寸(mm×mm×mm)	70.7×70.7×70.7	检验性质	见证检验
养护方法	标养	配合比报告编号	材 PB×××	拌制方法	机拌
见证单位	福建省××工程监理公司	见证人	×××	证书编号	1123
样品编号	SS××				
结构部位	一层砌体				
设计等级	M5				
成型日期	年×月×日				
检验日期	年×月×日				
龄期(d)	28				
序号	检验结果(MPa)	检验结果(MPa)		检验结果(MPa)	
1	5.9				
2	6.2				
3	5.6				
代表值	5.9				
检验仪器	仪器名称:YA-300 压力试验机　　检定证书编号:				
检验依据	JGJ 70 建筑砂浆基本性能试验方法				
检验结论					
备注					

批准:×××　　审核:×××　　校核:×××　　检验:×××

②相同砂浆品种、强度等级、施工工艺的室内抹灰工程，每50个自然间(大面积房间和走廊按抹灰面积30 m^2 为一间)应划分为一个检验批，不足50间的也应划分为一个检验批。

4.3.4.4 砂浆强度检验评定表(质控(建)表C.0.131)

砂浆强度应按验收批进行评定，同一类型、强度等级砂浆划分为同一批。同一个验收批的试件组数不应少于3组。每批试件抗压强度应符合以下规定：

1.同一验收批砂浆试件抗压强度平均值应大于或等于设计强度等级值的1.10倍；同一验收批砂浆试件抗压强度的最小一组平均值应大于或等于设计强度等级值的0.85倍。

2.同一验收批只有1组或2组试件时，该组试件抗压强度的平均值必须大于或等于设计强度等级值的1.10倍；对于建筑结构的安全等级为一级或设计使用年限为50年以上的房屋，同一个验收批的试件组数不应少于3组。

3.当砂浆试件块强度评定不合格或试件留置组数严重不足或对砂浆强度的代表性有怀疑时，应由具有相应资质的检测机构按国家现行有关标准的规定对砂浆和砌体强度进行鉴定，并作为处理的依据。鉴定处理应有处理记录，并经设计单位同意签认。

例题：某一建筑工程使用M5水泥砂浆，同一验收批中各组试块砂浆立方体抗压强度平均值分别为：6.5 MPa、5.5 MPa、5.6 MPa、5.8 MPa、5.4 MPa、5.6 MPa、5.8 MPa、5.3 MPa、6.1 MPa、6.2 MPa、6.4 MPa、6.6 MPa，请对该批砂浆进行评定。

解：

$mf_{cu}=(6.5+5.5+5.6+5.8+5.4+5.6+5.8+5.3+6.1+6.2+6.4+6.6)/12=5.9$ Mpa

$mf_{cu}=5.9$ MPa$>1.1f_{m,k}=5.5$ Mpa

$f_{cu,\min}=5.3$ MPa$>0.85f_{m,k}=4.25$ Mpa

验收评定结论：合格。

4.3.4.5 混凝土配合比设计报告(质控(建)表C.0.40)

1. 现场搅拌混凝土和预拌混凝土均需有资质的实验室签发的混凝土配合比通知单。委托单位依据混凝土设计强度等级、耐久性、工作性、施工部位、原材料情况等向试验部门提出配合比申请，试验部门按照《普通混凝土配合比设计规程》JGJ 55、《普通混凝土拌合物性能试验方法》GB/T 50080出具配合比通知单。

2. 混凝土应采用重量配合比，施工中应严格按配合比计量施工，不得随意变更，试配混凝土的各组成材料应经检验，并应符合有关标准规定的要求。如混凝土的组成材料(水泥，骨料，外加剂等)有变化，其配合比应重新试配选定。

4.3.4.6 混凝土试件抗压强度试验报告(质控(建)表C.0.41)

结构构件混凝土强度的试件，应在混凝土的浇筑地点随机抽取。

1. 混凝土试件抗压强度试验报告的主要内容

(1)混凝土应按设计要求的抗压强度提供符合质控(建)表C.0.41规定的试件抗压强度试验报告。

(2)当混凝土中掺用矿物掺合料时，确定混凝土强度可根据设计规定，可采用大于28 d龄期的混凝土强度。

2. 养护混凝土强度的试件，取样与试件留置数量

(1)每拌制100盘且不超过100 m^3 的同配合比的混凝土，取样不得少于一次；

(2)每工作班拌制的同一配合比的混凝土不足100盘时，取样不得少于一次；

(3)当一次连续浇筑超过1000 m^3 时，同一配合比的混凝土每200 m^3 取样不得少于一次；

(4)每一楼层、同一配合比的混凝土，取样不得少于一次；

砂浆强度检验评定表

质控(建)表 C.0.131

工程名称	×××小区1号住宅楼			强度等级	M5.0
施工单位	×××建筑公司			养护方法	标养
结构部位	施工日期		试块编号	$f_{m,cu}$	评定条件
	月	日			
一层砌体	8	9	001	6.5	单位:N/mm^2 砂浆强度等级:M5.0 验收批总组数 $n=6$ $1.10\ f_{m,k}=5.5$ $0.85\ f_{m,k}=4.25$ $mf_{mcu}=5.85$ $f_{mcu,\min}=4.8$ 计算结果: $mf_{mcu}=5.85>$ $1.10\ f_{m,k}=5.5$ $f_{cu,\min}=4.8>$ $0.85\ f_{m,k}=4.25$
一层砌体	8	9	002	6.1	
二层砌体	9	10	003	4.8	
二层砌体	9	10	004	5.5	
三层砌体	10	6	005	6.3	
三层砌体	10	6	006	5.9	
评定结果	合格		评定日期		
评定人		项目负责人		总监理工程师	

砼配合比设计报告

质控(建)表 C.0.40　　　　共　页第　页

工程名称	××大厦					报告编号	材 PB××		
委托单位	福建省××建筑工程公司	委托编号	材×××	搅拌方法	机拌	坍落度(mm)	30～50	委托日期	2011/09/20
施工单位	福建省××建筑工程公司	样品编号	PB××	维勃稠度(s)		养护温度	18～22	检验日期	2011/09/20
使用部位	二层梁板	设计等级	C30	振捣方法	机振	养护湿度	≥95%	报告日期	2011/09/23
见证单位	福建省××工程监理公司	见证人	×××	证书编号	0123	砼环境条件、要求		干燥环境	

材料	水泥	砂	石	外加剂Ⅰ	外加剂Ⅱ	掺合料
	厂别：福建	种类：河砂	种类：碎石	种类：	种类：	种类：
	强度等级：P.O42.5	Mx：2.5	粒级 mm：5～40	型号：	型号：	出厂日期：
	出厂日期：2011/08/20	检验编号：材 SG××	检验编号：材 SG××	厂别：	厂别：	厂别：
	出厂编号：2011036			检验编号：	检验编号：	检验编号：
	检验编号：材 SN××					

配合比	试配强度(MPa)	砂率(%)		水	水泥	砂	石	外加剂	外加剂	掺合料	备注
			材料用量(kg/m³)	190	452	515	1203				
	38.2	30	配合比(质量比)	0.42	1.00	1.14	2.66	%	%	%	

说明	1. 施工时，应根据现场砂，石含水率调整为现场施工配合比 2. 本报告以 3 d 推算。	检验依据	普通混凝土配合比设计规程 JGJ 55
		检验仪器	仪器名称：压力试验机　　检定证书编号：
备注			

批准：×××　　审核：×××　　校核：×××　　检验：×××

砼试件强度检验报告

质控(建)表 C.0.41　　　　共　　页第　　页

工程名称	××大厦			强度等级	C25			报告编号	材 Y×××	
委托单位	福建省××建筑工程公司			搅拌方法	机拌			委托日期	2011/101/10	
施工单位	福建省××建筑工程公司			养护方法	标准养护			委托编号	Y×××	
拌制单位	福建省××混凝土公司			试件尺寸(mm×mm×mm)	150×150×150			检验性质	见证检验	
见证单位	福建省××工程监理公司							检验目的	标准养护评定	
见证人	×××			见证编号	04×××			修正系数	1.00	
样品编号	结构部位	配合比检验编号	制作日期	检验日期	(等效)龄期(d)	检验结果(MPa)			代表值(MPa)	达到设计强度(%)
Y×××	二层梁板	材 PB××	2011/01/01	2011/01/29	28	30.8	30.3	29.8	30.3	121.2
检验依据	《普通混凝土力学性能试验方法》GB/T 50081			检验仪器	仪器名称:YA-2000 电液式压力试验机				检定证书编号:	
检验结论				备注						

批准:×××　　审核:×××　　校核:×××　　检验:×××

(5)建筑地面工程混凝土强度试件每一层(或检验批),每 1000 m^2 取样不得少于一次,每增加 1000 m^2 应增取一次,不足 1000 m^2 的应按 1000 m^2 计。当改变配合比时,亦应相应增加制作试件取样次数。

(6)基坑工程的地下连续墙,每 50 m^3 应取样一次,每幅槽段不得少于一次。

(7)灌注桩混凝土强度检验的试件应在施工现场随机抽取。来自同一搅拌站的混凝土,每浇筑 50 m^3 必须至少留置 1 组试件;当混凝土浇筑量不足 50 m^3 时,每连续浇筑 12 h 必须至少留置 1 组试件。对单柱单桩,每根桩应至少留置 1 组试件。

(8)对设计成熟、生产数量较少的大型构件,在不作结构承载力检验时,混凝土取样按每 5 m^3 且不超过半个工作班生产的同配合比混凝土,应留置一组试件。

(9)非大体积粉煤灰混凝土每拌制 100 m^3,应至少取样一次,大体积粉煤灰混凝土每拌制 500 m^3,至少取样一次;不足上列规定数量时,每台班应至少取样一次。

(10)混凝土配合比开盘鉴定时应至少留置一组标准养护试件,作为验证配合比的依据。

3. 结构构件拆模、出池、出厂、吊装、张拉、放张及施工期间临时负荷时的混凝土强度,应根据同条件养护的标准尺寸试件的混凝土强度按设计要求和规范确定,同条件养护试件的留置组数应根据实际需要确定。

4. 当设计无具体要求时,底模拆除时的混凝土强度应符合现行国家标准《混凝土结构工程施工质量验收规范》GB 50204 的规定。

4.3.4.7 混凝土强度检验评定表(质控(建)表 C.0.129、C.0.130)

结构构件的混凝土强度应按现行国家标准《混凝土强度检验评定标准》GB/T 50107 的规定分批检验评定。

统计评定方法:

1. 未知方差统计法(质控(建)表 C.0.129)

同验收批由强度等级相同,令期相同及生产工艺和配合比基本相同的砼组成,当 $n \geqslant 10$ 组时

$$mf_{cu} \geqslant f_{cu,k} + \lambda_1 Sf_{cu}$$

$$f_{cu,\min} \geqslant \lambda_2 f_{cu,k}$$

λ_1,λ_2 为合格判定系数

$$Sf_{cu} = \sqrt{\frac{\sum_{i=1}^{n} f_{cu,i}^2 - n\,mf_{cu}^2}{n-1}}$$

当计算 $Sf_{cu} < 2.5$ Mpa 时,取 $Sf_{cu} = 2.5$ Mpa 代入公式计算。

表 4-7 未知方差统计法合格判定系数

合格判定系数	试块组数(n)		
	10~14	15~19	≥20
λ_1	1.15	1.05	0.95
λ_2	0.9	0.85	0.85

例题:某施工现场 C30 级混凝土,27 组标养试件强度 $f_{cu,i}$(单位为 MPa)分别为 33.2、40.0、39.5、28.4、30.2、32.4、32.5、31.8、30.1、35.5、36.7、30.2、32.0、28.4、30.4、31.2、32.0、35.8、40.8、34.9、31.4、30.5、31.2、30.2、30.4、29.7、33.6。请用标准差未知统计法评定每批混凝土的强度。

解:(1)求平均值与标准差

平均值：$mf_{cu}=(33.2+40.0+\cdots+29.7+33.6)\div 27=32.7$ MPa

标准差：$Sf_{cu}=\sqrt{\dfrac{\sum_{i=1}^{n}f_{cu,i}^{2}-nmf_{cu}^{2}}{n-1}}=3.43$ MPa

$Sf_{cu}<2.5$ MPa 取 $Sf_{cu}=2.5$ MPa

应取 $Sf_{cu}=3.43$ MPa

(2)选定合格判定系数

$\lambda_1=0.95\ (n=27>20)$，$\lambda_2=0.85\ (n=27>20)$

(3)计算

验算 $mf_{cu}\geqslant f_{cu,k}+\lambda_1 Sf_{cu}$

$mf_{cu}=32.7$ MPa

$f_{cu,k}+\lambda_1 Sf_{cu}=30+0.95\times 3.43=33.29$

$mf_{cu}<f_{cu,k}+\lambda_1 Sf_{cu}$

第一条件不满足。

验算 $f_{cu,\min}>\lambda_2 f_{cu,k}$

由实测强度数据找出最小值：

$f_{cu,\min}=28.4$ MPa

$\lambda_2 f_{cu,k}=0.85\times 30=25.5$ MPa

$f_{cu,min}>\lambda_2 f_{cu,k}$

第二条件满足。

评定：该批混凝土达不到 C30 强度，判定为不合格。

2. 非统计法(质控(建)表 C. 0. 130)

零星生产预制构件，现场试件 n 小于 10 组时，

$$mf_{cu}\geqslant\lambda_3 f_{cu,k}$$

$$f_{cu,\min}\geqslant\lambda_4 f_{cu,k}$$

表 4-8 非统计法合格判定系数

砼强度等级	<C60	≥C60
λ_3	1. 15	1. 10
λ_4	0. 95	0. 95

例题：某施工现场拌制的 6 组 C30 混凝土试件强度 $f_{cu,i}$ 为 35.0 MPa、32.0 MPa、34.0 MPa、27.0 MPa、30.0 MPa、34.0 MPa。请用非统计方法评定每批混凝土的强度。

解：已知 C30 混凝土，其强度标准值 $f_{cu,k}=30$ MPA，组数 $n=6$。

(1)验算 $mf_{cu}\geqslant\lambda_3 f_{cu,k}$($\lambda_3$ 取 1.15)

$mf_{cu}=\dfrac{1}{n}\sum f_{cu,i}=\dfrac{1}{6}(32.0+32+\cdots+33.0)=32.2$ MPa

$\lambda_3 f_{cu,k}=1.15\times 30=34.5$

$mf_{cu}<\lambda_3 f_{cu,k}$

第一条件不满足。

(2)验算 $f_{cu,\min}\geqslant\lambda_4 f_{cu,k}$($\lambda_4$ 取 0.95)

由实测强度数据找出最小值 $f_{cu,\min}=28$

$\lambda_4 f_{cu,k}=0.95\times30=28.5$

$f_{cu,min}<\lambda_4 f_{cu,k}$

第二条件不满足。

评定：该批混凝土达不到C30强度，判定为不合格。

4.3.4.8　混凝土非破损或局部破损检测报告(质控(建)表C.0.42)

当混凝土试件强度评定不合格或混凝土强度的代表性不真实或有怀疑而又无从证实时，应由具有相应资质的检测机构按国家现行有关标准的规定对结构构件中的混凝土强度，采用非破损或局部破损检测对结构构件中的混凝土强度进行推定，并作为处理的依据。经鉴定处理的结构或构件应有处理记录，并经设计单位同意签认。

混凝土非破损检测目前主要的方法有回弹法，局部破损检测主要的方法有抽芯法。

4.3.4.9　混凝土抗水渗透试验报告(质控(建)表C.0.43)

防水混凝土是指本身具有一定防水能力的整体式混凝土或钢筋混凝土。防水混凝土包括普通防水混凝土和掺外加剂的防水混凝土。

防水混凝土，应由有资质的实验室根据设计抗渗等级出具配合比通知单。防水混凝土的抗压强度和抗渗压力必须符合设计要求。防水混凝土应留置混凝土标准养护抗压强度试块，试块抗压强度评定合格，则防水混凝土抗压强度判定合格。防水混凝土抗渗性能，应采用标准条件下养护的混凝土抗渗试块的试验结果评定，每组抗渗试块的抗渗等级均大于设计抗渗等级，防水混凝土的抗渗压力评为合格。

混凝土抗水渗透试验报告应符合下列要求：

1. 混凝土应按设计要求的抗渗性能提供符合附录C表C.0.43规定的试件抗水渗透试验报告。

2. 对有抗渗要求的混凝土结构，其混凝土试件应在浇筑地点随机取样。同一工程、同一配合比的混凝土连续浇筑每500 m^3 应留置不少于一组抗渗试件，且每项工程不得少于两组。

3. 混凝土抗渗性能，应采用标准条件下养护混凝土抗渗试件的试验结果评定。抗渗性能试验应符合现行《普通混凝土长期性能和耐久性能试验方法》GB/T 50082的有关规定。试验时的龄期宜为28 d，最长不得超过90 d。

4. 以每组6个试块中有4个试块端面未出现渗水现象时的水压计算出的S值进行评定。

4.3.4.10　钢筋焊接及机械连接出厂合格证及进场检验报告(质控(建)表C.0.44、C.0.45、C.0.46)

1. 钢筋焊接及机械连接形式：

焊接：闪光对焊、电弧焊、钢筋电渣压力焊、钢筋气压焊。

机械连接：套筒挤压接头、锥螺纹接头、镦粗直螺纹接头、滚轧直螺纹接头。

2. 焊接及机械连接出厂合格证及进场检验报告的主要内容：

(1)凡采用焊接或机械连接的受力钢筋均应有力学性能检验告，其被连接母材质量检验结果均必须符合设计及有关标准的规定。

(2)在正式焊接之前，参与该项施焊的焊工应进行现场条件下的焊接工艺试验，并经试验合格后，方可正式生产。

(3)钢筋机械连接工程开始时，应对不同钢筋生产厂的进场钢筋进行接头工艺检验；施工过程中，更换钢筋生产厂时，应补充进行接头工艺检验。工艺检验每种规格钢筋的接头试件不应少于 3 根;第一次工艺检验中 1 根试件抗拉强度或 3 根试件的残余变形平均值不合格时,允许再抽 3 根试件进行复检;复检仍不合格时应判为工艺检验不合格。

(4)钢筋焊接和机械连接检验报告应按质控(建)表 C.0.44、C.0.45、C.0.46 的规定填写每个试件检验结果数据及结论,结论应说明破坏部位(断在接头、热影响区或接头外)及破坏状态(呈现脆性或延性断裂等);焊接接头弯曲检验应注明弯心直径、弯曲角度及每根试件弯曲后在焊缝处是否发生断裂,并应判断该组试件的拉伸及弯曲检验结果是否合格。

(5)钢筋焊接接头、机械连接接头或焊接制品(焊接骨架、焊接网片及预埋件等)力学性能各项目的检验结果判定应符合《钢筋焊接及验收规程》JGJ 18 及《钢筋机械连接通用技术规程》JGJ 107 的要求。

(6)施焊用的各种钢筋及型钢均应有质量证明书;焊条、焊剂应有产品合格证,焊条的规格、型号必须与设计要求一致。当设计未作规定时,焊条、焊剂应符合现行有关标准的规定。

(7)对焊条质量有怀疑时(如锈蚀、受潮严重),应按批抽样检验,并应提供焊条检验报告。

(8)凡从事焊接及机械连接的人员必须按规定持证上岗,焊接报告中应填上操作人姓名及焊工证编号。

(9)机械连接接头使用的连接件必须具备出厂合格证并按规定提供型式检验报告,当在操作过程中发现异常时,应对该批连接件材质进行化学成分、力学性能及其他专项检验。

(10)进口钢筋在力学性能符合要求的情况下,焊接前应先进行化学成分检验和焊接工艺检验;当碳、硫、磷、锰、硅含量、碳当量及可焊性检验符合要求后,方可用于工程焊接。

3. 不同的钢筋接头其力学性能检验应从外观检查合格的成品接头或制品中按批随机抽取试件分别作拉伸、弯曲或抗剪等检验,其检验批量应符合下列要求:

(1)钢筋牌号、直径及尺寸相同的焊接网和焊接骨架为同一验收批,且每 300 件为一批,一周内不足 300 件亦按一批。

(2)闪光对焊以同一台班,同一焊工完成的 300 个同牌号、同直径的钢筋焊接接头作为一批,当同一台班内焊接的接头数量较少时,可在一周内累计,若累计仍不足 300 个接头,则亦按一批。

(3)钢筋电弧焊在现浇混凝土结构中,以同牌号钢筋、同接头类型不大于 300 个接头为一批。在房屋结构中,按不超过二楼层中 300 个同牌号钢筋、同型式接头为一批,不足 300 个仍按一批。

(4)钢筋电渣压力焊和钢筋气压焊在现浇混凝土结构中,以同牌号钢筋不大于 300 个接头为一批;在房屋结构中,按不超过二楼层中 300 个同牌号钢筋接头为一批,不足 300 个仍按一批。

(5)预埋件钢筋埋弧压力焊 T 型接头以 300 件同类型预埋件为一批。一周内连续焊接时,可以累计,不足 300 件时亦按一批。

(6)钢筋机械连接以同一施工条件下采取同一批材料的同等级、同型式、同规格不超过 500 个接头为一批,当现场检验连续 10 个验收批抽样合格率为 100%,验收批的数量可为 1000 个接头(现场安装同一楼层不足 500 个或 1000 个接头时仍按一批)。

4. 钢筋接头力学性能检验复验:

钢筋电弧焊、电渣压力焊、气压焊接头拉伸试验结果不合格时,应再切取 6 个试件进行复验。复验结果仍不合格,应判定该批接头为不合格。

闪光对焊接气压、焊接头进行弯曲试验结果当 3 个试件均发生破裂,则一次判定该批接头为不合格品。当有 2 个试件发生破裂,应进行复验,复验时,应再切取 6 个试件。复验结果,当有 3 个试件发生破裂时,应判定该批接头为不合格品。

机械连接1个接头试件抗拉强度不符合要求，取6个接头试件复检，复检1个抗拉强度不符合要求，应判定该批接头为不合格品。

4.3.4.11 饰面砖及砂浆黏结强度检测报告

1. 外墙饰面砖粘贴前和施工过程中，均应在相同基层上做样板件，在施工日记上样板件部位进行记录，对并对样板件的饰面砖黏结强度进行检验，其检验方法和结果应符合现行标准《建筑工程饰面砖黏结强度检验标准》JGJ 110 的规定；

2. 现场粘贴饰面砖粘结强度检验应以每500 m^2 同类墙体饰面砖为一个检验批，不足500 m^2 应按500 m^2 计，每批应取不少于一组3个试样，每连续三个楼层应至少取一组试样，试样应均匀分布。

3. 采用水泥基胶粘剂粘贴外墙饰面砖时，可按胶粘剂使用说明书的规定时间或在粘贴外墙饰面砖14 d及以后进行饰面砖粘结强度检验。粘贴后28 d以内达不到标准或有争议时，应以28～60 d内约定时间检验的粘结强度为准。

4. 抹灰砂浆施工配合比确定后，在进行外墙及顶棚抹灰施工前，宜在实地制作样板，并应在规定龄期进行拉伸黏结强度试验，但检验外墙及顶棚抹灰工程质量的砂浆拉伸黏结强度，应在工程实体上取样检测，相同砂浆品种、强度等级、施工工艺的外墙、顶棚抹灰工程每5000 m^2 应为一个检验批，每个检验批应取一组试件进行检测，不足5000 m^2 的也应取一组，其检验方法和结果应符合现行标准《抹灰砂浆技术规程》JGJ/T 220 的规定。

4.3.4.12 见证检测报告(质控(建)表C.0.47)

见证检测报告是对建筑工程中涉及结构安全的试件和材料，在建设单位或工程监理单位人员的见证下，由施工单位的现场试验人员在现场取样，并送至经过省级以上建设行政主管部门资质认可的对外检测单位进行检测。

1. 见证检测报告的主要内容：

(1)涉及结构安全的试件和材料见证取样和送检的比例不得低于有关技术标准中规定应取样数量的30%。

(2)见证人员为建设单位或工程监理单位人员，应持有建设主管部门颁发的见证员证。

(3)在施工过程中，见证人员应按照见证取样和送检计划，对施工现场的取样和送检进行见证，取样人员应在试样或其包装上做出标识、封志。标识和封志应标明工程名称、取样部位、取样日期、样品名称和样品数量，并由见证人员和取样人员签字。见证人员应按(质控(建)表C.0.47)的规定制作见证记录，并将见证记录归入施工技术档案。

(4)见证检测报告应注明检验性质为见证送样，并注明见证人姓名。

2. 实施见证取样和送检的试件和材料：

(1)用于承重结构的混凝土试块；

(2)用于承重墙体的砌筑砂浆试块；

(3)用于承重结构的钢筋及连接接头试件；

(4)用于承重墙的砖和混凝土小型砌块；

(5)用于拌制混凝土和砌筑砂浆的水泥；

(6)用于承重结构的混凝土中使用的掺加剂；

(7)地下、屋面、厕浴间使用的防水材料；

(8)建筑节能材料的施工现场抽样复验；

(9)国家规定必须实行见证取样和送检的其他试块、试件和材料。

混凝土强度检验评定表

（未知方差统计法）

质控（建）表 C.0.129

<table>
<tr><td>工程名称</td><td colspan="4">×××小区1号住宅楼</td><td>强度等级</td><td>C25</td></tr>
<tr><td>施工单位</td><td colspan="4">×××建筑公司</td><td>养护方法</td><td>标养</td></tr>
<tr><td rowspan="2">结构部位</td><td colspan="2">施工日期</td><td rowspan="2">试块编号</td><td rowspan="2">$f_{cu,i}$</td><td colspan="2" rowspan="2">评定条件</td></tr>
<tr><td>月</td><td>日</td></tr>
<tr><td>二层梁板</td><td>5</td><td>9</td><td>001</td><td>28.2</td><td colspan="2" rowspan="21">单位：N/mm^2
砼强度等级：C25
验收批总组数 $n=20$
$f_{cu,k}=25$
$\lambda_1=0.95$
$\lambda_2=0.85$
$mf_{cu}=29.56$
$f_{cu,\min}=24.7$
$Sf_{cu}=\sqrt{\dfrac{\sum_{i=1}^{n}f_{cu,i}^2-nmf_{cu}^2}{n-1}}$
$=3.53$
当 Sf_{cu} 计算值小于 $2.5\ N/mm^2$ 时，取 $2.5\ N/mm^2$
$f_{cu,k}+\lambda_1 Sf_{cu}=28.35$
$\lambda_2 f_{cu,k}=21.25$
$mf_{cu}>f_{cu,k}+\lambda_1 Sf_{cu}$
$f_{cu,\min}>\lambda_2 f_{cu,k}$

注：mf_{cu}、$f_{cu,k}$、$f_{cu,i}$、$f_{cu,\min}$
$f_{cu,\min}$ 精确到 $0.1(N/mm^2)$，
Sf_{cu} 精确到 $0.01(N/mm^2)$）</td></tr>
<tr><td>二层梁板</td><td>5</td><td>9</td><td>002</td><td>27.6</td></tr>
<tr><td>二层梁板</td><td>5</td><td>9</td><td>003</td><td>30.5</td></tr>
<tr><td>二层梁板</td><td>5</td><td>9</td><td>004</td><td>34.6</td></tr>
<tr><td>二层梁板</td><td>5</td><td>9</td><td>005</td><td>33.5</td></tr>
<tr><td>三层梁板</td><td>5</td><td>29</td><td>009</td><td>33.6</td></tr>
<tr><td>三层梁板</td><td>5</td><td>29</td><td>0010</td><td>34.8</td></tr>
<tr><td>三层梁板</td><td>5</td><td>29</td><td>0011</td><td>24.9</td></tr>
<tr><td>三层梁板</td><td>5</td><td>29</td><td>0012</td><td>25.7</td></tr>
<tr><td>三层梁板</td><td>5</td><td>29</td><td>0013</td><td>26.7</td></tr>
<tr><td>四层梁板</td><td>6</td><td>20</td><td>0019</td><td>27.4</td></tr>
<tr><td>四层梁板</td><td>6</td><td>20</td><td>0020</td><td>31.6</td></tr>
<tr><td>四层梁板</td><td>6</td><td>20</td><td>0021</td><td>28.7</td></tr>
<tr><td>四层梁板</td><td>6</td><td>20</td><td>0022</td><td>25.3</td></tr>
<tr><td>四层梁板</td><td>6</td><td>20</td><td>0023</td><td>24.7</td></tr>
<tr><td>五层梁板</td><td>7</td><td>15</td><td>0028</td><td>33.2</td></tr>
<tr><td>五层梁板</td><td>7</td><td>15</td><td>0029</td><td>32.0</td></tr>
<tr><td>五层梁板</td><td>7</td><td>15</td><td>0030</td><td>33.9</td></tr>
<tr><td>五层梁板</td><td>7</td><td>15</td><td>0031</td><td>27.6</td></tr>
<tr><td>五层梁板</td><td>7</td><td>15</td><td>0032</td><td>26.7</td></tr>
<tr><td></td><td></td><td></td><td></td><td></td></tr>
<tr><td>评定结果</td><td colspan="2">合格</td><td colspan="2">评定日期</td><td colspan="2"></td></tr>
<tr><td>评定人</td><td></td><td colspan="2">项目负责人</td><td></td><td>总监理工程师</td><td></td></tr>
</table>

混凝土强度检验评定表

（非统计法）

质控(建)表 C.0.130

<table>
<tr><td>工程名称</td><td colspan="4">×××小区 1 号住宅楼</td><td>强度等级</td><td>C30</td></tr>
<tr><td>施工单位</td><td colspan="4">×××建筑公司</td><td>养护方法</td><td>标养</td></tr>
<tr><td rowspan="2">结构部位</td><td colspan="2">施工日期</td><td rowspan="2">试块编号</td><td rowspan="2">$f_{cu,i}$</td><td colspan="2" rowspan="2">评定条件</td></tr>
<tr><td>月</td><td>日</td></tr>
<tr><td>一层柱</td><td>4</td><td>20</td><td>001</td><td>35.6</td><td colspan="2" rowspan="19">单位:N/mm^2
砼强度等级:C30
验收批总组数 $n=6$
$f_{cu,k}=30$
$\lambda_3=1.15$
$\lambda_4=0.85$
$\lambda_3 f_{cu,k}=34.5$
$\lambda_4 f_{cu,k}=25.5$
$mf_{cu}=35.6$
$f_{cu,\min}=33.2$
计算结果
$mf_{cu}>\lambda_3 f_{cu,k}$
$f_{cu,\min}>\lambda_4 f_{cu,k}$
注:mf_{cu}、$f_{cu,k}$、$f_{cu,i}$、$f_{cu,\min}$ 精确到 0.1(N/mm^2)</td></tr>
<tr><td>一层柱</td><td>4</td><td>20</td><td>002</td><td>33.2</td></tr>
<tr><td>一层柱</td><td>4</td><td>20</td><td>003</td><td>36.8</td></tr>
<tr><td>二层柱</td><td>5</td><td>10</td><td>009</td><td>34.2</td></tr>
<tr><td>二层柱</td><td>5</td><td>10</td><td>0010</td><td>36.3</td></tr>
<tr><td>二层柱</td><td>5</td><td>10</td><td>0011</td><td>37.2</td></tr>
<tr><td></td><td></td><td></td><td></td><td></td></tr>
<tr><td></td><td></td><td></td><td></td><td></td></tr>
<tr><td></td><td></td><td></td><td></td><td></td></tr>
<tr><td></td><td></td><td></td><td></td><td></td></tr>
<tr><td></td><td></td><td></td><td></td><td></td></tr>
<tr><td></td><td></td><td></td><td></td><td></td></tr>
<tr><td></td><td></td><td></td><td></td><td></td></tr>
<tr><td></td><td></td><td></td><td></td><td></td></tr>
<tr><td></td><td></td><td></td><td></td><td></td></tr>
<tr><td></td><td></td><td></td><td></td><td></td></tr>
<tr><td></td><td></td><td></td><td></td><td></td></tr>
<tr><td></td><td></td><td></td><td></td><td></td></tr>
<tr><td></td><td></td><td></td><td></td><td></td></tr>
<tr><td>评定结果</td><td colspan="3">合格</td><td>评定日期</td><td colspan="2"></td></tr>
<tr><td>评定人</td><td></td><td colspan="2">项目负责人</td><td></td><td>总监理工程师</td><td></td></tr>
</table>

芯样抗压强度检验报告

质控(建)表 C.0.42　　　　　　　　　　　　共　　页第　　页

工程名称	××大厦								报告编号	材 Y×××	
委托单位	福建省××建筑工程公司						委托编号	材×××	委托日期	2011/01/10	
施工单位	福建省××建筑工程公司						检验性质	见证检验	报告日期	2011/01/13	
见证单位	福建省××工程监理公司						见证人	×××	证书编号	04×××	
强度等级	C20								使用环境	干燥环境	
试样部位	样品编号	砼配合比编号	成型日期	检验日期	龄期	平均直径(mm)	高度(mm)	换算系数	破坏荷载(kN)	芯样抗压强度(MPa)	砼强度换算值(MPa)
二层梁板	Y050013	材 PB××	2011/12/1	2012/1/12	43	100	200	0.95	200	25.5	24.2
检验仪器	仪器名称:YA-2000 电液式压力试验机 证书编号:			芯样处理方法	磨平法						
检验依据	《普通混凝土力学性能试验方法》GB/T 50081			检验结论							
备注											

批准:×××　　　审核:×××　　　校核:×××　　　检验:×××

砼抗水渗透性能检验报告

质控(建)表 C.0.43　　　　　　　　　　　　　　　　　　　　　　共　页 第　页

<table>
<tr><td>工程名称</td><td colspan="4">××大厦</td><td>报告编号</td><td>材 Y×××</td></tr>
<tr><td>委托单位</td><td colspan="4">福建省××建筑工程公司</td><td>委托编号</td><td>2011/101/10</td></tr>
<tr><td>施工单位</td><td colspan="4">福建省××建筑工程公司</td><td>样品编号</td><td>Y×××</td></tr>
<tr><td>拌制单位</td><td colspan="4">福建省××混凝土公司</td><td>配合比试验报告编号</td><td>见证检验</td></tr>
<tr><td>使用部位</td><td colspan="2">地下室</td><td>委托日期</td><td>2011/01/22</td><td>成型日期</td><td>2011/01/01</td></tr>
<tr><td>养护方法</td><td colspan="2">标准养护</td><td>强度等级</td><td>C30</td><td>检验日期</td><td>2011/01/29</td></tr>
<tr><td>拌制方法</td><td colspan="2">机拌</td><td>抗渗等级</td><td>S8</td><td>报告日期</td><td>2011/02/04</td></tr>
<tr><td>检验性质</td><td colspan="2">见证检验</td><td>试件尺寸</td><td>φ175×φ165×150</td><td>龄期(d)</td><td>28</td></tr>
<tr><td>见证单位</td><td colspan="2">福建省××工程监理公司</td><td>见证人</td><td>×××</td><td>证书编号</td><td>04×××</td></tr>
<tr><td>试件编号</td><td>1</td><td>2</td><td>3</td><td>4</td><td>5</td><td>6</td></tr>
<tr><td>检验结果(MPa)</td><td>0.7</td><td>0.9</td><td>0.9</td><td>0.9</td><td>0.9</td><td>0.9</td></tr>
<tr><td colspan="7">试块表面渗水部位：
① ② ③ ④ ⑤ ⑥
试块剖面渗水高度 1 15　2　3　4　5　6
试块剖面渗水高度(cm)：</td></tr>
<tr><td>检验仪器</td><td colspan="6">仪器名称：HS-40 混凝土抗渗仪　　　　检定证书编号：</td></tr>
<tr><td>检验依据</td><td colspan="6">《普通混凝土长期性能和耐久性能试验方法》GB/T 50082</td></tr>
<tr><td>检验结论</td><td colspan="6">根据《普通混凝土长期性能和耐久性能试验方法》GB/T 50082，抗渗性能满足 S8 要求</td></tr>
<tr><td>备注</td><td colspan="6"></td></tr>
</table>

批准：×××　　　　审核：×××　　　　校核：×××　　　　检验：××

钢筋电弧焊、电渣压力焊检验报告

质控(建)表 C.0.44　　　　共　　页第　　页

工程名称	××大厦					报告编号	材J×××
委托单位	福建省××建筑工程公司	焊接种类	电渣压力焊	检验性质	见证检验	委托日期	2011/01/01
施工单位	福建省××建筑工程公司	操作人	×××	操作证号	HJ×××	检验日期	2011/01/02
结构部位	三层柱	钢筋级别	HRB335	委托编号	材050000	报告日期	2011/01/02
见证单位	福建省××工程监理公司	见证人	×××	证书编号	04×××		
样品编号	公称直径(mm)	拉伸试验			母材检验报告编号	焊点代表数量	
		抗拉强度(MPa)	破坏部位	破坏状态			
J×××	18	570	焊缝外 45 cm	延性断裂	材J×××	100	
		570	焊缝外 40 cm	延性断裂			
		570	焊缝外 50 cm	延性断裂			
检验依据	《钢筋焊接及验收规程》JGJ 18				检验仪器	仪器名称:WE-1000A 液压万能试验机 检定证书编号:	
检验结论	编号:材J×××试样:符合 HRB 335 焊接接头指标要求						
	编号:　　试样:						
备注							

批准:×××　　审核:×××　　校核:×××　　检验:×××

钢筋闪光对焊、气压焊检验报告

质控(建)表 C.0.45　　　　共　页第　页

<table>
<tr><td>工程名称</td><td colspan="9">××大厦</td><td>报告编号</td><td>材 J×××</td></tr>
<tr><td>委托单位</td><td colspan="4">福建省××建筑工程公司</td><td>焊接种类</td><td colspan="2">闪光对焊</td><td>检验性质</td><td>见证检验</td><td>委托日期</td><td>2011/01/01</td></tr>
<tr><td>施工单位</td><td colspan="4">福建省××建筑工程公司</td><td>焊工</td><td colspan="2">×××</td><td>操作证号</td><td>HJ×××</td><td>检验日期</td><td>2011/01/02</td></tr>
<tr><td>结构部位</td><td colspan="4">三层梁板</td><td>钢筋级别</td><td colspan="2">HRB 335</td><td>委托编号</td><td>材 050000</td><td>报告日期</td><td>2011/01/02</td></tr>
<tr><td>见证单位</td><td colspan="4">福建省××工程监理公司</td><td>见证人</td><td colspan="2">×××</td><td>证书编号</td><td colspan="3">04×××</td></tr>
<tr><td rowspan="2">样品编号</td><td rowspan="2">公称直径(mm)</td><td colspan="3">拉伸试验</td><td colspan="4">弯曲试验</td><td rowspan="2">母材试验报告编号</td><td rowspan="2" colspan="2">焊点代表数量</td></tr>
<tr><td>抗拉强度(MPa)</td><td>破坏部位</td><td>破坏状态</td><td>弯心直径(mm)</td><td>弯曲角度(°)</td><td>是否断裂</td><td>结果</td></tr>
<tr><td rowspan="3">J×××</td><td rowspan="3">18</td><td>575</td><td>焊缝外 120 cm</td><td>延性断裂</td><td>72</td><td>90</td><td>否</td><td>合格</td><td rowspan="3">材 J×××</td><td rowspan="3" colspan="2">300 个</td></tr>
<tr><td>570</td><td>焊缝外 115 cm</td><td>延性断裂</td><td>72</td><td>90</td><td>否</td><td>合格</td></tr>
<tr><td>570</td><td>焊缝外 110 cm</td><td>延性断裂</td><td>72</td><td>90</td><td>否</td><td>合格</td></tr>
<tr><td rowspan="3"></td><td rowspan="3"></td><td></td><td></td><td></td><td></td><td></td><td></td><td></td><td rowspan="3"></td><td rowspan="3" colspan="2"></td></tr>
<tr><td></td><td></td><td></td><td></td><td></td><td></td><td></td></tr>
<tr><td></td><td></td><td></td><td></td><td></td><td></td><td></td></tr>
<tr><td>检验依据</td><td colspan="7">《钢筋焊接及验收规程》JGJ 18</td><td rowspan="3">检测仪器</td><td rowspan="3" colspan="3">仪器名称:WE-1000A 液压万能试验机
检定证书编号:</td></tr>
<tr><td rowspan="2">检验结论</td><td colspan="7">编号:J×××试样:符合 HRB 335 焊接接头指标要求</td></tr>
<tr><td colspan="7">编号:　　　　试样:</td></tr>
<tr><td>备注</td><td colspan="11"></td></tr>
</table>

批准:×××　　　　审核:×××　　　　校核:×××　　　　检验:×××

钢筋机械连接检验报告

质控(建)表 C.0.46　　　　共　　页第　　页

工程名称	××大厦						报告编号	材 J×××
委托单位	福建省××建筑工程公司		钢筋种类级别	2011/01/01	委托编号	HJ×××	委托日期	2011/01/01
施工单位	福建省××建筑工程公司		操作人	2011/01/02	检验性质	见证检验	检验日期	2011/01/02
结构部位	三层梁板		操作证号	2011/01/02	接头类型	材 050000	报告日期	2011/01/02
连接件厂别	福建省××机械厂		连接件合格证或检验报告编号		LJ×××			
见证单位	福建省××工程监理公司		见证人	×××	证书编号	04×××		
样品编号	公称直径(mm)	拉伸试验			钢筋母材检验报告编号		接头数量(个)	
		抗拉强度(MPa)	破坏部位	破坏状态				
J×××	25	540	套筒外	母材拉断	材 J×××		400	
		545	套筒外	母材拉断	材 J×××			
		545	套筒外	母材拉断	材 J×××			
检验依据	《钢筋机械连接通用技术规程》JGJ 107				检验仪器	仪器名称：WE-1000A 液压万能试验机 检定证书编号：		
检验结论	编号：J×××　　试样：符合机械连接Ⅰ级接头指标要求							
	编号：　　试样：							
备注								

批准：×××　　审核：×××　　校核：×××　　检验：×××

见证取样、送检记录

质控(建)表 C.0.47　　　　　　　　　　　　　　　　　共　　页　第　　页

<table>
<tr><td>工程名称</td><td colspan="2"></td><td>施工单位</td><td></td><td>见证材料　类别</td><td></td><td>检测单位</td><td></td></tr>
<tr><td>见证单位</td><td colspan="2"></td><td>见证员</td><td></td><td>见证证号</td><td></td><td>发证单位</td><td></td></tr>
<tr><td>取样日期</td><td>取样部位</td><td>取样数量</td><td>取样人签名</td><td>见证人签名</td><td>送检日期数量</td><td colspan="2">收到报告日期</td><td>报告编号</td></tr>
<tr><td></td><td></td><td></td><td></td><td></td><td></td><td colspan="2"></td><td></td></tr>
<tr><td></td><td></td><td></td><td></td><td></td><td></td><td colspan="2"></td><td></td></tr>
<tr><td></td><td></td><td></td><td></td><td></td><td></td><td colspan="2"></td><td></td></tr>
<tr><td></td><td></td><td></td><td></td><td></td><td></td><td colspan="2"></td><td></td></tr>
<tr><td></td><td></td><td></td><td></td><td></td><td></td><td colspan="2"></td><td></td></tr>
<tr><td></td><td></td><td></td><td></td><td></td><td></td><td colspan="2"></td><td></td></tr>
<tr><td></td><td></td><td></td><td></td><td></td><td></td><td colspan="2"></td><td></td></tr>
<tr><td>备注</td><td colspan="8"></td></tr>
</table>

记录人：

4.3.5 隐蔽工程验收记录(质控(建)表C.0.49)

凡竣工后经包封,或隐蔽后包封在混凝土内的项目均应办理隐蔽工程验收,隐蔽工程验收应按质控(建)表C.0.49的规定填写。填写内容包括隐蔽检查部位、隐蔽项目、隐蔽内容、施工单位检查情况、隐蔽验收结论,隐蔽检查内容见各以下各节:

GB 50300《质量验收统一标准》第3.0.3条4款规定,隐蔽工程在验收前应由施工单位通知有关单位进行验收,并形成验收文件,由施工单位项目技术负责人主持,监理工程师,建设单位参加。隐蔽验收应有施工标准及名称、代号,验收时间,通常按合同规定一般情况下,施工单位应在48 h前通知,24 h内监理,建设单位应认可签认。如监理建设单位未派人参加,施工单位可自行验收,由项目技术负责人签字,按合同规定,如建设,监理单位有怀疑可剥揭检验,或凿除钻孔检查,如合格,费用由建设单位负责,如不合格,开挖费用由施工单位负责。隐蔽工程验收记录表格中,隐蔽内容应根据各章节中的隐蔽检查内容填写,反映隐蔽工程的内在质量,隐蔽验收结论中验收意见应明确。

4.3.5.1 地基验槽记录(质控(建)表C.0.48)

地基验槽记录隐蔽检查内容:

1. 地基验槽必须经土方工程质量检验评定合格后,提请有关单位进行验槽,并提供符合质控(建)表C.0.48规定的验槽记录。

2. 基槽(坑)开挖过程中,严禁地基土受到扰动。验槽时,应对已开挖的基槽按顺序全面检查槽底土层的情况,检查地基持力层是否与勘察设计资料相符,表层土坚硬程度有无局部软硬不均;对地基的匀质性应做出评价,并由参验各方磋商确定是否继续下挖或进行技术处理。

3. 检查基槽(坑)的几何尺寸和槽(坑)底标高或挖土深度(最小埋置深度)应是否符合设计要求。如有局部加深、加宽者,应附图说明其原因及部位。

4. 基槽施工中遇有坟穴、地窖、废井、旧基础、管道、泉眼、橡皮土等局部异常现象时,应将其所处部位、深度、特征及处理方法进行描述,并有附图说明。

5. 对地质复杂的或重要的工程,对地基变形有特殊要求以及地基开挖后对地基土有疑义的工程,应根据设计要求或验槽磋商的意见进行有关试验。

6. 经过技术处理的地基基础及验槽中存在的问题,处理后必须进行复验,复验意见和结论应明确,参验各方签证应齐全。必要时应有勘察部门参加并签字。

4.3.5.2 现场预制桩钢筋安装隐蔽记录

现场预制桩钢筋安装隐蔽检查内容:

1. 现场预制桩钢筋必须在钢筋检验批质量验收合格后,提请有关单位进行隐蔽工程验收。

2. 预制桩工程所使用的钢材、焊接材料等质量应符合规范和设计要求。

3. 桩在现场预制时,应对原材料、钢筋骨架进行检查。

4. 主筋距桩顶距离、锚固钢筋位置、预埋铁件、主筋保护层厚度、桩尖安装质量等必须符合设计和规范要求。

地基验槽(复验)记录

质控(建)表 C.0.48　　　　共　　页　第　　页

<table>
<tr><td>工程名称</td><td>××市××小区1号楼</td><td>施工单位</td><td colspan="2">××建筑工程公司</td></tr>
<tr><td>验槽部位</td><td colspan="2">①～⑩/Ⓐ～Ⓕ轴</td><td>验槽日期</td><td>2011年××月××日</td></tr>
<tr><td>地基土质情况</td><td colspan="4">地基土质呈均匀密致状态</td></tr>
<tr><td>基槽尺寸标高</td><td colspan="4">采用满堂开挖，总长48.25 m、总宽16.85 m，基底标高－3.800 m</td></tr>
<tr><td>持力层设计要求</td><td colspan="4">持力层土质为砂砾层，设计承载力为300 kPa</td></tr>
<tr><td colspan="5">附图或说明：
</td></tr>
<tr><td>施工单位
初验结论</td><td colspan="4">基槽长宽尺寸、基底标高和持力层土质等符合设计图纸和施工规范要求。</td></tr>
<tr><td>验槽结论
(复验)</td><td colspan="4">基槽质量符合设计图纸要求和施工规范规定，同意进入下道工序施工。</td></tr>
</table>

勘察单位	设计单位	施工单位	监理单位
项目负责人： ××× 2011年××月××日	项目专业负责人： ××× 2011年××月××日	项目技术负责人： ××× 2011年××月××日	专业监理工程师： ××× 2011年××月××日

钢筋及预埋件隐蔽验收记录

质控(建)表C.0.49　　　　共　页 第　页

<table>
<tr><td colspan="2">工程名称</td><td colspan="5">××市××小区1号楼</td><td colspan="3">施工单位</td><td colspan="5">××建筑工程公司</td></tr>
<tr><td colspan="2">分部(子分部)
工程名称</td><td colspan="5">主体结构分部、混凝土结构子分部</td><td colspan="3">隐蔽部位</td><td colspan="5">二层梁板</td></tr>
<tr><td colspan="2">依据及图号</td><td colspan="13">依据结构施工图，结施-05</td></tr>
<tr><td colspan="2">钢筋合格
证编号</td><td colspan="5">Φ6:0975432、Φ8:0975433
Φ10:0975434、Φ12:0975435
Φ14:0975436、Φ16:0975437
Φ18:0975438、Φ20:0975439
Φ22:0975410、Φ25:0975411</td><td colspan="3">钢筋试验
报告编号</td><td colspan="5">Φ6:2004432、Φ8:2004433
Φ10:2004434、Φ12:2004435
Φ14:2004436、Φ16:2004437
Φ18:2004438、Φ20:2004439
Φ22:2004410、Φ25:2004411</td></tr>
<tr><td rowspan="2">纵向受
力钢筋</td><td>品种
规格</td><td>Ⅰ级
Φ6</td><td>Ⅰ级
Φ8</td><td>Ⅰ级
Φ10</td><td>Ⅱ级
Φ12</td><td>Ⅱ级
Φ14</td><td>Ⅱ级
Φ16</td><td>Ⅱ级
Φ18</td><td>Ⅱ级
Φ20</td><td>Ⅱ级
Φ22</td><td>Ⅱ级
Φ25</td><td>/</td><td>/</td><td>/</td></tr>
<tr><td>数量(t)</td><td>10.2</td><td>15.1</td><td>4.3</td><td>3.6</td><td>8.7</td><td>10.9</td><td>13.2</td><td>11.5</td><td>4.9</td><td>2.1</td><td>/</td><td>/</td><td>/</td></tr>
<tr><td rowspan="3">钢筋
连接</td><td>方式</td><td colspan="5">电弧焊</td><td colspan="3">试验报告编号</td><td colspan="5">Φ14:2004401、Φ16:2004402
Φ18:2004403、Φ20:2004404
Φ22:2004405、Φ25:2004406</td></tr>
<tr><td>接头
位置</td><td colspan="5">梁顶筋设在跨中1/3的地方
梁底筋设在跨中1/3的地方</td><td colspan="3">接头面积百分率</td><td colspan="5">≤25%</td></tr>
<tr><td>数量
(个)</td><td colspan="13">Φ14:50个、Φ16:80个、Φ18:90个、Φ20:10个、Φ22:10个、Φ25:2个</td></tr>
<tr><td rowspan="2">箍筋、
横向
钢筋</td><td>品种
规格</td><td colspan="13">Ⅰ级Φ6，Ⅰ级Φ8，Ⅰ级Φ10</td></tr>
<tr><td>数量
(t)</td><td colspan="13">Φ6:6.2 t,Φ8:9.4 t,Φ10:5.2 t</td></tr>
<tr><td colspan="2">预埋件的规格、
数量、位置</td><td colspan="13">预埋阳台栏杆构造柱插筋，整层共计18根，配4Φ12，外露长度1050 mm。</td></tr>
<tr><td colspan="2">钢筋的形状、
位置、间距</td><td colspan="13">图例：
(详 见 抽 筋 表)
(位置不够可另附图)</td></tr>
<tr><td colspan="2">施工单位
检查结果</td><td colspan="13">符合设计要求和施工规范规定。
2011年××月××日</td></tr>
<tr><td colspan="2">隐蔽验收结论</td><td colspan="13">合　格
2011年××月××日</td></tr>
<tr><td>施工
单位</td><td colspan="3">质检员：
×××</td><td colspan="3">施工员：
×××</td><td colspan="3">监理(建设)
单　位</td><td colspan="5">监理工程师：×××
(建设单位项目专业技术负责人)</td></tr>
</table>

隐蔽工程验收记录

质控(建)表 C.0.49　　　　　　　　　　　　　　　　　　　共　页　第　页

<table>
<tr><td colspan="2">工程名称</td><td colspan="3">××市××小区 8 号楼</td><td colspan="2">施工单位</td><td>××建筑工程公司</td></tr>
<tr><td colspan="2">分部(子分部)
工程名称</td><td colspan="3">建筑屋面分部、涂膜防水子分部</td><td colspan="2">分项工程
名　称</td><td>屋面防水工程</td></tr>
<tr><td colspan="2">隐蔽项目</td><td colspan="3">防水工程隐蔽验收</td><td colspan="2">隐蔽日期</td><td>2011 年××月××日</td></tr>
<tr><td>隐蔽
内容</td><td colspan="7">1. 基层及各构造层隐蔽验收;
2. 水落口、泛水、变形缝、伸出屋面管道、天沟、檐沟、檐口、立面防水层端部等节点防水构造做法或收头处理情况;
3. 分格缝及密封材料(找平层、保温层、细石混凝土防水层、水泥砂浆保护层、细石混凝土保护层等设分格缝和密封材料的构造层情况);
4. 卷材、涂膜防水屋面阴阳角处找平层圆弧处理情况,刚性防水屋面细石混凝土防水层与立墙及突出屋面结构等交接处柔性处理情况;
5. 卷材、涂膜防水层的搭接宽度和附加层。</td></tr>
<tr><td>施工单
位检查
情况</td><td colspan="7">经检查符合设计要求及施工规范的规定</td></tr>
<tr><td>隐蔽验
收结论</td><td colspan="7">验收合格,同意隐蔽</td></tr>
<tr><td rowspan="3">施工
单位</td><td colspan="2">质 检 员</td><td>施 工 员</td><td colspan="2" rowspan="3">监理(建设)
单 位</td><td colspan="2">监 理 工 程 师
(建设单位项目专业技术负责人)</td></tr>
<tr><td colspan="2">×××</td><td>×××</td><td colspan="2">×××</td></tr>
<tr><td colspan="3"></td><td colspan="2"></td></tr>
</table>

5. 主筋规格、间距、桩尖中心线、箍筋间距、桩顶钢筋网片、锚固钢筋长度以及主筋的连接方式等必须符合设计和规范要求。

4.3.5.3 预制桩的接头隐蔽记录

预制桩的接头隐蔽检查内容：

1. 电焊接桩的焊缝、接桩结束后的停歇时间及接桩上下节桩节间的缝隙垫铁，硫黄胶泥接桩的上节桩的外露锚筋和下节桩的预留孔及接桩的胶泥浇注时间和浇注后的停歇时间，应进行隐蔽工程验收并填写隐蔽工程验收记录。

2. 预制桩接头所使用的钢材、焊接材料的质量应符合规范和设计要求。

3. 电焊焊缝质量应符合《建筑地基基础工程施工质量验收规范》GB 50202 及设计要求；电焊接桩结束后的停歇时间自然冷却时间不宜少于 8 min，若采用二氧化碳气体保护焊时，自然冷却时间不应少于 5 min，焊条应按设计要求采用。

4. 电焊接桩的上下节桩节间的缝隙应用铁片垫密焊牢，不得用钢筋头或其他材料叠焊。

5. 硫黄胶泥接桩的上节桩的外露锚筋应除锈无污染，下节桩的预留孔应无杂物堵塞。

6. 硫黄胶泥接桩的胶泥浇注时间不得超过 2 min；送上节桩应使两端面贴合，硫黄胶泥自然冷却时间应大于 7 min。

7. 重要工程应对电焊接桩的接头进行焊缝探伤检查，检查的数量应为总数的 10%。

4.3.5.4 预应力管桩机械(螺纹)接头隐蔽记录

预应力管桩机械(螺纹)接头隐蔽检查内容：

1. 应对预应力管桩两端面连接构件完好情况、桩端处益胶泥涂抹厚度进行隐蔽工程验收。

2. 预应力管桩螺纹接头所使用的钢构件等质量应符合规范和设计要求。

3. 两端端盘、连接构件，特别是对中机构、螺纹及两端面不得有残留污垢杂物。

4. 接头不应有裂缝。

5. 桩端处应均匀涂抹 2～3 mm 厚益胶泥。

6. 接头螺母上端与螺纹盘间的间隙应控制在 1～2 mm 之间。

7. 锤击桩应在螺母下部垫上防松嵌块，并用螺丝拧紧。

4.3.5.5 混凝土灌注桩钢筋笼隐蔽记录

混凝土灌注桩钢筋笼隐蔽检查内容：

1. 必须在钢筋检验批质量验收合格后，提请有关单位进行隐蔽工程验收。

2. 放置钢筋笼前，应对原材料、钢筋连接件、钢筋笼进行检查。

3. 主筋、箍筋品种、规格、数量、间距、连接方式和长度应符合设计和规范要求。

4. 钢筋的材质检验应符合设计要求。

5. 钢筋笼安装位置应符合设计要求。

4.3.5.6 钢筋混凝土工程隐蔽记录

钢筋混凝土工程隐蔽检查内容：

1. 钢筋混凝土工程钢筋必须在钢筋检验批质量验收合格，模板安装完毕前或浇捣混凝土前，提请有关单位进行隐蔽工程验收。

2. 纵向受力钢筋的品种、规格、数量、位置等必须符合设计和规范要求。

3. 钢筋的连接方式、接头位置、接头数量、接头面积百分率等必须符合设计和规范要求。

4. 箍筋、横向钢筋品种、规格、数量、间距等必须符合设计和规范要求。

5. 预埋件的规格、尺寸、锚固长度、数量、位置等必须符合设计要求

6. 重要构件的钢筋节点隐蔽应附简图说明。

4.3.5.7 预应力分项工程隐蔽记录

预应力分项工程隐蔽检查内容：

1. 预应力分项工程预应力筋必须在预应力工程检验批质量验收合格，在浇捣混凝土之前，提请有关单位进行隐蔽工程验收。

2. 预应力筋的品种、规格、数量、位置等必须符合设计和规范要求。

3. 预应力筋锚具和连接器的品种、规格、数量、位置等必须符合设计和规范要求。

4. 预应力工程预留孔道的规格、数量、位置、形状及灌浆孔、排气泌水管等必须符合设计和规范要求。

5. 锚固区局部加强构造等必须符合设计要求。

6. 无黏结预应力筋护套质量必须符合设计或规范要求。

4.3.5.8 砌体工程隐蔽记录

砌体工程隐蔽记录隐蔽检查内容：

1. 砌体工程的隐蔽工程主要包括配筋砌体工程钢筋安装、填充墙拉结钢筋。

2. 配筋砌体工程钢筋的品种、规格、数量应符合设计要求。

3. 填充墙拉结钢筋的长度、埋置方式、连接方式、竖向间距、数量及搭接长度应符合设计要求。

4. 当填充墙拉结钢筋采用后锚固时，核查是否符合设计及现行标准《混凝土结构后锚固技术规程》JGJ 145 的规定，是否在施工前有进行不少于 3 根的非破损拉拔工艺检验，检验结果是否符合设计及规范要求。

5. 砌体工程验收前，必须提请有关单位进行隐蔽工程验收，并填写隐蔽工程验收记录。

4.3.5.9 钢结构工程隐蔽记录

钢结构工程隐蔽记录隐蔽检查内容：

1. 焊缝，涂装前及处理后的钢材表面、紧固件、螺栓等被覆盖零部件，每遍涂层，网架结构的支承垫块、螺栓球节点接缝、多余螺孔封口，应进行隐蔽工程验收，并应按附录 C 表 C.0.50 的规定填写隐蔽工程验收记录。

2. 钢结构工程所使用的钢材、焊接材料、高强螺栓连接副、螺栓球、涂装材料等的质量应符合规范和设计要求。

3. 焊缝外观质量尺寸允许偏差、焊缝长度应符合《钢结构工程施工质量验收规范》GB 50205 附录 A 及设计要求。

4. 涂装前钢材表面不应有焊渣、焊疤、灰尘、油污、水和毛刺等，所有紧固件、螺栓等被覆盖的零部件的数量、间距、布置方式等应符合设计及有关规范要求。

5. 每遍涂层的次数、厚度应满足设计及有关规范。

6. 网架结构的支承垫块的种类、规格、摆放位置和朝向必须符合设计要求和国家现行有关标准的规定，橡胶垫块和刚性垫块之间或不同类型刚垫块之间不得互换使用。

7. 螺栓球节点应将所有接缝用油腻子填嵌严密，并应将多余螺孔封口。

4.3.5.10 型钢混凝土组合结构隐蔽记录

型钢混凝土组合结构隐蔽检查内容：

1. 型钢混凝土组合结构焊缝，型钢梁、柱连接节点，型钢混凝土柱脚节点等应进行隐蔽工程验收。

2. 型钢混凝土组合结构所使用的钢材或型材、焊接材料、高强螺栓连接副等材料的质量应符合规范标准和设计要求。

3. 焊缝外观质量尺寸允许偏差、焊缝长度应符合《钢结构工程施工质量验收规范》GB 50205附录A及设计要求。

4. 型钢梁、柱连接节点应符合设计及有关规范要求。

5. 柱脚节点应满足设计及有关规范。

4.3.5.11 地面工程隐蔽记录

地面工程隐蔽检查内容：

1. 地面各构造层(含基层)，建筑物地面下的沟槽、暗管，建筑物地面的变形缝(沉降缝、伸缩缝和防震缝)节点构造作法，有特殊要求的立管、套管、地漏与地面、楼板节点之间的密封处理，有防水要求的建筑地面防水隔离层，应进行隐蔽项目验收。

2. 各构造层所采用的材料、厚度、构造作法必须符合设计要求及有关现行国家标准的规定。

3. 建筑地面下的沟槽、暗管位置、标高应符合设计要求。

4. 变形缝应按设计要求设置，建筑地面的变形缝应贯通建筑地面的各构造层；沉降缝和防震缝内应清理干净，并以柔性密封材料填嵌后用板封盖，盖板应与面层齐平。

5. 有特殊要求的立管、套管、地漏与地面、楼板节点之间的密封处理应符合相关标准规定，有排水要求的排水坡度应符合设计要求。

6. 厕浴间和有防水要求的建筑地面防水隔离层做法必须符合设计要求。

4.3.5.12 门窗工程隐蔽记录

门窗工程隐蔽检查内容：

1. 门窗工程包括木门窗、金属门窗、塑料门窗、特种门及门窗玻璃等。预埋件和锚固件的埋设，隐蔽部位的防腐、填嵌处理，固定玻璃的钉子或钢丝卡的数量、规格、位置及玻璃垫块的设置，门窗框固定片或膨胀螺栓的规格、数量、位置及固定方式，塑料门窗内衬增强型钢的规格、厚度及镀锌防腐处理、金属门窗防雷装置等应进行隐蔽项目验收。

2. 门窗预埋件和锚固件的数量、位置、埋设方式及与框的连接方式必须符合设计和规范要求。

3. 门窗与墙体间缝隙的填嵌材料应符合设计、规范的要求，外门窗框与墙体间缝隙应采用闭孔弹性材料填嵌饱满。

4. 木门窗预埋木砖的防腐处理、金属门窗和特种门的防腐处理应符合设计和规范要求。

5. 固定玻璃的钉子和钢丝卡的数量、规格、位置安装方法以及橡胶垫的设置应符合有关标准的规定。

6. 金属门窗防雷装置的设置应符合设计和有关标准的规定。

4.3.5.13 幕墙工程隐蔽记录

幕墙工程隐蔽检查内容：

1. 幕墙工程包括玻璃幕墙(含全玻璃幕墙)、金属幕墙、石材幕墙、组合幕墙等。预埋件(或后置埋件)的埋设,构件的连接节点处理,变形缝及墙面转角处的构造节点处理,幕墙防雷装置施工,幕墙防火构造处理,幕墙保温层及防潮层的设置等,应进行隐蔽项目验收。

2. 主体结构与幕墙连接的各种预埋件,连接件、紧固件等材料质量应符合有关规范和设计要求。

3. 主体结构与幕墙连接的各种预埋件,连接件、紧固件等必须安装牢固,其数量、规格、位置和防腐处理必须符合设计要求,各种连接件紧固件应安装牢固,螺栓应有防松脱措施。

4. 幕墙的金属框架与主体结构预埋件的连接,立柱与横梁的连接及幕墙面板的安装必须符合设计及有关规范的要求,安装必须牢固。

5. 幕墙应形成自身的防雷体系,并与主体结构的防雷体系可靠地连接,严禁串联。

6. 幕墙的防火、保温、防潮材料的设置应符合设计要求,填充应密实、均匀、厚度一致,防火层应采取隔离措施,衬板应采用经防腐处理且厚度不小于1.5 mm的钢板,不得采用铝板,防火层的密封材料应采用防火密封胶,防火层与玻璃的间距应大于40 mm。

7. 幕墙四周,幕墙内表面与主体结构之间的连接节点、各种变形缝、墙角的连接节点应符合设计要求和技术标准的规定。幕墙立柱下部节点应符合有关规范规定。

8. 幕墙金属框架、金属框架与金属挂件的连接节点的防腐处理必须符合设计要求。

9. 明框幕墙玻璃四周与构件凹槽底部应保持一定的间隙,玻璃下部弹性定位垫块和玻璃两边嵌入量及空隙应符合设计要求;全玻幕墙、点支撑玻璃幕墙,玻璃与槽口间的空隙应有支撑垫块和定位垫块,其材质、规格、数量和位置应符合设计要求。

10. 组合幕墙不同面板材料的分界线处框架龙骨应设置双立柱、双横向杆件,分别固定牢固,并应留置不小于10 mm的间隙。

4.3.5.14 墙面工程隐蔽记录

墙面工程隐蔽检查内容：

1. 墙面工程包括抹灰、饰面板、饰面砖、裱糊与软包工程等。饰面板的连接、连接件之间的连接,内、外墙面的防水层的施工;裱糊、涂饰工程用的腻子、基底封闭底漆,软包饰面工程的封闭底胶、内衬材料,饰面工程的基层(或基体)质量,抹灰工程厚度大于或等于35 mm及不同材料基体交接处的加强措施等,应进行隐蔽项目验收。

2. 墙面工程使用的材料质量应符合规范和设计要求。

3. 饰面板安装中连接件与墙体的连接、连接件与饰面板的连接、连接件之间的连接应符合设计及相关规范的要求。

4. 室内外墙面防水层施工应符合设计要求。

5. 裱糊前应用封闭底胶涂刷基层。裱糊、涂饰工程的基层含水率符合规范和设计要求。

6. 软包饰面工程所使用的封闭底胶、内衬材料应符合设计要求。

7. 抹灰工程应分层进行,抹灰总厚度大于或等于 35 mm 时应采取加强措施,不同材料基体交接处、门窗角等应力集中处的抹灰应采取防止开裂的加强措施,加强网与各基体的搭接宽度不应小于 100 mm。

4.3.5.15 轻质隔墙工程隐蔽记录

轻质隔墙工程隐蔽检查内容:

1. 轻质隔墙工程包括板材隔墙、骨架隔墙、活动隔墙、玻璃隔墙等。木龙骨防火、防腐处理,预埋拉结筋埋设,龙骨安装,填充材料的铺置,设备管线的安装等,应进行隐蔽项目验收,并应按附录 C 表 C.0.50 的规定填写隐蔽工程验收记录。

2. 轻质隔墙安装所需的预埋件、连接件的位置和数量以及连接方法必须符合设计要求。

3. 所使用隔墙板材的品种、规格、性能、颜色必须符合设计要求。

4. 骨架隔墙中龙骨间距、规格及构造连接方法,木龙骨及木饰的防火和防腐处理,设备管线安装,门窗洞口部位加强龙骨安装必须符合设计要求。边框龙骨安装与基体结构连接应位置正确、牢固平直,无松动。

5. 骨架隔墙内填充材料应干燥,填充密实均匀,接头应无空隙、下坠。

6. 玻璃砖砌筑隔墙中预埋拉结筋及玻璃隔墙框樘与基体结构的连接必须牢固,位置正确。

4.3.5.16 吊顶工程隐蔽记录

吊顶工程隐蔽检查内容:

1. 吊顶工程包括暗龙骨吊顶、明龙骨吊顶、花栅吊顶、玻璃吊顶等。房间净高和基底处理,预埋件或拉结筋的设置,龙骨及吊杆(架)的安装,木龙骨、木吊杆防火、防腐处理,填充材料的设置,吊顶内管道、设备的安装及调试,石膏板板缝防裂处理等,应进行隐蔽工程验收。

2. 安装龙骨前应对房间净高和洞口标高进行交接检验,结果应符合设计要求,吊顶内的管道、设备及其支架安装应符合设计标高要求,基底结构情况及缺陷应处理完善,所有管线应验收合格。

3. 预埋件或拉结筋的设置应符合设计及规范要求。预埋件、钢筋吊杆和型钢吊杆应进行防锈处理。

4. 木龙骨、木吊杆、木衬板等木制品的防火、防腐应符合设计和相关规范的规定。

5. 吊顶内填充吸声材料的品种和铺设厚度应符合设计要求,并应有防散落措施。

6. 吊杆、龙骨的安装必须牢固,其材质、规格、安装间距及连接方式应符合设计要求。吊杆距主龙骨端部距离不得大于 300 mm,当吊杆长度大于 1.5 m 时,应设置反支撑。当吊杆与设备相遇时,应调整并增设吊杆。

7. 重型灯具、电扇及其他重型设备严禁安装在吊顶工程的龙骨上,管道和设备的调试应在安装饰面板前完成。

8. 石膏板接缝应进行板缝防裂处理,安装双层石膏板时,面层与基层板的接缝应错开,并不得在同一根龙骨上接缝。

4.3.5.17 细部工程隐蔽记录

细部工程隐蔽检查内容：

1. 细部工程包括细木制品、木制固定家具、窗帘盒、门窗套、花饰、栏杆、栏板、扶手等。木制品的防潮、防腐、防火处理；细部工程的预埋件埋设及节点的连接等，应进行隐蔽项目验收。

2. 细部工程使用的各种材料质量应符合规范标准和设计要求。

3. 木制品应按设计要求进行防潮、防腐、防火处理。

4. 橱柜、护栏和护手安装预埋件的数量、规格、位置以及护栏与预埋件的连接节点应符合设计要求。

4.3.5.18 地下防水工程隐蔽记录

地下防水工程隐蔽检查内容：

1. 地下防水工程的细部节点(变形缝、施工缝、后浇带、穿墙管道、埋设件、加强部位等)的设置和构造，水泥砂浆防水层的平均厚度，基层阴阳角处水泥砂浆圆弧形处理；顶板、底板、外墙防水层的保护层，涂料防水层厚度(隐蔽记录中应体现达到设计厚度时的施工遍数)及胎体增强材料、卷材、涂膜防水层的搭接宽度、卷材防水层的施工方法，涂膜、卷材防水层阴阳角处的附加防水层节点构造，塑料板防水层缓冲衬垫的固定、两幅塑料板的搭接焊缝，金属板防水层中金属板的拼缝及金属板与建筑结构的锚固件连接等，应进行隐蔽工程验收。

2. 地下防水工程使用的各种材料质量应符合规范和设计要求。

3. 地下防水工程的变形缝、施工缝、后浇带、穿墙管道、埋设件等设置和构造，必须符合设计及规范要求。

4. 水泥砂浆防水层平均厚度应符合设计要求，最小厚度不得小于设计值的85%。

5. 水泥砂浆防水层、卷材防水层、塑料板防水层等阴阳角处应做圆弧形处理。

6. 防水保护层、阴阳角处防水附加层的做法应满足设计要求及现行规范《地下防水工程质量验收规范》GB 50208 的规定。

7. 涂料防水施工前应先在基面上涂一层与涂料相容的基层处理剂，防水层平均厚度应符合设计及规范要求，最小厚度不得小于设计厚度的80%；两幅卷材短边和长边的搭接宽度均不应小于100 mm，涂料防水层施工缝搭接宽度应大于100 mm。(涂料防水层隐蔽不必按每一遍进行隐蔽验收，可根据工程的情况按厚度进行隐蔽验收，但是在隐蔽记录上必须提现施工遍数。)

8. 防水板缓冲层应用暗钉圈固定在基层上，下部塑料板应压住上部塑料板。

9. 金属防水层焊缝质量应满足设计要求及现行规范《钢结构工程施工质量验收规范》GB 50205 的规定。

4.3.5.19 屋面防水工程隐蔽记录

屋面防水工程隐蔽检查内容：

1. 屋面基层及各构造层验收，水落口、泛水、变形缝、伸出屋面管道、天沟、檐沟、檐口、立面防水层端部等节点防水构造做法或收头处理，分格缝及密封材料(找平层、保温层、细石混凝土防水层、水泥砂浆保护层、细石混凝土保护层等需设分格缝和密封材料的构造层)，卷材、涂膜防水屋面阴阳角处找平层圆弧处理，刚性防水屋面细石混凝土防水层与立墙及突出屋面结构等交接处柔性处理，卷材、涂膜防水层的搭接宽度和附加层等，应进行隐蔽工程验收。

2. 屋面基层及构造层所采用的材料、厚度、作法（包括防水层遍数）等应符合规范和设计要求。

3. 水落口、泛水、变形缝、伸出屋面管道、天沟、檐沟、檐口、立面防水层端部等节点防水构造做法及收头处理应按设计图纸和规范要求设置。

4. 水泥砂浆和细石混凝土找平层（刚性防水层）纵横最大间距不宜大于 6 m，沥青砂浆找平层不宜大于 4 m，水泥砂浆保护层分格面积宜为 1 m^2，细石混凝土保护层分格面积不大于 36 m^2。使用新型材料应按相关标准的规定进行分格。

5. 卷材、涂膜防水层面阴阳角处应做圆弧处理及防水附加层，转角处圆弧半径应满足规范要求，刚性防水层面的细石混凝土防水层与立墙及突出层面结构等交接处应留缝隙，并应做柔性密封处理。

6. 卷材的搭接宽度应满足《屋面工程质量验收规范》GB 50207 的要求，涂膜防水层胎体长边搭接宽度不应小于 50 mm，短边搭接宽度不应小于 70 mm。

4.3.5.20　隔热保温工程隐蔽记录

隔热保温工程隐蔽检查内容：

1. 屋面隔热保温工程包括架空屋面、蓄水屋面、种植屋面。架空屋面的架空隔热制品、浆砌承托材料（黏土砖或混凝土砌块）、通风屋脊（当屋面宽度大于 10 m 时）剖面高度及做法，保温隔热层的各构造层（按设计图纸要求，可能是结合层、找平层、防水层、保护层等）的做法，蓄水屋面的溢水口、过水孔、排水管、溢水管的大小、位置、标高，蓄水试验记录，种植屋面的挡墙泄水孔及孔内侧放置的疏水粗细骨料，蓄水试验记录等，应进行隐蔽工程验收。

2. 保温隔热材料应有产品合格证和性能检验报告，材料的品种、规格、性能等应符合规范和设计要求。

3. 板状保温材料的基层应平整、干燥和干净；铺板要铺平垫稳；上下层接缝要相互错开，缝隙要嵌填密实。整体现浇（喷）保温层的基层应平整、干燥和干净，配比应计量准确，厚度一致。

4. 蓄水屋面的溢水口、过水孔、排水管、溢水管的大小、位置、标高的留设必须符合设计要求且应在防水层施工前安装完毕。

5. 种植屋面的挡墙泄水孔的留设必须符合设计要求，并不得堵塞。

4.3.6　施工记录

4.3.6.1　工程定位测量检查记录（质控（建）表 C.0.50）

工程定位测量检查记录的主要内容：

1. 工程定位测量前，应先由城建规划部门根据建筑红线以及城市规划要求，确定方位，提供建设各方以测量标志。

2. 施工单位应根据城建规划部门提供的水准点、坐标点以及施工红线图等，做出包括建筑位置线、现场标准水准点、坐标点（包括标准轴线桩、示意图）等，并应按质控（建）表

C.0.50 规定填写工程定位测量检查记录，报监理单位(建设)单位确认。

3. 界桩点、红线点定位及高程测量，可按下列细部点测量技术进行：

(1)细部坐标，宜采用极坐标法施测。水平角可采用经纬仪观测半测回，距离采用钢尺量距时，不宜超过一尺段，细部标高，可采用水准仪或经纬仪望远镜置平施测；

(2)采用速测仪或测距仪测细部点时，应进行测桩检查，仪器对中偏差不应大于 5 mm，归零差不宜大于 1′；当采用经纬仪半测回测角时，测距的长度不应超过 100 m；同时施测细部标高时，垂直角范围应在±10°以内，并应观测 1 测回，测量仪器高和觇标高的取值精确至 1 mm；

(3)坐标及标高成果取值，均应精确至 10 mm，坐标展点误差不应大于图上 0.3 mm。

4.3.6.2 地基钎探记录(质控(建)表 C.0.51)

地基钎探记录的主要内容：

1. 地质复杂的或重要的工程，或地基变形有特殊要求以及地基开挖后对地基土有疑义时，可根据设计要求或验槽磋商的意见进行钎探试验，并做好测试记录，钎探记录应填写清楚、真实，并应有钎探记录人、施工员、项目技术负责人签字，钎探记录应附有打钎平面图以及钎探结果的分析。

2. 钎探打钎应按平面图标定的钎探点顺序进行，记录每打入 300 mm(一步)深度的锤击数，并应按质控(建)表 C.0.51 规定填写地基钎探记录，钎探锤重、落距、钎径应符合规范规定。

3. 钎探完毕，应认真分析钎探记录，查明槽底以下土质的变化，分析孔深范围内基土坚硬程度是否均匀，如有异常需处理，应在打钎平面布点图上标明部位、区段、标高及处理方法。

4. 钎探孔的布置一般按照设计要求进行，设计无要求时按下列规则布置：

(1)槽宽小于 800 mm 时，宜在槽中心布置探点一排，间距 1～2 m，一般为 1.5 m；

(2)槽宽 800～2000 mm 时，宜在距两边 200～500 mm 处，各布置探点一排，间距 1～2 m，一般为 1.5 m；

(3)槽宽 2000 mm 以上时，宜在槽中心及两槽边 200～500 mm 处，各布置探点一排，每排探点间距 1～2 m，一般为 1.5 m，3 排成梅花形布置；

(4)矩形基础宜按梅花形布置，纵向和横向探点间距均为 1～2 m，一般为 1.5 m，较小基础至少应在四角及中心各布置 1 个探点。

5. 钎探的钎距和深度应符合设计要求，设计无要求时应按规范的要求进行，矩形基础应等于或大于 1.5 m，不宜小于 1.8 m，并不小于短边长度，也不宜大于 3 m。如土质情况复杂可适当减少钎距和加深钎探深度，钎距纵横两个方向的间距不应大于 1.5 m。

6. 钎探应绘图编号，按编号顺序进行击打，打钎人员应固定。结果填入地基钎探记录，发现地质条件不符合设计要求时，应会同设计、勘察人员确定处理方案。

4.3.6.3 地基处理记录(质控(建)表 C.0.52)

地基处理记录的主要内容：

1. 地基处理方案由勘察、设计单位提出书面处理意见或下达设计变更通知，施工单位才能进行下道工序的施工。

2. 地基处理记录包括地基处理综合描述记录、试桩试夯试验记录、地基处理施工过程记录，施工单位根据确认的处理方案按质控(建)表 C. 0. 52 规定做好相应的处理记录。

3. 地基处理综合描述应对地基处理前状态、处理方案、处理部位、处理过程、处理结果作一综合的描述，必要时附简图。

4. 3. 6. 4　地基处理施工记录

1. 换土垫层法施工记录

换土垫层法施工记录的主要内容：

(1)用换土垫层法做浅层地基处理时，其垫层材料应符合设计或规范要求。

(2)素土、灰土、砂垫层在施工前应对填料进行击实试验，垫层施工应根据不同的换填材料选择施工机械、分层厚度与分层遍数。垫层的检验必须分层进行，可用贯入法或环刀法检验压实系数。

2. 重锤夯实施工记录

重锤夯实施工记录的主要内容：

重锤夯实施工应按质控(建)表 C. 0. 53 要求做好试夯记录，夯实过程应按质控(建)表 C. 0. 54 规定填写施工记录。

3. 深层密实法施工记录

深层密实法施工记录的主要内容：

(1)强夯施工的夯击点布置及技术参数(夯锤重量、尺寸，落距，夯击遍数，夯点位置，夯击范围等)应符合设计要求，夯击遍数和两遍间的间歇时间应符合设计与施工规范要求。

(2)施工过程中应对各项参数及施工情况按质控(建)表 C. 0. 55 要求进行详细记录，包括夯点记录与质控(建)表 C. 0. 56 规定的每遍的汇总记录，对强夯地基的质量检验应在夯后一定的间歇期之后进行。

(3)振冲地基在正式施工前，应在现场在代表性的场地上进行试桩试验，确定有关施工参数，按质控(建)表 C. 0. 57 的规定做好记录。施工时应检查振冲器与填料的性能，施工中应检查各种施工参数，并按质控(建)表 C. 0. 58 的规定做好施工记录。对振冲地基的质量检验应根据不同的填料，在施工结束后间歇一定时间进行。

4. 胶结法施工记录

胶结法施工记录的主要内容：

(1)高压喷射注浆地基、水泥土搅拌桩地基在方案确定后应进行现场试桩试验，并通过试验性施工或根据工程经验确定施工参数及控桩标准，并按质控(建)表 C. 0. 57 的规定做好试桩记录。

(2)高压喷射注浆地基在施工前应检查水泥、外掺剂等的质量、桩位、压力表与流量表的精度和灵敏度、施工设备的性能等，施工中应检查施工参数及施工程序，按质控(建)表 C. 0. 59 的规定如实记录各项参数和出现的异常现象，桩体质量及承载力检验应在施工结束后 28 d 进行。

(3)水泥土搅拌桩地基施工前应检查水泥及外掺剂的质量、桩位、搅拌机工作性能及各种计量设备完好程度，施工中应检查机头提升速度、喷浆时间、复搅次数、水泥浆或水泥注入量、搅拌桩的长度及标高，并按质控(建)表 C. 0. 60 的规定填写施工记录；搅拌深度记录误差不得大于 50 mm，时间记录误差不得大于 5 s，施工结束后应检查桩体强度、桩体直径及地基承载力，强度检验应取 90 d 龄期的试件。

5. 各类地基处理的取样试验按本书 4.3.4 施工试验报告及见证检测报告和有关规范的要求执行。

4.3.6.5 试桩记录(质控(建)表 C.0.57)

试桩记录的主要内容：

1. 工程桩正式施工前，建设、监理、设计、勘察、施工等单位应根据地质勘察资料和设计要求在施工现场进行试桩，并应明确打桩标准及施工参数。

2. 试桩过程记录应描述打桩情况，如试桩位的选择、该试桩位与地质报告中描述的地质情况是否吻合等，其原始的参数记录均应按各类桩基施工记录表进行记录。

3. 试桩后应按质控(建)表 C.0.57 的规定填写试桩记录，并明确工程桩正式施工各类桩的参数标准，如持力层的确定、进入持力层的深度、桩长、贯入度、锤击数、压桩力、终压力、终孔条件的判定等。

4. 设计要求试桩需提供承载力情况时，应由具有静载试验检测资质的检测单位进行静载试验。

4.3.6.6 桩基施工记录(质控(建)表 C.0.61～C.0.72)

桩基施工记录的主要内容：

1. 桩基记录包括各种砼预制桩、先张法预应力管桩、钢桩、锚杆静压桩、砼灌注桩等。工程桩施工前应作好施工组织设计或施工方案。各种桩的记录应按要求做出详尽记录，填写齐全，数据应准确真实，且应符合设计要求和规范的规定。

2. 桩基竣工资料应附桩位竣工平面图，桩位竣工平面图包括桩编号、桩顶标高偏差、轴线偏差、桩深、混凝土量等。

3. 打桩的标高或贯入度必须符合设计要求和施工规范的规定，控制值应通过打(压)桩试验，由设计单位确定。

4. 混凝土预制桩质量检查验收应在制作点进行，并应根据桩的设计施工图要求，按施工质量验收规范进行验收，经验收合格后才能打(压)桩。

5. 钢管桩及预应力混凝土管桩应符合设计要求并附有出厂合格证和材质检验报告，应经进场验收合格后才能打(压)桩。

6. 锤击预制桩的施工记录桩号、实际桩长、接头处理、施工日期、桩位编号、桩下沉每米的锤击数、桩底标高、桩顶标高、最后三击贯入度、垂直度等。应按质控(建)表 C.0.61、C.0.62 的规定填写。

7. 静压预制桩施工记录桩径、实际桩长、施工日期、桩位编号、实际压桩力、垂直度等。应按质控(建)表 C.0.63、C.0.64 的规定填写。压桩施工过程中，必须认真做好压桩施工各阶段的记录，锚杆静压桩与基础连接前，应对压桩孔进行认真检查。

8. 各种预制桩施工过程中对需要接桩的，应检查接桩质量，并提供隐蔽记录，符合要求后方可继续施工。

9. 混凝土和钢筋混凝土灌注桩(包括泥浆护壁成孔灌注桩、干作业成孔灌注桩、人工挖孔灌注桩和套管成孔灌注桩等)应进行成孔质量检查。检查内容包括：桩位轴线、孔径、垂直度、持力层土层情况、孔底沉渣厚度及孔的深度检查等，对于泥浆护壁成孔的桩还应进行孔底泥浆比重的测定，并将检查结果记录在质控(建)表 C. 0. 65。

(1)当设计无要求时灌注桩孔底沉渣厚度应符合：端承桩≤50 mm；摩擦桩≤150 mm；套管成孔的灌注桩不得有沉渣。泥浆护壁孔底 500 mm 以内的泥浆相对密度应小于 1. 25；含砂率不得大于 8%；黏度不得大于 28 s。

(2)灌注桩的深度控制应以设计要求为依据。对于沉管桩还应根据地质条件、贯入度等因素综合确定，贯入度控制标准：振动沉管桩在最后一次抬架的贯入度应符合设计或试桩规定的要求；锤击沉管桩最后三阵 10 击的贯入度，应满足规范规定或按试桩确定。

(3)灌注桩混凝土充盈系数应大于 1。

(4)人工挖孔桩应复验孔底持力层土(岩)性，嵌岩桩必须有桩端持力层的岩性报告。

10. 沉管灌注桩宜采用钢筋混凝土预制桩尖，其混凝土强度等级应不低于 C30 且应提供合格证。

11. 水下混凝土的浇注时应有专人测量导管埋深及管内外混凝土面的高差，并应按附录 C 表 C. 0. 66 的规定填写水下混凝土灌注记录汇总表。

12. 灌注桩施工过程，应按各类桩规定的要求做好施工记录，并应按质控(建)表 C. 0. 65～C. 0. 72 的规定填写。

13. 基桩施工完，应提供按设计要求或规范规定的单桩承载力和桩身完整性抽样检测报告。

14. 经测试单桩承载力和桩身质量达不到设计要求或是在打桩过程中发现贯入度剧变、桩身突然发生倾斜位移、严重回弹、桩身碎裂或泥浆护壁成孔时发生斜孔、弯孔、缩孔和塌孔，地面沉降等异常情况者，应有技术鉴定；需采取技术措施处理的，应有处理记录和示意图，并必须经设计、监理(建设)、施工等单位验收签证。

4.3.6.7 结构吊装记录(质控(建)表 C. 0. 73)

结构吊装记录的主要内容：

1. 吊装工程施工前，应编制施工组织设计或施工方案，并经有关单位审批。吊装施工过程应严格按照施工组织设计或施工方案的要求进行。

2. 预制混凝土框架结构、钢结构、网架结构及大型结构构件的吊装，应有逐层、逐段的构件型号、安装位置、安装标高、搭接长度、固定方法、连接和接缝处理以及构件外观与吊装节点处理的质量情况等的检查记录，并附有分层段的吊装平面图，检查记录应按质控(建)表 C. 0. 73 的规定填写。

3. 吊装时，构件的混凝土强度、预应力混凝土构件孔道灌浆的水泥砂浆强度、下层结构承受内力的接头(接缝)的混凝土或砂浆的强度，必须符合设计要求和施工规范的规定。

4. 钢结构安装前，应按设计图和构件明细表，核对进场的构件，查验产品的合格证。工厂预拼装过的构件在现场组装时，应根据预拼装记录进行。安装过程中，制孔、组装、焊缝或高强螺栓、涂装等检查结果必须符合设计要求和《钢结构工程施工质量验收规范》GB 50205 规定。当设计要求钢结构进行结构试验时，应附有结构检验报告，检验结果应符合相应的设计文件要求。

5. 网架结构各部位节点、杆件、连接件的规格、品种及焊接材料必须符合设计及规范要求。网架结构总拼完后，应进行质量验收。

6. 各类结构吊装的复核应按设计和规范要求的内容全面检查，应重点复核挠度、搁置长度、节点处理等项目。检查中出现的质量问题，应如实记录，提出鉴定和处理意见，并应经复验合格后，方可进行后续工序施工。

4.3.6.8 预应力筋张拉记录（质控（建）表 C.0.74、C.0.75、C.0.76）

预应力筋张拉记录的主要内容：

1. 预应力筋及预应力筋用锚具、夹具和连接器应符合有关标准规定和设计要求，并应有产品的合格证、出厂检验报告和进场复试报告。

2. 预应力筋张拉或放张时，混凝土强度应符合设计要求；当设计无具体要求时，不应低于设计的混凝土立方体抗压强度标准值的 75%。现浇结构施加预应力时，混凝土的龄期对后张楼板不宜小于 5 d，对后张大梁不宜小于 7 d。为防止混凝土出现早期裂纹而施加预应力的，可不受上述限制。

3. 预应力筋张拉设备和仪表应满足预应力筋张拉或放张的要求，且应定期维护和标定。张拉用千斤顶和压力表应配套标定、配套使用。张拉设备的标定期限不应超过半年。当张拉设备出现不正常现象时或千斤顶检修后，应重新标定。

4. 预应力筋的张拉应力、张拉或放张顺序及张拉工艺应符合设计及施工技术方案的要求。当施工需要超张拉时，最大张拉应力不应大于国家现行标准《混凝土结构设计规范》GB 50010 的规定。当采用应力控制方法张拉时，应校核预应力筋的伸长值，实际伸长值与设计计算理论伸长值的相对允许偏差应为±6%。如超过允许偏差，应查明原因并采取措施后方可继续张拉。

5. 预应力钢筋的张拉控制应力值 σ_{con} 不宜超过表 4-9 规定的张拉控制应力限值，且不应小于 0.4 f_{ptk}。当符合下列情况之一时，表 4-9 中的张拉控制应力限值可提高 0.05 f_{ptk}：

(1)要求提高构件在施工阶段的抗裂性能而在使用阶段受压区内设置的预应力钢筋；

(2)要求部分抵消由于应力松弛、摩擦、钢筋分批张拉以及预应力钢筋与张拉台座之间的温差等因素产生的预应力损失。

6. 预应力筋张拉锚固后实际建立的预应力值与工程设计规定检验值的相对允许偏差为±5%。

表 4-9 张拉控制应力限值

钢筋种类	张拉方法	
	先张法	后张法
消除应力钢丝、钢绞线	0.75 f_{ptk}	0.75 f_{ptk}
热处理钢筋	0.70 f_{ptk}	0.65 f_{ptk}

7. 张拉过程中应避免预应力筋断裂或滑脱；当发生断裂或滑脱时，必须符合下列规定：

(1)对后张法预应力结构构件，断裂或滑脱的数量严禁超过同一截面预应力筋总根数的 3%，且每束钢丝不得超过一根；对多跨双向连续板，其同一截面应按每跨计算；

(2)对先张法预应力构件，在浇筑混凝土前发生断裂或滑脱的预应力筋必须予以更换。

8. 预应力张拉记录包括预应力施工部位、预应力筋规格、平面示意图、张拉顺序、张拉力、压力表读数、张拉伸长值、异常现象等，应按质控（建）表 C.0.74、C.0.75 的规定做详细记录。

9. 预应力张拉应按质控(建)表 C. 0. 76 的规定对每根预应力筋的张拉实测值进行记录。

4. 3. 6. 9 有黏结预应力结构灌浆记录(质控(建)表 C. 0. 76)

有黏结预应力结构灌浆记录的主要内容:

1. 有黏结预应力筋张拉完毕并经检查合格后,应尽早灌浆。孔道内水泥浆应饱满、密实。

2. 应全面检查预应力筋孔道、灌浆孔、排气孔、泌水管等是否畅通。对抽芯成型的混凝土孔道宜用水冲洗后灌浆;对预埋管成型的孔道不得用水冲洗孔道,必要时可采用压缩空气清孔。

3. 封闭保护应符合设计要求;当设计无具体要求时,应符合下列规定:

(1)防止锚具腐蚀和遭受机械损伤的有效措施;

(2)锚固端锚具的保护层厚度不应小于 50 mm;

(3)预应力筋的保护层厚度处于正常环境时,不应小于 20 mm;处于易受腐蚀的环境时,不应小于 50 mm。

4. 设备的配备必须确保连续工作条件,应根据灌浆高度、长度、形态等条件选用合适的灌浆泵。灌浆泵应配备计量校验合格的压力表。灌浆前应检查配套设备、输浆管和阀门的可靠性。在锚垫板上灌浆孔处宜安装单向阀门。注入泵体的水泥浆应经筛滤,滤网孔径不宜大于 2 mm。与输浆管连接的出浆孔孔径不宜小于 10 mm。

5. 宜先灌下层孔道,后灌上层孔道。灌浆应缓慢连续进行,不得中断,并应排气通顺。在灌满孔道封闭排气孔后,应再继续加压至 0.5~0.7 MPa,稳压 1~2 min 后封闭灌浆孔。当发生孔道阻塞、串孔或中断灌浆时,应及时冲洗孔道或采取其他措施重新灌浆。

6. 预应力结构灌浆记录应包括灌浆日期、灌浆孔状况、水泥品种、强度等级、水泥浆的配比状况、灌浆压力、灌浆量、水泥浆试块强度等,并应按质控(建)表 C. 0. 76 的规定填写。

7. 水泥浆强度不应小于 30 MPa,每工作班应留置一组(六个试件),边长为 70.7 mm 立方体试件。

4. 3. 6. 10 大体积混凝土测温记录(质控(建)表 C. 0. 77、C. 0. 78)

大体积混凝土测温记录的主要内容:

1. 大体积混凝土工程施工前,应制订专项施工方案。应按《大体积混凝土施工规范》GB 50496 规定的计算方法对施工阶段混凝土浇筑体的温度、温度应力、收缩应力及表面保温覆盖层厚度进行试算,并确定施工阶段大体积混凝土浇筑体的升温峰值、里表温差及降温速率的控制指标,制定相应的温控技术措施。温控指标应按设计要求确定,设计没有明确的,宜符合下列规定:

(1)混凝土浇筑体在入模温度基础上的温升值不宜大于 50 ℃;

(2)混凝土浇筑体的里表温差(不含混凝土收缩的当量温度)不宜大于 25 ℃;

(3)混凝土浇筑体的降温速率不宜大于 2 ℃/天;

(4)混凝土浇筑体表面与大气温差不宜大于 20 ℃。

2. 大体积混凝土浇筑体温度监测点的布置,应以真实地反映出混凝土浇筑体内最高温升、里表温差、降温速率及环境温度为原则进行。

3. 在大体积混凝土浇筑和养护过程中均应进行混凝土浇筑体温度及环境温度等监测，同时应按质控(建)表 C. 0. 77、C. 0. 78 的规定填写大体积混凝土养护测孔平面图和大体积混凝土测温记录。测温作业管理应派专人负责。监测的规模可根据所施工工程的重要程度和施工经验确定，测温的办法可以采用先进的电子自动测温方法，如有经验也可采用简易测温方法，测温方法应符合下列规定：

(1)大体积混凝土浇筑过程中的温度监测包括混凝土拌合物入模温度、浇筑体温度、环境温度的测量，温度监测每工作班应不少于 2 次；

(2)大体积混凝土浇筑完毕后和养护过程中的温度监测包括浇筑体表面温度、中心温度、环境温度的测量，应即时计算混凝土浇筑体的里表温差、降温速率、温度应变及收缩应力，温度监测每昼夜应不少于 4 次；

4. 在每次大体积混凝土浇筑完毕后，应及时按温控技术措施的要求进行保温保湿养护，并应符合下列规定：

(1)保温保湿养护的持续时间应能保证混凝土浇筑体的里表温差、降温速率、温度应力、收缩应力满足温控指标的要求，且不得少于 14 天。

(2)当实测结果不满足温控指标的要求时，应调整保温养护措施；

(3)塑料薄膜、草袋、阻燃保温被可作为保温材料覆盖混凝土和模板，覆盖层的厚度应符合温控指标的要求；必要时，可搭设挡风保温棚或遮阳降温棚；

(4)保温养护过程中，应经常检查塑料薄膜或养护剂涂层的完整情况，保持混凝土表面的湿润；

(5)保温覆盖层的拆除应分层逐步进行，当混凝土表面温度与环境最大温差小于 20 ℃时，可全部拆除；

(6)不得采用强制、不均匀的降温措施。

4.3.6.11 混凝土开盘鉴定(质控(建)表 C. 0. 79)

混凝土开盘鉴定的主要内容：

1. 凡符合下列情况的现场搅拌混凝土或预拌混凝土，应实行混凝土开盘鉴定，并应按质控(建)表 C. 0. 80 的规定记录。

(1)承重结构混凝土配合比第一次使用时；

(2)防水混凝土第一次浇筑前；

(3)特种或特殊要求混凝土每次浇筑前；

(4)大体积混凝土每次浇筑前。

2. 在施工现场搅拌的混凝土，其开盘鉴定应在施工现场进行；预拌混凝土的开盘鉴定除混凝土拌合物的坍落度、粘聚性、保水性检测和混凝土强度标准养护试件在施工现场取样外，其他鉴定内容均在预拌混凝土站进行。

3. 混凝土的水泥、砂、石、水、外加剂及掺合料等均应符合现行国家有关标准的要求。

4. 混凝土应按《普通混凝土配合比设计规程》JGJ 55 的规定，根据其强度等级、耐久性及和易性等要求进行配合比设计。特种或特殊要求的混凝土，尚应符合国家现行有关标准的要求。开盘鉴定时应至少留置一组标准养护试件，作为验证配合比的依据。

5. 混凝土拌制前，应测定砂、石含水率并根据测试结果调整材料用量，确定施工配合比。

6. 各种计量器具应在检定有效期内使用；每一工作班正式称量前，计量器具应进行零点校核。

7. 预拌混凝土开盘鉴定应由施工单位组织监理(建设)单位、混凝土搅拌单位实施，采用现场搅拌的，应由施工单位组织监理(建设)单位实施，开盘鉴定最后结果应由参加鉴定人员代表单位签字。参加人员应为监理单位的监理工程师(或建设单位的项目技术负责人)、施工单位的项目技术负责人、混凝土搅拌单位的质检部门代表。

8. 开盘鉴定时应提供的资料：

(1)混凝土配合比申请单或供货申请单；

(2)混凝土配合比设计单；

(3)水泥出厂质量证明书；

(4)水泥3天龄期复试报告(28天龄期复试报告后补上)。

(5)砂子试验报告；

(6)石子试验报告；

(7)混凝土掺合料合格证；

(8)混凝土掺合料出厂检验报告；

(9)混凝土掺合料试验报告；

(10)外加剂使用及性能说明书；

(11)外加剂出厂合格证或检验报告；

(12)外加剂型式检验报告；

(13)外加剂复检报告；

(14)试配混凝土抗压试验报告；

(15)混凝土试块28 d抗压强度试验报告(后补上)。

4.3.6.12 混凝土施工记录(质控(建)表C.0.80、C.0.81)

混凝土施工记录的主要内容：

1. 使用现场搅拌混凝土应按质控(建)表C.0.80的规定填写混凝土工程(现场搅拌)施工记录；使用预拌混凝土应按质控(建)表C.0.81的规定填写混凝土工程(预拌)施工记录。

2. 混凝土强度等级必须满足设计要求，配合比应经试配后提供，试配用的原材料与施工所用的材料必须是一致。砂、石含水率的测定每工作班不应少于一次。拌制混凝土时应根据骨料的含水率调整配合比。现场自拌混凝土应根据搅拌机的容量将施工配合比换算成每盘用量。

3. 各种计量器具应在检定有效期内使用，经修理或迁移至新地点的应重新进行检定；每一工作班正式称量前，计量仪器应进行零点校核，保持准确。

4. 现场搅拌混凝土的每盘搅拌时间每一工作班应至少抽查两次。

5. 混凝土拌合物坍落度的检测每一工作班应至少两次。

6. 浇筑混凝土时和养护期间应每天记录大气气温的最高和最低温度、湿度及天气情况等。

7. 浇筑部位应明确至轴线，施工缝留设应有准确的定位。

8. 混凝土施工过程应随机取样留置试块，试块的留置应满足有关规范的要求。

9. 应制定具体的养护方案，严格执行养护制度，在混凝土浇筑完毕后的12 h内应按规定对混凝土进行保湿养护。

10. 在混凝土施工过程中若出现下列情况应做异常记录：

(1)施工环境发生较大变化如突然降温、降雨等；

(2)混凝土搅拌设备，输送设备等机械发生故障或停电，造成混凝土浇捣间断 1 h 以上(含 1 h)时；

(3)混凝土拌合物超差，经技术处理后仍用于工程上，(应记录该混凝土浇筑的部位)；

(4)模板安装不牢靠，发生较大漏浆或坍塌；

(5)施工缝留设不符合规范或设计要求；

(6)混凝土浇筑后发现超长终凝、起砂、裂缝等异常情况；

(7)模板拆除后混凝土构件大面积麻脸、蜂窝、孔洞等；

(8)混凝土试块留置不符合要求；

(9)构件养护不符合要求；

(10)施工过程出现其他对混凝土质量有影响的异常情况。

11. 施工过程出现异常情况应及时处理并记录采用的技术措施及处理结果。

4.3.6.13 烟(风)道、垃圾道施工记录(质控(建)表 C.0.82)

烟(风)道、垃圾道施工记录的主要内容：

1. 烟(风)道垃圾道可采用的常规做法为砌砖与预制两种，其施工方法可随主体施工时逐层同步进行，也可在主体施工时按设计预留孔洞，待主体完工后再进行砌筑或安装。

2. 烟(风)道、垃圾道应进行实物质量检查与功能检查，应由检查人或复检人填写检查记录。当第一次检查不合格时，应进行整改，再由复检人进行复检。施工记录检查应按质控(建)表 C.0.83 规定的内容填写完整。

3. 烟(风)道、垃圾道的实物质量检查应包括的内容：

(1)内壁断面尺寸是否符合设计要求；

(2)孔道垂直度应符合：楼层偏差≤5 mm，楼层累计偏差≤10 mm；

(3)上下楼层处孔道是否垂直对中，接缝是否严密；

(4)道壁是否有破损与裂缝，是否粉刷，砖砌道壁内粉刷砂浆配合比是否符合设计要求；

(5)孔道内垃圾是否清理干净；

(6)基础是否同单体建筑共同沉降。

4. 烟(风)道、垃圾道的功能检查应包括的内容：

(1)烟(风)道是否做到通(抽)风，并无漏风与串风现象；

(2)垃圾道是否畅通。

5. 烟(风)道的功能检查应在烟(风)道口处观察火苗的朝向和烟的去向，判别通风情况。

6. 烟(风)道、垃圾道的检查应在施工过程中进行。

7. 烟(风)道、垃圾道均应按部位进行 100%检查，主烟(风)道与垃圾道的检查部位按轴线记录，副烟(风)道按户门编号记录。

4.3.6.14 建筑地面、屋面坡度检查记录(质控(建)表 C.0.83)

1. 建筑地面、屋面坡度检查记录的主要内容：

工程定位测量检查记录

质控建(表)C.0.50

<table>
<tr><td rowspan="2">工程名称</td><td rowspan="2"></td><td>编号</td><td></td></tr>
<tr><td>图纸编号</td><td></td></tr>
<tr><td>委托单位</td><td></td><td>施测日期</td><td></td></tr>
<tr><td>平面坐标依据</td><td></td><td>复测日期</td><td></td></tr>
<tr><td>高程依据</td><td></td><td>使用仪器</td><td></td></tr>
<tr><td>允许误差</td><td></td><td>仪器校验日期</td><td></td></tr>
<tr><td colspan="4">定位抄测示意图：</td></tr>
<tr><td colspan="4">复测结果：</td></tr>
</table>

<table>
<tr><td rowspan="3">签字栏</td><td>施工单位</td><td></td><td>测量人员
岗位证书号</td><td></td><td>专业技术
负责人</td><td></td></tr>
<tr><td>施工测量
负责人</td><td></td><td>复测人</td><td></td><td>施测人</td><td></td></tr>
<tr><td>监理或
建设单位</td><td colspan="3"></td><td>专业工程师</td><td></td></tr>
</table>

地基钎探记录

质控(建)表 C.0.51　　　　　　　　　　　　　　　　　　　　共　页　第　页

工程名称	××大厦			施工单位	福建省××建筑工程公司		
套锤重	5 kg	自由落距	0.50 m	钎径	22 mm	钎探日期	11/×/×
钎探深度	1.2 m			钎探间距	1.5 m		
探孔顺序编号	各步锤数						
	0—30	31—60	61—90	91—120	121—150	151—180	181—210
1	4	5	9	12	/	/	/
2	2	5	8	13	/	/	/
3	2	3	9	12	/	/	/
4	3	6	8	14	/	/	/
5	4	7	10	13	/	/	/
平面布点图： 。1　　　。2 　　。3 。4　　　。5							
结论	地基满足设计要求						
施工单位	项目技术负责人	施工员	钎探人	监理(建设)单位	监理工程师(建设单位项目专业技术负责人)		
	×××	×××	×××		×××		

地基处理综合描述

质控(建)表 C.0.52　　　　共　页第　页

<table>
<tr><td>工程名称</td><td colspan="5">××大厦</td></tr>
<tr><td>施工单位</td><td colspan="2">福建省××建筑工程公司</td><td>记录日期</td><td colspan="2">2011 年××月××日</td></tr>
<tr><td colspan="6">处理前状态:(原土标高、处理深度等)
本工程带形基础经基槽开挖验槽发现⑥—⑨轴在 A-D 轴处持力土层为残积土,未达设计要求的强风化层,该处土层至强风化层标高为−2.0～−3.50 m,处理深度为−2.5～−4.0 m。</td></tr>
<tr><td colspan="6">处理方案:
在 A-D 轴处第⑥轴开始挖除残积土层至进入强风化层≥0.5 m。以台阶式分段向⑨轴方向放坡开挖,其台阶平面长度≥2.0 m。第⑨轴挖至强风化层并进入 0.5 m 后,用中粗砂分层灌水振实回填,密实度≥92%。</td></tr>
<tr><td colspan="6">处理部位(或简图):</td></tr>
<tr><td colspan="6">处理过程简述:
该段经大开挖后,以台阶式放坡挖至第⑨轴后,用中粗砂以每层摊销 300 mm 厚,并灌水用振动器振实,每平方米扦插 2 处检查,每层取样检验回填砂密实度达到 92%(详处理方案、扦插检查记录、砂层密实度检测报告)</td></tr>
<tr><td colspan="6">处理结果:根据开挖后验槽判定,回填砂扦插检查记录、填砂密实度检测报告,该段地基换填处理结果符合设计要求。</td></tr>
<tr><td rowspan="2">施工单位</td><td>项目技术负责人</td><td>质检员</td><td>施工员</td><td rowspan="2">监理(建设)单位</td><td>监理工程师(建设单位项目专业技术负责人)</td></tr>
<tr><td>×××</td><td>×××</td><td>×××</td><td>×××</td></tr>
</table>

重锤夯实试夯记录

质控(建)表 C. 0. 53　　　　　　　　　　　　　　　　　　共　　页 第　　页

工程名称	××大厦	施工单位	福建省××建筑工程公司

试夯地点及坑底编号	2#基坑	试坑土质	残积土	试夯日期	2011/××/××

夯锤重量(t)	2	锤底直径(m)	1.0	落距(m)	3.5	落锤方法	自由落锤
地基天然含水量(%)		为达到最优含水量:　　　　%而加的水量:　　　　L/m²					

观测点下沉观测结果		夯击遍数	0	2	4	6	7	8	9	10	11	12	13	14	15	16
	观测点1	水准读数	3105	3245	3335	3405	3435	3465	3495	3515	3535	3555	3565	3575	、	
		下沉量(mm)		140	90	70	30	30	30	20	20	20	10	10		
		累计下沉量(mm)		140	230	300	330	360	390	410	430	450	460	470		
	观测点2	水准读数														
		下沉量(mm)														
		累计下沉量(mm)														
	观测点3	水准读数														
		下沉量(mm)														
		累计下沉量(mm)														

土样试验结果	项目＼取样部位		0.25	0.50	0.75	1.00	1.5	1.50	1.75	2.00	2.25	2.50
	原状土	密度	1.21	1.23	1.26							
		含水量(%)	10.1	9.9	10.6							
		干密度(g/cm³)	1.10	1.11	1.12							
	夯实土	密度	1.64	1.63	1.66							
		含水量(%)	18.1	17.9	18.6							
		干密度(g/cm³)	1.50	1.51	1.52							

施工单位	项目技术负责人	施工员	监理(建设)单位	监理工程师(建设单位项目专业技术负责人)
	×××	×××		×××

重锤夯实施工记录

质控(建)表C.0.54　　　　　　　　　　　　　　共　页 第　页

工程名称	××大厦						施工单位	福建省××建筑工程公司						
地基土质	残积土						落锤方法	自由落锤						
夯锤重量(t)	2			锤底直径(m)			1.0		落距(m)		3.50			
施工地段及面积	夯打日期		气候条件	含水量(%)		实际加水量(L/m²)	夯击遍数		最后下沉量(cm)	预留土层厚度(cm)	底面标高		总下沉量(cm)	备注
	开始	完成		天然	最佳		规定	实际			夯前	夯后		
1#基坑 16 m²	7/5	7/7	阴	14	17	60	13	13	1	5	−3.10	−3.55	46	
2#基坑 16 m²	7/5	7/7	阴	14	17	60	13	13	1	5	−3.08	−3.55	48	
3#基坑 16 m²	7/6	7/8	阴	14	17	60	13	13	0.5	5	−3.12	−3.60	48	
施工单位	项目技术负责人			施工员			监理(建设)单位	监理工程师(建设单位项目专业技术负责人)						
	×××			×××				×××						

强夯施工记录

质控(建)表 C.0.55　　　　　　　　　　　　　　　　　　　　共　　页　第　　页

工程名称	××大厦	施工单位	福建省××建筑工程公司
施工日期	2011/××/××	锤重(t)	20
锤底直径(m)	2.6	落距(m)	10

夯点编号	总夯沉量(cm)	最后两击		起算点	各夯击次数下夯沉量读数(cm)														
		夯沉量之差(cm)	夯沉量(cm)		1	2	3	4	5	6	7	8	9	10	11	12	13	14	15 16
1	120	3	11	130	30	26	20	15	10	8	7	4							
2	119	2	10	133	30	25	21	15	11	7	6	4							
3	118	3	11	128	29	25	20	16	11	8	7	4							
4	119	3	9	131	30	26	21	16	10	7	6	3							

施工单位	项目技术负责人	施工员	监理(建设)单位	监理工程师(建设单位项目专业技术负责人)
	×××	×××		×××

强夯施工记录汇总表

质控(建)表C.0.56　　　　　　　　　　　　　　　　　　　　　　共　页第　页

工程名称	××大厦		施工单位	福建省××建筑工程公司	
设计标高(m)	12.80	夯前地面标高(m)	13.70	场地平均夯沉量(cm)	120.2
建(构)筑物名称	设备	实际强夯面积(m^2)	5000	累计平均夯击能(kN·m/m^2)	377
施工日期	2011/××/××		起重设备	√	
夯锤尺寸(m)	2.60		夯锤重量(t)	20	
加固地层描述:坡积黏土厚度6～8 m 地下水类型及其水位标高:孔隙水场地地面标高以下－4.10 m					
夯击编号	单击夯击能(kN·m)	夯击次数(击)	夯击点数量(个)	本遍夯击面积(m^2)	平均单元夯击能(kN·m/m^2)
1	2000	8	6	31.8	3019
2	2000	8	6	31.8	3019
3	2000	8	6	31.8	3019
4	2000	8	6	31.8	3019
5	2000	8	6	31.8	3019
6	2000	8	6	31.8	3019
7	2000	8	6	31.8	3019
8	2000	8	6	31.8	3019
9	2000	8	6	31.8	3019
10					
满夯	800	2	1000	5000	320
施工单位	项目技术负责人	施工员	监理(建设)单位	监理工程师(建设单位项目专业技术负责人)	
	×××	×××		×××	

试桩记录

质控(建)表 C.0.57　　　　共　页　第　页

<table>
<tr><td>工程名称</td><td colspan="3">××大厦</td><td>试桩日期</td><td colspan="2">2011年××月××日</td></tr>
<tr><td>建设单位</td><td>福建××房地产有限公司</td><td>设计单位</td><td colspan="2">福建××建筑设计院</td><td>试打桩号</td><td>×#桩</td></tr>
<tr><td>总包单位</td><td>福建××建筑工程公司</td><td>设计桩型</td><td colspan="2">静压 PHC 管桩</td><td>施工机械</td><td>YZY-750</td></tr>
<tr><td>打桩单位</td><td>福建××房地有限公司</td><td>设计勘察单位</td><td colspan="2">福建××勘察院</td><td>砼强度等级</td><td>C80</td></tr>
<tr><td colspan="7">试打桩情况：
本工程×#桩在×轴交×轴处，试桩点位于钻探孔 ZK××孔附近(现有地面标高为罗零 14.30 m)，采用 PHC500AB-100 管桩。配桩长度：15.15＋5＝20.15 m。桩最终入土深度为 22.25 m，终压力为 4327 kN。</td></tr>
<tr><td colspan="7">确定打桩标准：
(1)桩端持力层选为第(七)层强风化粗粒花岗岩。
(2)施工过程以压桩力控制为主，桩长控制为辅。ϕ500 桩终压力控制 4300 kN。
(3)参考地质报告，ϕ500 桩终压力控制 4300 kN。
(4)施工中桩长应参考地质报告及相邻桩的施工桩长进行调配。
(5)遇到异常情况通知有关部门进行协商处理。</td></tr>
</table>

勘察单位	设计单位	施工单位	监理(建设)单位
×××	×××	×××	×××

振冲地基施工记录

质控(建)表 C.0.58　　　　　　　　　　　　　　　　　　　　　共　页　第　页

<table>
<tr><td>工程名称</td><td colspan="2">××大厦</td><td>施工单位</td><td colspan="2">福建省××建筑工程公司</td></tr>
<tr><td>孔位编号</td><td>16#</td><td>累计号</td><td>16</td><td>振冲器型号</td><td>ZCQ-30</td></tr>
<tr><td>填料规格</td><td>20～40 mm碎石</td><td>施工日期</td><td colspan="3">2011年1月1日上、下午</td></tr>
<tr><td colspan="3">造　孔</td><td colspan="3">填　料</td></tr>
</table>

<table>
<tr><td colspan="2">作业</td><td rowspan="2">电流(A)</td><td rowspan="2">水压(MPa)</td><td rowspan="2">备注</td><td colspan="2">作业</td><td rowspan="2">填料数量(m^3)</td><td rowspan="2">电流(A)</td><td rowspan="2">水压(MPa)</td><td rowspan="2">备注</td></tr>
<tr><td>时间</td><td>深度(m)</td><td>时间</td><td>深度(m)</td></tr>
<tr><td>8:00—9:30</td><td>12</td><td>20～25</td><td>0.4</td><td></td><td>10:00—10:30</td><td>−10.0
−12.0</td><td>1.20</td><td>60</td><td>0.5</td><td></td></tr>
<tr><td></td><td></td><td></td><td></td><td></td><td>10:50</td><td>−8.5</td><td>0.8</td><td>58</td><td>0.5</td><td></td></tr>
<tr><td></td><td></td><td></td><td></td><td></td><td>11:20</td><td>−6.1</td><td>1.20</td><td>58</td><td>0.5</td><td></td></tr>
<tr><td></td><td></td><td></td><td></td><td></td><td>11:25</td><td>−4.0</td><td>0.9</td><td>58</td><td>0.5</td><td></td></tr>
<tr><td></td><td></td><td></td><td></td><td></td><td>12:10</td><td>−2.5</td><td>0.8</td><td>60</td><td>0.5</td><td></td></tr>
<tr><td></td><td></td><td></td><td></td><td></td><td>12:40</td><td>0.00</td><td>1.10</td><td>57</td><td>0.4</td><td></td></tr>
<tr><td></td><td></td><td></td><td></td><td></td><td></td><td></td><td></td><td></td><td></td><td></td></tr>
<tr><td></td><td></td><td></td><td></td><td></td><td></td><td></td><td></td><td></td><td></td><td></td></tr>
<tr><td></td><td></td><td></td><td></td><td></td><td></td><td></td><td></td><td></td><td></td><td></td></tr>
<tr><td></td><td></td><td></td><td></td><td></td><td></td><td></td><td></td><td></td><td></td><td></td></tr>
<tr><td></td><td></td><td></td><td></td><td></td><td></td><td></td><td></td><td></td><td></td><td></td></tr>
<tr><td></td><td></td><td></td><td></td><td></td><td></td><td></td><td></td><td></td><td></td><td></td></tr>
<tr><td></td><td></td><td></td><td></td><td></td><td></td><td></td><td></td><td></td><td></td><td></td></tr>
</table>

<table>
<tr><td rowspan="2">施工单位</td><td>项目技术负责人</td><td>施工员</td><td rowspan="2">监理(建设)单位</td><td>监理工程师(建设单位项目专业技术负责人)</td></tr>
<tr><td>×××</td><td>×××</td><td>×××</td></tr>
</table>

高压喷射注浆地基施工记录

质控(建)表 C.0.59　　　　　　　　　　　　　　　　　　　　　　　共　　页　第　　页

<table>
<tr><td colspan="2">工程名称</td><td colspan="2">××大厦</td><td>施工单位</td><td colspan="4">福建省××建筑工程公司</td></tr>
<tr><td colspan="2">打桩单位</td><td colspan="2">福建省××基础工程公司</td><td>设计桩径(m)</td><td colspan="4">φ500</td></tr>
<tr><td rowspan="4">设备型号规格</td><td>钻机</td><td>TXU-100</td><td rowspan="2">水泥</td><td>名称</td><td>福建</td><td colspan="2">喷射型式</td><td>旋转喷射</td></tr>
<tr><td>高压泵</td><td>XRB2</td><td>强度等级</td><td>P. O42.5</td><td colspan="2">工艺类型</td><td>单管法</td></tr>
<tr><td>空压机</td><td>/</td><td colspan="2">配合比</td><td>1∶1</td><td rowspan="2">外加剂</td><td>名称</td><td>/</td></tr>
<tr><td>泥浆泵</td><td>/</td><td colspan="2">水泥浆相对密度</td><td>1.50</td><td>含量(%)</td><td>/</td></tr>
</table>

<table>
<tr><td colspan="2">桩号</td><td>1#</td><td>2#</td><td></td><td></td></tr>
<tr><td rowspan="2">时间</td><td>开始</td><td>8:30</td><td>10:20</td><td></td><td></td></tr>
<tr><td>终止</td><td>9:30</td><td>11:20</td><td></td><td></td></tr>
<tr><td rowspan="2">标高(m)</td><td>开始</td><td>−1.0</td><td>−1.0</td><td></td><td></td></tr>
<tr><td>终止</td><td>−13.0</td><td>−13.0</td><td></td><td></td></tr>
<tr><td rowspan="3">速度</td><td>钻进(r/min)</td><td>40</td><td>40</td><td></td><td></td></tr>
<tr><td>提升(cm/min)</td><td>20</td><td>20</td><td></td><td></td></tr>
<tr><td>旋转/摆动(r/min)</td><td>40</td><td>40</td><td></td><td></td></tr>
<tr><td rowspan="2">高压水</td><td>压力(MPa)</td><td>/</td><td>/</td><td></td><td></td></tr>
<tr><td>流量(L/min)</td><td>/</td><td>/</td><td></td><td></td></tr>
<tr><td rowspan="2">压缩空气</td><td>压力(MPa)</td><td>/</td><td>/</td><td></td><td></td></tr>
<tr><td>流量(m^3/min)</td><td>/</td><td>/</td><td></td><td></td></tr>
<tr><td rowspan="2">喷浆</td><td>压力(MPa)</td><td>20</td><td>20</td><td></td><td></td></tr>
<tr><td>流量(L/min)</td><td>50</td><td>50</td><td></td><td></td></tr>
<tr><td colspan="2">水泥浆量(m^3)</td><td>3.0</td><td>3.0</td><td></td><td></td></tr>
<tr><td colspan="2">施工异常情况记录</td><td>正常</td><td>正常</td><td></td><td></td></tr>
</table>

<table>
<tr><td rowspan="2">施工单位</td><td>项目技术负责人</td><td>施工员</td><td rowspan="2">监理(建设)单位</td><td>监理工程师(建设单位项目专业技术负责人)</td></tr>
<tr><td>×××</td><td>×××</td><td>×××</td></tr>
</table>

水泥土搅拌桩地基施工记录

质控(建)表 C.0.60　　　　　　　　　　　　　　　　　　共　　页　第　　页

工程名称	××大厦				施工单位	福建省××建筑工程公司		
打桩单位	福建省××基础工程公司		设计桩长(m)		13	设计桩径(m)		05
设备型号规格	深层搅拌机	SJB 40	外加剂	名称	FDN	水泥	名称	福建
	集料斗	1.85 m^3		含量(%)	2		强度等级	P.O42.5
	灰浆泵	2×40		名称		水灰比		0.55
	拌浆机	0.5 m^3		含量(%)		喷射型式		四搅三喷
桩号			2#	3#		施工异常情况记录		
第一次	钻进喷浆	开始时间	8:10	9:50		正常		
		结束时间	8:30	10:10				
	提升喷浆	开始时间	8:35	10:10				
		结束时间	9:02	10:42				
	喷射量(m^3)		1.5	1.6				
	喷浆深度(m)		12	13.4				
第二次	钻进喷浆	开始时间	9:03	10:43		正常		
		结束时间	9:08	10:48				
	提升喷浆	开始时间	9:09	10:49				
		结束时间	9:15	10:53				
	喷射量(m^3)		0.3	0.35				
	喷浆深度(m)		12	13.4				
第三次	钻进喷浆	开始时间						
		结束时间						
	提升喷浆	开始时间						
		结束时间						
	喷射量(m^3)							
	喷浆深度(m)							
总用浆量(m^3)								
施工单位	项目技术负责人		施工员	监理(建设)单位	监理工程师(建设单位项目专业技术负责人)			
	×××		×××		×××			

锤击预制桩施工记录

质控(建)表 C.0.61　　　　共　　页第　　页

工程名称	××大厦								施工单位		福建省××建筑工程公司				自然地面标高			-1.8				
桩号	制桩日期	打桩日期	气候	总锤击数	最后三阵贯入度(cm/10击)			桩总长(m)	送桩长度(m)	桩顶标高(m)	桩尖标高(m)	砍(接)桩长度(m)	预制桩质量		打桩质量			接桩质量				
					一	二	三						几何尺寸偏差	外观质量	倾斜	偏位	回弹	垂直度	缝长(cm)	缝高(cm)	冷却时间(min)	外观质量
1#		5.9	晴	887	5	4	4	24=12+12	-2	-3.8	-27.8		符合规范								1	

桩号	进桩锤击数																							
1#	2	2	2	5	5	5	10	10	10	18	18	18	32	32	32	40	40	50	56	60	65	74	74	79	83

施工单位	质检员	施工员	记录员	监理(建设)单位	监理工程师(建设单位项目专业技术负责人)
	×××	×××	×××		×××

锤击预制桩施工记录汇总表

质控(建)表 C.0.62　　　　共　页第　页

工程名称		××大厦					施工单位	福建省××建筑工程公司			总桩数			120
序号	桩号	预制号	制桩日期	打桩日期	外观质量	实际桩长(m)	桩尖标高(m)	送桩长度(m)	最终桩顶标高(m)	总锤击数	最后贯入度(cm/10击)			备注
											一	二	三	
1	1#			5/8	符合要求	24=12+12	−27.8	2	−3.8	887	5	4	4	
2	2#			5/8	符合要求	23=12+11	−26.8	2	−3.8	886	5	4	4	
3	3#			5/8	符合要求	24=12+12	−27.5	1.7	−3.5	852	5	4	3	
施工单位	项目技术负责人				施工员				监理(建设)单位	监理工程师(建设单位项目专业技术负责人)				
	×××				×××					×××				

静压预制桩施工记录

质控(建)表 C.0.63　　　　共　页　第　页

<table>
<tr><td>工程名称</td><td colspan="3">××大厦</td><td>施工单位</td><td colspan="2">福建省××建筑工程公司</td><td>设计桩长</td><td colspan="2">30 m</td><td>设计压桩力</td><td>4000 kN</td></tr>
<tr><td rowspan="2">桩号</td><td rowspan="2">19#</td><td rowspan="2">实际桩长</td><td rowspan="2">29=10+10+9</td><td rowspan="2">自然地面标高</td><td rowspan="2">−0.8</td><td rowspan="2">设计桩顶标高</td><td rowspan="2">−1.8</td><td rowspan="2">送(砍)桩长</td><td rowspan="2">1.0</td><td>开始时间</td><td>18:00</td></tr>
<tr><td>结束时间</td><td>20:00</td></tr>
</table>

入土深度(m)	压力表读数(MPa)	实际压桩力(kN)	入土深度(m)	压力表读数(MPa)	实际压桩力(kN)	垂直度
2	1	200	28	8	1600	符合要求
4	3	600	30	10(双)	4000	符合要求
6	4	800				
8	5	1000				
10	6	1200				
12	10	2000				
14	10	2000				
16	10	2000				
18	7	1400				
20	6	1200				
22	8	1600				
24	8	1600				
26	8	1600				

<table>
<tr><td rowspan="2">施工单位</td><td>项目技术负责人</td><td>施工员</td><td rowspan="2">监理(建设)单位</td><td>监理工程师(建设单位项目专业技术负责人)</td></tr>
<tr><td>×××</td><td>×××</td><td>×××</td></tr>
</table>

静压预制桩施工汇总表

质控(建)表 C. 0. 64　　　　　　　　　　　　　　　　　　　　共　　页　第　　页

工程名称		××大厦			设计桩长	30	
施工单位		福建省××建筑工程公司			总桩数	100	
序号	桩号	施工日期	压桩力 (kN)	实际桩长 (m)	入土深度 (m)	送桩长度 (m)	备注 (桩径)
1	1#	2011 年×月×日	4000	31=11+10+10	31.4	0.4	
2	2#	2011 年×月×日	4000	30=10+10+10	30.8	0.8	
3	3#	2011 年×月×日	4000	30=10+10+10	30.8	0.8	
4	4#	2011 年×月×日	4000	30=10+10+10	30.8	0.8	
5	5#	2011 年×月×日	4000	31=11+10+10	31.5	0.5	
施工单位	项目技术负责人		施工员	监理(建设)单位	监理工程师(建设单位项目专业技术负责人)		
	×××		×××		×××		

钻(挖)孔灌注桩成孔质量检查记录

质控(建)表 C.0.65　　　　　　　　　　　　　　　　　共　　页　第　　页

<table>
<tr><td>工程名称</td><td colspan="2">××大厦</td><td>施工日期</td><td colspan="2">2011 年×月×日</td></tr>
<tr><td>施工单位</td><td colspan="2">福建省××建筑工程公司</td><td>桩号</td><td colspan="2">19＃(D=1000 mm)</td></tr>
<tr><td rowspan="2">序　号</td><td rowspan="2">项目</td><td colspan="3">质量检验值</td><td rowspan="2">备　注</td></tr>
<tr><td colspan="2">设计要求或规范规定</td><td>实测值</td></tr>
<tr><td>1</td><td>孔位中心(mm)</td><td colspan="2">≤100</td><td>25</td><td></td></tr>
<tr><td>2</td><td>孔径(mm)</td><td colspan="2">±50</td><td>+20</td><td></td></tr>
<tr><td>3</td><td>孔深(m)</td><td colspan="2">/</td><td>/</td><td></td></tr>
<tr><td>4</td><td>垂直度(%)</td><td colspan="2"><1</td><td>0.30</td><td></td></tr>
<tr><td>5</td><td>孔底沉渣厚度(mm)</td><td colspan="2">≤50</td><td>30</td><td></td></tr>
<tr><td>6</td><td>孔底标高(m)</td><td colspan="2">≤300</td><td>20</td><td></td></tr>
<tr><td>7</td><td>扩大头尺寸(m)</td><td colspan="2">/</td><td>/</td><td></td></tr>
<tr><td>8</td><td>清孔后泥浆比重</td><td colspan="2">1.15～1.20</td><td>1.17</td><td></td></tr>
<tr><td>9</td><td>桩类进入持力层情况</td><td colspan="2">≥设计值(500 mm)</td><td>600 mm</td><td></td></tr>
<tr><td rowspan="2">施工单位</td><td>项目技术负责人</td><td>质检员</td><td rowspan="2">监理(建设)单位</td><td colspan="2">监理工程师(建设单位项目专业技术负责人)</td></tr>
<tr><td>×××</td><td>×××</td><td colspan="2">×××</td></tr>
</table>

水下砼灌注记录汇总表

质控(建)表 C.0.66　　　　共　页第　页

工程名称		××大厦										砼强度等级		C30			
施工单位		福建省××建筑工程公司															
配合比		水泥:水:砂:石:外加剂					1.00:0.56:2.22:3.14:0.02					隔水栓类型		Ⅰ型			
桩位编号	桩孔直径(mm)	桩孔深度(m)	灌注日期(月日时～月日时)	灌注时间	导管总长(m)	导管底口距孔底高(m)	导管埋入砼深度(m)	设计砼量(m^3)	实际灌注砼量(m^3)	砼灌注充盈系数	塌落度(cm)	钢筋笼直径(m)	钢筋笼长度(m)	地面标高(m)	砼灌注长度(m)	桩顶标高(m)	施工情况说明
1#	1000	39.50	8月10日 08:00—10:00	120	39.0	0.50	3	29.44	32.97	1.12	19	900	38.30	−1.20	37.50	−3.20	正常
2#	1000	40.00	8月10日 09:00—11:00	120	40.0	0.50	3	29.83	34.30	1.15	18	900	38.80	−1.20	38.00	−3.20	正常
3#	1000	40.50	8月10日 08:00—10:00	120	40.0	0.50	3	29.44	32.97	1.12	19	900	39.30	−1.20	38.50	−3.20	正常
项目技术负责人						质检员						记录员					
×××						×××						×××					

冲(钻)孔桩施工记录

质控(建)表 C.0.67　　　　　　　　　　　　　　　　　　　　　　　　　共　　页第　　页

<table>
<tr><td colspan="2">工程名称</td><td colspan="3"></td><td>施工单位</td><td colspan="2"></td><td colspan="2">机型机号</td><td colspan="3"></td><td>桩型桩号</td><td></td></tr>
<tr><td colspan="4">冲(钻)孔 始/终　月　日　时</td><td colspan="3">灌注砼 始/终　月　日　时</td><td colspan="6">安放钢筋笼 始/终　月　日　时</td><td colspan="2" rowspan="2">施工说明</td></tr>
<tr><td>序号</td><td colspan="2">地层名称</td><td>孔深(m)</td><td>每次灌注水泥包数</td><td>导管插入砼深度(m)</td><td>提升导管长度(m)</td><td>笼径</td><td colspan="2"></td><td colspan="2">笼长</td><td></td></tr>
<tr><td>1</td><td colspan="2"></td><td></td><td></td><td></td><td></td><td colspan="6" rowspan="7">示意图：</td><td colspan="2" rowspan="14">1. 施工桩长：有效桩长＋超灌量＝
2. 空孔回填采用：××材料
3. 钢筋笼采用吊筋，吊筋规格：××××，保护层厚度××cm；
4. 混凝土采用商品混凝土，浇筑采用泵送方式；
5. 其它说明</td></tr>
<tr><td>2</td><td colspan="2"></td><td></td><td></td><td></td><td></td></tr>
<tr><td>3</td><td colspan="2"></td><td></td><td></td><td></td><td></td></tr>
<tr><td>4</td><td colspan="2"></td><td></td><td></td><td></td><td></td></tr>
<tr><td>5</td><td colspan="2"></td><td></td><td></td><td></td><td></td></tr>
<tr><td>6</td><td colspan="2"></td><td></td><td></td><td></td><td></td></tr>
<tr><td colspan="2">施工孔深</td><td></td><td rowspan="8"></td><td colspan="2">实际灌注水泥数量(包)</td><td></td></tr>
<tr><td colspan="2">设计桩径(mm)</td><td>φ</td><td>导管内径(mm)</td><td></td><td>施工地面标高(罗零)</td><td colspan="2"></td><td colspan="4">砼配合比</td></tr>
<tr><td colspan="2" rowspan="2">实际桩径(mm)</td><td rowspan="2">φ</td><td>下导管长度(m)</td><td></td><td>设计桩顶标高</td><td colspan="2"></td><td colspan="2">水</td><td colspan="2">kg</td></tr>
<tr><td>超灌量(m)</td><td></td><td>空孔高度(m)</td><td colspan="2"></td><td colspan="2">水泥</td><td colspan="2">kg</td></tr>
<tr><td colspan="2">理论砼量(m^3)</td><td></td><td>设计砼强度</td><td></td><td>设计桩长(m)</td><td colspan="2"></td><td colspan="2">砂</td><td colspan="2">kg</td></tr>
<tr><td colspan="2">实际砼量(m^3)</td><td></td><td>水泥品种</td><td></td><td>施工桩长(m)</td><td colspan="2"></td><td colspan="2">卵(碎)石</td><td colspan="2">kg</td></tr>
<tr><td colspan="2">充盈系数</td><td></td><td>水泥厂家</td><td></td><td>坍落度(cm)</td><td colspan="2"></td><td colspan="2">掺合料</td><td colspan="2">kg</td></tr>
<tr><td colspan="2">孔底沉渣(cm)</td><td></td><td>水泥强度</td><td></td><td>试块编号</td><td colspan="2"></td><td colspan="2">外加剂</td><td colspan="2">kg</td></tr>
<tr><td colspan="2">施工单位</td><td colspan="3">项目技术负责人</td><td colspan="4">施工员</td><td colspan="2">监理(建设)单位</td><td colspan="4">监理工程师(建设单位项目专业技术负责人)</td></tr>
</table>

冲(钻)孔桩施工记录汇总表

质控(建)表 C.0.68　　　　　　　　　　　　　　　　　　　　共　　页　第　　页

工程名称										
施工单位						总桩数				
序号	桩号	施工日期 月　日	实际桩径(mm)	实际桩长(m)	设计桩径(mm)	设计桩长(m)	沉渣厚度(cm)	充盈系数	钢筋笼长度(m)	理论砼量(m^3)

施工单位	项目技术负责人	施工员	监理(建设)单位	监理工程师(建设单位项目专业技术负责人)

静压沉管(扩底)灌注桩施工记录

质控(建)表 C.0.69　　　　共　　页第　　页

工程名称						桩长(m)			桩径(mm)				
施工单位						施工班组				施工班组号			
建设单位					模管长度(m)			外径(mm)		内径(mm)			
施工压桩力					配筋				砼强度等级				
施工日期	桩号	沉管终了有无抬架	管内有无泥水	桩管顶离地高度(m)	灌扩底砼高度(m)	扩底提管高度(m)	扩底后管顶离地高度(m)	第一次砼离管顶高度(m)	提管后砼离管顶高度(m)	第二次砼离管顶高度(m)	拔管后砼桩顶离地度(m)	充盈系数	桩长(含桩尖)
施工单位	项目技术负责人			施工员			监理(建设)单位	监理工程师(建设单位项目专业技术负责人)					

静压沉管灌注桩汇总表

质控(建)表C.0.70　　　　　　　　　　　　　　　　　　共　　页　第　　页

工程名称											
施工单位							总桩数				
序号	桩号	施工日期 月　日	设计桩径(mm)	机架配重(kN)	有否抬架	充盈系数	设计桩长(m)	实际桩长(m)	砍桩长度(m)	钢筋笼规格	备注
施工单位	项目技术负责人		施工员		监理(建设)单位	监理工程师(建设单位项目专业技术负责人)					

人工挖孔桩施工记录

质控(建)表 C.0.71　　　　　　　　　　　　　　　　　　　　共　　页 第　　页

工程名称				桩号			
施工单位					地面标高		
孔径		孔深		桩长		设计标高	
扩大头直径			理论桩身体积			桩顶标高	
扩大头高度			实际砼灌注量				
挖孔日期	月　　日至　　月　　日			验收日期			
灌桩芯日期	月　　日　　时　　分，共计：　　时　　分						
桩身剖面图					施工情况简介： (排水、清孔等情况)		
地质柱状简图							
施工单位	项目技术负责人	施工员	监理(建设)单位	监理工程师(建设单位项目专业技术负责人)			

人工挖孔灌注桩施工记录汇总表

质控(建)表 C.0.72　　　　共　　页第　　页

工程名称		施工单位	

护壁厚度		护壁配筋情况		护壁砼等级	

桩身砼等级		桩身配筋情况	

施工日期	桩号	桩径(mm)	护壁顶标高(m)	护壁长度及土层情况								扩大头尺寸		孔底标高(m)	孔底持力层描述	备注
				第　节		第　节		第　节		第　节						
				长度(m)	土类及土性	长度(m)	土类及土性	长度(m)	土类及土性	长度(m)	土类及土性	高(m)	直径(m)			

施工单位	项目技术负责人	施工员	监理(建设)单位	监理工程师(建设单位项目专业技术负责人)

结构吊装记录

质控(建)表 C.0.73　　　　　　　　　　　　　　　　　　共　　页　第　　页

<table>
<tr><td colspan="3">工程名称</td><td colspan="3">××大厦</td><td colspan="1">吊装日期</td><td colspan="3">2011/11/1</td></tr>
<tr><td colspan="3">使用部位</td><td colspan="3">二层 E-F 轴</td><td colspan="1">构件名称及
合格证编号</td><td colspan="3">钢屋架</td></tr>
<tr><td colspan="3">坐标位置</td><td colspan="5">安　装　检　查</td><td colspan="2">焊、铆、拴接检查</td></tr>
<tr><td>跨</td><td>轴线</td><td>柱号</td><td>接头(点)处理</td><td>固定方法</td><td>轴线复测</td><td>标高复测</td><td>搁置与搭接尺寸</td><td>尺寸检查</td><td>外观检查</td></tr>
<tr><td rowspan="11"></td><td>E</td><td>E/2</td><td>焊接</td><td>拴接</td><td>合格</td><td>合格</td><td>10 cm</td><td>合格</td><td>合格</td></tr>
<tr><td>E</td><td>E/3</td><td>焊接</td><td>拴接</td><td>合格</td><td>合格</td><td>10 cm</td><td>合格</td><td>合格</td></tr>
<tr><td>E</td><td>E/4</td><td>焊接</td><td>拴接</td><td>合格</td><td>合格</td><td>10 cm</td><td>合格</td><td>合格</td></tr>
<tr><td>E</td><td>E/5</td><td>焊接</td><td>拴接</td><td>合格</td><td>合格</td><td>10 cm</td><td>合格</td><td>合格</td></tr>
<tr><td>E</td><td>E/6</td><td>焊接</td><td>拴接</td><td>合格</td><td>合格</td><td>10 cm</td><td>合格</td><td>合格</td></tr>
<tr><td>E</td><td>E/7</td><td>焊接</td><td>拴接</td><td>合格</td><td>合格</td><td>10 cm</td><td>合格</td><td>合格</td></tr>
<tr><td></td><td></td><td></td><td></td><td></td><td></td><td></td><td></td><td></td></tr>
<tr><td></td><td></td><td></td><td></td><td></td><td></td><td></td><td></td><td></td></tr>
<tr><td></td><td></td><td></td><td></td><td></td><td></td><td></td><td></td><td></td></tr>
<tr><td></td><td></td><td></td><td></td><td></td><td></td><td></td><td></td><td></td></tr>
<tr><td></td><td></td><td></td><td></td><td></td><td></td><td></td><td></td><td></td></tr>
<tr><td colspan="2">存在问题及处理结果</td><td colspan="8">无</td></tr>
<tr><td colspan="2" rowspan="2">施工单位</td><td colspan="2">项目技术负责人</td><td>施工员</td><td rowspan="2">监理(建设)单位</td><td colspan="4">监理工程师(建设单位项目专业技术负责人)</td></tr>
<tr><td colspan="2">×××</td><td>×××</td><td colspan="4">×××</td></tr>
</table>

预应力张拉记录(一)

质控(建)表 C. 0. 74　　　　共　页 第　页

<table>
<tr><td>工程名称</td><td colspan="2">××大厦</td><td>施工单位</td><td colspan="2">福建省××建筑工程公司</td></tr>
<tr><td>施工部位</td><td colspan="2">××屋面梁</td><td>张拉日期</td><td colspan="2">2011/11/1</td></tr>
<tr><td>预应力筋规格及抗拉强度</td><td colspan="2">φ15.2　1860 MPa</td><td>预应力类型</td><td colspan="2">后张法</td></tr>
<tr><td rowspan="2">张拉千斤顶</td><td>型号规格</td><td>千斤顶编号</td><td>压力表号</td><td>检定证书编号</td><td>配套标定</td></tr>
<tr><td>YDC2500B</td><td>GC-007</td><td>5389</td><td>BQD5324-1</td><td>G-vA030</td></tr>
<tr><td>混凝土设计强度(MPa)</td><td colspan="2">C40</td><td>张拉时混凝土实际强度(MPa)</td><td colspan="2">C40</td></tr>
<tr><td colspan="6">预应力张拉程序：
0—0. 1σcon—1. 03σcon(锚固)
平面位置上，从 A-K 轴</td></tr>
<tr><td colspan="6">平面示意图：
详见结构平面图</td></tr>
<tr><td>设计控制应力</td><td colspan="2">1302 MPa</td><td>实际张拉力</td><td colspan="2">1689. 7 kN</td></tr>
<tr><td>预应力筋计算伸长值</td><td colspan="5"></td></tr>
<tr><td>预应力筋伸长值范围</td><td colspan="5">46. 2～52. 0 cm 详见表 2</td></tr>
</table>

<table>
<tr><td rowspan="2">施工单位</td><td>项目技术负责人</td><td>施工员</td><td rowspan="2">监理(建设)单位</td><td>监理工程师(建设单位项目专业技术负责人)</td></tr>
<tr><td>×××</td><td>×××</td><td>×××</td></tr>
</table>

预应力张拉记录(二)

质控(建)表 C.0.75　　　　共　页 第　页

<table>
<tr><td>工程名称</td><td colspan="5">××大厦</td><td colspan="2">施工单位</td><td colspan="3">福建省××建筑工程公司</td></tr>
<tr><td>施工部位</td><td colspan="5">××屋面梁</td><td colspan="2">张拉日期</td><td colspan="3">2011/11/1</td></tr>
<tr><td rowspan="3">张拉顺序编号</td><td rowspan="3">计算值</td><td colspan="7">夹片式锚具预应力筋张拉伸长实测值(cm)</td><td rowspan="3">备注</td></tr>
<tr><td colspan="3">一端张拉</td><td colspan="3">另一端张拉</td><td rowspan="2">总伸长</td></tr>
<tr><td>原长 L_1</td><td>原长 L_2</td><td>伸长 ΔL</td><td>原长 L_1'</td><td>原长 L_2'</td><td>原长 $\Delta L'$</td></tr>
<tr><td>YZL1-1</td><td>6.7～7.5</td><td>2.5</td><td>9.5</td><td>7.0</td><td></td><td></td><td></td><td>7.0</td><td></td></tr>
<tr><td>YZL1-2</td><td>6.7～7.5</td><td>3.0</td><td>10.0</td><td>7.0</td><td></td><td></td><td></td><td>7.0</td><td></td></tr>
<tr><td>YZL2-1</td><td>6.7～7.5</td><td>3.9</td><td>10.9</td><td>7.0</td><td></td><td></td><td></td><td>7.0</td><td></td></tr>
<tr><td>YZL2-2</td><td>6.7～7.5</td><td>3.5</td><td>10.5</td><td>7.0</td><td></td><td></td><td></td><td>7.0</td><td></td></tr>
<tr><td>YZL3-1</td><td>6.7～7.5</td><td>2.4</td><td>9.5</td><td>7.1</td><td></td><td></td><td></td><td>7.1</td><td></td></tr>
<tr><td>YZL3-2</td><td>6.7～7.5</td><td>3.2</td><td>10.3</td><td>7.1</td><td></td><td></td><td></td><td>7.1</td><td></td></tr>
<tr><td>YZL4-1</td><td>6.1～6.9</td><td>5.8</td><td>12.3</td><td>6.5</td><td></td><td></td><td></td><td>6.5</td><td></td></tr>
<tr><td>YZL4-2</td><td>6.1～6.9</td><td>5.0</td><td>11.4</td><td>6.4</td><td></td><td></td><td></td><td>6.4</td><td></td></tr>
<tr><td>YZL5-1</td><td>6.1～6.9</td><td>3.4</td><td>10.0</td><td>6.6</td><td></td><td></td><td></td><td>6.6</td><td></td></tr>
<tr><td>YZL5-2</td><td>6.1～6.9</td><td>3.7</td><td>10.3</td><td>6.6</td><td></td><td></td><td></td><td>6.6</td><td></td></tr>
<tr><td>YZL5-1</td><td>6.1～6.9</td><td>2.7</td><td>9.5</td><td>6.8</td><td></td><td></td><td></td><td>6.8</td><td></td></tr>
<tr><td>YZL5-2</td><td>6.1～6.9</td><td>4.4</td><td>10.9</td><td>6.5</td><td></td><td></td><td></td><td>6.5</td><td></td></tr>
<tr><td></td><td></td><td></td><td></td><td></td><td></td><td></td><td></td><td></td><td></td></tr>
<tr><td></td><td></td><td></td><td></td><td></td><td></td><td></td><td></td><td></td><td></td></tr>
<tr><td rowspan="2">施工单位</td><td colspan="2">项目技术负责人</td><td colspan="2">施工员</td><td rowspan="2">监理(建设)单位</td><td colspan="4">监理工程师(建设单位项目专业技术负责人)</td></tr>
<tr><td colspan="2">×××</td><td colspan="2">×××</td><td colspan="4">×××</td></tr>
</table>

有黏结预应力结构灌浆记录

质控(建)表 C.0.76　　　　共　　页　第　　页

工程名称			施工单位		
施工部位			灌浆日期		
灌浆配合比			灌浆要求压力值		
水泥强度等级		进场日期		复试报告编号	
灌浆点简图与编号：					
灌浆点编号	灌浆压力值(MPa)	灌浆量(L)	灌浆点编号	灌浆压力值(MPa)	灌浆量(L)
水泥浆抗压强度(MPa)					
备注					
施工单位	项目技术负责人	施工员	监理(建设)单位	监理工程师(建设单位项目专业技术负责人)	
	×××	×××		×××	

大体积混凝土养护测孔平面图

质控(建)表 C.0.77　　　　共　　页　第　　页

<table>
<tr><td>工程名称</td><td colspan="3"></td><td colspan="2">施工单位</td><td></td></tr>
<tr><td>部位</td><td colspan="3"></td><td colspan="2">养护方法</td><td></td></tr>
<tr><td>测温方式</td><td colspan="3"></td><td colspan="2">测温日期</td><td></td></tr>
<tr><td colspan="7">测孔平面图</td></tr>
<tr><td colspan="7">说明：</td></tr>
<tr><td rowspan="2">施工单位</td><td>项目技术负责人</td><td>施工员</td><td>测温员</td><td rowspan="2">监理(建设)单位</td><td colspan="2">监理工程师(建设单位项目专业技术负责人)</td></tr>
<tr><td></td><td></td><td></td><td colspan="2"></td></tr>
</table>

大体积混凝土测温记录

质控(建)表 C.0.78　　　　　　　　　　　　　　　　　共　　页　第　　页

工程名称														
施工单位								测温方式						
部　　位								养护方法						
测温时间			大气温度	测孔编号	保温层下温度（1）	块体外表温度（2）	中靠上点温度（3）	中间点温度（4）	中偏下点温度（5）	块体底表温度（6）	最大温差（混凝土内与保温层内）	最大温差（混凝土保温层内外）	间隙时间	备注
月	日	时												
施工单位	项目技术负责人				施工员		测温员		监理(建设)单位		监理工程师(建设单位项目专业技术负责人)			

混凝土开盘鉴定

质控(建)表 C.0.79　　　　　　　　　　　　　　　　　　　　　　共　　页　第　　页

<table>
<tr><td colspan="2">工程名称</td><td colspan="3"></td><td colspan="2">施工单位</td><td colspan="3"></td></tr>
<tr><td colspan="2">搅拌单位</td><td colspan="3"></td><td colspan="2">试配单位</td><td colspan="3"></td></tr>
<tr><td colspan="2">浇筑部位</td><td colspan="3"></td><td colspan="2">试验配合比编号</td><td colspan="3"></td></tr>
<tr><td>强度等级</td><td></td><td>水灰比</td><td colspan="2"></td><td>砂率</td><td></td><td colspan="2">设计坍落度(mm)</td><td></td></tr>
<tr><td rowspan="4">原材料控制</td><td>材料名称</td><td>水泥</td><td>外加剂 1</td><td>外加剂 2</td><td>掺合料 1</td><td>掺合料 2</td><td>砂</td><td>石</td><td>水</td></tr>
<tr><td>品种,规格</td><td></td><td></td><td></td><td></td><td></td><td></td><td></td><td>□饮用水
□其他</td></tr>
<tr><td>合格证编号</td><td></td><td></td><td></td><td></td><td></td><td></td><td></td><td></td></tr>
<tr><td>检验单编号</td><td></td><td></td><td></td><td></td><td></td><td></td><td></td><td></td></tr>
<tr><td rowspan="3">配合比控制</td><td>设计配合比每 m^3 用量(kg)</td><td></td><td></td><td></td><td></td><td></td><td></td><td></td><td></td></tr>
<tr><td>施工配合比每盘用量(kg)</td><td></td><td></td><td></td><td></td><td></td><td></td><td></td><td></td></tr>
<tr><td colspan="9">砂实际含水率　　　　%,石实际含水率　　　　%</td></tr>
<tr><td rowspan="3">混凝土性能鉴定</td><td>试块抗压强度</td><td colspan="3">f_{cu}28(MPa)</td><td>试验编号</td><td colspan="4"></td></tr>
<tr><td>实测坍落度(mm)</td><td colspan="3"></td><td>粘聚性</td><td></td><td>保水性</td><td colspan="2"></td></tr>
<tr><td>搅拌机、型号、容量、状态</td><td colspan="3"></td><td>计量方式</td><td></td><td>运输方式</td><td colspan="2"></td></tr>
<tr><td>鉴定意见</td><td colspan="9"></td></tr>
</table>

混凝土拌制单位	施工单位	监理(建设)单位
(质检部门代表签字) 年　月　日	(项目技术负责人签字) 年　月　日	(专业监理工程师或建设单位项目技术负责人签字) 年　月　日

混凝土工程(现场搅拌)施工记录

质控(建)表C.0.80　　　　共1页　第1页

<table>
<tr><td colspan="2">工程名称</td><td colspan="4">××市××小区8号楼</td><td colspan="2">施工单位</td><td colspan="4">××建筑工程公司</td></tr>
<tr><td rowspan="6">原材料情况</td><td>材料名称</td><td colspan="2">水泥</td><td colspan="4">掺合料</td><td colspan="4">外加剂</td></tr>
<tr><td>品牌,等级</td><td colspan="2">帆船牌　32.5^{R}</td><td colspan="2">/</td><td colspan="2">/</td><td colspan="2">/</td><td colspan="2">/</td></tr>
<tr><td>合格证或检验单编号</td><td colspan="2">出厂编号2004-023</td><td colspan="2">/</td><td colspan="2">/</td><td colspan="2">/</td><td colspan="2">/</td></tr>
<tr><td colspan="5">砂</td><td colspan="6">石　　子</td></tr>
<tr><td>品种,规格</td><td>河砂,中砂</td><td rowspan="2">含水率(%)</td><td rowspan="2" colspan="2">2%</td><td colspan="2">品种,规格</td><td colspan="2">卵石2～4粒径</td><td rowspan="2">含水率(%)</td><td rowspan="2">1%</td></tr>
<tr><td>合格证或检验单编号</td><td>检验单编号
2004HJ0222</td><td colspan="2">合格证或检验单编号</td><td colspan="2">检验单编号
2004HS0152</td></tr>
<tr><td colspan="2" rowspan="2">混凝土组分</td><td rowspan="2">水</td><td rowspan="2">水泥</td><td rowspan="2">砂</td><td rowspan="2">石子</td><td colspan="2">掺合料</td><td colspan="2">外加剂</td><td rowspan="2">配合比编号</td><td rowspan="2">2004HT0235</td></tr>
<tr><td>/</td><td>/</td><td>/</td><td>/</td></tr>
<tr><td colspan="2">试验配合比</td><td>0.41</td><td>1.0</td><td>1.78</td><td>3.88</td><td>/</td><td>/</td><td>/</td><td>/</td><td>强度等级</td><td>C25</td></tr>
<tr><td colspan="2">施工配合比</td><td>0.36</td><td>1.0</td><td>1.90</td><td>4.09</td><td>/</td><td>/</td><td>/</td><td>/</td><td>水灰比</td><td>0.41</td></tr>
<tr><td colspan="2">每盘用量(kg)</td><td>36</td><td>100</td><td>190</td><td>409</td><td>/</td><td>/</td><td>/</td><td>/</td><td>坍落度要求</td><td>50～80</td></tr>
<tr><td colspan="2">浇筑部位</td><td colspan="3">①～⑧轴柱下独立基础</td><td colspan="2">浇捣方式</td><td colspan="2">机械</td><td colspan="2">施工缝位置</td><td>承台顶面</td></tr>
<tr><td colspan="2">搅拌机型号</td><td colspan="3">JZC350</td><td colspan="2">台数</td><td colspan="2">1</td><td colspan="2">计量方式</td><td>磅秤</td></tr>
<tr><td colspan="2">浇筑时间</td><td colspan="3">2004年11月23日07时
2004至11月23日24时</td><td colspan="2">延续时数(h)</td><td colspan="2">13</td><td colspan="2">气候条件</td><td>晴天　28 ℃</td></tr>
<tr><td colspan="4">本时间段浇筑混凝土数量(m^3)</td><td colspan="5">120</td><td colspan="2">工作班数</td><td>2</td></tr>
<tr><td colspan="2" rowspan="2">实测坍落度(mm)</td><td>1</td><td>2</td><td>3</td><td>4</td><td colspan="2">5</td><td colspan="2"></td><td></td><td>养护方式</td></tr>
<tr><td>70</td><td>60</td><td>65</td><td>75</td><td colspan="2">70</td><td colspan="2">/</td><td>/</td><td>人工浇水</td></tr>
<tr><td rowspan="4">砼试块留置</td><td>取样时间</td><td colspan="2">23日09时</td><td colspan="2">23日09时</td><td colspan="2">23日16时</td><td colspan="2">23日16时</td><td>/</td><td>/</td></tr>
<tr><td>试块编号</td><td colspan="2">J1-1(标养)</td><td colspan="2">J1-2(标养)</td><td colspan="2">J1-3(标养)</td><td colspan="2">J1-4(标养)</td><td>/</td><td>/</td></tr>
<tr><td>取样时间</td><td colspan="2">23日09时</td><td colspan="2">/</td><td colspan="2">/</td><td colspan="2">/</td><td>/</td><td>/</td></tr>
<tr><td>试件编号</td><td colspan="2">J1-5(同养)</td><td colspan="2">/</td><td colspan="2">/</td><td colspan="2">/</td><td>/</td><td>/</td></tr>
<tr><td colspan="2">施工过程异常记录及处理</td><td colspan="10">施工过程没有出现异常现象。</td></tr>
<tr><td colspan="4">施工员</td><td colspan="4">记录员</td><td colspan="4">日　期</td></tr>
<tr><td colspan="4">×××</td><td colspan="4">×××</td><td colspan="4">2004年11月23日</td></tr>
</table>

混凝土工程(预拌)施工记录

质控(建)表 C.0.81　　　　共1页　第1页

工程名称	××市××小区8号楼						施工单位		××建筑工程公司		
拌制单位	××市××混凝土有限公司						开盘鉴定编号		20041231		
混凝土组分	水	水泥	砂	石子	掺合料		外加剂		配合比编号	2004HG2355	
试验配合比	0.41	1.0	1.78	3.88	/	/	/	/	强度等级	C30	
施工配合比	0.36	1.0	1.90	4.09	/	/	/	/	水灰比	0.41	
浇筑部位	①～⑧轴柱下独立基础				浇捣方式		机械拌料 机械捣固		施工缝位置	承台顶面	
浇筑时间	2004年11月23日07时 2004至11月23日24时				延续时数(h)		13		气候条件	晴天28℃	
本时间段浇筑混凝土数量(m³)					120				工作班数	2	
实测坍落度(mm)	1	2	3	4	5						养护方式
	70	60	65	75	70						人工浇水
砼试块留置	取样时间	23日09时	23日09时	23日16时	23日16时	/	/				
	试块编号	J1-1(标养)	J1-2(标养)	J1-3(标养)	J1-4(标养)	/	/				
	取样时间	23日09时	/	/	/	/	/				
	试件编号	J1-5(同养)	/	/	/	/	/				
施工过程异常记录及处理	施工过程没有出现异常现象。										
施工员		记录员			日期						
×××		×××			2004年11月23日						

烟(风)道、垃圾道施工记录

质控(建)表 C.0.82

工程名称	××市××小区 8 号楼	编号	002
		检查日期	2005.03.24

检查部位	检查结果													检查人	复检人
	主烟(风)道						副烟(风)道						垃圾道		
	内壁尺寸(mm)		上下楼层孔道对中	孔道垂直度偏差(mm)		内壁粉刷	内壁尺寸(mm)		上下楼层孔道对中	孔道垂直度偏差(mm)		内壁粉刷			
	设计	实测		设计	实测		设计	实测		设计	实测				
201 房	200×300	195×295	错位 3 mm	5	3	已粉刷									
202 房	200×300	205×300	错位 3 mm	5	2	已粉刷									
203 房	200×300	200×305	错位 3 mm	5	3	已粉刷									
301 房	200×300	205×305	错位 2 mm	5	4	已粉刷									
302 房	200×300	195×295	错位 2 mm	5	3	已粉刷									
303 房	200×300	205×305	错位 2 mm	5	4	已粉刷									
401 房	200×300	200×300	错位 3 mm	5	3	已粉刷									
402 房	200×300	195×295	错位 2 mm	5	3	已粉刷									
403 房	200×300	205×295	错位 2 mm	5	4	已粉刷									
501房	200×300	195×295	错位 3 mm	5	3	已粉刷									
502 房	200×300	195×305	错位 3 mm	5	3	已粉刷									
503 房	200×300	200×300	错位 2 mm	5	4	已粉刷									
601 房	200×300	195×295	错位 2 mm	5	3	已粉刷									
602 房	200×300	205×305	错位 3 mm	5	2	已粉刷									

签字栏	施工单位		
	专业技术负责人	专业质检员	专业工长

建筑地面、屋面坡度检查记录

质控(建)表 C.0.83　　　　共　页 第　页

<table>
<tr><td>工程名称</td><td colspan="6">××市××小区 8 号楼</td></tr>
<tr><td>施工单位</td><td colspan="6">××建筑工程公司</td></tr>
<tr><td>工程部位</td><td colspan="3">厨房、卫生间、阳台地面</td><td>检查日期</td><td colspan="2">2005 年 7 月 13 日</td></tr>
<tr><td>测点编号</td><td>结构部位</td><td>设计坡度</td><td>实测坡度</td><td>允许偏差</td><td>偏差</td><td>是否合格</td></tr>
<tr><td>01</td><td>六层</td><td>2%</td><td>1.9%</td><td>±3 mm</td><td>−2 mm</td><td>合格</td></tr>
<tr><td>02</td><td>六层</td><td>2%</td><td>2.1%</td><td>±3 mm</td><td>+2 mm</td><td>合格</td></tr>
<tr><td>03</td><td>六层</td><td>2%</td><td>1.8%</td><td>±3 mm</td><td>+3 mm</td><td>合格</td></tr>
<tr><td>04</td><td>六层</td><td>2%</td><td>1.9%</td><td>±3 mm</td><td>−2 mm</td><td>合格</td></tr>
<tr><td>05</td><td>六层</td><td>2%</td><td>2.2%</td><td>±3 mm</td><td>+3 mm</td><td>合格</td></tr>
<tr><td>06</td><td>六层</td><td>2%</td><td>1.9%</td><td>±3 mm</td><td>−2 mm</td><td>合格</td></tr>
<tr><td></td><td></td><td></td><td></td><td></td><td></td><td></td></tr>
<tr><td></td><td></td><td></td><td></td><td></td><td></td><td></td></tr>
<tr><td></td><td></td><td></td><td></td><td></td><td></td><td></td></tr>
<tr><td></td><td></td><td></td><td></td><td></td><td></td><td></td></tr>
<tr><td></td><td></td><td></td><td></td><td></td><td></td><td></td></tr>
<tr><td></td><td></td><td></td><td></td><td></td><td></td><td></td></tr>
<tr><td colspan="2">实测最大偏差(mm)</td><td colspan="2">+3 mm 和−3 mm</td><td>允许最大偏差(mm)</td><td colspan="2">±3 mm</td></tr>
<tr><td>检测依据</td><td colspan="3">设计图纸和施工质量验收规范</td><td colspan="3">检测评定结论</td></tr>
<tr><td rowspan="2">施工单位检查评定结果</td><td colspan="3" rowspan="2">合格点率:100%
实测最大偏差:+3 mm 和−3 mm</td><td colspan="2">质检员</td><td>施工员</td></tr>
<tr><td colspan="2">×××</td><td>×××</td></tr>
<tr><td>监理(建设)单位验收结论</td><td colspan="6">符合设计图纸和施工质量验收规范。
监理工程师:×××
(建设单位项目专业技术负责人)
2011 年××月××日</td></tr>
</table>

(1)建筑地面基层的坡度应符合设计要求,基层表面坡度的允许偏差应不大于房间相应尺寸的2/1000,且不大于30 mm。

(2)整体面层、砖面层、大理石和花岗石面层表面的坡度应符合设计要求,不得有倒泛水和积水现象。

(3)建筑地面坡度80%以上的检查点,其允许偏差应符合要求,不合格点不得明显影响使用,其最大偏差不得大于允许偏差值的1.5倍。

(4)屋面找平层(含天沟、檐沟)的排水坡度,必须符合设计要求。当设计无要求时,平屋面采用结构找坡不应小于3%,采用材料找坡宜为2%;天沟、檐沟纵向找坡不应小于1%。

(5)建筑地面、屋面坡度检查记录应按(质控(建)表C.0.83)的规定填写。

2. 建筑地面、屋面坡度检查的批次:

(1)建筑地面坡度检查的批次应按每一层次或每层施工段(或变形缝)作为一批,高层建筑的标准层可按每三层(不足三层按三层计)作为一批,每批抽查数量应按自然间(或标准间)随机检验不少于三间(点),不足三间,应全数检查;其中走廊(过道)应以10延长米为1间,工业厂房(按单跨计)、礼堂、门厅应以两个轴线为一间计算;

(2)屋面找平层(含天沟、檐沟)的排水坡度应按屋面面积每100 m^2抽查一处,且不得少于3处。

4.3.7 预制构件、预拌混凝土合格证

4.3.7.1 预制构件合格证(质控(建)表C.0.85~C.0.91)

预制构件合格证的主要内容:

1. 预制构件主要包括预制钢筋混凝土桩及其他构件、预应力钢筋混凝土管桩及其他构件、钢结构构件及其他构件、网架结构构件、门窗、建筑幕墙、隔墙板等。

2. 生产厂家应有生产许可证或资质。各类预制构件合格证应在安装前随着构件进场逐批提供,并应在明显部位加盖出厂标记,标明生产单位、构件型号、生产日期和质量验收标志。构件上的预埋件、插筋、预留孔洞的规格、位置、数量应符合设计或标准图的要求。合格证的格式应符合质控(建)表C.0.85~C.0.91的规定。

3. 建筑结构承重预制构件及预制桩应按规定提供合格证及有关结构性能检验报告。现场预制的承重构件应提供原材料质量证明书、检验批、分项质量评定及有关试验报告。结构性能检验不合格的预制构件不得使用。普通钢筋混凝土预制构件应符合《混凝土结构工程施工质量验收规范》GB 50204的规定。

4. 各类门窗必须提供出厂合格证。设计要求做"三性"试验的铝合金门窗、塑钢门窗应提供"三性"试验报告。

5. 钢结构构件进场时,必须提供出厂合格证和试验报告。钢结构构件质量应符合设计及现行国家标准《钢结构工程施工质量验收规范》GB 50205的规定,网架构件的质量还应符合《网架结构工程质量检验评定标准》JGJ 78的要求。

6. 建筑幕墙构件质量应符合设计要求及《建筑幕墙》GB/T 21086、《建筑装饰装修工程质量验收规范》GB 50210及《玻璃幕墙工程质量检验标准》JGJ/T 139要求,并应提供"四

性"试验报告。进场时所用材料应有出厂合格证,材质证明书及有关材料试验报告和相容性试验报告。

7. 玻璃幕墙构件出厂时应有质量检验证书。

8. 隔墙板应有产品合格证、使用说明书。

9. 先张法预应力混凝土管桩出厂时应提供出厂合格证及材质检验报告,检验程序及结果应符合设计和规范规定。预应力混凝土管桩进场应按进场批提供出厂合格证及厂家批量检验报告。出厂合格证、批量检验报告应明确品种、规格、型号、数量。

4.3.7.2 预拌混凝土合格证(质控(建)表 C.0.92)

预拌混凝土合格证的主要内容:

1. 预拌混凝土出厂合格证应按质控(建)表 C.0.92 规定的内容填写完整,签字应完整,结论应明确。

2. 预拌混凝土所使用的各种原材料必须符合国家现行标准、规范的规定,进厂的原材料必须有相应的产品说明书、每批产品合格证和出厂检验报告。进厂原材料必须按进场批且经检验合格后方可使用。

3. 预拌混凝土出厂应进行检验,出厂检验试样取样应在搅拌地点进行,由供方出具的出厂检验报告不应作为工程质量评定与验收依据。

4. 预拌混凝土交货检验混凝土拌合物性能不合格,需方或施工单位有权拒收和退货,并应做好记录。

5. 判决混凝土质量是否符合要求时,强度、坍落度以及抗渗等级检验应以交货检验结果为依据,氯化物含量可以出厂检验结果为依据(在原材料不变下,每台班提供一次,不足一台班亦提供一次),其他的检验项目可按合同规定执行。

6. 交货时,预拌混凝土生产厂家必须在交货点现场制作混凝土抗压强度试件,有抗渗要求的还应做抗渗试件,并应做好试件样品标识,送有资质的检测机构进抗压强度、抗渗性能试验;应建立试件样品台账,试件样品取样点及取样数量频率应符合有关规定。

7. 预拌混凝土生产厂家在交货时,必须向需方提供有关质量控制资料及每一车的发货单。质量控制资料应按开盘次数提供。交货点的混凝土抗压强度、抗渗性能试验报告及建立试件样品台账必须在混凝土各分项工程验收前按所涉及的工程量全数提供。

8. 预拌混凝土生产厂家交货点的混凝土抗压强度、抗渗性能等试验报告不应作为工程质量评定与验收依据。但试验结果达不到设计及规范规定要求的,施工现场不得进入下道工序施工。

4.3.8 地基基础主体结构检验及抽样检测

4.3.8.1 地基承载力检验及抽样检测资料(质控(建)表 C.0.93)

1. 地基承载力检验及抽样检测资料的主要内容:

(1)设计有要求或协议有约定的,地基应进行承载力检验,且地基承载力特征值应满足设计要求。

预制混凝土桩等构件出厂合格证

质控(建)C.0.85　　　　　　　　共　页　第　页

<table>
<tr><td colspan="2">构件名称</td><td colspan="2">雨水井</td><td colspan="2">合格证编号</td><td colspan="2">2011×××</td></tr>
<tr><td colspan="2">构件型号</td><td>Ⅰ型</td><td>规格</td><td>720×520</td><td colspan="2">供应数量</td><td>100</td></tr>
<tr><td colspan="2">制造厂
(生产企业)</td><td colspan="3">福建省××建材公司</td><td colspan="2">企业资质等级、资质证书编号</td><td>2011××</td></tr>
<tr><td colspan="2">标准图号或
设计图纸号</td><td colspan="3"></td><td colspan="2">混凝土设计
强度等级</td><td>C20</td></tr>
<tr><td colspan="2">混凝土浇筑日期</td><td colspan="3">2011/××/××</td><td colspan="2">构件出厂日期</td><td>2011/××/××</td></tr>
<tr><td rowspan="9">性能检验评定结果</td><td colspan="2">混凝土</td><td colspan="5">主　筋</td></tr>
<tr><td>养护方法</td><td>28 天抗压强度</td><td>试验编号</td><td colspan="2">力学性能</td><td colspan="2">工艺性能</td></tr>
<tr><td>自然养护</td><td>31.6</td><td>JY11××</td><td colspan="2">合格</td><td colspan="2">合格</td></tr>
<tr><td colspan="7">外　观</td></tr>
<tr><td colspan="3">质量状况</td><td colspan="4">规格尺寸</td></tr>
<tr><td colspan="3">合格</td><td colspan="4">合格</td></tr>
<tr><td>承载力</td><td>挠度</td><td>抗裂检验</td><td colspan="2">裂缝宽度</td><td colspan="2">结构性能试验编号</td></tr>
<tr><td>合格</td><td>合格</td><td>合格</td><td colspan="2">合格</td><td colspan="2">JY11××</td></tr>
<tr><td colspan="7"></td></tr>
<tr><td>结论</td><td colspan="4">合格</td><td>备注</td><td colspan="2"></td></tr>
<tr><td colspan="2" rowspan="2">生产单位

(公章)</td><td colspan="2">技术负责人</td><td colspan="2">质检员</td><td colspan="2" rowspan="2">填表日期

年　月　日</td></tr>
<tr><td colspan="2">×××</td><td colspan="2">×××</td></tr>
</table>

钢构件出厂合格证

质控(建)表 C.0.86　　　　共　页 第　页

<table>
<tr><td>工程名称</td><td colspan="4">××大厦</td><td colspan="2">合格证编号</td><td>2011×××</td></tr>
<tr><td>委托单位</td><td colspan="4">福建省××建筑公司</td><td colspan="2">供应批总量(t)</td><td>10</td></tr>
<tr><td>钢材材质型号</td><td colspan="2">45#</td><td>原材报告编号</td><td>GJ×××</td><td>复试报告编号</td><td colspan="2">GJ×××</td></tr>
<tr><td>焊条或焊丝型号</td><td colspan="2">SHJ 502</td><td>焊药型号</td><td>FB301S</td><td>焊接工艺</td><td colspan="2"></td></tr>
<tr><td>加工日期</td><td colspan="3">2011/××/××</td><td>出厂日期</td><td colspan="3">2011/××/××</td></tr>
<tr><td>序号</td><td>构件名称</td><td>构件编号</td><td>构件规格</td><td>构件单重(kg)</td><td>构件数量</td><td>防腐状况</td><td>使用部位</td></tr>
<tr><td>1</td><td>铸铁栏杆</td><td>1—A</td><td>1000 mm</td><td>147</td><td>10</td><td>涂防腐漆</td><td>栏杆</td></tr>
<tr><td>2</td><td>铸铁栏杆</td><td>2—A</td><td>1000 mm</td><td>147</td><td>10</td><td>涂防腐漆</td><td>栏杆</td></tr>
<tr><td>3</td><td>铸铁栏杆</td><td>3—A</td><td>1000 mm</td><td>147</td><td>10</td><td>涂防腐漆</td><td>栏杆</td></tr>
<tr><td></td><td></td><td></td><td></td><td></td><td></td><td></td><td></td></tr>
<tr><td></td><td></td><td></td><td></td><td></td><td></td><td></td><td></td></tr>
<tr><td></td><td></td><td></td><td></td><td></td><td></td><td></td><td></td></tr>
<tr><td></td><td></td><td></td><td></td><td></td><td></td><td></td><td></td></tr>
<tr><td></td><td></td><td></td><td></td><td></td><td></td><td></td><td></td></tr>
<tr><td></td><td></td><td></td><td></td><td></td><td></td><td></td><td></td></tr>
<tr><td></td><td></td><td></td><td></td><td></td><td></td><td></td><td></td></tr>
<tr><td>备注</td><td colspan="7"></td></tr>
<tr><td colspan="3" rowspan="2">生产单位

(公章)</td><td colspan="2">技术负责人</td><td colspan="2">质检员</td><td rowspan="2">填表日期

年　月　日</td></tr>
<tr><td colspan="2">×××</td><td colspan="2">×××</td></tr>
</table>

注:重要构件试验报告应附后。

钢门窗合格证

质控(建)表 C.0.87 　　　　　　　　　　　　　　　　　　　　　　共　　页　第　　页

工程名称								
委托单位				生产许可证编号				
名称(型号)	规格 (宽×高)	数量	生产 日期	出厂 日期	采用 图集	钢材合格证 或复试单编号	质量评 定等级	备注
使用及运输 应注意事项								
生产单位 (公章)		技术负责人		质检员		填表日期 年　月　日		

木门窗合格证

质控(建)表 C.0.88　　　　共　页　第　页

<table>
<tr><td>工程名称</td><td colspan="7"></td><td colspan="2">生产许可证编号</td><td colspan="3"></td></tr>
<tr><td>委托单位</td><td colspan="8"></td><td colspan="2">编号</td><td colspan="2"></td></tr>
<tr><td rowspan="2">名称(型号)</td><td rowspan="2">规格
(宽×高)</td><td rowspan="2">数量</td><td rowspan="2">生产
日期</td><td rowspan="2">出厂
日期</td><td rowspan="2">采用
图集</td><td colspan="2">材质等级</td><td colspan="2">含水率(%)</td><td rowspan="2">质量评
定等级</td><td rowspan="2">备注</td></tr>
<tr><td>规定</td><td>实际</td><td>规定</td><td>实际</td></tr>
<tr><td></td><td></td><td></td><td></td><td></td><td></td><td></td><td></td><td></td><td></td><td></td><td></td></tr>
<tr><td></td><td></td><td></td><td></td><td></td><td></td><td></td><td></td><td></td><td></td><td></td><td></td></tr>
<tr><td></td><td></td><td></td><td></td><td></td><td></td><td></td><td></td><td></td><td></td><td></td><td></td></tr>
<tr><td></td><td></td><td></td><td></td><td></td><td></td><td></td><td></td><td></td><td></td><td></td><td></td></tr>
<tr><td></td><td></td><td></td><td></td><td></td><td></td><td></td><td></td><td></td><td></td><td></td><td></td></tr>
<tr><td></td><td></td><td></td><td></td><td></td><td></td><td></td><td></td><td></td><td></td><td></td><td></td></tr>
<tr><td></td><td></td><td></td><td></td><td></td><td></td><td></td><td></td><td></td><td></td><td></td><td></td></tr>
<tr><td></td><td></td><td></td><td></td><td></td><td></td><td></td><td></td><td></td><td></td><td></td><td></td></tr>
<tr><td></td><td></td><td></td><td></td><td></td><td></td><td></td><td></td><td></td><td></td><td></td><td></td></tr>
<tr><td></td><td></td><td></td><td></td><td></td><td></td><td></td><td></td><td></td><td></td><td></td><td></td></tr>
<tr><td></td><td></td><td></td><td></td><td></td><td></td><td></td><td></td><td></td><td></td><td></td><td></td></tr>
<tr><td></td><td></td><td></td><td></td><td></td><td></td><td></td><td></td><td></td><td></td><td></td><td></td></tr>
<tr><td></td><td></td><td></td><td></td><td></td><td></td><td></td><td></td><td></td><td></td><td></td><td></td></tr>
<tr><td></td><td></td><td></td><td></td><td></td><td></td><td></td><td></td><td></td><td></td><td></td><td></td></tr>
<tr><td></td><td></td><td></td><td></td><td></td><td></td><td></td><td></td><td></td><td></td><td></td><td></td></tr>
<tr><td></td><td></td><td></td><td></td><td></td><td></td><td></td><td></td><td></td><td></td><td></td><td></td></tr>
<tr><td>使用及运输
应注意事项</td><td colspan="11"></td></tr>
<tr><td colspan="3" rowspan="2">生产单位

(公章)</td><td colspan="3">技术负责人</td><td colspan="3">质检员</td><td colspan="3" rowspan="2">填表日期：

年　月　日</td></tr>
<tr><td colspan="3"></td><td colspan="3"></td></tr>
</table>

铝合金门窗合格证

质控(建)表C.0.89　　　　共1页　第1页

<table>
<tr><td colspan="2">工程名称</td><td colspan="6">××市××小区8号楼</td><td colspan="2">生产许可证编号</td><td colspan="4">闽建10-0329413</td></tr>
<tr><td colspan="2">委托单位</td><td colspan="7">××建筑工程公司</td><td>编号</td><td colspan="4">2005-121</td></tr>
<tr><td rowspan="2">名称(型号)</td><td rowspan="2">规格(宽×高)</td><td rowspan="2">数量</td><td rowspan="2">生产日期</td><td rowspan="2">出厂日期</td><td rowspan="2">采用图集</td><td rowspan="2">铝材厂家</td><td colspan="2">铝材质量</td><td colspan="2">铝材规格</td><td rowspan="2">三性试验报告编号</td><td rowspan="2">质量评定等级</td><td rowspan="2">备注</td></tr>
<tr><td>合格证或复试单编号</td><td>表面处理级别厚度</td><td>设计系列</td><td>实际系列</td></tr>
<tr><td>LC-1</td><td>900×1000</td><td>60</td><td>2005.10.22</td><td>2005.11.22</td><td>闽J98-21</td><td>福建省××铝窗厂</td><td>20050223</td><td>Ⅱ级 1.0 μm</td><td>90系列</td><td>90系列</td><td>20040302</td><td>合格</td><td>/</td></tr>
<tr><td>LC-2</td><td>1000×1600</td><td>80</td><td>2005.10.22</td><td>2005.11.22</td><td>闽J98-21</td><td>福建省××铝窗厂</td><td>20050223</td><td>Ⅱ级 1.0 μm</td><td>90系列</td><td>90系列</td><td>20040302</td><td>合格</td><td>/</td></tr>
<tr><td>LC-3</td><td>1200×1600</td><td>66</td><td>2005.10.22</td><td>2005.11.22</td><td>闽J98-21</td><td>福建省××铝窗厂</td><td>20050223</td><td>Ⅱ级 1.0 μm</td><td>90系列</td><td>90系列</td><td>20040302</td><td>合格</td><td>/</td></tr>
<tr><td>LC-4</td><td>1500×1600</td><td>50</td><td>2005.10.22</td><td>2005.11.22</td><td>闽J98-21</td><td>福建省××铝窗厂</td><td>20050223</td><td>Ⅱ级 1.0 μm</td><td>90系列</td><td>90系列</td><td>20040302</td><td>合格</td><td>/</td></tr>
<tr><td>LC-5</td><td>1800×1550</td><td>60</td><td>2005.10.22</td><td>2005.11.22</td><td>闽J98-21</td><td>福建省××铝窗厂</td><td>20050223</td><td>Ⅱ级 1.0 μm</td><td>90系列</td><td>90系列</td><td>20040302</td><td>合格</td><td>/</td></tr>
<tr><td>LC-6</td><td>2000×1550</td><td>80</td><td>2005.10.22</td><td>2005.11.22</td><td>闽J98-21</td><td>福建省××铝窗厂</td><td>20050223</td><td>Ⅱ级 1.0 μm</td><td>90系列</td><td>90系列</td><td>20040302</td><td>合格</td><td>/</td></tr>
<tr><td>LM-1</td><td>1000×1200</td><td>88</td><td>2005.10.22</td><td>2005.11.22</td><td>闽J98-21</td><td>福建省××铝窗厂</td><td>20050223</td><td>Ⅱ级 1.0 μm</td><td>90系列</td><td>90系列</td><td>20040302</td><td>合格</td><td>/</td></tr>
<tr><td>LM-2</td><td>1000×1200</td><td>66</td><td>2005.10.22</td><td>2005.11.22</td><td>闽J98-21</td><td>福建省××铝窗厂</td><td>20050223</td><td>Ⅱ级 1.0 μm</td><td>90系列</td><td>90系列</td><td>20040302</td><td>合格</td><td>/</td></tr>
<tr><td>LM-3</td><td>1000×1200</td><td>65</td><td>2005.10.22</td><td>2005.11.22</td><td>闽J98-21</td><td>福建省××铝窗厂</td><td>20050223</td><td>Ⅱ级 1.0 μm</td><td>90系列</td><td>90系列</td><td>20040302</td><td>合格</td><td>/</td></tr>
<tr><td>LM-4</td><td>1000×1200</td><td>75</td><td>2005.10.22</td><td>2005.11.22</td><td>闽J98-21</td><td>福建省××铝窗厂</td><td>20050223</td><td>Ⅱ级 1.0 μm</td><td>90系列</td><td>90系列</td><td>20040302</td><td>合格</td><td>/</td></tr>
<tr><td></td><td></td><td></td><td></td><td></td><td></td><td></td><td></td><td></td><td></td><td></td><td></td><td></td><td></td></tr>
<tr><td></td><td></td><td></td><td></td><td></td><td></td><td></td><td></td><td></td><td></td><td></td><td></td><td></td><td></td></tr>
<tr><td colspan="2">使用及运输应注意事项</td><td colspan="12">应立着堆放,装车及卸车时要注意轻装轻放以及碰伤。</td></tr>
<tr><td colspan="4" rowspan="2">生产单位

(公章)</td><td colspan="3">技术负责人</td><td colspan="2">质检员</td><td colspan="5" rowspan="2">填表日期

2005年12月22日</td></tr>
<tr><td colspan="3">陈××</td><td colspan="2">谢××</td></tr>
</table>

注:“三性”试验报告附后。

塑钢门窗合格证

质控(建)表 C.0.90　　　　　　　　　　　　　　　　　　　　　共　　页　第　　页

<table>
<tr><td colspan="2">工程名称</td><td colspan="4"></td><td colspan="4">生产许可证编号</td><td colspan="3"></td></tr>
<tr><td colspan="2">委托单位</td><td colspan="4"></td><td colspan="4">编号</td><td colspan="3"></td></tr>
<tr><td colspan="2">型材生产厂家</td><td colspan="4"></td><td colspan="4">合格证编号</td><td colspan="3"></td></tr>
<tr><td rowspan="2">名称
(型号)</td><td rowspan="2">规格
(宽×高)</td><td rowspan="2">数量</td><td rowspan="2">生产
日期</td><td rowspan="2">出厂
日期</td><td rowspan="2">采用
图集</td><td colspan="4">塑钢规格</td><td>燃烧性能试验报告编号</td><td>质量评定等级</td><td>备注</td></tr>
<tr><td>设计
系列</td><td>实际
系列</td><td>外观
颜色</td><td>钢衬
规格</td><td></td><td></td><td></td></tr>
<tr><td></td><td></td><td></td><td></td><td></td><td></td><td></td><td></td><td></td><td></td><td></td><td></td><td></td></tr>
<tr><td></td><td></td><td></td><td></td><td></td><td></td><td></td><td></td><td></td><td></td><td></td><td></td><td></td></tr>
<tr><td></td><td></td><td></td><td></td><td></td><td></td><td></td><td></td><td></td><td></td><td></td><td></td><td></td></tr>
<tr><td></td><td></td><td></td><td></td><td></td><td></td><td></td><td></td><td></td><td></td><td></td><td></td><td></td></tr>
<tr><td></td><td></td><td></td><td></td><td></td><td></td><td></td><td></td><td></td><td></td><td></td><td></td><td></td></tr>
<tr><td></td><td></td><td></td><td></td><td></td><td></td><td></td><td></td><td></td><td></td><td></td><td></td><td></td></tr>
<tr><td></td><td></td><td></td><td></td><td></td><td></td><td></td><td></td><td></td><td></td><td></td><td></td><td></td></tr>
<tr><td></td><td></td><td></td><td></td><td></td><td></td><td></td><td></td><td></td><td></td><td></td><td></td><td></td></tr>
<tr><td></td><td></td><td></td><td></td><td></td><td></td><td></td><td></td><td></td><td></td><td></td><td></td><td></td></tr>
<tr><td></td><td></td><td></td><td></td><td></td><td></td><td></td><td></td><td></td><td></td><td></td><td></td><td></td></tr>
<tr><td></td><td></td><td></td><td></td><td></td><td></td><td></td><td></td><td></td><td></td><td></td><td></td><td></td></tr>
<tr><td colspan="2">使用及运输
应注意事项</td><td colspan="11"></td></tr>
<tr><td colspan="4" rowspan="2">生产单位

(公章)</td><td colspan="3">技术负责人</td><td colspan="3">质检员</td><td colspan="3" rowspan="2">填表日期

年　　月　　日</td></tr>
<tr><td colspan="3"></td><td colspan="3"></td></tr>
</table>

注:“三性”试验报告、塑料燃烧试验报告、角焊试验及抗老化试验报告应附后。

建筑幕墙构件合格证

质控(建)表 C.0.91　　　　　　　　　　　　　　　　　　　　　　　　共 1 页　第 1 页

工程名称	××市××小区 8 号楼							生产许可证编号				闽建 10-0375490			
委托单位	××建筑工程公司									编号		2005-033			
幕墙型号	幅面尺寸(b×h)	杆件或拼块数量	生产日期	出厂日期	框架型材质量			型材规格		玻璃(金属板、石材)			四性试验报告编号	质量等级	使用部位
					合格证或试验报告编号	品种	表面处理级别厚度	设计尺寸	实际尺寸	品种	颜色	合格证编号			
MQ1	4000×9000	88件	2005.10.22	2005.11.22	2005-45664	隐框	Ⅱ级 1.0 μm	1.2 mm	1.2 mm	镀膜	绿色	0008-34522	2005-45674	合格	北立面
MQ2	5000×10000	108件	2005.10.22	2005.11.22	2005-45664	隐框	Ⅱ级 1.0 μm	1.2 mm	1.2 mm	镀膜	绿色	0008-34522	2005-45674	合格	北立面
MQ3	6000×12000	128件	2005.10.22	2005.11.22	2005-45664	隐框	Ⅱ级 1.0 μm	1.2 mm	1.2 mm	镀膜	绿色	0008-34522	2005-45674	合格	北立面
MQ4	7000×15000	158件	2005.10.22	2005.11.22	2005-45664	隐框	Ⅱ级 1.0 μm	1.2 mm	1.2 mm	镀膜	绿色	0008-34522	2005-45674	合格	南立面
MQ5	8000×15000	228件	2005.10.22	2005.11.22	2005-45664	隐框	Ⅱ级 1.0 μm	1.2 mm	1.2 mm	镀膜	绿色	0008-34522	2005-45674	合格	南立面
MQ6	9000×18000	268件	2005.10.22	2005.11.22	2005-45664	隐框	Ⅱ级 1.0 μm	1.2 mm	1.2 mm	镀膜	绿色	0008-34522	2005-45674	合格	南立面
MQ7	10000×20000	338件	2005.10.22	2005.11.22	2005-45664	隐框	Ⅱ级 1.0 μm	1.2 mm	1.2 mm	镀膜	绿色	0008-34522	2005-45674	合格	南立面
使用及运输应注意事项	应立着堆放,装车及卸车时要注意轻装轻放以及碰伤。														
生产单位:(公章)				技术负责人				质检员				填表日期:2005 年 10 月 27 日			
				×××				×××							

注:“三性”试验报告应附后。

预拌混凝土出厂合格证

质控(建)表 C.0.92　　　　　　　　　　　　　　　　　　　　共 1 页　第 1 页

<table>
<tr><td>工程名称</td><td colspan="3">××市××小区 8 号楼</td><td>浇筑部位</td><td colspan="2">二层板</td></tr>
<tr><td>订货单位</td><td colspan="3">××建筑工程公司</td><td>订货单编号</td><td colspan="2">订 2005-0922</td></tr>
<tr><td>生产单位</td><td colspan="3">××市××混凝土有限公司</td><td>合格证编号</td><td colspan="2">证 2005-1022</td></tr>
<tr><td>强度等级</td><td>C25</td><td>抗渗等级</td><td>P6</td><td>供应数量</td><td colspan="2">180 m^3</td></tr>
<tr><td>供应日期</td><td colspan="3">2005 年 10 月 22 日</td><td>配合比编号</td><td colspan="2">2005HT0234</td></tr>
<tr><td>配合比编号</td><td colspan="6">2005HT0234</td></tr>
<tr><td>原材料名称</td><td>水泥</td><td>砂</td><td>石</td><td>掺合料</td><td>外加剂</td><td></td></tr>
<tr><td>品种及规格</td><td>帆船牌
32.5 R</td><td>河砂中砂</td><td>卵石 2～4
粒径</td><td>粉煤灰</td><td>/</td><td></td></tr>
<tr><td>试验编号</td><td>200538450</td><td>200533220</td><td>200567670</td><td>200585430</td><td>/</td><td></td></tr>
<tr><td rowspan="7">每组抗压
强度值
(MPa)</td><td>试验编号</td><td>强度值</td><td>试验编号</td><td>强度值</td><td colspan="2" rowspan="10">备注：
表中每组试块强度值系经 7 d 龄期标准养护的试块抗压强度，28 d 龄期标准养护的抗压强度值待后补！</td></tr>
<tr><td>B1-1</td><td>24.4</td><td>B1-2</td><td>25.4</td></tr>
<tr><td>B1-3</td><td>26.0</td><td>B1-4</td><td>27.1</td></tr>
<tr><td>B1-5</td><td>25.9</td><td>B1-6</td><td>24.7</td></tr>
<tr><td>/</td><td>/</td><td>/</td><td>/</td></tr>
<tr><td>/</td><td>/</td><td>/</td><td>/</td></tr>
<tr><td>/</td><td>/</td><td>/</td><td>/</td></tr>
<tr><td rowspan="3">抗渗试验</td><td>试验编号</td><td>指标</td><td>试验编号</td><td>指标</td></tr>
<tr><td>/</td><td>/</td><td>/</td><td>/</td></tr>
<tr><td>/</td><td>/</td><td>/</td><td>/</td></tr>
<tr><td colspan="2" rowspan="2">生产单位

(公章)</td><td>技术负责人</td><td colspan="2">质检员</td><td colspan="2" rowspan="2">填表日期

2005 年 09 月 25 日</td></tr>
<tr><td>×××</td><td colspan="2">×××</td></tr>
</table>

(2)复合地基载荷试验加载等级可为 8～12 级，施加载荷应不低于设计载荷的 2 倍；未达到极限载荷便终止试验的，应符合设计要求或有关规定，并应在试验报告备注栏中说明。

(3)地基承载力检测(试验)报告格式应符合质控(建)表 C.0.93 的规定。

2. 检测数量

(1)非复合地基承载力特征值应通过现场载荷试验确定，检测数量应符合设计要求或协议约定，对灰土、砂和砂石、土工合成材料、粉煤灰、强夯、注浆、预压等地基，其竣工后的结果(地基强度或承载力)且地基承载力的检验数量每 300 m^2 不应少于 1 点，超过 3000 m^2 部分每 500 m^2 不应少于 1 点。每单位工程不应少于 3 点。

(2)砂石桩、高压喷射注浆桩、水泥土搅拌桩、土和灰土挤密桩、水泥粉煤灰碎石桩、夯实水泥土桩等复合地基的承载力必须达到设计要求。复合地基承载力的检验数量不应少于总桩数的 0.5%，且不应少于 3 点。有单桩承载力或桩身强度检验要求时，检验数量不应少于总桩数的 0.5%，且不应少于 3 根。

4.3.8.2 静力触探检(试)验及抽样检测资料

1. 静力触探检(试)验及抽样检测资料的主要内容

(1)设计有要求或协议有约定的，地基处理工程应进行静力触探试验，且地基处理的质量应达到设计要求的标准。

(2)静力触探试验应按国家现行有关标准的规定进行。探头测力传感器连同仪器、电缆应定期标定，且在标定合格有效期内使用，其室内标定误差应小于 1%FS，现场试验归零误差应小于 3%。

(3)静力触探试验报告内容应包括工程概况、仪器情况、试验结果(触探试验贯入曲线及各土层触探数据统计分析、空间变化规律)和检测结论。

2. 检测数量

静力触探的检测数量为每单位工程不应少于 3 点，1000 m^2 以上工程每 100 m^2 应至少有 1 点，3000 m^2 以上工程每 300 m^2 应至少有 1 点，每一独立基础下应至少有 1 点，基槽每 20 延米应有 1 点。当设计要求或协议约定检测数量多于本款要求时，从其规定。

4.3.8.3 标准贯入检(试)验及抽样检测资料

1. 标准贯入检(试)验及抽样检测资料的主要内容

(1)设计有要求或协议有约定的，地基处理工程应进行标准贯入试验，且验证地基承载力的特征值应满足设计要求。

(2)标准贯入试验应按国家现行有关标准的规定进行，试验设备规格应符合有关规定。

(3)标准贯入试验报告内容应包括工程概况、仪器规格、试验结果(各孔 N～H 关系曲线或直方图)和结论分析。

2. 检测数量

标准贯入试验的检验数量为每单位工程不应少于 3 点，每一主要土层标贯试验不宜少于 6 次，对厚度大于 0.5 m 的夹层或透镜体应进行标贯试验，检验深度应不小于处理深度。当设计要求或协议约定检测数量多于本款要求时，从其规定。

4.3.8.4 原位十字板剪切检(试)验及抽样检测资料

1. 原位十字板剪切检(试)验及抽样检测资料的主要内容

(1)预压法加固软土地基处理前后,以及设计有要求或协议有约定的,地基处理工程应进行原位十字板剪切试验,且验证地基处理的质量应达到设计要求的标准。

(2)十字板试验应按国家现行有关标准的规定进行。十字板探头连同仪器应定期标定合格且在有效期内方可使用,使用过程中出现异常情况时应重新标定。

(3)原位十字板剪切试验报告内容应包括工程概况、仪器情况、试验结果(各孔土的不排水抗剪峰值强度,残余强度、重塑土强度和灵敏度实测值及随深度变化曲线)和分析结论。

2. 检测数量应符合下列要求

十字板剪切试验的检验数量为每单位工程不应少于 3 点,1000 m^2 以上工程每 100 m^2 应至少有 1 点,3000 m^2 以上工程每 300 m^2 应至少有 1 点,每一独立基础下应至少有 1 点,基槽每 20 延米应有 1 点。当设计要求或协议约定检测数量多于本款要求时,从其规定。

4.3.8.5 单桩竖向抗压静载检(试)验及抽样检测资料(质控(建)表 C.0.94、C.0.95)

1. 单桩竖向抗压静载检(试)验及抽样检测资料的主要内容

(1)为设计提供依据的试验桩,应加载至破坏;当桩的承载力以桩身强度检测时,可按设计要求的加载量进行,施工前的试验桩如未破坏又用于实际工程的可作为验收依据。

(2)对工程桩抽样检测时,加载量不应小于设计要求的单桩承载力特征值的 2.0 倍。

(3)通过桩身内力及变形测试,测定桩侧、桩端阻力的应进行单桩竖向抗压静载试验,桩身内力测试应按《建筑基桩检测技术规范》JGJ 106 的规定执行。

(4)验证高应变法判定单桩竖向桩压承载力检测结果,应进行单桩竖向抗压静载试验。

(5)为设计提供依据的竖向抗压静载试验应采用慢速维持荷载法。

(6)单桩竖向抗压静载试验前的休止时间应符合《建筑基桩检测技术规范》JGJ 106 的有关规定。

(7)单桩承载力不满足设计要求时应分析原因。当需要进行扩大检测时,应经有关各方确认。

(8)应按质控(建)表 C.0.94 的规定填写单桩竖向抗压静载检测报告。

(9)应按质控(建)表 C.0.95 的规定填写检测数据记录。

(10)单桩承载力不满足设计要求时应分析原因。当需要进行扩大检测时,应经有关各方确认。

(11)抽样检测的受检桩选择:

①施工质量有疑问的桩;

②设计方认为重要的桩;

③局部地质条件出现异常的桩;

④施工工艺不同的桩;

⑤适量选择完整性检测中判定为Ⅲ类的桩;

⑥同类型桩宜均匀随机分布。

2. 检测数量

(1)设计等级为甲级、乙级的桩基,地质条件复杂、桩施工质量可靠性低,本地区采用的新桩型或新工艺，或当设计有要求时；施工前应采用静载试验确定单桩竖向抗压承载力特征值。检测数量应符合下列规定：

①在同一条件下不应少于 3 根，且不宜少于总桩数的 1%；

②当工程桩总数在 50 根以内时，不应少于 2 根。

(2)设计等级为甲级的桩基，地质条件复杂、桩施工质量可靠性低，本地区采用的新桩型或新工艺，挤土群桩施工产生挤土效应，或当设计有要求时；施工后，对单位工程内且在同一条件下的工程桩，应采用单桩竖向抗压承载力静载试验进行验收检测，检测数量应符合下列规定：

①不应少于总桩数的 1%，且不少于 3 根；

②当总桩数在 50 根以内时，不应少于 2 根。

4.3.8.6 单桩竖向抗拔静载检(试)验及抽样检测资料(质控(建)表 C.0.95、C.0.96)

1. 单桩竖向抗拔静载检(试)验及抽样检测资料的主要内容

(1)桩基承受较大拔力时，设计有要求的，应进行单桩竖向抗拔静载试验，确定单桩竖向抗拔承载力特征值。

(2)为设计提供依据的试验桩应加载至桩侧土破坏或桩身材料达到设计强度；对工程桩抽样检测时，可按设计要求确定最大加载量。

(3)当埋设有桩身应力、应变测量传感器时，或桩端埋设有位移测量杆时，可直接测量桩侧抗拔摩阻力，或桩端上拔量。桩身内力测试应按《建筑基桩检测技术规范》JGJ 106 的规定执行。

(4)应填写单桩竖向抗拔静载检测报告，见质控(建)表 C.0.96。

(5)检测数据记录应按质控(建)表 C.0.95 的规定执行。

2. 检测数量

不应少于总桩数的 1%，且不应少于 3 根。

4.3.8.7 单桩水平静载检(试)验及抽样检测资料(质控(建)表 C.0.97、C.0.98)

1. 单桩水平静载检(试)验及抽样检测资料的主要内容

(1)设计有要求的，单桩水平承载力特征值应采用单桩水平静载试验来确定，试验应由具有相应检测资质的单位承担。

(2)对承受水平力较大的桩基，应进行单桩水平承载力静载试验，并判定单桩水平承载力是否满足设计要求。

(3)当埋设有桩身应变测量传感器时，可测量相应水平荷载作用下的桩身应力，进而计算桩身弯矩，桩身内力测试应按《建筑基桩检测技术规范》JGJ 106 附录 A 的规定执行。

(4)为设计提供依据的试验桩宜加载至桩顶出现较大水平位移或桩身结构破坏；对工程桩抽样检测，可按设计要求的水平位移允许值控制加载。

(5)水平静载试验可用于确定试验桩的水平承载力和地基土的水平抗力系数的比例系数，或对工程桩的水平承载力进行检测和判定。

(6)应按质控(建)表 C.0.97 的规定填写单桩水平静载检测报告，检测数据记录应按质控(建)表 C.0.98 的规定执行。

2. 检测数量应符合下列要求

不应少于总桩数的1%，且不应少于3根。

4.3.8.8 钻芯法检(试)验及抽样检测资料(质控(建)表C.0.99、C.0.100、C.0.101)

1. 钻芯法检(试)验及抽样检测资料的主要内容

(1)检测混凝土灌注桩的桩长、桩身混凝土强度、桩底沉渣厚度、桩身完整性、判定或鉴别桩底持力层岩土性状可采用钻芯法，试验应由具有相应检测资质的单位承担。

(2)钻芯时，受检桩的混凝土龄期应达到28d或预留同条件养护试块强度应达到设计强度。

(3)桩身完整性类别应按表4-10的规定进行判定。

表4-10 钻芯法桩身完整性检测结果判定表

类别	分类原则	特征
Ⅰ类桩	桩身完整	混凝土芯样连续、完整、表面光滑、胶结好、骨料分布均匀、呈长柱状、断口吻合、芯样侧面仅具少量气孔
Ⅱ类桩	桩身有轻微缺陷，不会影响桩身结构承载力的正常发挥	混凝土芯样连续、完整、胶结较好、骨料分布基本均匀、呈柱状、断口基本吻合、芯样侧面局部见蜂窝麻面、沟槽
Ⅲ类桩	桩身有明显缺陷，对桩身结构承载力有影响	大部分混凝土芯样芯样胶结较好，无松散、夹泥或分层现象，但有下列情况之一： 芯样局部破碎且破碎长度不大于10 cm； 芯样骨料分布不均匀； 芯样多呈短柱状或块状； 芯样侧面蜂窝麻面、沟槽连续
Ⅳ类桩	桩身存在严重缺陷	钻进很困难； 芯样任一段松散、夹泥或分层； 芯样局部破碎且破碎长度大于10 cm

(4)应按质控(建)表C.0.99、C.0.100的规定填写钻芯法检测现场操作记录和芯样编录表。

(5)钻芯法检测芯样综合柱状图应按质控(建)表C.0.101的规定填写。应附芯样彩色照片。

2. 检测数量

(1)对于端承型大直径灌注桩，当受设备或现场条件限制无法检测单桩竖向抗压承载力时，可采用钻芯法测定沉渣厚度并钻取桩端持力层岩土芯样检验桩端持力层，抽检数量不应少于总桩数的10%，且不应少于10根。

(2)当采用钻芯法检测桩身完整性时，检测数量不得少于总桩数的10%，且每根柱下承台的抽检桩数不得少于1根。

4.3.8.9 低应变法检(试)验及抽样检测资料(质控(建)表 C.0.102)

1. 低应变法检(试)验及抽样检测资料的主要内容

(1)施工后,宜先进行工程桩完整性检测,后进行承载力检测。当基础埋深较大时,桩身完整性检测应在基坑开挖至基底标高后进行。桩身完整性抽样检测,检测桩身缺陷及其位置,判定桩身完整性类别,检测方法应采用低应变法。

(2)当采用低应变法检测时,受检桩混凝土强度至少达到设计强度的 70%,且不小于 15 MPa。

(3)低应变法的有效检测桩长范围应通过现场试验确定。

(4)桩身完整性类别应按表 4-11 判定。

表 4-11 低应变法桩身完整性类别判定表

类别	分类原则	时域信号特征	幅频信号特征
Ⅰ类桩	桩身完整	2L/C 时刻前无缺陷反射波,有桩底反射波	桩底谐振峰排列基本等间距,其相邻频差 $\Delta f \approx C/2L$
Ⅱ类桩	桩身有轻微缺陷,不会影响桩身结构承载力的正常发挥	2L/C 时刻前出现轻微缺陷反射波,有桩底反射波	桩底谐振峰排列基本等间距,其相邻频差 $\Delta f \approx C/2L$,轻微缺陷产生的谐振峰与桩底谐振峰之间的频差 $\Delta f' > C/2L$
Ⅲ类桩	桩身有明显缺陷,对桩身结构承载力有影响	有明显缺陷反射波,其他特征介于Ⅱ类桩和Ⅳ类桩	
Ⅳ类桩	桩身存在严重缺陷	2L/C 时刻前出现严重缺陷反射波,或周期性反射波,无桩底反射波; 或因桩身浅部严重缺陷使波形呈现低频大振幅衰减振动,无桩底反射波	缺陷谐振峰排列基本等间距,相邻频差 $\Delta f' > C/2L$,无桩底谐振峰; 或因桩身浅部严重缺陷只出现单一谐振峰无桩底谐振峰

(5)应按质控(建)表 C.0.102 的规定填写基桩低应变法检测报告。

2. 抽检数量

(1)柱下三桩或三桩以下的承台抽检桩数不得少于 1 根;

(2)设计等级为甲级,或地质条件复杂、成桩质量可靠性较低的灌注桩,不应少于总桩数的 30%,且不得少于 20 根,其他桩基工程不应少于总桩数的 20%,且不得少于 10 根;

(3)当施工质量有疑问的桩、设计方认为重要的桩、局部地质条件出现异常的桩、施工工艺不同的桩数量较多,或为了全面了解整个工程基桩的桩身完整性情况时,应适量增加抽检数量。

4.3.8.10 高应变法检(试)验及抽样检测资料(质控(建)表 C.0.103、C.0.104)

1. 高应变法检(试)验及抽样检测资料的主要内容

(1)打入式预制桩在控制打桩过程中的桩身应力和监测锤击能量传递比、选择沉桩设备和确定工艺参数、选择桩长和桩端持力层时，应采用高应变法进行试打桩的打桩过程监测。在相同施工工艺和相近地质条件下，试打桩数量不应少于3根。试打桩与打桩监控应按《建筑基桩检测技术规范》JGJ 106的有关规定进行。

(2)施工工艺相同、地质条件相近，施工中无挤土效应设计等级为乙、丙级的桩基可采用高应变法进行单桩竖向抗压承载力验收检测。

(3)地质条件复杂、桩施工质量可靠性低的工程桩，当有本地区相近条件的静动对比验证资料时，高应变法检(试)验也可作为单桩竖向抗压承载力验收检测的补充。

(4)检测时应记录锤重、贯入度，应按质控(建)表C.0.103的规定填写基桩高应变法检测记录。

(5)应按质控(建)表C.0.104的规定填写基桩高应变法检测报告。

2. 验收检测抽检数量

不宜少于总桩数的5%，且不得少于5根。

4.3.8.11 声波透射法检(试)验及抽样检测资料

1. 声波透射法检(试)验及抽样检测资料的主要内容

(1)对有预埋声测管的混凝土灌注桩，可采用声波透射法检测桩身完整性、判定桩身缺陷及其位置。

(2)设计有要求的，端承型大直径混凝土灌注桩的桩身完整性检测也可采用声波透射法。

(3)当采用声波透射法检测时，受检桩混凝土强度至少达到设计强度的70%，且不小于15 MPa。

(4)桩身完整性类别应按表4-12的规定判定。

表4-12 声波透射法桩身完整性类别判定表

类别	分类原则	特　征
Ⅰ类桩	桩身完整	各检测剖面的声学参数均无异常，无声速低于低限值异常
Ⅱ类桩	桩身有轻微缺陷，不会影响桩身结构承载力的正常发挥	某一检测剖面个别测点的声学参数出现异常，无声速低于低限值异常
Ⅲ类桩	桩身有明显缺陷，对桩身结构承载力有影响	某一检测剖面连续多个测点的声学参数出现异常； 两个或两个以上检测剖面在同一深度测点的声学参数出现异常； 局部混凝土声速出现低于限值异常
Ⅳ类桩	桩身存在严重缺陷	某一检测剖面连续多个测点的声学参数出现明显异常； 两个或两个以上检测剖面在同一深度测点的声学参数出现明显异常； 桩身混凝土声速出现普遍低于低限值异常或无法检测首波或声波接收信号严重畸变

2. 抽检数量

抽检数量不得少于总桩数的 10%。

4.3.8.12 桩基验证与扩大检测资料

桩基验证与扩大检测资料的主要内容：

1. 当采用低应变法嵌岩桩桩身完整性，桩底时域反射信号为单一反射波且与锤击脉冲信号同向时，应采取其他方法核验桩端嵌岩情况。

2. 低应变法实测信号复杂，无规律，无法对其进行准确评价时，桩身完整性宜结合其他检测方法进行。

3. 桩身截面渐变或多变，且变化幅度较大的混凝土灌注桩，桩身完整性宜结合其他检测方法进行。

4. 桩身存在缺陷，采用高应变法无法判定桩的竖向承载力时，应采用静载法进一步验证。

5. 桩身缺陷对水平承载力有影响时，应采用静载法进一步验证。

6. 单向灌入度大，桩底同向反射强烈且反射峰较宽，侧阻力波反射弱，即波形表现出竖向承载性状明显与勘察报告中的地质条件不符合时，应采用静载法进一步验证。

7. 采用高应变法检测嵌岩桩，桩底同向反射强烈，且在时间 $2L/c$ 后无明显端阻力反射时，也可采用钻芯法进行核验。

8. 桩身浅部缺陷可采用开挖验证。

9. 桩身或接头存在裂隙的预制桩可采用高应变法验证。

10. 单孔钻芯检测发现桩身混凝土质量问题时，宜在同一基桩增加钻孔验证。

11. 对低应变法检测中不能明确完整性类别的桩或Ⅲ类桩，可根据实际情况采用静载法、钻芯法、高应变法、开挖等适宜的方法验证检测。

12. 当单桩承载力或钻芯法抽检结果不满足设计要求时，应分析原因，并经确认后扩大抽检。

13. 当采用低应变法、高应变法和声波透射法抽检桩身完整性所发现的Ⅲ、Ⅳ类桩之和大于抽检桩数的 20%时，宜采用原检测方法（声波透射法可改用钻芯法），在未检桩中继续扩大抽检。

4.3.8.13 结构实体混凝土强度检验资料（质控（建）表 C.0.41、C.0.129、C.0.130）

结构实体混凝土强度检验是结构实体检验的一项重要内容，对混凝土强度的检验，应以在混凝土浇筑地点制备并与结构实体同条件养护的试件强度为依据。也可根据合同约定，采用非破损或局部破损的检测方法，按国家现行有关标准的规定进行。

1. 结构实体混凝土强度检验资料的主要内容

(1)对涉及混凝土结构安全的重要部位应进行结构实体混凝土强度检验。检验应在监理工程师（或建设单位项目专业技术负责人）见证下，由施工项目技术负责人组织实施。

(2)对混凝土强度的检验，应以在混凝土浇筑地点制备并与结构实体同条件养护的试件强度为依据。也可根据合同约定，采用非破损或局部破损的检测方法，按国家现行有关标准的规定进行。

3 对混凝土结构工程中的各混凝土强度等级均应留置同条件养护试件；同条件养护试件所对应的结构构件或结构部位，应由监理(建设)、施工等各方共同选定。

(3)同条件养护试件拆模后，应放置在靠近相应结构构件或结构部位的适当位置，并应采取相同的养护方法。

(4)同条件养护试件应在达到等效养护龄期时进行强度试验，采用质控(建)表 C.0.41。

(5)等效养护龄期可取按日平均温度逐日累计达到 600 ℃・d 时所对应的龄期，0 ℃及以下的龄期不计入；等效养护龄期不应小于 14 d，也不宜大于 60 d。

(6)同条件养护试件的混凝土强度应按现行国家标准《混凝土强度检验评定标准》GB/T 50107 的规定分批检验评定。代表值应根据强度试验结果按现行国家标准《混凝土强度检验评定标准》GBJ 107 的规定确定后，对同一强度等级的同条件养护试件，其强度值除以 0.88 后按现行国家标准《混凝土强度检验评定标准》GB/T 50107 的有关规定进行评定，结果符合要求时应判为合格。采用质控(建)表 C.0.129、C.0.130 进行检验评定。

2. 检测数量

同条件养护试件的取样和留置应符合下列规定：

(1)同一强度等级的同条件养护试件不宜少于 10 组，且不应少于 3 组；

(2)同条件养护试件的取样宜均匀分布于工程施工周期内，每连续两层楼不应少于 1 组，两组试件取样之间浇筑的混凝土量不宜大于 2000 m^3；

(3)同条件试件应由各方在混凝土浇筑入模处见证取样；

(4)同条件养护试件应留置在靠近相应结构构件的适当位置，并应采取相同的养护方法。

4.3.8.14 钢筋保护层厚度检验资料(质控(建)表 C.0.105)

钢筋保护层厚度检验是结构实体检验的一项重要内容，承担钢筋保护层厚度检验的检测机构应有相应的资质。

1. 钢筋保护层厚度检验资料的主要内容

(1)涉及混凝结构安全的重要部位应进行结构实体的钢筋保护层厚度检验。检验应在监理工程师(或建设单位项目专业技术负责人)见证下，由施工项目技术负责人组织实施。

(2)钢筋保护层厚度检验的结构部位，应由监理(建设)、施工等各方根据结构构件的重要性共同选定。

(3)钢筋保护层厚度的检验，可采用非破损或局部破损的方法，也可采用非破损方法并用局部破损方法进行校准。当采用非破损方法检验时，所使用的检测仪器应经过计量检定，检测操作应符合相应规程的规定。钢筋保护层厚度检验的检测误差不应大于 1 mm。

(4)梁类、板类构件纵向受力钢筋的保护层厚度应分别进行验收。钢筋保护层厚度检验时，纵向受力钢筋保护层厚度的允许偏差，梁类构件为＋10 mm，－7 mm；板类构件为＋8 mm，－5 mm。

(5)当全部钢筋保护层厚度检验的合格点率为 90％及以上时，钢筋保护层厚度的检验结果应判为合格。

(6)当全部钢筋保护层厚度检验的合格点率小于 90%但不小于 80%,可再抽取相同数量的构件进行检验;当按两次抽样总和计算的合格点率为 90%及以上时,钢筋保护层厚度的检验结果仍应判为合格。

(7)每次抽样检验结果中不合格点的最大偏差均不应大于规定允许偏差的 1.5 倍。

(8)钢筋保护层厚度检验报告及钢筋保护层厚度检验验收评定应按质控(建)表 C.0.105 的规定执行。

2. 检测数量应符合下列要求

(1)梁类、板类构件,应各抽取构件数量的 2%且不少于 5 个构件进行检验;当有悬挑构件时,抽取的构件中悬挑梁类、板类构件所占比例均不宜小于 50%。

(2)选定的梁类构件,应对全部纵向受力钢筋的保护层厚度进行检验;选定的板类构件,应抽取不少于 6 根纵向受力钢筋的保护层厚度进行检验。每根钢筋,应在有代表性的部位测量 1 点。

4.3.8.15 主体结构尺寸、位置抽查记录

主体结构尺寸、位置抽查记录的基本要求和内容应符合下列要求:

1.涉及混凝土结构安全的重要部位应进行主体结构尺寸、位置偏差抽查,抽查应由监理单位组织施工单位实施,并见证实施过程,且应在混凝土结构子分部工程验收前进行。主体结构尺寸、位置抽查记录及汇总表按附录 D 表 D.0.1、D.0.2 的要求填写完整。

2.主体结构尺寸、位置偏差应符合设计和现行标准《混凝土结构工程施工质量验收规范》GB 50204 的规定。

3.检验构件的选取应均匀分布,并应符合下列规定:

(1)梁、柱应抽取构件数量的 1%,且不应少于 3 个构件。

(2)墙、板应按有代表性的自然间抽取 1%,且不应少于 3 间。

(3)层高应按有代表性的自然间抽查 1%,且不应少于 3 间。

4.检测项目及检验方法应按表 4-13 的规定执行。

表 4-13 主体结构尺寸、位置检测项目及检验方法

项目	检验方法
柱截面尺寸	选取柱的一边量测柱中部、下部及其他部位,取 3 点平均值
柱垂直度	沿两个方向分别量测,取较大值
墙厚	墙身中部量测 3 点,取平均值;测点间距不应小于 1 m
梁高	量测一侧边跨中及两个距离支座 0.1 m 处,取 3 点平均值;量测值可取腹板高度加上此处楼板的实测厚度
板厚	悬挑板取距离支座 0.1 m 处,沿宽度方向取包括中心位置在内的随机 3 点取平均值;其他楼板,在同一对角线上量测中间及距离两端各 0.1 m 处,取 3 点平均值
层高	与板厚测点相同,量测板顶至上层楼板板底净高,层高量测值为净高与板厚之和,取 3 点平均值

5.墙厚、板厚、层高的检验可采用非破损或局部破损的方法，也可采用非破损方法并用局部破损方法进行校准。当采用非破损方法检验时，所使用的检测仪器应经过计量检验。

6.主体结构实体位置与尺寸偏差项目应分别进行验收，并应符合下列规定：

(1)当检验项目的合格率为80%及以上时，可判为合格；

(2)当检验项目的合格率小于80%但不小于70%时，可再抽取相同数量的构件进行检验；当按两次抽样总和计算的合格率为80%及以上时，仍可判为合格。

4.3.8.16 现浇混凝土结构拆模记录

现浇混凝土结构拆模记录内容包括结构部位、混凝土的浇筑时间、拆模时间、拆模时同条件试块的强度值、监理单位审批意见等。现浇混凝土结构拆模记录后附混凝土同条件抗压强度报告。

结构构件拆模、出池、出厂、吊装、张拉、放张及施工期间临时负荷时的混凝土强度，应根据同条件养护的标准尺寸试件的混凝土强度按设计要求和规范确定，同条件养护试件的留置组数应根据实际需要确定。

根据《混凝土结构施工质量验收规范》(GB 50204)的规定，底模及其支架拆除时的混凝土强度应符合设计要求，当设计无具体要求时，混凝土强度应符合表4-14的规定。

表4-14 底模拆除时的混凝土强度

构件类型	构件跨度(m)	达到设计的混凝土立方抗压强度标准的百分率(%)
板	≤2	≥50
	>2，≤8	≥75
	>8	≥100
梁、拱、壳	≤8	≥75
	>8	≥100
悬臂构件	—	≥100

拆模时混凝土实体强度以代表该构件的同条件养护试块强度值表示。对后张法预应力混凝土结构构件，侧模宜在预应力张拉前拆除。底模支架的拆除应按施工技术方案执行，当无具体要求时，不应在结构构件建立预应力前拆除。后浇带模板的拆除和支顶应按施工技术方案执行。

侧模拆除时的混凝土强度应能保证其表面及棱角不受损伤，模板拆除时，不应对楼层形成冲击荷载。拆除的模板和支架宜分散堆放并及时清运。

4.3.8.17 结构实体检验用同条件养护试件等效养护龄期统计表

结构实体检验用同条件养护试件等效养护龄期统计表内容包括取样部位、强度等级、日平均气温和逐日累计温度。

等效养护龄期可按当日当地天气预报日平均气温累计达到600 ℃·d时所对应的龄期折算，0 ℃及以下的龄期不计入；等效养护龄期不应小于14 d，也不宜大于60 d。每组试件填写一份结构实体检验用同条件养护试件等效养护龄期统计表。温度累计不可超过600 ℃过多，亦不应少于600 ℃过多。

4.3.8.18 钢结构原材料及成品进场质量检验记录(质控(建)表 C.0.106～C.0.116)

钢结构原材料及成品进场应提供质量合格证明文件、中文标志及出厂检验报告并进行成品进场质量检验

1. 钢材原材料及成品进场质量检验记录的主要内容

(1)钢材、钢铸件品种、规格、性能等应符合现行国家产品标准和设计要求。进口钢材产品的质量应符合设计和合同规定标准的要求并附有商检证。

(2)国外进口钢材;钢材混批;板厚等于或大于 40 mm,且设计有 Z 向性能要求的厚板;建筑结构安全等级为一级,大跨度钢结构中主要受力构件所采用的钢材;设计有复验要求的钢材;对质量有疑义的钢材等应进行抽样复验。其复验结果应符合现行国家产品标准和设计要求。复验报告应按质控(建)表 C.0.106 的规定执行。

2. 焊接材料及成品进场质量检验记录的主要内容

(1)焊接材料品种、规格、性能等应符合现行国家产品标准和设计要求。

(2)重要钢结构采用的焊接材料应进行抽样复验,复验结果应符合现行国家产品标准和设计要求。

3. 连接用紧固标准件成品进场质量检验记录的主要内容

(1)钢结构连接用高强度大六角头螺栓连接副、扭剪型高强度螺栓连接副、钢网架用高强度螺栓、普通螺栓、铆钉、自攻钉、拉铆钉、射钉、锚栓(机械型和化学试剂型)、地脚锚栓等紧固标准件及螺母、垫圈等标准配件,其品种、规格、性能等应符合现行国家产品标准和设计要求。高强度大六角头螺栓连接副和扭剪型高强度螺栓连接副出厂时应分别随箱带有扭矩系数和紧固轴力(预拉力)的检验报告。

(2)高强度大六角头螺栓连接副、扭剪型高强度螺栓连接副应符合现行国家标准《钢结构工程施工质量验收规范》GB 50205 的规定的复验其扭矩系数,其检验结果应符合规定。复验用螺栓应在施工现场待安装的螺栓批中随机抽取,每批应按规格抽取 8 套连接副进行复验。复验报告应按质控(建)表 C.0.107、C.0.108 的规定执行。

(3)对螺栓球节点钢网架结构,其连接高强度螺栓应进行拉力载荷或表面硬度试验,其值应符合现行国家标准《钢网架螺栓球节点用高强度螺栓》GB/T 16939 或《紧固件机械性能螺栓、螺钉和螺柱》GB 3098.1 的规定。对 8.8 级的高强度螺栓其表面硬度应为 HRC21～29;10.9 级高强度螺栓其表面硬度应为 HRC32～36,且不得有裂纹或损伤。检查数量应符合同规格的螺栓每 600 只为一批,不足 600 只仍按一批计,每批取 3 只为一组随机抽检的规定。螺栓拉力荷载复验报告应符合质控(建)表 C.0.109 的规定。螺栓表面硬度复验报告应按质控(建)表 C.0.110 的规定执行。

(4)对设计有螺栓实物最小荷载检验要求的螺栓,其抗拉强度应符合设计要求,当设计无要求时应符合现行国家标准《紧固件机械性能螺栓、螺钉和螺柱》GB 3098.1 或其他现行国家产品标准要求。复验用螺栓应在施工现场待安装的螺栓批中随机抽取,每批应按规格抽取 8 套连接副进行复验。螺栓拉力荷载复验报告应按质控(建)表 C.0.109 的规定执行。

4. 焊接球进场质量检验记录的主要内容

(1)焊接球及制造焊接球所采用的原材料,其品种、规格、性能等应符合现行国家产品标准和设计要求。

(2)焊接球焊缝应进行无损检验,其质量应符合设计要求,当设计无要求时应符合《钢结构工程施工质量验收规范》GB 50205 中规定的二级质量标准,检查数量应满足每种规格按数量各抽查 5%,且不应少于 3 个的规定。焊接球焊缝检验应按照现行行业标准《钢结构超声波探伤及质量分级法》JG/T 203 执行。焊缝超声波探伤检验报告应按质控(建)表 C.0.111 的规定执行。

(3)焊接球节点应按设计指定规格的球及其匹配的钢管焊接成试件,进行轴心拉、压承载力试验,其试验破坏荷载值大于或等于 1.6 倍设计承载力为合格。检查数量应符合每项工程中取受力最不利的同规格的焊接球 600 只为一批,不足 600 只仍按一批计,每批取 3 只为一组随机抽检的规定。验报告应符合质控(建)表 C.0.112 的规定。

5. 螺栓球进场质量检验记录的主要内容

(1)螺栓球及制造螺栓球节点所采用的原材料,其品种、规格、性能等应符合现行国家产品标准和设计要求。

(2)螺栓球不得有过烧、裂纹及褶皱。检查数量:每种规格各抽查 5%,且不应少于 5 只。表面磁粉探伤检验报告应符合质控(建)表 C.0.113 的规定。

(3)螺栓球节点应按设计指定规格的球最大螺栓孔螺纹进行抗拉强度保证荷载试验,当达到螺栓的设计承载力时,螺孔、螺纹及封板仍完好无损为合格。检查数量应符合每项工程中取受力最不利的同规格的焊接球 600 只为一批,不足 600 只仍按一批计,每批取 3 只为一组随机抽检的规定。螺栓球节点抗拉强度保证荷载检验报告应符合质控(建)表 C.0.114 的规定。

6. 网架杆件进场质量检验记录的主要内容

(1)杆件的钢管与封板或锥头的连接焊缝抗拉强度应符合现行行业标准《钢网架螺栓球节点》JG/T 10。检查数量应符合取受力最不利的拉杆,以同规格杆件 300 根为一批,不足 300 根仍按一批计,每批取 3 根为一组随机抽检的规定。杆件连接焊缝抗拉强度检验报告应符合质控(建)表 C.0.115 的规定。

(2)杆件的钢管两端对接焊缝应进行无损检验,其质量应符合设计要求,当设计无要求时应符合《钢结构工程施工质量验收规范》GB 50205 中规定的二级质量标准,抽检杆件接头焊缝数量的 20%。杆件焊缝检验应按照现行行业标准《钢结构超声波探伤及质量分级法》JG/T 203 执行。焊缝超声波检验报告应符合质控(建)表 C.0.116 的规定。

7. 封板、锥头和套筒进场质量检验记录的主要内容

(1)封板、锥头和套筒及制造封板、锥头和套筒所采用的原材料其品种、规格、性能等应符合现行国家产品标准和设计要求。

(2)封板、锥头、套筒外观不得有裂纹、过烧及氧化皮。其表面磁粉探伤报告应按质控(建)表 C.0.116 的规定执行。

8. 金属压型板进场质量检验记录的主要内容

(1)金属压型板及制造金属压型板所采用的原材料，其品种、规格、性能等应符合现行国家产品标准和设计要求。

(2)压型金属泛水板、包角板和零配件的品种、规格以及防水密封材料的性能应符合现行国家产品标准和设计要求。

9. 涂装材料进场质量检验记录的主要内容

(1)钢结构防腐涂料、稀释剂和固化剂等材料的品种、规格、性能等应符合现行国家产品标准和设计要求。

(2)钢结构防火涂料的品种和技术性能应符合设计要求，并应经过具有资质的检测机构检测，符合国家现行有关标准的规定。

4.3.8.19 钢结构焊接工程质量检验记录(质控(建)表 C.0.116～C.0.119)

1. 焊接工艺评定报告的主要内容

(1)焊条、焊丝、焊剂、电渣焊熔嘴等焊接材料与母材的匹配应符合设计要求及现行行业标准《建筑钢结构焊接技术规程》JGJ 81 的规定。焊条、焊剂、药芯焊丝、熔嘴等在使用前，应按其产品说明书及焊接工艺文件的规定进行烘焙和存放。

(2)焊工必须经考试合格并取得合格证书。持证焊工必须在其考试合格项目及其认可范围内施焊。

(3)凡符合以下情况之一者，应在钢结构构件制作及安装施工之前进行焊接工艺评定，评定报告应符合质控(建)表 C.0.116 的规定：

①国内首次应用于钢结构工程的钢材(包括钢材牌号与标准相符但微合金强化元素的类别不同和供货状态不同，或国外钢号国内生产)；

②国内首次应用于钢结构工程的焊接材料；

③设计规定的钢材类别、焊接材料、焊接方法、接头形式、焊接位置、焊后热处理方法以及施工单位所采用的焊接工艺参数、预后热措施等各种参数的组合条件为施工企业首次采用。

2. 焊缝超声波探伤检验报告的主要内容

(1)设计要求全焊透的一、二级焊缝应采用超声波探伤进行内部缺陷的检验，超声波探伤不能对缺陷做出判断时，应采用射线探伤，其内部缺陷分级及探伤方法应符合现行国家标准《钢焊缝手工超声波探伤方法和探伤结果分级法》GB 11345 或《钢熔化焊对接接头射线照相和质量分级》GB 3323 的规定。

(2)焊接球节点网架焊缝、螺栓球节点网架焊缝及圆管 T、K、Y 形节点相关焊缝，其内部缺陷分级及探伤方法应分别符合现行行业标准《钢结构超声波探伤及质量分级法》JG/T 203、《建筑钢结构焊接技术规程》JGJ 81 的规定。焊缝超声波探伤检验报告应符合质控(建)表 C.0.116 的规定。

(3)一级、二级焊缝的质量等级及缺陷分级应符合表 4-15 的规定。

表 4-15　一、二级焊缝质量等级及缺陷分级

焊缝质量等级		一级	二级
内部缺陷超声波探伤	评定等级	Ⅱ	Ⅲ
	检验等级	B 级	B 级
	探伤比例	100%	20%
内部缺陷射线探伤	评定等级	Ⅱ	Ⅲ
	检验等级	AB 级	AB 级
	探伤比例	100%	20%

(4)工厂制作焊缝应按每条焊缝计算百分比，且探伤长度应不小于 200 mm，当焊缝长度不足 200 mm 时，应对整条焊缝进行探伤；现场安装焊缝，应按同一类型、同一施焊条件的焊缝条数计算百分比，探伤长度应不小于 200 mm，并应不少于 1 条焊缝。

3. 焊脚尺寸检验报告的主要内容

(1)T 形接头、十字接头、角接接头等要求熔透的对接和角对接组合焊缝，其焊脚尺寸不应小于 $t/4$(t 为较薄板件的厚度，下同)；

(2)设计有疲劳验算要求的吊车梁或类似构件的腹板与上翼缘连接焊缝的焊脚尺寸为 $t/2$，且不应大于 10 mm。焊脚尺寸的允许偏差为 0～4 mm。

(3)资料应全数检查；同类焊缝抽查 10%，且不应少于 3 条。焊脚尺寸检验报告应符合质控(建)表 C. 0. 117 的规定。

4. 焊缝表面外观检验报告的主要内容

(1)焊缝表面不得有裂纹、焊瘤等缺陷。

(2)一级、二级焊缝不得有表面气孔、夹渣、弧坑裂纹、电弧擦伤等缺陷且一级焊缝不得有咬边、未焊满、根部收缩等缺陷。焊缝表面外观检验报告应符合质控(建)表 C. 0. 118 的规定。

(3)检查数量应符合每批同类构件抽查 10%，且不应少于 3 件；被抽查构件中，每一类型焊缝按条数抽查 5%，且不应少于 1 条；每条检查 1 处，总抽查数不应少于 10 处的规定。

5. 焊钉弯曲试验报告的主要内容

(1)施工单位对其采用的焊钉和钢材焊接应进行焊接工艺评定，其结果应符合设计要求和国家现行有关标准的规定。瓷环应按其产品说明书进行烘焙。应提供焊接工艺评定报告和烘焙记录。

(2)焊钉焊接后应进行弯曲试验检查，其焊缝和热影响区不应有肉眼可见的裂纹。每批同类构件抽查 10%，且不应少于 10 件；被抽查构件中，每件检查焊钉数量的 1%，但不应少于 1 个。焊钉弯曲试验报告应符合质控(建)表 C. 0. 119 的规定。

4. 3. 8. 20　紧固件连接工程质量检验记录(质控(建)表 C. 0. 120、C. 0. 121)

紧固件连接工程质量检验记录的主要内容：

1. 当普通螺栓作为永久性连接螺栓且设计有要求或对其质量有疑义时,应进行螺栓实物最小拉力载荷复验,试验方法依据现行国家标准《钢结构工程施工质量验收规范》GB 50205,其结果应符合规定。每一规格各应抽查 8 个。

2. 钢结构制作和安装单位应按现行国家标准《钢结构工程施工质量验收规范》GB 50205 的规定分别进行高强度螺栓连接摩擦面的抗滑移系数试验和复验,现场处理的构件摩擦面应单独进行摩擦面抗滑移系数试验,其结果应符合设计要求。每批应抽查三组试件。摩擦面抗滑移系数试验报告应符合质控(建)表 C. 0. 120 的规定。

3. 高强度大六角头螺栓连接副终拧完成 1 h 后、48 h 内应进行终拧扭矩检查,检查结果应符合现行国家标准《钢结构工程施工质量验收规范》GB 50205 的规定。应按节点数抽查 10%,且不应少于 10 个;每个被抽查节点应按螺栓数抽查 10%,且不应少于 2 个。终拧扭矩检查报告应符合质控(建)表 C. 0. 121 的规定。

4. 扭剪型高强度螺栓连接副终拧后,除因构造原因无法使用专用扳手终拧掉梅花头者外,未在终拧中拧掉梅花头的螺栓数不应大于该节点螺栓数的 5%。对所有梅花头未拧掉的扭剪型高强度螺栓连接副应采用扭矩法或转角法进行终拧并作标记,且应按现行国家标准《钢结构工程施工质量验收规范》GB 50205 的规定进行终拧扭矩检查。应按节点数抽查 10%,且不应少于 10 个节点,被抽查节点中梅花头未拧掉的扭剪型高强度螺栓连接副应全数进行终拧扭矩检查。

4. 3. 8. 21　钢结构安装工程质量检验记录(质控(建)表 C. 0. 122、C. 0. 123)

钢结构安装工程质量检验记录的主要内容:

1. 钢结构主体结构的整体垂直度和整体平面弯曲的允许偏差应符合现行国家标准《钢结构工程施工质量验收规范》(GB 50205)的规定。应对主要立面全部检查。对每个所检查的立面,除两列角柱外,尚应至少选取一列中间柱。整体垂直度检验报告应符合质控(建)表 C. 0. 122 的规定。整体平面弯曲检验报告应符合质控(建)表 C. 0. 123 的规定。

2. 钢网架结构总拼完成及屋面工程完成后应分别测量其挠度值,且所测的挠度值不应超过相应设计值的 1. 15 倍。应检查跨度 24 m 及以下钢网架结构测量下弦中央一点,跨度 24 m 以上钢网架结构测量下弦中央一点及各向下弦跨度的四等分点。空间钢结构挠度测量符合表 C. 0. 124 的规定。

4. 3. 8. 22　钢结构涂装工程质量检验记录(质控(建)表 C. 0. 125)

钢结构涂装工程质量检验记录的主要内容:

1. 防腐涂料、涂装遍数、涂层厚度均应符合设计要求。当设计对涂层厚度无要求时,涂层干漆膜总厚度室外应为 150 μm,其允许偏差为 −25 μm。每遍涂层干漆膜厚度的允许偏差为 −5 μm。应按构件数抽查 10%,且同类构件不应少于 3 件。检验报告应符合质控(建)表 C. 0. 125 的规定。

2. 薄涂型防火涂料的涂层厚度应符合有关耐火极限的设计要求。厚涂型防火涂料涂层的厚度,80%及以上面积应符合有关耐火极限的设计要求,且最薄处厚度不应低于设计要求的 85%。应按同类构件数抽查 10%,且均不应少于 3 件。检验报告应符合质控(建)表 C. 0. 125 的规定。

地基承载力试验报告

质控(建)表 C.0.93　　　　　　　　　　　　　　　　　　　　共　　页　第　　页

<table>
<tr><td colspan="2">工程名称</td><td colspan="3">××大厦</td><td>报告编号</td><td colspan="2">检 04××××</td></tr>
<tr><td colspan="2">工程地点</td><td colspan="3">福州市××</td><td>报告日期</td><td colspan="2">2011×××</td></tr>
<tr><td colspan="2">委托单位</td><td colspan="3">福建××建筑工程公司</td><td>委托日期</td><td colspan="2">2011×××</td></tr>
<tr><td colspan="2">施工单位</td><td colspan="3">福建××建筑工程公司</td><td>见证人</td><td colspan="2">×××</td></tr>
<tr><td colspan="2">见证单位</td><td colspan="3">福建××建设监理咨询公司</td><td>见证号</td><td colspan="2">×××</td></tr>
<tr><td colspan="2">地基处理工艺方法</td><td colspan="3">深层搅拌法</td><td>试验方法</td><td colspan="2">载荷试验</td></tr>
<tr><td colspan="2">地基承载力设计值(kPa)</td><td>130</td><td>载荷板尺寸(mm)</td><td>100×100</td><td>加荷方法</td><td colspan="2">慢速维持荷载法</td></tr>
<tr><td>点(桩)号</td><td>加荷级数</td><td>最大试验荷载(kN)</td><td>最大试验荷载下载荷板沉降(mm)</td><td>残余变形(mm)</td><td>地基承载力特征值(kPa)</td><td>检测日期</td><td>备注</td></tr>
<tr><td>1</td><td>10</td><td>260</td><td>36.72</td><td>25.39</td><td>≥130</td><td>×××</td><td></td></tr>
<tr><td>2</td><td>10</td><td>260</td><td>29.47</td><td>20.89</td><td>≥130</td><td>×××</td><td></td></tr>
<tr><td>3</td><td>10</td><td>260</td><td>32.45</td><td>22.30</td><td>≥130</td><td>×××</td><td></td></tr>
<tr><td></td><td></td><td></td><td></td><td></td><td></td><td></td><td></td></tr>
<tr><td></td><td></td><td></td><td></td><td></td><td></td><td></td><td></td></tr>
<tr><td></td><td></td><td></td><td></td><td></td><td></td><td></td><td></td></tr>
<tr><td colspan="2">检测依据</td><td colspan="6">建筑地基处理技术规范 JGJ 79</td></tr>
<tr><td colspan="2">检测结论</td><td colspan="6">1＃2＃3＃试验点复合地基承载力特征值不小于 130 kPa</td></tr>
<tr><td colspan="2">备注</td><td colspan="6"></td></tr>
</table>

批准:×××　　　　审核:×××　　　　校核:×××　　　　检测:×××

单桩竖向抗压静载检测报告

质控(建)表 C.0.94　　　　　　　　　　　　　　　　　　　共　　页　第　　页

<table>
<tr><td colspan="2">工程名称</td><td colspan="4">××大厦</td><td colspan="2">工程地点</td><td colspan="3">福州市××路</td></tr>
<tr><td colspan="2">合同编号</td><td colspan="4">04×××</td><td colspan="2">检测编号</td><td colspan="3">检 04××××</td></tr>
<tr><td colspan="2">委托单位</td><td colspan="4">福建××建筑工程公司</td><td colspan="2">建设单位</td><td colspan="3">福建××房地产有限公司</td></tr>
<tr><td colspan="2">设计单位</td><td colspan="4">福建××建筑设计院</td><td colspan="2">勘测单位</td><td colspan="3">福建××勘察设计院</td></tr>
<tr><td colspan="2">施工单位</td><td colspan="4">福建××建筑工程公司</td><td colspan="2">检测单位</td><td colspan="3">福建××检测中心</td></tr>
<tr><td colspan="2">监理单位</td><td colspan="4">福建××建设监理咨询公司</td><td colspan="2">结构型式</td><td colspan="3">框架</td></tr>
<tr><td colspan="2">桩型</td><td colspan="4">预应力管桩</td><td colspan="2">设计桩端持力层</td><td colspan="3">强风化花岗岩</td></tr>
<tr><td colspan="2">总桩数</td><td colspan="4">100</td><td colspan="2">设计单桩竖向抗压承载力　特征值(kN)</td><td colspan="3">2500</td></tr>
<tr><td colspan="2">见证人</td><td colspan="4">×××</td><td colspan="2">见证号</td><td colspan="3">04××××</td></tr>
<tr><td>桩号</td><td>桩长(m)</td><td>桩径(mm)</td><td>扩大头直径(mm)</td><td>最大试验荷载(kN)</td><td>最大荷载下桩顶沉降(mm)</td><td>残余变形(mm)</td><td>单桩竖向抗压极限承载力(kN)</td><td>实测单桩竖向抗压承载力特征值(kN)</td><td>施工日期</td><td>检测日期</td></tr>
<tr><td>1</td><td>25</td><td>500</td><td></td><td>5000</td><td>30.18</td><td>25</td><td>5000</td><td>2500</td><td>×××</td><td>×××</td></tr>
<tr><td>2</td><td>25</td><td>500</td><td></td><td>5000</td><td>32.44</td><td>26</td><td>5000</td><td>2500</td><td>×××</td><td>×××</td></tr>
<tr><td>3</td><td>25</td><td>500</td><td></td><td>5000</td><td>32.04</td><td>24</td><td>5000</td><td>2500</td><td>×××</td><td>×××</td></tr>
<tr><td></td><td></td><td></td><td></td><td></td><td></td><td></td><td></td><td></td><td></td><td></td></tr>
<tr><td></td><td></td><td></td><td></td><td></td><td></td><td></td><td></td><td></td><td></td><td></td></tr>
<tr><td colspan="2">备注</td><td colspan="9">检测依据:JGJ 106-2002 建筑基桩检测技术规范</td></tr>
</table>

项目负责人	×××	校对	×××	检测人员	×××

单桩竖向抗压静载试验记录

质控(建)表 C.0.95　　　　共　页 第　页

工程名称	××大厦	工程地点	福州市××
建设单位	福建××房地产有限公司	检测单位	福建××检测中心
试桩编号	26#	检测日期	2011/01/01
见证人	×××	见证号	04×××
荷重传感器号	18	压力表号	20110301
千斤顶号	QF×××T-20	百分表号	C016-5

序号	油压(MPa)	荷载(kN)	测读时间	间隔时间(min)	位移计(百分表)读数(mm)								沉降量(mm)		
					1		2		3		4		平均	本级	累计
					读数	读数差	读数	读数差	读数	读数差	读数	读数差			
1	/	0	14:00	/	42.19	/	43.18	/					42.68		
2	10.9	1000	14:05	5	40.08	2.09	41.09						40.58	2.10	2.10
2			14:15	15	40.01	0.07	40.99						40.50	0.08	2.18
2			14:30	30	39.98	0.03	40.97						40.48	0.02	2.20
2			14:450	45	39.97	0.01	40.97						40.47	0.01	2.21
2			15:00	60	39.97	0.00	40.96						40.46	0.01	2.22
2			15:30	90	39.95	0.02	40.95						40.45	0.01	2.23
2			16:00	120	39.94	0.01	40.94						40.44	0.01	2.24
3	16.2	1500	16:05	5	38.06	1.88	39.10						38.58	1.86	4.10
3			16:20	15	37.98	0.08	38.98						38.48	0.10	4.20

备注					
项目负责人	×××	校对	×××	检测人员	×××

单桩竖向抗拔静载检测报告

质控(建)表 C.0.96　　　　　　　　　　　　　　　　　共　　页 第　　页

工程名称	××大厦	工程地点	福州市××路
合同编号	04×××	检测编号	检 04××××
委托单位	福建××建筑工程公司	建设单位	福建××房地产有限公司
设计单位	福建××建筑设计院	勘测单位	福建××勘察设计院
施工单位	福建××建筑工程公司	检测单位	福建××检测中心
监理单位	福建××建设监理咨询公司	结构型式	框架
桩型	人工挖孔桩	设计桩端持力层	强风化花岗岩
总桩数	100	设计单桩竖向抗压承载力　特征值(kN)	500
见证人	×××	见证号	04××××

桩号	桩长(m)	桩径(mm)	扩大头直径(mm)	最大试验荷载(kN)	最大荷载下桩顶上拔量(mm)	残余变形(mm)	单桩竖向抗拔极限承载力(kN)	实测单桩竖向抗拔承载力特征值(kN)	施工日期	检测日期
1	8.0	800	1200	1000	39.0	20.0	1000	500	×××	×××
32	8.0	800	1200	1000	40.0	19.0	1100	505	×××	×××
85	8.0	800	1200	1000	39.0	21.0	1050	510	×××	×××

备注	检测依据:JGJ 106-2002 建筑基桩检测技术规范

项目负责人	×××	校对	×××	检测人员	×××

单桩水平静载检测报告

质控(建)表 C.0.97　　　　共　页　第　页

<table>
<tr><td colspan="2">工程名称</td><td colspan="3">××大厦</td><td colspan="2">工程地点</td><td colspan="3">福州市××路</td></tr>
<tr><td colspan="2">合同编号</td><td colspan="3">04××</td><td colspan="2">检测编号</td><td colspan="3">检 04×××</td></tr>
<tr><td colspan="2">委托单位</td><td colspan="3">福建××建筑工程公司</td><td colspan="2">建设单位</td><td colspan="3">福建××房地产有限公司</td></tr>
<tr><td colspan="2">设计单位</td><td colspan="3">福建××建筑设计院</td><td colspan="2">勘测单位</td><td colspan="3">福建××勘察设计院</td></tr>
<tr><td colspan="2">施工单位</td><td colspan="3">福建××建筑工程公司</td><td colspan="2">检测单位</td><td colspan="3">福建××检测中心</td></tr>
<tr><td colspan="2">监理单位</td><td colspan="3">福建××建设监理咨询公司</td><td colspan="2">结构型式</td><td colspan="3">框架</td></tr>
<tr><td colspan="2">桩型</td><td colspan="3">预应力管桩</td><td colspan="2">设计桩端持力层</td><td colspan="3">强风化花岗岩</td></tr>
<tr><td colspan="2">总桩数</td><td colspan="3">100</td><td colspan="2">设计单桩竖向抗压承载力　特征值(kN)</td><td colspan="3">60</td></tr>
<tr><td colspan="2">见证人</td><td colspan="3">×××</td><td colspan="2">见证号</td><td colspan="3">04×××</td></tr>
<tr><td>桩号</td><td>桩长(m)</td><td>桩径(mm)</td><td>单桩水平极限承载力(kN)</td><td>单桩水平临界荷载(kN)</td><td>临界荷载下地面处位移(mm)</td><td>地基土水平抗力系数的比例系数(kN/m⁴)</td><td>实测单桩水平承载力特征值(kN)</td><td>施工日期</td><td>检测日期</td></tr>
<tr><td>14</td><td>5.08</td><td>500</td><td>120</td><td></td><td></td><td></td><td>60</td><td>×××</td><td>×××</td></tr>
<tr><td>56</td><td>5.60</td><td>500</td><td>120</td><td></td><td></td><td></td><td>60</td><td>×××</td><td>×××</td></tr>
<tr><td>93</td><td>5.26</td><td>500</td><td>120</td><td></td><td></td><td></td><td>60</td><td>×××</td><td>×××</td></tr>
<tr><td></td><td></td><td></td><td></td><td></td><td></td><td></td><td></td><td></td><td></td></tr>
<tr><td></td><td></td><td></td><td></td><td></td><td></td><td></td><td></td><td></td><td></td></tr>
<tr><td colspan="2">备注</td><td colspan="8">检测依据:JGJ 106-2002 建筑基桩检测技术规范</td></tr>
<tr><td colspan="2">项目负责人</td><td>×××</td><td>校对</td><td colspan="2">×××</td><td colspan="2">检测人员</td><td colspan="2">×××</td></tr>
</table>

单桩水平静载试验记录

质控(建)表 C.0.98　　共　页　第　页

工程名称	××大厦	工程地点	福州市××
建设单位	福建××房地产有限公司	检测单位	福建××检测中心
试桩编号	6#	检测日期	2011/01/01
见证人及证号	××	上下表距	100 mm
荷重传感器号		压力表号	260#
千斤顶号	2#(ZJ10 型)	百分表号	C016-5

序号	油压(MPa)	荷载(kN)	观测时间	循环数	加载读数		卸载读数		水平位移(mm)		加载上下表读数差	转角	备注
					上表	下表	上表	下表	加载	卸载			
0	0	0	8:00	/	2.70	2.63							
1	20.32	10	8:04	1	2.87	2.75	2.72	2.63	0.17	0.02	0.15	1×10^{-4}	
			8:00	2	2.88	2.76	2.72	2.63	0.4	0.02	0.16	1×10^{-4}	
			8:00	3	2.89	2.77	2.73	2.64	0.19	0.03	0.16	1×10^{-4}	
			8:00	5	2.89	2.77	2.73	2.64	0.19	0.03	0.16	1×10^{-4}	
			8:00	6	2.89	2.77	2.73	2.64	0.20	0.03	0.17	1×10^{-4}	
备注													

项目负责人	×××	校对	×××	检测人员	×××

钻芯法检测现场操作记录

质控(建)表 C.0.99　　　　　　　　　　　　共　　页　第　　页

工程名称	××大厦			工程地点	福州市××路		
委托单位	福建××建筑工程公司			建设单位	福建××房地产有限公司		
设计单位	福建××建筑设计院			勘测单位	福建××勘察设计院		
施工单位	福建××建筑工程公司			监理单位	福建××建设监理咨询公司		
检测单位	福建××检测中心			检测日期	2011/01	桩型	灌注桩
桩号	2#	孔号	1-B	桩长(m)	15	桩径(mm)	1000

时间		钻芯(m)			芯样编号	芯样长度(m)		残留芯样	芯样初步描述及异常情况记录	备注
自	至	自	至	计		总长	>10 cm 长度			
7:00	9:00	0.00	1.50	1.50	1	1.50	1.40	0.10	芯样连续完整、表面光滑、胶结好、表面光滑、骨料分布均匀呈长柱状、断口吻合。	

机长	×××	校对	×××	记录	×××

钻芯法检测芯样编录表

质控(建)表 C.0.100　　　　　　　　　　　　共　页 第　页

<table>
<tr><td>工程名称</td><td colspan="3">××大厦</td><td>工程地点</td><td colspan="3">福州市××路</td></tr>
<tr><td>委托单位</td><td colspan="3">福建××建筑工程公司</td><td>建设单位</td><td colspan="3">福建××房地产有限公司</td></tr>
<tr><td>检测单位</td><td colspan="3">福建××检测中心</td><td>日期</td><td colspan="3">2011/01</td></tr>
<tr><td>桩号</td><td>2#</td><td>孔号</td><td>1-B</td><td>桩型</td><td>灌注桩</td><td>混凝土设计强度等级</td><td></td></tr>
<tr><td>项目</td><td>分段(层)深度(m)</td><td colspan="4">芯样描述</td><td>取样编号
取样深度</td><td>备注</td></tr>
<tr><td>桩身混凝土</td><td>3.5</td><td colspan="4">混凝土钻进深度，芯样连续性、完整性、胶结情况、表面光滑情况、断口吻合程度、混凝土芯是否为柱状、骨科大小分布情况，以及气孔、空调、蜂窝麻面、沟槽、破碎、夹泥、松散的情况</td><td>ZJ04××
2.6 m</td><td></td></tr>
<tr><td>桩身沉渣</td><td>0.3</td><td colspan="4">桩端混凝土与持力层接触情况、沉渣厚度</td><td>ZJ04××
3.6 m</td><td></td></tr>
<tr><td>持力层</td><td>0.2</td><td colspan="4">持力层钻进深度，岩土名称、芯样颜色、结构构造、裂隙发育程分层岩层应分层描述；分层岩层应分层描述</td><td>(强风化或土层时的动力触探或标贯结果)</td><td></td></tr>
<tr><td>项目负责人</td><td>×××</td><td>校对</td><td colspan="2">×××</td><td>检测人员</td><td colspan="2">×××</td></tr>
</table>

钻芯法检测芯样综合柱状图

质控(建)表 C.0.101　　　　共　页　第　页

工程名称	××大厦			工程地点	福州市××路		
桩号	2#	孔号	1-B	开孔时间	8:00	终孔时间	10:00
施工桩长(m)	10.0	设计桩径(mm)	1000	桩顶标高	0.00	成孔桩底标高	11.00

孔深(m)	层厚(m)	标高(m)	柱状图	桩身混凝土、持力层描述	芯样质量指标(%)	芯样强度(MPa) 深度(m)	备注
10.00	10.00	10.00	—	芯样连续完整	98(%)	0～1.0 m 34.5 5.0～6.0 m 32.0 9～10.0 m 30.8	
11.00	1.0	11.00		持力层为强风化花岗岩土,呈灰、碎块状。桩端无沉渣			

项目负责人	×××	校对	×××	编制	×××

基桩低应变法检测报告

质控(建)表C.0.102　　　　　　　　　　　　　　　　　　　　共　　页　第　　页

<table>
<tr><td>工程名称</td><td colspan="4">××大厦</td><td>工程地点</td><td colspan="2">福州市××路</td></tr>
<tr><td>合同编号</td><td colspan="4">04×××</td><td>检测编号</td><td colspan="2">检04××××</td></tr>
<tr><td>委托单位</td><td colspan="4">福建××建筑工程公司</td><td>建设单位</td><td colspan="2">福建××房地产有限公司</td></tr>
<tr><td>设计单位</td><td colspan="4">福建××建筑设计院</td><td>勘测单位</td><td colspan="2">福建××勘察设计院</td></tr>
<tr><td>施工单位</td><td colspan="4">福建××建筑工程公司</td><td>检测单位</td><td colspan="2">福建××检测中心</td></tr>
<tr><td>监理单位</td><td colspan="4">福建××建设监理咨询公司</td><td>桩身砼设计强度等级</td><td colspan="2">C80</td></tr>
<tr><td>桩型</td><td colspan="4">预应力管桩</td><td>设计桩端持力层</td><td colspan="2">强风化花岗岩</td></tr>
<tr><td>总桩数</td><td colspan="4">100</td><td>检测日期</td><td colspan="2">2011/01/01</td></tr>
<tr><td>见证人</td><td colspan="4">×××</td><td>见证号</td><td colspan="2">×××</td></tr>
<tr><td rowspan="2">桩号</td><td colspan="3">施工记录</td><td rowspan="2">施工日期</td><td rowspan="2">桩身波速(m/s)</td><td colspan="3">检测结果</td></tr>
<tr><td>桩长(m)</td><td>桩径(mm)</td><td>扩大直径(mm)</td><td>桩身完整性描述</td><td>缺陷位置</td><td>类别</td></tr>
<tr><td>1#</td><td>21.0</td><td>500</td><td></td><td>×××</td><td>4200</td><td>桩身完整</td><td>无</td><td>Ⅰ类桩</td></tr>
<tr><td>24#</td><td>21.5</td><td>500</td><td></td><td>×××</td><td>4150</td><td>桩身基本完整</td><td>无</td><td>Ⅱ类桩</td></tr>
<tr><td>36#</td><td>20.5</td><td>500</td><td></td><td>×××</td><td>4200</td><td>桩身完整</td><td>无</td><td>Ⅰ类桩</td></tr>
<tr><td>45#</td><td>21.0</td><td>500</td><td></td><td>×××</td><td>4250</td><td>桩身完整</td><td>无</td><td>Ⅰ类桩</td></tr>
<tr><td>88#</td><td>22.00</td><td>500</td><td></td><td>×××</td><td>4200</td><td>桩身完整</td><td>无</td><td>Ⅰ类桩</td></tr>
<tr><td>备注</td><td colspan="8">检测依据:JGJ 106-2002 建筑基桩检测技术规范</td></tr>
<tr><td>项目负责人</td><td>×××</td><td>校对</td><td>×××</td><td>检测人员</td><td>×××</td></tr>
</table>

基桩高应变法检测现场记录

质控(建)表 C.0.103　　　　　　　　　　　　　　　　　　共　　页　第　　页

工程名称	××大厦			工程地点	福州市××路		
合同编号	04×××	检测编号	检 04××××	锤重(kN)	100	检测日期	2011/01/01

现场设定值							
截面积 *A* (cm^2)	桩身材料质量密度 σ (kN/m^3)	波速 *c* (m/s)	阻尼系数 *Jc*	传感器标定系数			
				F1	F2	A1	A2
7854	24.0	3400	0.3	156	156	320	295

桩号	桩长(m)	测点下桩长(m)	入土深度(m)	接桩长度(m)	桩径(截面)(mm)	现场实测值				检测情况	备注
1#	20.0	19.0	19.0	1.0	1000	灌距(m)	1.0	1.2	1.3	正常	
1#	20.0	19.0	19.0	1.0	1000	贯入度(mm)	1.5	2.5	2.5	正常	
24#	20.5	19.3	19.3	1.0	1000	灌距(m)	1.0	1.2	1.3	正常	
24#	20.5	19.3	19.3	1.0	1000	贯入度(mm)	1.5	2.5	2.5	正常	
36#	21.0	19.1	19.1	1.0	1000	灌距(m)	1.0	1.2	1.3	正常	
36#	21.0	19.1	19.1	1.0	1000	贯入度(mm)	1.5	2.5	2.5	正常	
45#	21.0	19.1	19.1	1.0	1000	灌距(m)	1.0	1.2	1.3	正常	
45#	21.0	19.1	19.1	1.0	1000	贯入度(mm)	1.5	2.5	2.5	正常	
88#	20.00	19.2	19.2	1.0	1000	灌距(m)	1.0	1.2	1.3	正常	
88#	20.00	19.2	19.2	1.0	1000	贯入度(mm)	1.5	2.5	2.5	正常	

项目负责人	×××	校对	×××	检测人员	×××

基桩高应变法检测报告

质控(建)表 C.0.104　　　　　　　　　　　　　　　　　　　　　　　共　　页　第　　页

<table>
<tr><td>工程名称</td><td colspan="4">××大厦</td><td colspan="2">工程地点</td><td colspan="3">福州市××路</td></tr>
<tr><td>合同编号</td><td colspan="4">04×××</td><td colspan="2">检测编号</td><td colspan="3">检 04××××</td></tr>
<tr><td>委托单位</td><td colspan="4">福建××建筑工程公司</td><td colspan="2">建设单位</td><td colspan="3">福建××房地产有限公司</td></tr>
<tr><td>设计单位</td><td colspan="4">福建××建筑设计院</td><td colspan="2">勘测单位</td><td colspan="3">福建××勘察设计院</td></tr>
<tr><td>施工单位</td><td colspan="4">福建××建筑工程公司</td><td colspan="2">检测单位</td><td colspan="3">福建××检测中心</td></tr>
<tr><td>监理单位</td><td colspan="4">福建××建设监理咨询公司</td><td colspan="2">结构型式</td><td colspan="3">框架</td></tr>
<tr><td>桩型</td><td colspan="4">预应力管桩</td><td colspan="2">设计桩端持力层</td><td colspan="3">强风化花岗岩</td></tr>
<tr><td>总桩数</td><td colspan="4">100</td><td colspan="2">设计单桩竖向抗压承载力特征值(kN)</td><td colspan="3">4000</td></tr>
<tr><td>桩号</td><td>桩长(m)</td><td>桩径(mm)</td><td>扩大头直径(mm)</td><td>实测单桩竖向抗压极限承载力(kN)</td><td>锤重(kN)</td><td>贯入度(mm)</td><td>实测单桩竖向抗压承载力特征值(kN)</td><td>施工日期</td><td>检测日期</td></tr>
<tr><td>1#</td><td>21.0</td><td>1000</td><td>2000</td><td>8500</td><td>100</td><td></td><td>4100</td><td>×××</td><td>×××</td></tr>
<tr><td>24#</td><td>21.5</td><td>1000</td><td>2000</td><td>8600</td><td>100</td><td></td><td>4300</td><td>×××</td><td>×××</td></tr>
<tr><td>36#</td><td>20.5</td><td>1000</td><td>2000</td><td>8600</td><td>100</td><td></td><td>4300</td><td>×××</td><td>×××</td></tr>
<tr><td>45#</td><td>21.0</td><td>1000</td><td>2000</td><td>8500</td><td>100</td><td></td><td>4200</td><td>×××</td><td>×××</td></tr>
<tr><td>88#</td><td>22.00</td><td>1000</td><td>2000</td><td>8700</td><td>100</td><td></td><td>4300</td><td>×××</td><td>×××</td></tr>
<tr><td></td><td></td><td></td><td></td><td></td><td></td><td></td><td></td><td></td><td></td></tr>
<tr><td></td><td></td><td></td><td></td><td></td><td></td><td></td><td></td><td></td><td></td></tr>
<tr><td>备注</td><td></td><td></td><td></td><td></td><td></td><td></td><td></td><td></td><td></td></tr>
<tr><td colspan="2">项目负责人</td><td colspan="2">×××</td><td>校对</td><td colspan="2">×××</td><td>检测人员</td><td colspan="2">×××</td></tr>
</table>

结构实体钢筋保护层厚度检验报告

质控(建)表 C.0.105　　　　共1页　第1页

<table>
<tr><td>工程名称</td><td colspan="4">××市××小区8号楼</td><td>报告编号</td><td>2005GJ0943</td></tr>
<tr><td>施工单位</td><td colspan="4">××建筑工程公司</td><td>检验日期</td><td>2005.11.28</td></tr>
<tr><td>工程部位</td><td colspan="4">二层楼板</td><td>报告日期</td><td>2005.11.30</td></tr>
<tr><td>见证单位</td><td colspan="2">××市建筑工程检测中心</td><td>见证人</td><td>×××</td><td>证书编号</td><td>闽 040322455</td></tr>
<tr><td>测点编号</td><td>结构部位</td><td>设计厚度(mm)</td><td>实测厚度(mm)</td><td>偏差(mm)</td><td>允许偏差(mm)</td><td>是否合格</td></tr>
<tr><td>01</td><td>二层结构 KL4(3A)跨中底筋</td><td>25</td><td>20</td><td>−5</td><td>+10,−7</td><td>合格</td></tr>
<tr><td>02</td><td>二层结构 KL7(3A)跨中底筋</td><td>25</td><td>35</td><td>+10</td><td>+10,−7</td><td>合格</td></tr>
<tr><td>03</td><td>二层结构 KL9(2B)挑梁主筋</td><td>25</td><td>20</td><td>−5</td><td>+10,−7</td><td>合格</td></tr>
<tr><td>04</td><td>二层结构 KL12(5A)挑梁主筋</td><td>25</td><td>30</td><td>+5</td><td>+10,−7</td><td>合格</td></tr>
<tr><td>05</td><td>二层结构 KL19(4B)挑梁主筋</td><td>25</td><td>18</td><td>−7</td><td>+10,−7</td><td>合格</td></tr>
<tr><td>06</td><td>②~③/Ⓐ~Ⓑ轴的板主筋</td><td>15</td><td>10</td><td>−5</td><td>+8,−5</td><td>合格</td></tr>
<tr><td>07</td><td>⑥~⑦/Ⓑ~Ⓒ轴的板主筋</td><td>15</td><td>11</td><td>−4</td><td>+8,−5</td><td>合格</td></tr>
<tr><td>08</td><td>⑫~⑬/Ⓐ~Ⓑ轴的板主筋</td><td>15</td><td>22</td><td>+7</td><td>+8,−5</td><td>合格</td></tr>
<tr><td>09</td><td>⑦~⑧/Ⓒ~Ⓓ轴的板主筋</td><td>15</td><td>19</td><td>+4</td><td>+8,−5</td><td>合格</td></tr>
<tr><td>10</td><td>⑫~⑬/Ⓑ~Ⓒ轴的板主筋</td><td>15</td><td>13</td><td>−2</td><td>+8,−5</td><td>合格</td></tr>
<tr><td></td><td></td><td></td><td></td><td></td><td></td><td></td></tr>
<tr><td colspan="2">实测最大偏差(mm)</td><td></td><td colspan="2">允许最大偏差(mm)</td><td colspan="2"></td></tr>
<tr><td>检测依据</td><td colspan="3">依据《混凝土结构施工质量验收规范》GB 50204-2002</td><td colspan="3">检测评定结论</td></tr>
<tr><td>检测仪器</td><td colspan="3">仪器名称:“钢筋保护层测定仪”GC02-Ⅱ 证书编号:技监字 0504883</td><td colspan="3">合格</td></tr>
<tr><td>备注</td><td colspan="6">/</td></tr>
</table>

批准:×××　　审核:×××　　校核:×××　　检验:×××

主体结构尺寸、位置抽查记录

检验(建)表 D.0.1

单位(子单位)工程名称					施工单位			
检验批名称					抽查日期			
柱(墩、台)截面尺寸/墙厚/梁高/板厚/层高								
构件名称及所在轴线	检验项目		设计尺寸		尺寸实测值			平均值
柱(墩、台)垂直度								
构件名称及所在轴线	实测值				构件名称及所在轴线	实测值		
施工单位(项目章)	施工员		质量员		专业监理工程师(建设单位专业技术负责人)			

注:1.设计尺寸指设计的柱截面尺寸、墙厚、梁高、板厚、层高;梁高实测值按“400(100)”填写,“400”代表腹板高度,“100”代表此处楼板厚度,平均值填写 3 个测点梁高平均值;层高实测值按“3000(100)”填写,“3000”代表净高,“100”代表此处楼板厚度,平均值填写 3 个测点层高平均值。

2.柱截面尺寸、墙厚、梁高、板厚、层高偏差值超过规范允许偏差的,在平均值处用圈标出;柱垂直度偏差值超过规范允许偏差的,在实测值的较大值处用圈标出。

主体结构尺寸、位置抽查记录汇总表

检验(建)表 D.0.2

<table>
<tr><td colspan="2">单位(子)单位工程名称</td><td colspan="4"></td></tr>
<tr><td colspan="2">施工单位</td><td colspan="4"></td></tr>
<tr><td>梁数量</td><td></td><td>梁抽测数量</td><td></td><td>抽测比例</td><td></td></tr>
<tr><td>柱(墩、台)数量</td><td></td><td>柱抽测数量</td><td></td><td>抽测比例</td><td></td></tr>
<tr><td rowspan="3">自然间数量</td><td rowspan="3"></td><td>墙抽测数量</td><td></td><td>抽测比例</td><td></td></tr>
<tr><td>板抽测数量</td><td></td><td>抽测比例</td><td></td></tr>
<tr><td>层高抽测数量</td><td></td><td>抽测比例</td><td></td></tr>
<tr><td>柱(墩、台)截面尺寸抽测数量</td><td></td><td>合格数量</td><td></td><td>合格率</td><td></td></tr>
<tr><td>柱(墩、台)垂直度抽测数量</td><td></td><td>合格数量</td><td></td><td>合格率</td><td></td></tr>
<tr><td>墙厚抽测数量</td><td></td><td>合格数量</td><td></td><td>合格率</td><td></td></tr>
<tr><td>梁高抽测数量</td><td></td><td>合格数量</td><td></td><td>合格率</td><td></td></tr>
<tr><td>板厚抽测数量</td><td></td><td>合格数量</td><td></td><td>合格率</td><td></td></tr>
<tr><td>层高抽测数量</td><td></td><td>合格数量</td><td></td><td>合格率</td><td></td></tr>
<tr><td rowspan="2">施工单位
(项目章)</td><td>施工员</td><td>质量员</td><td colspan="2" rowspan="2">专业监理工程师(建设单位专业技术负责人)</td><td rowspan="2"></td></tr>
<tr><td colspan="2"></td></tr>
</table>

拆模申请单

工程名称：××小区 8 号楼　　　　　　　　　　　　　　　　　　　　　编号：

致：××建设监理有限公司（监理单位） 我方施工的 ××小区 8 号楼 工程屋面梁板 C25 混凝土 （部位）于 2004 年 11 月 17 日 18 时就已浇筑完成，该部位留置的同条件养护的混凝土试块于 2004 年 11 月 30 日送去抗压，强度达到 24.9 MPa，能满足施工质量规范规定的拆模强度，特申请拆模。 附件： ①同条件养护 15 天的试块强度检验报告单 1 份。 承包单位（章）：福建省××建筑工程有限公司 项目经理：××× 日　期：2004 年 9 月 25 日
审查意见： 同意拆模！ 项目监理机构：××工程监理部 总/专业监理工程师：××× 日　期：2004 年 9 月 25 日

注：本表一式两份，监理、施工方各一份。

钢材原材料检验报告

质控(建)表 C. 0. 106　　　　　　　　　　　　　　　　　　　　　　　共　　页　第　　页

<table>
<tr><td>工程名称</td><td colspan="3">××大厦</td><td>委托编号</td><td>检 04××××</td></tr>
<tr><td>委托单位</td><td colspan="3">福建××建筑工程公司</td><td>检验日期</td><td>2011/01/01</td></tr>
<tr><td>见证单位</td><td colspan="3">福建××建设监理公司</td><td>见证人</td><td>×××</td></tr>
<tr><td>送检样品</td><td>样品名称</td><td>型号规格</td><td>检验项目</td><td>样品数量(个)</td><td>样品描述</td></tr>
<tr><td rowspan="4">钢筋原材</td><td rowspan="4">热轧带肋钢筋</td><td rowspan="4">HRB400ϕ20</td><td>拉伸</td><td>2</td><td>外观质量无异常</td></tr>
<tr><td>冷弯</td><td>2</td><td>外观质量无异常</td></tr>
<tr><td></td><td></td><td></td></tr>
<tr><td></td><td></td><td></td></tr>
<tr><td rowspan="4"></td><td rowspan="4"></td><td rowspan="4"></td><td></td><td></td><td></td></tr>
<tr><td></td><td></td><td></td></tr>
<tr><td></td><td></td><td></td></tr>
<tr><td></td><td></td><td></td></tr>
<tr><td>检验依据</td><td colspan="5">GB 1499 钢筋混凝土用热轧带肋钢筋</td></tr>
<tr><td>检验结论</td><td colspan="5">该试样检验项目符合 GB 1499 钢筋混凝土用热轧带肋钢筋标准要求</td></tr>
<tr><td>备注</td><td colspan="5"></td></tr>
</table>

批准:×××　　　　审核:×××　　　　校核:×××　　　　检验:×××

(附页)

钢材原材料力学性能、工艺性能检验结果

共　页 第　页

样品名称	型号规格	检验项目	单位	规定值	检验结果	
					1	2
热轧带肋钢筋	HRB 400ϕ20	屈服强度	MPa	≥400	430	425
		极限强度	MPa	≥570	630	625
		断后伸长率	%	≥14%	28.0	28.2
		冷弯	3d180°	无裂纹	合格	合格
备注						

钢材原材料夏比缺口冲击试验检验结果

样品名称	型号规格	试样尺寸(mm)	检验项目	单位	规定值	检验结果
备注						

钢材原材料化学成分检验结果

样品名称	型号规格	检验项目	单位	规定值	检验结果
备注					

高强度大六角头螺栓连接副扭矩系数检验报告

质控(建)表 C.0.107　　　　共　　页　第　　页

<table>
<tr><td>工程名称</td><td colspan="3">××大厦</td><td>委托编号</td><td colspan="2">检 04××××</td></tr>
<tr><td>委托单位</td><td colspan="3">福建××建筑工程公司</td><td>检验日期</td><td colspan="2">2011/01/01</td></tr>
<tr><td>见证单位</td><td colspan="3">福建××建设监理公司</td><td>见证人</td><td colspan="2">×××</td></tr>
<tr><td>样品名称</td><td colspan="3">高强度大六角头螺栓连接副</td><td>检验项目</td><td colspan="2">预拉力</td></tr>
<tr><td>检验依据</td><td colspan="6">《钢结构工程施工质量验收规范》GB 50205</td></tr>
<tr><td>检验仪器</td><td colspan="6">仪器名称:标准测力计 7X-11-01　　　　检定证书编号:×××</td></tr>
<tr><td colspan="7">高强度大六角头螺栓连接副预拉力检验结果</td></tr>
<tr><td>型号规格</td><td>样品编号</td><td>预拉力(kN)</td><td>扭矩(N·m)</td><td>扭矩系数</td><td>扭矩系数
平均值</td><td>扭矩系数
标准偏差</td></tr>
<tr><td rowspan="8">M24×75
10.9S</td><td>GL04×××</td><td>195</td><td>0.54</td><td>0.216</td><td rowspan="8">0.131</td><td rowspan="8"></td></tr>
<tr><td>GL04×××</td><td>195</td><td>0.60</td><td>0.140</td></tr>
<tr><td>GL04×××</td><td>195</td><td>0.56</td><td>0.131</td></tr>
<tr><td>GL04×××</td><td>195</td><td>0.52</td><td>0.121</td></tr>
<tr><td>GL04×××</td><td>195</td><td>0.56</td><td>0.131</td></tr>
<tr><td>GL04×××</td><td>195</td><td>0.60</td><td>0.140</td></tr>
<tr><td>GL04×××</td><td>195</td><td>0.58</td><td>0.135</td></tr>
<tr><td>GL04×××</td><td>195</td><td>0.54</td><td>0.126</td></tr>
<tr><td>检验结论</td><td colspan="6">该试样检验项目符合 GB 50205-2001 钢结构工程施工质量验收规范标准要求</td></tr>
</table>

批准:×××　　　审核:×××　　　校核:×××　　　检验:×××

扭剪型高强度螺栓连接副预拉力检验报告

质控(建)表 C.0.108　　　　共　页 第　页

工程名称	××大厦	委托编号	检 04××××		
委托单位	福建××建筑工程公司	检验日期	2011/01/01		
见证单位	福建××建设监理公司	见证人	×××		
样品名称	高强度大六角头螺栓连接副	检验项目	预拉力		
检验依据	《钢结构工程施工质量验收规范》GB 50205				
检验仪器	仪器名称:标准测力计 7X-11-01　　检定证书编号:×××				
扭剪型高强度螺栓连接副预拉力检验结果					

型号规格	样品编号	实测预拉力(kN)	预拉力平均值(kN)		预拉力标准偏差(kN)	
			标准值	实测值	标准值	实测值
M24×75 10.9S	GL04×××	254	220～270	260	≤22.7	9.1
	GL04×××	261				
	GL04×××	243				
	GL04×××	266				
	GL04×××	257				
	GL04×××	263				
	GL04×××	274				
	GL04×××	2560				
检验结论	该试样检验项目符合 GB 50205-2001 钢结构工程施工质量验收规范标准要求					

批准:×××　　审核:×××　　校核:×××　　检验:×××

螺栓连接副拉力荷载检验报告

质控(建)表 C. 0. 109　　　　共　页　第　页

<table>
<tr><td>工程名称</td><td colspan="3">××大厦</td><td>委托编号</td><td>检 04××××</td></tr>
<tr><td>委托单位</td><td colspan="3">福建××建筑工程公司</td><td>检验日期</td><td>2011/01/01</td></tr>
<tr><td>见证单位</td><td colspan="3">福建××建设监理公司</td><td>见证人</td><td>×××</td></tr>
<tr><td>检验依据</td><td colspan="5">GB/T 3633 钢结构用扭剪型高强度螺栓连接副《钢结构工程施工质量验收规范》GB 50205</td></tr>
<tr><td>检验仪器</td><td colspan="5">仪器名称:标准测力计 7X-11-01　　检定证书编号:×××</td></tr>
<tr><td colspan="6">检验结果汇总表</td></tr>
<tr><td>样品编号</td><td>型号规格</td><td>螺纹公称应力截面积(mm²)</td><td>实测拉力荷载(kN)</td><td>折算抗拉强度(MPa)</td><td>破坏形态</td></tr>
<tr><td>GL04×××</td><td rowspan="8">M22×75
10. 9S</td><td rowspan="8">303</td><td>332</td><td>1095</td><td>断裂在螺纹部位</td></tr>
<tr><td>GL04×××</td><td>340</td><td>1120</td><td>断裂在螺纹部位</td></tr>
<tr><td>GL04×××</td><td>353</td><td>1165</td><td>断裂在螺纹部位</td></tr>
<tr><td>GL04×××</td><td>360</td><td>1190</td><td>断裂在螺纹部位</td></tr>
<tr><td>GL04×××</td><td>348</td><td>1150</td><td>断裂在螺纹部位</td></tr>
<tr><td>GL04×××</td><td>357</td><td>1180</td><td>断裂在螺纹部位</td></tr>
<tr><td>GL04×××</td><td>344</td><td>1135</td><td>断裂在螺纹部位</td></tr>
<tr><td>GL04×××</td><td>348</td><td>1150</td><td>断裂在螺纹部位</td></tr>
<tr><td></td><td rowspan="8"></td><td rowspan="8"></td><td></td><td></td><td></td></tr>
<tr><td></td><td></td><td></td><td></td></tr>
<tr><td></td><td></td><td></td><td></td></tr>
<tr><td></td><td></td><td></td><td></td></tr>
<tr><td></td><td></td><td></td><td></td></tr>
<tr><td></td><td></td><td></td><td></td></tr>
<tr><td></td><td></td><td></td><td></td></tr>
<tr><td></td><td></td><td></td><td></td></tr>
<tr><td>检验结论</td><td colspan="5">该试样检验项目符合 GB/T 3633 钢结构用扭剪型高强度螺栓连接副标准中 10。9S 要求</td></tr>
</table>

批准:×××　　审核:×××　　校核:×××　　检验:×××

高强度螺栓洛氏硬度检验报告

质控(建)表C.0.110　　　　共　页第　页

<table>
<tr><td>工程名称</td><td colspan="3">××大厦</td><td colspan="2">委托编号</td><td>检04××××</td></tr>
<tr><td>委托单位</td><td colspan="3">福建××建筑工程公司</td><td colspan="2">检验日期</td><td>2011/01/01</td></tr>
<tr><td>见证单位</td><td colspan="3">福建××建设监理公司</td><td colspan="2">见证人</td><td>×××</td></tr>
<tr><td>样品名称</td><td colspan="3">高强度螺栓</td><td colspan="2">检验地点</td><td>检测室</td></tr>
<tr><td>生产单位</td><td colspan="3">福建××机械有限公司</td><td colspan="2">样品编号</td><td>J××××</td></tr>
<tr><td>检验依据</td><td colspan="6">GB/T 230. 金属洛氏硬度试验第一部分试验方法
GB/T 3633 钢结构用扭剪型高强度螺栓连接副</td></tr>
<tr><td>检验仪器</td><td colspan="6">仪器名称：HRA-150A 洛氏硬度计　　　　检定证书编号：××××</td></tr>
<tr><td colspan="7">检验结果</td></tr>
<tr><td>型号</td><td>序号</td><td>洛氏硬度(HRC)</td><td>型号</td><td>序号</td><td colspan="2">洛氏硬度(HRC)</td></tr>
<tr><td>M24×75
10.9S</td><td>1</td><td>23.5</td><td>23.0</td><td>23.0</td><td colspan="2"></td></tr>
<tr><td>M24×75
10.9S</td><td>2</td><td>25.0</td><td>25.0</td><td>25.0</td><td colspan="2"></td></tr>
<tr><td>M24×75
10.9S</td><td>3</td><td>23.5</td><td>23.5</td><td>23.5</td><td colspan="2"></td></tr>
<tr><td></td><td></td><td></td><td></td><td></td><td colspan="2"></td></tr>
<tr><td></td><td></td><td></td><td></td><td></td><td colspan="2"></td></tr>
<tr><td></td><td></td><td></td><td></td><td></td><td colspan="2"></td></tr>
<tr><td>检验结论</td><td colspan="6">该试样检验项目符合GB/T 1231钢结构用扭剪型高强度螺栓连接副标准中10。9S要求</td></tr>
</table>

批准：×××　　审核：×××　　校核：×××　　检验：×××

钢结构焊缝超声波检验报告

质控(建)表 C.0.111　　　　　　　　　　　　　　　　　　　　共　　页　第　　页

工程名称	××大厦			委托编号	检04××××
委托单位	福建××建筑工程公司			检验日期	2011/01/01
施工单位	福建××建筑工程公司			检验地点	施工现场
见证单位	福建××建设监理公司			见证人	×××
样品名称	钢梁熔透焊缝			样品数量	3
验收规范	GB 50205 钢结构工程施工质量验收规范			质量等级	二级
母材材质	Q235	坡口形式	X 型	焊接方法	CO_2气体保护焊
焊缝种类	熔透焊缝	表面状态	修磨	耦合剂	洗洁精
表面补偿	6 dB	探伤法	钭角探伤	探伤面	筒体
扫查方式	深度法 2∶1	探头规格	2.5P8×12K2	试块	RB-1;CSK1A
仪器名称	CTS-22A	检定证书编号	2010××	灵敏度	ϕ3～16 dB
检验标准	《钢焊缝手工超声波探伤方法和探伤结果分级法》GB 11345《钢结构工程施工质量验收规范》GB 50205				

焊缝超声波检验结果						
构件编号	型号规格(mm)	检验部位	钢板厚度(mm)	检验长度(mm)	缺陷评定等级	焊缝质量等级
1	650×200×8×6	腹板与对接焊缝	8	1400	Ⅱ	Ⅱ
2	650×200×8×6	腹板与对接焊缝	8	1400	Ⅱ	Ⅱ
3	650×200×8×6	腹板与对接焊缝	8	1400	Ⅱ	Ⅱ
检验结论	受检 H 钢焊缝对接质量超声波检验,符合标准要求					

批准:×××　　　审核:×××　　　校核:×××　　　检验:×××

钢网架焊接球节点力学性能检验报告

质控(建)表 C.0.112　　　　　　　　　　　　共　　页　第　　页

工程名称	××大厦	委托编号	检 04××××
委托单位	福建××建筑工程公司	检验日期	2011/01/01
见证单位	福建××建设监理公司	见证人	×××
检验依据	JGJ 78 网架结构工程质量检验评定标准		
检验仪器	仪器名称:万能材料试验机　　检定证书编号:×××		

焊接空心球节点力学性能检验结果

样品编号	焊接空心球规格(mm)	配合钢管规格(mm)	试验荷载(kN)		折算钢管应力(MPa)		设计应力值(MPa)		承载力检验系数实测值		破坏形态
			轴向受拉	轴向受压	轴向受拉	轴向受压	轴向受拉	轴向受压	轴向受拉	轴向受压	
J××-1	WSR500	φ180×12.0 (Q235)		1350				1175		1.15	空心球压扁
J××-2	WSR500	φ180×12.0 (Q235)	850				1030		1.68		空心球拉裂
J××-1	WSR500	φ180×12.0V		1360				1175		1.16	空心球压扁
J××-2	WSR500	φ180×12.0 (Q235)	860				1030		1.69		空心球拉裂
检验结论	该试样检验项目符合 JGJ 78 网架结构工程质量检验评定标准要求										

批准:×××　　　审核:×××　　　校核:×××　　　检验:×××

金属表面磁粉探伤检验报告

质控(建)表 C.0.113　　　　　　　　　　　　　　　　　共　　页　第　　页

工程名称	××大厦				委托编号	检 04××××
委托单位	福建××建筑工程公司				检验日期	2011/01/01
见证单位	福建××建设监理公司				见证人	×××
检验依据	GB/T 158222 磁粉探伤方法					
检验仪器	仪器名称:多功能磁粉探伤仪			检定证书编号:××××		
检验条件	母材材质	Q235	试块/试片	A 型试片	检验地点	检测中心
	磁粉种类	荧光磁粉	施加方法	湿粉法	磁化方法	磁轭化

金属表面磁粉探伤检验结果					
样品编号	型号规格	磁粉探伤结果	样品编号	型号规格	磁粉探伤结果
J××××	ϕ50	未发现裂纹	J××××	ϕ50	未发现裂纹
J××××	ϕ50	未发现裂纹	J××××	ϕ50	未发现裂纹
J××××	ϕ50	未发现裂纹	J××××	ϕ50	未发现裂纹
J××××	ϕ50	未发现裂纹	J××××	ϕ50	未发现裂纹
J××××	ϕ50	未发现裂纹	J××××	ϕ50	未发现裂纹
J××××	ϕ50	未发现裂纹			
J××××	ϕ50	未发现裂纹			
J××××	ϕ50	未发现裂纹			
J××××	ϕ50	未发现裂纹			
J××××	ϕ50	未发现裂纹			
检验结论	构件经磁粉探伤未发现裂纹				

批准:×××　　　　审核:×××　　　　校核:×××　　　　检验:×××

钢网架螺栓球节点螺栓球拉力荷载检验报告

质控(建)表 C.0.114　　　　共　页 第　页

工程名称	××大厦	委托编号	检 04××××
委托单位	福建××建筑工程公司	检验日期	2011/01/01
见证单位	福建××建设监理公司	见证人	×××
检验依据	JGJ 78 网架结构工程质量检验评定标准钢网架螺栓球节点用高强度螺栓 GB/T 16939		
检验仪器	仪器名称:万能材料试验机　　检定证书编号:×××		

螺栓球拉力荷载检验结果					
样品编号	螺栓球规格(mm)	配用螺栓规格(mm)	螺栓标准拉力荷载(kN)	试验拉力荷载(kN)	破坏形态
J××××	BS240	M52(10.9S)	1828-2180	1828	未发现明显破坏痕迹
J××××	BS240	M52(10.9S)	1828-2180	1848	未发现明显破坏痕迹
J××××	BS240	M52(10.9S)	1828-2180	1835	未发现明显破坏痕迹
J××××	BS240	M52(10.9S)	1828-2180	1840	未发现明显破坏痕迹
J××××	BS240	M52(10.9S)	1828-2180	1835	未发现明显破坏痕迹
J××××	BS240	M52(10.9S)	1828-2180	1842	未发现明显破坏痕迹
检验结论	该试样检验项目符合 JGJ 78 网架结构工程质量检验评定标准要求				

批准:×××　　审核:×××　　校核:×××　　检验:×××

钢网架螺栓球节点杆件拉力荷载检验报告

质控(建)表 C.0.115　　　　共　　页　第　　页

工程名称	××大厦	委托编号	检 04××××
委托单位	福建××建筑工程公司	检验日期	2011/01/01
见证单位	福建××建设监理公司	见证人	×××
检验依据	JGJ 78 网架结构工程质量检验评定标准		
检验仪器	仪器名称:万能材料试验机　检定证书编号:×××		

网架杆件拉力荷载检验结果

样品编号	杆件规格(mm)	配用螺栓规格(mm)	试验拉力荷载(kN)	折算钢管应力(MPa)	破坏形态
J××××	ϕ219×4.0 Q235	M30	583	215	未发现明显破坏痕迹
J××××	ϕ219×4.0 Q235	M30	583	215	未发现明显破坏痕迹
J××××	ϕ219×4.0 Q235	M30	583	215	未发现明显破坏痕迹
J××××	ϕ219×4.0 Q235	M30	583	215	未发现明显破坏痕迹
J××××	ϕ219×4.0 Q235	M30	583	215	未发现明显破坏痕迹
J××××	ϕ219×4.0 Q235	M39	1013	375	未发现明显破坏痕迹
检验结论	1. 试样未发现明显破坏痕迹 2. 所检项目达到所配用高强螺栓性能等级				

批准:×××　　　审核:×××　　　校核:×××　　　检验:×××

钢材焊接工艺评定报告

质控(建)表C.0.116

共 页 第 页

<table>
<tr><td>工程名称</td><td colspan="3">××大厦</td><td>委托编号</td><td>检04××××</td></tr>
<tr><td>委托单位</td><td colspan="3">福建××建筑工程公司</td><td>检验日期</td><td>2011/01/01</td></tr>
<tr><td>见证单位</td><td colspan="3">福建××建设监理公司</td><td>见证人</td><td>×××</td></tr>
<tr><td rowspan="12">送检样品</td><td>样品名称</td><td>型号规格</td><td>检验项目</td><td>样品数量(个)</td><td>样品描述</td></tr>
<tr><td rowspan="5">钢筋电渣压力焊</td><td rowspan="5">HRB400</td><td>拉伸</td><td>3</td><td>外观质量无异常</td></tr>
<tr><td></td><td></td><td></td></tr>
<tr><td></td><td></td><td></td></tr>
<tr><td></td><td></td><td></td></tr>
<tr><td></td><td></td><td></td></tr>
<tr><td rowspan="5">钢筋闪光对焊</td><td rowspan="5">HRB400</td><td>拉伸</td><td>3</td><td>外观质量无异常</td></tr>
<tr><td>弯曲</td><td>3</td><td>外观质量无异常</td></tr>
<tr><td></td><td></td><td></td></tr>
<tr><td></td><td></td><td></td></tr>
<tr><td></td><td></td><td></td></tr>
<tr><td colspan="5"></td></tr>
<tr><td>检验依据</td><td colspan="5">JGJ 18 钢筋焊接与验收规程 JGJ/T 27 钢筋焊接接头试验方法标准</td></tr>
<tr><td>检验结论</td><td colspan="5">该试样检验项目符合 JGJ 18 钢筋焊接与验收规程标准要求</td></tr>
<tr><td>备注</td><td colspan="5"></td></tr>
</table>

批准:××× 审核:××× 校核:××× 检验:×××

(附页)

钢材焊接接头焊缝表面质量磁粉探伤检验结果

共　页 第　页

样品名称	焊缝试板				型号规格		δ=10 mm(Q235)			
检验项目	表面裂纹	焊瘤	未焊满	根部收缩	咬边	弧坑裂纹	电弧擦伤	接头不良	表面夹渣	表面气孔
检验结果	无	无	无	无	无	无	无	无	无	无
备注										

钢材焊接接头焊缝内部缺陷超声波探伤检验结果

样品名称	型号规格	检验部位	钢材厚度(mm)	检验长度(mm)	缺陷评定等级	焊缝质量等级
焊缝试板	δ=10 mm(Q235)	对接焊缝	10	全长	Ⅰ	一级
备注						

钢材焊接接头力学性能、工艺性能检验结果

样品名称	型号规格	检验项目	单位	规定值	检验结果
接头试块	δ=10 mm(Q235)	拉伸性能	MPa	375～500	395
		冷弯性能	/	180°,无裂纹	合格

钢材焊接接头夏比缺口冲击试验检验结果

样品名称	型号规格	缺口位置/形状	检验项目	单位	规定值	检验结果
备注						

钢结构焊缝尺寸检验报告

质控(建)表 C.0.117　　　　　　　　　　　　共　页第　页

工程名称	××大厦		委托编号	检 04××××
委托单位	福建××建筑工程公司		检验日期	2011/01/01
施工单位	福建××建筑工程公司		检验地点	工地
见证单位	福建××建设监理公司		见证人	×××
样品名称	钢梁		样品数量	10
检验依据	GB 50221 钢结构工程质量检验评定标准			
检验仪器	仪器名称:焊接检验尺　　检定证书编号:×××			
焊缝尺寸检验结果				
构件编号	型号规格(mm)	检验部位	设计尺寸(mm)	实测尺寸(mm)
1	BH550×250×8×12	腹板与翼板对接焊缝	3000	600
2	BH550×250×8×12	端头板与翼板对接焊缝	250	250
3	BH550×250×8×9	端头板与翼板对接焊缝	125	全长
检验结论	该试样检验项目符合 GB 50221 钢结构工程质量检验评定标准要求			

批准:×××　　审核:×××　　校核:×××　　检验:×××

钢结构焊缝外观检验报告

质控(建)表 C. 0. 118　　　　　　　　　　　　　　　　　　　　共　　页第　　页

<table>
<tr><td>工程名称</td><td colspan="4">××大厦</td><td>委托单位</td><td colspan="5">福建××建筑工程公司</td><td>委托编号</td><td colspan="3">检 04××××</td></tr>
<tr><td>见证单位</td><td colspan="4">福建××建设监理公司</td><td>见证人</td><td colspan="5">×××</td><td>检验日期</td><td colspan="3">2011/01/01</td></tr>
<tr><td>构件名称</td><td>H 型钢梁</td><td>焊缝类型</td><td>熔透焊缝</td><td>焊接方式</td><td>CO_2 气体保护焊</td><td>构件材质</td><td>Q235B</td><td>设计质量等级</td><td>二级</td><td>检验地点</td><td colspan="4">工地</td></tr>
<tr><td>检验仪器</td><td colspan="6">仪器名称:焊接检验尺　检定证书编号:×××</td><td>检验依据</td><td colspan="7">GB 50221 钢结构工程质量检验评定标准</td></tr>
<tr><td colspan="15">焊缝检查结果(未表明尺寸均为 mm)</td></tr>
<tr><td>构件编号</td><td>型号规格</td><td>检验位置</td><td>表面裂纹</td><td>焊瘤</td><td>未焊满</td><td>根部收缩</td><td>咬边</td><td>弧坑裂纹</td><td>电弧擦伤</td><td>接头不良</td><td>表面夹渣</td><td>表面气孔</td><td>焊角尺寸</td><td>质量等级</td></tr>
<tr><td>1</td><td>RH396×199×7×11</td><td>焊缝 a</td><td>无</td><td>无</td><td>无</td><td>无</td><td>无</td><td>无</td><td>无</td><td>无</td><td>无</td><td>无</td><td></td><td>二级</td></tr>
<tr><td>2</td><td>RH396×199×7×11</td><td>焊缝 b</td><td>无</td><td>无</td><td>无</td><td>无</td><td>无</td><td>无</td><td>无</td><td>无</td><td>无</td><td>无</td><td></td><td>二级</td></tr>
<tr><td>3</td><td>RH396×199×7×11</td><td>焊缝 c</td><td>无</td><td>无</td><td>无</td><td>无</td><td>无</td><td>无</td><td>无</td><td>无</td><td>无</td><td>无</td><td></td><td>二级</td></tr>
<tr><td>4</td><td>RH396×199×7×11</td><td>焊缝 d</td><td>无</td><td>无</td><td>无</td><td>无</td><td>无</td><td>无</td><td>无</td><td>无</td><td>无</td><td>无</td><td></td><td>二级</td></tr>
<tr><td></td><td></td><td></td><td></td><td></td><td></td><td></td><td></td><td></td><td></td><td></td><td></td><td></td><td></td><td></td></tr>
<tr><td></td><td></td><td></td><td></td><td></td><td></td><td></td><td></td><td></td><td></td><td></td><td></td><td></td><td></td><td></td></tr>
<tr><td>检验结论</td><td colspan="14">该试样检验项目符合 GB 50221 钢结构工程质量检验评定标准要求</td></tr>
</table>

批准:×××　　　　审核:×××　　　　校核:×××　　　　检验:×××

钢结构焊钉弯曲试验报告

质控(建)表 C.0.119　　　　　　　　　　　　　　　　　　　共　　页　第　　页

工程名称	××大厦				委托编号	检 04××××
委托单位	福建××建筑工程公司				检验日期	2011/01/01
施工单位	福建××建筑工程公司				检验地点	工地
见证单位	福建××建设监理公司				见证人	×××
样品名称	电弧螺栓焊用圆柱头焊钉				样品数量	4
试验依据	GB 50205 钢结构工程施工质量验收规范 GB/T 10433 电弧螺栓焊用圆柱头焊钉					
检验仪器	仪器名称:冲击机　　　　检定证书编号:					
焊钉弯曲试验结果						
构件编号	型号规格(mm)	位置	检验区域	弯曲角度(°)	破坏形态	
1	19×100	GL 端头	A/12 轴	30	试件焊缝和热影响区未产生肉身可见的裂纹	
2	19×100	GL 端头	B/12 轴	30	试件焊缝和热影响区未产生肉身可见的裂纹	
3	19×100	GL 端头	C/12 轴	30	试件焊缝和热影响区未产生肉身可见的裂纹	
4	19×100	GL 端头	D/12 轴	30	试件焊缝和热影响区未产生肉身可见的裂纹	
检验结论	该试样检验项目符合 GB/T 10433 电弧螺栓焊用圆柱头焊钉要求					

批准:×××　　　　审核:×××　　　　校核:×××　　　　检验:×××

高强度螺栓连接副连接摩擦面抗滑移系数检验报告

质控(建)表 C.0.120　　　　共　页　第　页

工程名称	××大厦			委托编号	检 04××××	
委托单位	福建××建筑工程公司			检验日期	2011/01/01	
见证单位	福建××建设监理公司			见证人	×××	
样品名称	高强度螺栓连接副			检验项目	连接摩擦面抗滑移系数	
检验依据	GB 50205-2001 钢结构工程施工质量验收规范 JGJ 82 钢结构高强度螺栓连接的设计、施工及验收规程					
检验仪器	仪器名称:万能试验机　　检定证书编号:×××					
高强度螺栓连接副连接摩擦面抗滑移系数检验结果						
型号规格	样品编号	螺栓平均预拉力(kN)	摩擦面数(面)	单侧螺栓数量(个)	实测滑移荷载(kN)	抗滑移系数
Q235B M22×75，10.9S	GJ04×××	260	2	2	470	0.45
	GJ04×××	260	2	2	470	0.45
	GJ04×××	260	2	2	468	0.45
检验结论	该试样检验项目符合 JGJ 82 钢结构高强度螺栓连接的设计、施工及验收规程及钢结构设总说明要求					

批准:×××　　审核:×××　　校核:×××　　检验:×××

螺栓连接副施工扭矩检验报告

质控(建)表 C.0.121　　　　共　页 第　页

工程名称	××大厦		委托编号	检 04××××
委托单位	福建××建筑工程公司		检验日期	2011/01/01
见证单位	福建××建设监理公司		见证人	×××
样品名称	螺栓连接副		检验地点	工地
检验依据	GB 50205-2001 钢结构工程施工质量验收规范			
检验仪器	仪器名称:扭矩测量仪 检定证书编号:××××			
检验结果				
样品编号	型号规格	施工扭矩(N·m)	实测扭矩(N·m)	标准偏差(%)
GJ04×××	M22×75,10.9S	0.58	0.58	0
GJ04×××	M22×75,10.9S	0.57	0.58	2
GJ04×××	M22×75,10.9S	0.57	0.58	2
检验结论	该试样检验项目符合 GB 50205-2001 钢结构工程施工质量验收规范标准要求			

批准:×××　　审核:×××　　校核:×××　　检验:×××

钢结构主体结构整体垂直度检验报告

质控(建)表 C.0.122　　　　共　页 第　页

工程名称	××大厦		检验日期	2011/01/01
施工单位	福建××建筑工程公司			
验收规范	GB 50205-2001 钢结构工程施工质量验收规范			
检验仪器	仪器名称:JZ 经纬仪		检定证书编号:	
主体结构整体垂直度检验结果				
构件位置	型号规格(mm)	检验部位	水平偏差(mm)	整体垂直度
东面			4.0	0.8‰
西面			4.2	0.8‰
南面			3.5	0.7‰
北面			3.4	0.7‰
检验结论	该建筑物整体垂直度符合 GB 50205-2001 钢结构工程施工质量验收规范标准要求			

批准:×××　　审核:×××　　校核:×××　　检验:×××

钢结构主体结构整体平面弯曲检验报告

质控(建)表 C.0.123　　　　共　　页 第　　页

工程名称	××大厦		检验日期	2011/01/01
施工单位	福建××建筑工程公司			
验收规范	GB 50205-2001 钢结构工程施工质量验收规范			
检验仪器	仪器名称:JZ 经纬仪　　检定证书编号:××××			
主体结构整体平面弯曲检验结果				
构件位置	型号规格(mm)	检验部位	垂直偏差(mm)	整体平面弯曲
东面			10	0.3‰
西面			9	0.3‰
南面			8	0.3‰
北面			9	0.3‰
检验结论	该建筑物整体平面弯曲符合 GB 50205-2001 钢结构工程施工质量验收规范标准要求			

批准:×××　　审核:×××　　校核:×××　　检验:×××

空间钢结构工程挠度测量记录

质控(建)表 C.0.124

<table>
<tr><td colspan="2">工程名称</td><td colspan="4"></td><td colspan="3">空间钢结构类型</td><td colspan="3"></td></tr>
<tr><td colspan="2">施工单位</td><td colspan="4"></td><td colspan="3">设计允许挠度值（mm）</td><td colspan="3"></td></tr>
<tr><td rowspan="3">点号</td><td rowspan="3">安装支架未拆除时高程(mm)</td><td colspan="9">实测挠度值</td><td rowspan="3">备注</td></tr>
<tr><td colspan="4">拼装完成后</td><td colspan="5">屋面工程完成后</td></tr>
<tr><td>高程（mm）</td><td>本次下沉（mm）</td><td>气温（℃）</td><td>测量时间</td><td>高程（mm）</td><td>本次下沉（mm）</td><td>累计下沉（mm）</td><td>气温（℃）</td><td>测量时间</td></tr>
<tr><td></td><td></td><td></td><td></td><td></td><td></td><td></td><td></td><td></td><td></td><td></td><td></td></tr>
<tr><td></td><td></td><td></td><td></td><td></td><td></td><td></td><td></td><td></td><td></td><td></td><td></td></tr>
<tr><td></td><td></td><td></td><td></td><td></td><td></td><td></td><td></td><td></td><td></td><td></td><td></td></tr>
<tr><td></td><td></td><td></td><td></td><td></td><td></td><td></td><td></td><td></td><td></td><td></td><td></td></tr>
<tr><td></td><td></td><td></td><td></td><td></td><td></td><td></td><td></td><td></td><td></td><td></td><td></td></tr>
<tr><td></td><td></td><td></td><td></td><td></td><td></td><td></td><td></td><td></td><td></td><td></td><td></td></tr>
<tr><td></td><td></td><td></td><td></td><td></td><td></td><td></td><td></td><td></td><td></td><td></td><td></td></tr>
<tr><td></td><td></td><td></td><td></td><td></td><td></td><td></td><td></td><td></td><td></td><td></td><td></td></tr>
<tr><td></td><td></td><td></td><td></td><td></td><td></td><td></td><td></td><td></td><td></td><td></td><td></td></tr>
<tr><td></td><td></td><td></td><td></td><td></td><td></td><td></td><td></td><td></td><td></td><td></td><td></td></tr>
<tr><td colspan="2">钢网架(桁架)简图及测量点位置示意图</td><td colspan="10"></td></tr>
<tr><td colspan="2">测量结论</td><td colspan="10"></td></tr>
<tr><td colspan="2" rowspan="3">专业监理工程师(建设单位项目技术负责人)</td><td colspan="3" rowspan="3"></td><td colspan="2" rowspan="3">施工单位</td><td colspan="2">测试人</td><td colspan="3"></td></tr>
<tr><td colspan="2">施工员</td><td colspan="3"></td></tr>
<tr><td colspan="2">项目技术负责人</td><td colspan="3"></td></tr>
</table>

钢结构涂(镀)层厚度检验报告

质控(建)表 C.0.125　　　　共　　页　第　　页

工程名称	××大厦		检验日期	2011/01/01	
施工单位	福建××建筑工程公司				
验收规范	GB 50205-2001 钢结构工程施工质量验收规范		设计厚度	20 mm	
检验标准	GB 50205-2001 钢结构工程施工质量验收规范				
检验仪器	仪器名称:超声测厚仪　　检定证书编号:××				
涂(镀)层厚度检验结果					
构件编号	型号规格 (mm)	检验部位	测点厚度单位:		平均值
GL1	RH400×200×6×9	GL 中部	20.2　20.3　20.4		20.3
GZ1	RH400×200×6×9	GZ 端头	20.2　20.3　20.4		20.3
GL1	RH396×199×7×11	GL 中部	20.1　20.0　19.8		20.0
GZl	RH340×250×9×14	GZ 中部	19.8　20.3　20.2		20.1
GLl	RH346×174×6×9	GL 中部	20.2　20.4　20.2		20.3
GZ1	RH350×175×7×11	GL4 中部	20.1　20.3　20.4		20.3
检验结论	该建筑物钢结构涂层厚度符合设计要求				

批准:×××　　审核:×××　　校核:×××　　检验:×××

4.3.9 质量事故报告及调查处理记录

质量事故报告及调查处理记录应符合下列要求:(质控(建)表 C.0.166)

因质量原因引起一般事故以上的质量事故,施工单位应及时按质控(建)表 C.0.166 的规定填写工程质量事故报告,并将质量事故的情况及估计损失于 1 h 内向事故发生地县级以上人民政府建设主管部门和有关部门报告。

4.3.10 新技术、新材料、新工艺、新设备施工记录

新技术、新材料、新工艺施工记录应符合下列要求:(质控(建)表 C.0.167)

1. 确定为新技术、新材料、新工艺的,应是在本省区域范围内具有先进性、新颖性和适用性的建筑工程技术、材料和施工工艺。

2. 工程建设中拟采用的新技术、新材料、新工艺不符合现行强制性标准的或无标准的,应当由拟采用单位提请建设单位组织专题技术论证,报建设行政主管部门或国务院有关主管部门核准;未取得行政许可的,不得在建设工程中采用。

3. 新材料应提供出厂合格证和进场复验报告,其技术性能应符合现行国家、行业相应标准的规定。

4. 工程中应用新技术、新材料、新工艺时,应按质控(建)表 C.0.167 的规定填写新技术、新材料、新工艺施工记录。

4.4 建筑工程安全和功能检验资料

4.4.1 屋面淋水(蓄水)试验记录

屋面淋水(蓄水)试验记录的主要内容:

1. 屋面防水工程完成后,应对细部构造、接缝处和保护层进行雨后观察淋水或蓄水试验。

2. 屋面淋(蓄)水试验应符合设计要求及现行国家标准《屋面工程质量验收规范》GB 50207 规定,并应按检验(建)表 D.0.1 的规定执行,填写应完整,数据应真实。

3. 屋面泛水、变形缝、出屋面管道根部、过水孔以及易出现渗漏水的薄弱部位,在淋(蓄)水试验时应重点控制。

4. 坡屋面(斜屋面)采用 2 h 淋水试验,或有监理(建设)签认的经一场 2 h 以上的大雨记录。有条件的平屋面宜采用蓄水试验,蓄水时间不应少于 24 h,对于蓄水屋面则必须进行蓄水试验,蓄水高度应符合设计要求,蓄水区域的划分应符合《屋面工程质量验收规范》GB 50207 的规定。

建设工程质量事故报告书

质控(建)表 C. 0. 166

工程名称	厦门××工程	建设地点	
建设单位	厦门××大学	设计单位	
施工单位	厦门××建筑工程公司	建筑面积(m^2) 工作量(元)	
结构类型	框架剪力墙	事故发生时间	
上报时间	2011 年 02 月 06 日	经济损失(元)	

事故经过、后果与原因分析：

2011 年 02 月 05 日在六层剪力墙、柱混凝土施工时，由于振捣工没有按照混凝土振捣操作规程操作致使六层①/Ⓐ，③/Ⓓ轴交接处二根框架柱⑤/Ⓔ～Ⓕ轴剪力墙(楼梯间)混凝土发生露筋、露石、孔洞等质量缺陷。

事故发生后采取的措施：

经研究决定，对上述部分采取返工处理，重新进行混凝土浇筑。

事故责任单位、责任人及处理意见：

事故责任单位：混凝土施工班组

责任人：振捣工×××

处理意见：

(1)对直接责任者进行质量意识教育，切实加强混凝土操作规程培训学习及贯彻执行，经考核合格后持证上岗，并处以适当经济处罚。

(2)对所在班组提出批评，切实加强过程控制。

结论：经返工处理后，结构安全可靠。

负责人	×××	报告人	×××	日期	2011 年 2 月 6 日

本表由调查人填写，各有关单位均保存一份。

新技术、新材料、新工艺、新设备施工记录

质控(建)表 C.0.167

<table>
<tr><td>工程名称</td><td></td><td>施工单位</td><td></td></tr>
<tr><td>技术论证日期</td><td></td><td>审定部门、日期</td><td></td></tr>
<tr><td>新材料、新工艺名称</td><td></td><td>型号、规格</td><td></td></tr>
<tr><td>施工部位及数量</td><td></td><td>工艺标准编号</td><td></td></tr>
<tr><td>施工日期</td><td></td><td>完工日期</td><td></td></tr>
<tr><td>隐蔽工程验收记录编号</td><td></td><td>施工环境</td><td></td></tr>
<tr><td>出厂合格证编号</td><td></td><td>进场复验报告编号</td><td></td></tr>
<tr><td colspan="4">施工过程情况简述：

施工单位项目负责人：
年　月　日</td></tr>
<tr><td colspan="4">验收意见：

总监理工程师：
年　月　日</td></tr>
</table>

4.4.2 地下室防水效果检查记录

地下室防水效果检查记录的主要内容：

1.地下室防水检测记录应符合设计要求及现行标准《地下防水工程质量验收规范》GB 50208 规定；并应按检验(建)表 D.0.2 要求填写完整，数据应真实。

2.所使用的防水材料的品种、规格、性能等必须符合现行国家或行业产品标准和设计要求，必须经具备相应资质的检测单位进行抽样检验，并出具产品性能检测报告。

3.防水混凝土的抗压强度和抗渗性能必须符合设计要求。

4.防水混凝土结构的施工缝、变形缝、后浇带、穿墙管、埋设件等设置和构造必须符合设计要求。

5.涂料防水层的平均厚度应符合设计要求，最小厚度不得小于设计厚度的 90%。

6.塑料防水板的搭接缝必须采用双缝热熔焊接，每条焊缝的有效宽度不应小于 10 mm。

7.变形缝处中埋式止水带埋设位置应准确，其中间空心圆环与变形缝的中心线应重合。

8.后浇带采用掺膨胀剂的补偿收缩混凝土，其抗压强度、抗渗性能和限制膨胀率必须符合设计要求。

9.地下防水工程子分部工程验收时，应同时检查裂缝、渗漏部位及大小和防水效果，并应按附录 D 表 D.0.7 的要求填写检查情况，渗漏水部位应附楼层、区间、部位和渗漏水情况示意图。

10.地下防水工程应由专业防水队伍施工，主要施工人员应持有执业资格证书。

11.地下防水工程渗漏水调查与量测方法应符合现行标准《地下防水工程质量验收规范》GB 50208 附录 C 的规定。

12.地下室渗漏水检测应进行监理旁站，并做好旁站记录；无监理的工程项目，旁站应由建设单位负责。

13.地下室渗漏水检测记录应由项目专业质量员签明检查评定结果，并经项目技术负责人签字确认，监理工程师(或建设单位项目专业技术负责人)应签明验收结论，签证应完整，手续应齐全。

4.4.3 有防水要求的地面蓄水试验记录

有防水要求的地面蓄水试验记录的主要内容：

1.有防水要求的地面基层(结构层)、防水隔离层应采用蓄水方法检查，蓄水深度最浅处不得小于 10 mm，蓄水时间不得少于 24 h。地面工程验收前，必须进行蓄水试验，蓄水试验记录应符合设计要求及现行标准《建筑地面工程质量验收规范》GB 50209 规定，并应按检验(建)表 D.0.3 要求填写完整，数据应真实。

2.有防水要求的地面蓄水试验应进行监理旁站，并做好旁站记录；无监理的工程项目，旁站由建设单位负责。

3.有防水要求的地面蓄水试验应由项目专业质量员签明检查评定结果，并经项目技术负责人签字确认，监理工程师(或建设单位项目专业技术负责人)应签明验收结论，签证应完整，手续应齐全。

4.有防水要求的地面所使用的防水材料，应有产品的合格证书和性能检测报告，材料的品种、规格、性能等应符合现行国家产品标准和设计要求，不合格的材料不得在工程中使用。

5.有防水要求的地面的细部构造必须符合设计要求。

6.有防水要求的建筑地面子分部工程的分项工程施工质量每检验批抽查数量应按其房间总数随机检验不应少于4间，不足4间，应全数检查。

7.有防水要求的建筑地面工程，铺设前必须对立管、套管和地漏与楼板节点之间进行密封处理；排水坡度应符合设计要求。

8.厕浴间和有防水要求的建筑地面必须设置防水隔离层；楼层结构必须采用现浇混凝土或整块预制混凝土板，混凝土强度等级不应小于C20；楼板四周除门洞外，应做混凝土翻边，其高度不应小于200 mm，施工时结构层标高和预留孔洞位置应准确，严禁乱凿洞。

9.有防水要求的建筑地面工程严禁渗漏，坡向应正确、排水通畅。

4.4.4 有防水要求的外墙面泼水检验记录

有防水要求的外墙面泼水试验记录的主要内容：

1. 有防水要求的外墙面防水层或面层完成后，应采取泼水或淋雨方法进行检查。外墙面装饰装修工程验收前，必须进行泼水检验，泼水检验记录应符合设计要求及相关规范标准规定，并应按检验(建)表D.0.4的要求填写完整，数据应真实。

2. 有防水要求的外墙面所使用的防水材料，应有产品的合格证书和性能检测报告，材料的品种、规格、性能等应符合现行国家产品标准和设计要求。不合格的材料不得在工程中使用。

3. 有防水要求的外墙面的细部构造必须符合设计要求。

4. 有防水要求的外墙面应全数进行泼水检验检查。

5. 外墙面窗台、窗楣、挑板、凸出墙面腰线和阳台压顶交汇处以及外窗洞口四周容易发生渗漏水，应作为泼水检查的重点。

4.4.5 建筑物垂直度、标高、全高测量记录

4.4.5.1 建筑物垂直度测量记录的主要内容

1. 建筑物的4个角点及建筑物转折点应设置垂直度测量点，当建筑物长度超过30 m时，中间应加设一处测量点，当建筑物长度较长时，以30 m为间距设立测量点，任何情况下，建筑物外墙全高(查阳角)垂直度测量不应少于4处。垂直度测量记录应按检验(建)表D.0.5的要求填写完整。

2. 现浇砼结构垂直度允许偏差：砼全高$H/1000$且小于等于30 mm

砖砌体工程垂直度允许偏差：全高≤10 m允许偏差20 mm

3. 测量垂直度所用的仪器，应经过法定检验部门检定合格并在有效期内使用。

4. 测量记录内容应完整，数据应真实可靠，不得涂改，测量人员签字应齐全。

5. 监理单位应对垂直度进行复查测量，并做好记录。

6. 垂直度测量布点应有控制点布置图。对各布点进行编号并在图上标明。

7. 建筑物高度小于 20 m 的可用吊线和尺检。

4.4.5.2 建筑物标高测量记录的主要内容

1. 结构标高允许偏差砼结构层高±10 mm 全高±30 mm

2. 标高测量可用水准仪或拉线、钢尺检查。标高测量抽查数量应符合《砌体工程施工质量验收规范》GB 50203、《混凝土结构工程施工质量验收规范》GB 50204 相应条文的规定。标高测量记录应按检验(建)表 D.0.6 的要求填写完整。

3. 当采用仪器测量标高时,仪器应经检定,并应在有效期内使用。

4. 测量记录内容应完整,数据应真实可靠,不得涂改,测量人员及相关人员签字手续应齐全。

5. 监理单位对标高应进行复查测量,做好记录。

4.4.5.3 建筑物全高测量记录的基本要求的主要内容

1. 建筑物的 4 个角点及建筑物转折点及建筑物顶尖处均应设置测量点,建筑物长度较长时,以 30 m 为间距增设测量点,任何情况下不少于 4 处。全高测量记录应按检验(建)表 D.0.7的要求填写完整。

2. 建筑物的全高应符合设计要求,当设计没有具体要求时,砌体结构、装配结构允许偏差不应大于 15 mm,现浇钢筋砼结构允许偏差不应大于 30 mm。

3. 测量记录内容应完整,数据应真实可靠、不得涂改,测量人员及相关人员签字手续应齐全。

4. 监理单位对建筑物全高应进行复查测量,并做好记录。

5. 测量仪器须经检定,并应在有效期内使用。

4.4.6 抽气(风)道检查记录

抽气(风)道检查记录的主要内容

1. 抽气(风)道工程竣工前应进行烟道、抽气(风)道检查。并应按检验(建)表 D.0.8 的要求填写抽气(风)道检查记录。

2. 抽气(风)道检查记录须附施工平面图,注明编号,并与记录表中编号相对应。每层每个烟道、抽气(风)道均应做好记录。

3. 抽气(风)道串气、串风或不通畅等必须进行处理,并做好记录(注明部位、时间、措施、操作人)至复验合格为止。

4. 抽气(风)道检查应记录完整,检查人员签字手续应齐全。

5. 对预制的抽气(风)道检查时对各楼层的各节接头接缝处均应检查,并做到好记录。

6. 烟道工程竣工前检查记录可使用抽气(风)道检查记录。

4.4.7 幕墙和外窗的物理性能检测报告

4.4.7.1 建筑幕墙的“四性”检测报告的主要内容

1.建筑幕墙的“四性”检测报告应包括气密性能、水密性能、抗风压性能、平面内变形性能,检测应符合设计要求及应现行标准《建筑幕墙》GB/T 21086 的规定。

2.设计有要求做“四性”试验的幕墙必须提供“四性”检测报告；当设计无明确时，可由建设、监理、设计、施工商定，但总面积超过 300 m^2(含)时必须做“四性”试验，对于应用高度不超过 24 m 且总面积不超过 300 m^2 的建筑幕墙产品，可采用同类产品的型式试验结果，但型式试验结果必须满足：

(1)型式试验样品必须能够代表该幕墙产品。

(2)型式试验样品性能指标不低于该幕墙的性能指标。

3.建筑幕墙工程验收时，按规定必须作“四性”试验的，应提供“四性”检测报告，报告中应有明确的检测结果及结论，并应附有必要的试件图纸资料。

4.同一工程有多种类型幕墙的，应按不同类型分别提供“四性”检测报告。

5.建筑幕墙应按设计计算的最大(最不利)层高和分格选取典型的单元作为试件进行检测，试件单元的宽度最少应包括三根垂直受力杆件，其中最少有一根承受设计负荷，高度应至少包括一个层高，并在垂直方向上有两处或两处以上与承重结构相连接，试件单元中必须包括典型的水平接缝和垂直接缝，并应包含可开启部分(除非工程中无此部分)。

6.组成检测试件的所有材料及构件均必须按要求实行见证取样送检。

7.检测试件的安装和镶嵌应符合工程设计图纸要求，试件受检状况应与工程实际相符，不得加设任何特殊附件或采取特殊措施。

8.建筑幕墙试件的检测应在工程实际幕墙上墙安装之前进行，并应附有结构胶、耐候胶相容性试验报告。

9.建筑幕墙试件的检测必须由具备相应资质的检测机构进行检测。

4.4.7.2 建筑外墙金属、塑窗的“三性”检测报告的主要内容

1.建筑外墙金属、塑窗的“三性”检测报告应包括气密性能、水密性能、抗风压性能，应符合设计要求及现行标准《建筑外门窗气密、水密、抗风压性能分级及检测方法》GB/T 7106 的规定。

2.设计要求外窗应作“三性”检测的，必须进行“三性”检测，且应实行见证取样送检；当设计无要求时可由建设、监理、设计、施工各方商定。

3.外窗工程验收时，要求应做“三性”试验的，必须提供“三性”检测报告，报告中应有明确的检测结果及结论，并应附有必要的试件图纸资料。

4.同一工程有多种类型外窗(如铝合金窗、塑窗等)的，应取最不利 3 樘，且应按不同类型分别提供“三性”检测报告。

5.送检试件应符合工程设计图纸的要求，不得附有任何多余的零配件或采用特殊的组装工艺及改善措施。

6.外窗试件的检测必须由具备相应资质的检测机构进行检测。

7.安装后外窗现场气密性能见证检测报告。

8.安装后现场气密性能检验的抽样数量：同一厂家、同一品种的外窗面积 3 000 m^2(含 3 000 m^2)以下时，抽检 1 组(3 樘外窗)；(含 3 000 m^2)以上时，加抽 1 组共 2 组。

4.4.7.3 幕墙后置埋件的现场拉拔试验报告的主要内容

1. 幕墙后置埋件应提供现场拉拔试验报告，后置埋件的抗拔承载力应符合设计要求。

2. 同一工程幕墙后置埋件有多种类型的，应按不同类型分别提供现场拉拔试验报告。

3. 后置埋件应以同一类型、同一规格、同一工艺、同一施工班组为一批，每批应按 0.5%

取样，且不应少于 5 根。

4. 试验应在后置埋件隐蔽前进行，试验合格后方可隐蔽；若有不合格，应双倍取样复检，若仍有不合格的，则应全数检查。

4.4.8 建筑物沉降观测测量记录

建筑物沉降观测测量记录的主要内容：

1. 高耸构筑物、高层建筑、大型公共建筑、重要工业厂房及在软弱地基上建造的建筑物，采用锚杆静压桩进行地基处理或基础托换的新建或改建（构）筑物，以及《建筑地基基础设计规范》GB 5007 规定应进行变形观测的建筑物，需进行可靠性鉴定的，均应进行沉降观测，并应按单位工程提供沉降观测记录。沉降观测测量记录应按检验（建）表 D. 0. 11、检验（建）表 D. 0. 12 的要求填写完整。

2. 沉降观测的每一个区域，必须有足够的水准点，不得少于 3 个。水准点布设应坚固稳定，应设置在基岩上或设在压缩性较低的土层上，应避开沉降和振动影响的范围，与被观测的建筑物和构筑物的距离宜为 30～50 m。水准点埋设必须在基坑施工前 15 d 完成，水准点应定期核对。

3. 沉降观测点的布设应符合下列规定：

（1）应能够反映建筑物、构筑物变形特征和变形明显的部位。

（2）标志应稳固、明显，结构合理，不应影响建（构）筑物的美观和使用。

（3）点位应避开障碍物，且应便于观测和长期保存。

（4）沉降点的设置及观测应符合《工程测量标准》GB 50026-2020。

4. 沉降观测点应按设计图纸埋设，并应符合下列规定：

（1）观测点的数量不宜少于 6 个点，建筑物四角大转角处及沿外墙每隔 10～15 m 或每隔 2～3 根柱子基处。

（2）变形缝和防震缝的两侧，新旧建筑物或高低建筑物以及纵横墙的交接处。

（3）基础埋深相差悬殊处、人工地基和天然地基的接壤处；不同结构的分界处及填挖方分界处。

（4）烟囱、水塔和大型储藏罐等高耸构筑物基础轴线的对称部位，每一构筑物不得少于 4 个点。

5. 沉降观测测量仪器应在检定有效期内使用，观察时应使用固定的测量工具和测量人员。观测前应严格校验仪器，每次观测均须采用环形闭合法或往返闭合法进行检查，同一观测点的两次观测之差不得大于 1 mm。采用二等水准测量应符合±0. 5 mm 的要求。

6. 测量精度宜采用二等水准测量。视线长度宜为 20～30 m，视线高度不宜低于 0. 3 m，前后视距应基本相等。前后视观测应使用同一水准尺，前视各点观测完毕后，应回视后视点，最后应闭合于水准点上。

7. 沉降观测周期和时间应根据设计要求、工程进度、基础荷载的增加以及意外情况等因素而定，一般第一次观测应在观测点安设稳固后及时进行，且应符合下列规定：

（1）建筑物主体施工阶段的观测，应随施工进度及时进行，一般建筑，可在基础完工后或地下室完工后开始观测，大型、高层建筑，可在基础垫层或基础底部完成后开始观测。

(2)观测次数与间隔时间应视地基与加荷情况而定。民用建筑可每加1～2层观测一次;工业建筑可按不同施工阶段分别进行观测,若建筑物均匀增高,应至少增加荷载的25%、50%、75%和100%时各测1次;烟囱等构筑物每增加15 m观测1次;采用锚杆静压桩在压桩前、后应各观测1次。

(3)施工过程中如暂时停工时间较长,在停工时复工前应各观测1次。停工期间,可据实际情况每隔2～3个月观测1次。交工前观测1次,整个施工期间的观测不得少于5次。

(4)在观测过程中,如有基础附近地面荷载突然增减、基础四周大量积水、长时间连续降雨等情况,均应增加观测次数。当建筑物突然发生大量沉降、不均匀沉降或严重裂缝时,应根据情况增加观测次数,做好记录。

(5)建筑使用阶段的观测次数,应按设计要求,或视地基土类型和沉降速度大小确定。

8. 沉降观测应做好记录,及时整理和妥善保管,观测工作结束后,应提交下列成果:

(1)沉降观测记录。

(2)沉降观测点位分布图及各周期沉降展开图。

(3)建筑物沉降曲线图和沉降观测分析记录。

4.4.9 节能、保温测试记录

4.4.9.1 建筑节能围护结构现场实体检验记录的主要内容

1. 建筑围护结构施工完成后,应对围护结构的外墙节能构造和夏热冬冷地区的外窗进行现场实体检测。当条件具备时,可直接对围护结构的传热系数进行检测。

2. 外墙节能构造的现场实体检验方法应按《建筑节能工程施工验收规范》GB 50411附录C的规定执行。

3. 夏热冬冷地区的外窗现场实体检测应按照国家现行有关标准的规定执行。

4. 外墙节能构造和外窗气密性的现场实体检验,其抽样数量可以在合同中约定,但合同中约定的抽样数量不应低于《建筑节能工程施工验收规范》GB 50411第14.1.4条的规定。

5. 外墙节能构造的现场实体检验应在监理(建设)人员见证下进行,现场实体检验可委托有资质的检测机构实施,也可由施工单位实施。

6. 外窗气密性的现场实体检测应在监理(建设)人员见证下抽样,并应委托有资质的检测单位实施。

7. 当对围护结构的传热系数进行检测时,应由建设单位委托具备检测资质的检测机构承担;其检测方法、抽样数量、检测部位和合格判定标准等可在合同中约定。

8. 当外墙节能构造或外窗气密性现场实体检验出现不符合设计要求和标准规定的情况时,应委托有资质的检测机构扩大一倍数量抽样,对不符合要求的项目或参数再次检验。仍然不符合要求时应给出“不符合设计要求”的结论。

9. 对于不符合设计要求的围护结构节能构造应查找原因,对因此造成的对建筑节能的影响程度应进行计算或评估,采取技术措施予以弥补或消除后应重新进行检测,合格后方可通过验收。

10. 对于建筑外窗气密性不符合设计要求和国家现行标准规定的，应查找原因进行修理，使其达到要求后重新进行检测，合格后方可通过验收。

11. 实施钻芯检验外墙节能构造的机构应出具检验报告。检验报告的内容及格式应符合《建筑节能工程施工验收规范》GB 50411 附录规定。

4.4.9.2 建筑节能系统节能性能检测记录的基本要求和内容应符合下列规定

1. 采暖、通风与空调、配电与照明工程安装完成后，应由建设单位委托具有相应资质的检测机进行系统节能性能的检测，并出具检测报告。

2. 受季节影响未能在验收时进行的节能性能检测项目，应在保修期内补做，施工单位与建设单位应事先在工程（保修）合同中对该检测项目做出延期补做试运转及调试的约定。

3. 采暖、通风与空调、配电与照明系统节能性能检测的主要项目及要求应符合《建筑节能工程施工验收规范》GB 50411 表 14.2.2 规定，其检测方法应按国家现行有关标准规定执行。

4. 系统节能性能检测的项目和抽样数量也可以在工程合同中约定，必要时可增加其他检验项目。但合同中约定的检验项目和抽样数量不应低于《建筑节能工程施工验收规范》GB 50411 的要求。

4.4.10 室内环境检测报告

室内环境检测报告的主要内容：

1. 民用建筑工程及室内装饰装修工程的室内环境质量验收，应在工程完工至少 7 d 以后、工程交付使用前进行。

2. 民用建筑工程及其室内装饰装修工程验收时，应检查下列资料：

(1)涉及室内环境污染控制的施工图设计文件及工程设计变更文件；

(2)建筑材料和装修材料的污染物含量检测报告、材料进场检验记录、复验报告；

(3)与室内环境污染控制有关的隐蔽工程验收记录、施工记录；

(4)样板间室内环境污染物浓度检测记录(不做样板间的除外)；

(5)对于新建、扩建的民用建筑工程应有工程地质勘察报告、工程地点土壤中氡浓度检测报告、工程地点土壤天然放射性核素镭－226、钍－232、钾－40 含量检测报告。

3. 民用建筑工程所选用的无机非金属建筑主体材料和装饰装修材料必须符合现行国家标准《民用建筑工程室内环境污染控制规范》GB 50325 规范的规定。

(1)民用建筑工程室内饰面采用的天然花岗岩石材或瓷质砖，应提供产品合格证书及放射性指标检测报告，并应符合设计要求和《民用建筑工程室内环境污染控制规范》GB 50325 规范的规定。当使用面积大于 200 m^2 时，应对不同产品、不同批次材料分别进行放射性指标的复验。

(2)民用建筑工程室内装饰装修中所采用的人造木板及饰面人造木板，应提供产品合格证书及游离甲醛含量或游离甲醛释放量检测报告，并应符合设计要求和《民用建筑工程室内环境污染控制规范》GB 50325 规范的规定。当民用建筑工程室内装饰装修中采用的某一种人造木板或饰面人造木板面积大于 500 m^2 时，应对不同产品、不同批次材料分别进行游离甲醛含量或游离甲醛释放量的复验。

(3)民用建筑工程室内装饰装修中所采用的水性涂料、水性胶粘剂、水性处理剂应提供产品合格证书及同批次产品的挥发性有机化合物(VOCS)和游离甲醛含量检测报告;溶剂型涂料、溶剂型胶粘剂应提供产品合格证书及同批次产品的挥发性有机化合物(VOCS)、苯、游离甲苯二异氰酸酯(TDI)(聚氨酯类)含量检测报告并应符合设计要求和《民用建筑工程室内环境污染控制规范》GB 50325 规范的规定。

4. 民用建筑工程验收时,必须进行室内环境污染物浓度检测,检测项目应包括氡、甲醛、氨、苯和总挥发性有机物(TOVC)。应抽检有代表性的房间室内环境污染物浓度,抽检数量不得少于5%,并不得少于3间;房间总数少于3间时,应全数检测;凡进行了样板间室内环境污染物浓度检测且检测结果合格的,抽检数量减半,但不得少于3间。室内环境污染物浓度检测报告应按附录D表D.0.13的要求填写。

(1)民用建筑工程验收时,室内环境污染物浓度检测点数应按表4-16根据房间使用面积设置,当房间内有2个及以上检测点时,应取各点检测结果的平均值作为该房间的检测值:

表 4-16 室内环境污染物浓度检测点数设置

房间使用面积(m^2)	检测点数(个)
<50	1
≥50 且<100	2
≥100 且<500	不少于 3
≥500 且<1000	不少于 5
≥1000 且<3000	不少于 6
≥3000	不少于 9

(2)民用建筑工程验收时,环境污染物浓度现场检测点应距内墙面不小于0.5 m、距楼地面高度0.8~1.5 m。检测点应均匀分布,避开通风道和通风口。

(3)民用建筑工程室内环境中游离甲醛、苯、氨、总挥发性有机物(TOVC)浓度检测时,对采用集中空调的民用建筑工程,应在空调正常运转的条件下进行;对采用自然通风的民用建筑工程,检测应在外门窗关闭1 h后进行。

(4)民用建筑工程室内环境中氡浓度检测时,对采用集中空调的民用建筑工程,应在空调正常运转的条件下进行;对采用自然通风的民用建筑工程,应在房间的对外门窗关闭24 h以后进行。

(5)当室内环境污染物浓度检测结果不符合《民用建筑工程室内环境污染控制规范》GB 50325 的规定时,应查找原因并采取措施进行处理,并可对不合格项进行再次检测。再次检测时,抽检数量应增加1倍,并应包含同类型房间及原不合格房间。室内环境污染物浓度再次检测结果全部符合《民用建筑工程室内环境污染控制规范》GB 50325 规范的规定时,应判定为室内环境质量合格。对室内环境质量验收不合格的民用建筑工程,严禁投入使用。

4.4.11 土壤氡气浓度检测报告

如设计对新建、扩建的民用建筑土壤氡气浓度有要求时,应及时收集、整理土壤氡气浓度检测报告。民用建筑工程场地土壤中氡气浓度应符合现行标准《民用建筑工程室内环境污染控制规范》GB 50325 规范的规定。

屋面淋水(蓄水)试验记录

检验(建)表 D.0.1 共　页 第　页

<table>
<tr><td>工程名称</td><td colspan="2">×××小区1号住宅楼</td><td colspan="2">屋面形式(斜或平屋面)</td><td colspan="2">平屋面</td></tr>
<tr><td>屋面防水等级</td><td colspan="2">II级</td><td colspan="2">设防要求</td><td colspan="2">二道</td></tr>
<tr><td>分项工程名称</td><td colspan="2">卷材防水屋面</td><td colspan="2">分项施工时间</td><td colspan="2">2011年×月×日</td></tr>
<tr><td>施工单位</td><td colspan="6">福州××建筑工程公司</td></tr>
<tr><td>项目经理</td><td colspan="2">李××</td><td colspan="2">专业工长</td><td colspan="2">陈××</td></tr>
<tr><td>淋水(蓄水)部位</td><td>顶屋屋面</td><td>蓄水高度</td><td>5 cm</td><td>淋蓄水时间</td><td colspan="2">蓄水24小时</td></tr>
<tr><td>质量验收规范规定</td><td colspan="3">施工单位检查评定记录
(观察时间及次数)</td><td colspan="3">监理(建设)单位验收记录</td></tr>
<tr><td>GB 50207规定:卷材防水层不得有渗漏和积水。</td><td colspan="3">24小时后未</td><td colspan="3">无渗漏、无积水</td></tr>
<tr><td>施工单位检查评定结果</td><td colspan="6">符合规范要求。
项目专业质量检查员:　年　月　日
项目专业技术负责人:　年　月　日</td></tr>
<tr><td>监理(建设)单位验收结论</td><td colspan="6">同意验收。
监理工程师:
(建设单位项目专业技术负责人)　年　月　日</td></tr>
</table>

地下室防水效果检查记录

检验(建)表 D.0.2　　　　　　　　　　　　共　页第　页

<table>
<tr><td>工程名称</td><td colspan="2">×××小区1号住宅楼</td><td>防水部位</td><td colspan="2">地下室外墙及底板</td></tr>
<tr><td>防水材料品种及规格</td><td colspan="5">4厚SBS聚酯胎改性沥青卷材</td></tr>
<tr><td>建设单位</td><td colspan="2">福建××房地产开发公司</td><td>项目负责人</td><td colspan="2">陈××</td></tr>
<tr><td>设计单位</td><td colspan="2">福建××设计院</td><td>项目技术负责人</td><td colspan="2">林××</td></tr>
<tr><td>监理单位</td><td colspan="2">福建××建设监理公司</td><td>专业监理工程师</td><td colspan="2">谢××</td></tr>
<tr><td>施工单位</td><td colspan="2">福建××建筑工程公司</td><td>项目技术负责人</td><td colspan="2">张××</td></tr>
<tr><td>分包单位</td><td colspan="2">/</td><td>项目技术负责人</td><td colspan="2">/</td></tr>
<tr><td>设计防水等级</td><td colspan="2">标准</td><td colspan="2">施工单位自检记录</td><td>监理单位验收意见</td></tr>
<tr><td rowspan="5">II级</td><td colspan="2" rowspan="5">不允许漏水，结构表面可有少量湿渍，湿渍总面积不大于总防水面积的千分之一，单个湿渍面积不大于0.1 m^2，防水面积不超过1处。</td><td>湿渍</td><td>无</td><td rowspan="5">未发现渗漏等问题。</td></tr>
<tr><td>渗水</td><td>无</td></tr>
<tr><td>水珠</td><td>无</td></tr>
<tr><td>滴漏</td><td>无</td></tr>
<tr><td>线漏</td><td>无</td></tr>
<tr><td>检查结果</td><td colspan="2">符合规范要求。
项目专业技术负责人：周××
2012年×月×日</td><td>验收结论</td><td colspan="2">同意验收
监理工程师(建设单位项目技术负责人)：
谢××
2012年×月×日</td></tr>
</table>

有防水要求的地面蓄水试验记录

检验(建)表 D.0.3　　　　共　　页　第　　页

<table>
<tr><td>工程名称</td><td colspan="3">×××小区 1 号住宅楼</td><td>蓄水部位</td><td colspan="2">卫生间</td></tr>
<tr><td colspan="2">防水材料品种及规格</td><td colspan="5">981 高分子防水涂料</td></tr>
<tr><td>建设单位</td><td colspan="3">福建××房地产开发公司</td><td>项目负责人</td><td colspan="2">陈××</td></tr>
<tr><td>设计单位</td><td colspan="3">福建××设计院</td><td>项目技术负责人</td><td colspan="2">谢××</td></tr>
<tr><td>监理单位</td><td colspan="3">福建××建设监理公司</td><td>专业监理工程师</td><td colspan="2">张××</td></tr>
<tr><td>施工单位</td><td colspan="3">福建××建筑工程公司</td><td>项目技术负责人</td><td colspan="2">林××</td></tr>
<tr><td>分包单位</td><td colspan="3">/</td><td>项目技术负责人</td><td colspan="2">/</td></tr>
<tr><td colspan="2">设计图号或有关规范、规程编号</td><td>标准</td><td colspan="2">施工单位自检记录</td><td colspan="2">监理单位验收意见</td></tr>
<tr><td colspan="2">建施总说明及卫生间大样图《地面工程质量验收规范》</td><td>不允许渗漏</td><td colspan="2">经蓄水 24 h 试验无渗漏,符合要求。</td><td colspan="2">未发现渗漏,符合要求</td></tr>
<tr><td>检查结果</td><td colspan="3">符合规范要求。
项目专业技术负责人:周××
2012 年×月×日</td><td>验收结论</td><td colspan="2">同意验收
监理工程师(建设单位项目技术负责人):谢××
2012 年×月×日</td></tr>
</table>

注:表中施工单位自检记录应附蓄水部位平面示意图。

有防水要求的外墙面泼水检验记录

检验(建)表 D.0.4　　　　　　　　　　　　　　　　　　　　　　　共　　页　第　　页

<table>
<tr><td>工程名称</td><td colspan="3">×××小区 1 号住宅楼</td></tr>
<tr><td>建设单位</td><td>福建××房地产开发公司</td><td>项目负责人</td><td>陈××</td></tr>
<tr><td>设计单位</td><td>福建××设计院</td><td>项目技术负责人</td><td>谢××</td></tr>
<tr><td>监理单位</td><td>福建××建设监理公司</td><td>专业监理工程师</td><td>张××</td></tr>
<tr><td>施工单位</td><td>福建××建筑工程公司</td><td>项目技术负责人</td><td>林××</td></tr>
<tr><td>分包单位</td><td>/</td><td>项目技术负责人</td><td>/</td></tr>
<tr><td colspan="2">设计文件要求应进行泼水检验的外墙面</td><td colspan="2">1—30 轴侧立面</td></tr>
<tr><td colspan="2">进行泼水检验检查的外墙面</td><td colspan="2">1—30 轴侧立面</td></tr>
<tr><td colspan="2">渗漏水情况记录</td><td colspan="2">无渗漏</td></tr>
<tr><td>检查结果</td><td>符合规范要求。
项目专业技术负责人:周××
2012 年×月×日</td><td>验收结论</td><td>同意验收
监理工程师(建设单位项目技术负责人):谢××
2012 年×月×日</td></tr>
</table>

建筑物垂直度测量记录

检验(建)表 D.0.5　　　　共　页　第　页

<table>
<tr><td rowspan="2">工程名称</td><td rowspan="2">×××小区 1 号住宅楼</td><td rowspan="2">结构质式</td><td rowspan="2">框架</td><td rowspan="2">高度(m)</td><td>层高:2.8-4</td></tr>
<tr><td>全高:46</td></tr>
<tr><td>施工单位</td><td>福建××建筑工程公司</td><td>监测起始日期</td><td colspan="3">2012 年×月×日</td></tr>
<tr><td>设计控制值(mm)</td><td>×</td><td>规范允许
偏差(mm)</td><td colspan="3">层高≤5 m 为 8
全高 $H/1000$ 且≤30</td></tr>
<tr><td>测量仪器</td><td colspan="5">仪器名称:经纬仪　　　检定证书编号:×××</td></tr>
<tr><td colspan="6">测量控制点布置图:
1 □ 4
2　3</td></tr>
</table>

<table>
<tr><td rowspan="3">序号</td><td rowspan="3">测量日期</td><td rowspan="3">进度(层)</td><td colspan="20">测量值(mm)</td></tr>
<tr><td colspan="2">1</td><td colspan="2">2</td><td colspan="2">3</td><td colspan="2">4</td><td colspan="2">5</td><td colspan="2">6</td><td colspan="2">7</td><td colspan="2">8</td><td colspan="2">9</td><td colspan="2">10</td></tr>
<tr><td>x</td><td>y</td><td>x</td><td>y</td><td>x</td><td>y</td><td>x</td><td>y</td><td>x</td><td>y</td><td>x</td><td>y</td><td>x</td><td>y</td><td>x</td><td>y</td><td>x</td><td>y</td><td>x</td><td>y</td></tr>
<tr><td>1</td><td>×月×日</td><td>一层</td><td>0</td><td>0</td><td>0</td><td>0</td><td>0</td><td>0</td><td>0</td><td>0</td><td></td><td></td><td></td><td></td><td></td><td></td><td></td><td></td><td></td><td></td><td></td><td></td></tr>
<tr><td>2</td><td>×月×日</td><td>二层</td><td>0</td><td>1</td><td>0</td><td>1</td><td>0</td><td>0</td><td>0</td><td>0</td><td></td><td></td><td></td><td></td><td></td><td></td><td></td><td></td><td></td><td></td><td></td><td></td></tr>
</table>

项目技术负责人	复测人	施测人
谢××	陈××	林××

建筑物标高测量记录

检验(建)表 D.0.6　　　　共　页·第　页

工程名称	×××小区1号住宅楼	结构质式	框架
施工单位	福建××建筑工程公司		
设计控制值(mm)	×	规范允许偏差(mm)	层高±10,全高±30
测量仪器	仪器名称:钢卷尺5 m　　检定证书编号:×××		

序号	测量日期	进度(层)	测量值(mm)																			
			1		2		3		4		5		6		7		8		9		10	
			层高	标高	层高	标高	层高	标高	层高	标高	层高	标高	层高	标高	层高	标高	层高	标高	层高	标高	层高	标高
1	×月×日	一层	4500	4502	4501	4500	4500	4500	4501	4501												
2	×月×日	二层	3600	8102	3600	8101	3601	8101	3601	8102												
3																						
4																						
5																						
6																						
7																						
8																						
9																						
10																						

项目技术负责人	复测人	施测人
谢××	陈××	林××

建筑物全高测量记录

检验(建)表 D.0.7　　　　共　　页 第　　页

工程名称	×××小区 1 号住宅楼	结构质式	框架
施工单位	福建××建筑工程公司	主要控制点高度(m)	檐口高度 46 m
设计控制值(mm)	×	规范允许偏差(mm)	±30
测量仪器	仪器名称:水平仪,钢卷尺	检定证书编号:×××	

测量控制点布置简图:建筑高度偏差值

1　　4

2　　3

测量日期	1			2			3			4			5		
	建筑高度			建筑高度			建筑高度			建筑高度			建筑高度		
	设计值(m)	实测值(m)	偏差值(mm)	设计值(m)	实测值(m)	偏差值(mm)	设计值(m)	实测值(m)	偏差值(mm)	设计值(m)	实测值(m)	偏差值(mm)	设计值(m)	实测值(m)	偏差值(mm)
2012.×.×	46	45.992	−8	46	45.995	−5	46	45.997	−3	45.993	−7				

项目技术负责人	复测人	施测人
谢××	陈××	林××

抽气(风)道检查记录

检验(建)表 D.0.8　　　　共　　页　第　　页

工程名称	×××小区1号住宅楼	检查试验方法	灌烟
施工单位	福建××建筑工程公司		
检查点布置简图:详建施××施工图			

部位(层/编号)	检查结果			检查人	检查时间	返修后结果	复检人	复检时间	备注
	通	不通	串气(烟)						
1	√			陈×× 林××	×月×日				
2	√			陈×× 林××	×月×日				
3	√			陈×× 林××	×月×日				

施工单位	项目技术负责人	质检员	监理(建设)单位	监理工程师(建设单位项目专业技术负责人)
	谢××	陈××		谢××

建筑物沉降观测测量汇总表

检验(建)表 D.0.11　　　　共　　页　第　　页

工程名称	×××小区1号住宅楼	观测起始时间	×月×日至×月×日
观测点编号	总沉降量(mm)	备注	
1	14	/	
2	16	/	
3	15	/	
4	18	/	
5	16	/	

附图:(后附沉降观测值曲线图)

略

略

沉降观测点平面布点图　　　　沉降观测曲线图

填表单位	××建筑公司	审核	林××	制表	谢××

建筑物沉降观测测量记录

检验(建)表 D.0.12　　　　　　　　　　　　　　　　　　　　　　共　　页　第　　页

工程名称	×××小区1号住宅楼	水准点编号	BM1,BM2,BM3
水准点所在位置	建筑物附近	水准点高程	24.15
观测起止日期	×月×日至×月×日	观测性质	沉降观测
工程地点	××市××路		
测量仪器	仪器名称:S3　　检定证书编号:××××		

沉降观测结果	观测点编号	观测点相对标高(m)	第1次			第2次			第　次			第　次			第　次		
			12年×月×日			12年×月×日			年　月　日			年　月　日			年　月　日		
			标高(m)	沉降量(mm)		标高(m)	沉降量(mm)		标高(m)	沉降量(mm)		标高(m)	沉降量(mm)		标高(m)	沉降量(mm)	
				本次	累计		本次	累计		本次	累计		本次	累计		本次	累计
	1	2.135	2.132	3	3	2.130	2	5									
	2	2.139	2.138	3	3	2.132	4	7									
	3	2.116	2.114	2	2	2.110	4	8									
	4	2.141	2.137	4	4	2.133	4	8									
	5	2.122	2.118	4	4	2.116	2	6									
工程进度状态			二层梁板完成			三层梁板完成											

施工单位	项目技术负责人	施测人	监理(建设)单位	监理工程师(建设单位项目专业技术负责人)
	谢××	林××		谢××

4.5 工程质量验收记录

4.5.1 建筑工程施工质量验收的有关术语

《建筑工程施工质量验收统一标准》(GB 50300-2013)中共给出17个术语,这些术语对规范有关建筑工程施工质量验收活动中的用语,加深对标准条件的理解,特别是更好地贯彻执行标准是十分必要的。下面列出几个较重要的质量验收相关术语。

1.检验:对被检验项目的特征、性能进行量测、检查、试验等,并将结果与标准规定的要求进行比较,以确定项目每项性能是否合格的活动。

2.进场检验:对进入施工现场的建筑材料、构配件、设备及器具,按相关标准的要求进行检验,并对其质量、规格及型号等是否符合要求做出确认的活动。

3.见证检验:施工单位在工程监理单位或建设单位的见证下,按照有关规定从施工现场随机抽取试样,送至具备相应资质的检测机构进行检验的活动。

4.复验:建筑材料、设备等进入施工现场后,在外观质量检查和质量证明文件核查符合要求的基础上,按照有关规定从施工现场抽取试样送至试验室进行检验的活动。

5.检验批:按相同的生产条件或按规定的方式汇总起来供抽样检验用的,由一定数量样本组成的检验体。

6.验收:建筑工程质量在施工单位自行检查合格的基础上,由工程质量验收责任方组织,工程建设相关单位参加,对检验批、分项、分部、单位工程及其隐蔽工程的质量进行抽样检验,对技术文件进行审核,并根据设计文件和相关标准以书面形式对工程质量是否达到合格做出确认。

7.主控项目:建筑工程中对安全、节能、环境保护和主要使用功能起决定性作用的检验项目。

8.一般项目:除主控项目以外的检验项目。

9.观感质量:通过观察和必要的测试所反映的工程外在质量和功能状态。

10.返修:对施工质量不符合规定的部位采取的整修等措施。

11.返工:对施工质量不符合规定的部位采取的更换、重新制作、重新施工等措施。

4.5.2 施工质量验收的基本规定

4.5.2.1 施工现场质量管理应有相应的施工技术标准,健全的质量管理体系、施工质量检验制度和综合施工质量水平评定考核制度,并做好施工现场质量管理检查记录

施工现场质量管理可按《建筑工程施工质量验收统一标准》(GB 50300-2001)附录A的要求进行检查记录。

4.5.2.2 建筑工程应按下列规定进行施工质量控制:

1.建筑工程采用的主要材料、半成品、成品、建筑构配件、器具和设备应进行进场检验。凡涉及安全、节能、环境保护和主要使用功能的重要材料、产品,应按各专业工程施工规范、验收规范和设计文件等规定进行复验,并应经监理工程师检查认可;

2.各施工工序应按施工技术标准进行质量控制，每道施工工序完成后，经施工单位自检符合规定后，才能进行下道工序施工。各专业工种之间的相关工序应进行交接检验，并应记录；

3.对于监理单位提出检查要求的重要工序，应经监理工程师检查认可，才能进行下道工序施工。

4.5.2.3 建筑工程施工质量应按下列要求进行验收：

1. 建筑工程施工质量应符合本标准和相关专业验收规范的规定。
2. 建筑工程施工应符合工程勘察、设计文件的要求。
3. 参加工程施工质量验收的各方人员应具备规定的资格。
4. 工程质量的验收均应在施工单位自行检查评定的基础上进行。
5. 隐蔽工程在隐蔽前应由施工单位通知有关单位进行验收，并应形成验收文件。
6. 涉及结构安全的试块、试件以及有关材料，应按规定进行见证取样检测。
7. 检验批的质量应按主控项目和一般项目验收。
8. 对涉及结构安全和使用功能的重要分部工程应进行抽样检测。
9. 承担见证取样检测及有关结构安全检测的单位应具有相关资质。
10. 工程的观感质量应由验收人员通过现场检查，并应共同确认。

4.5.3 建筑工程施工质量验收的程序和组织

4.5.3.1 检验批及分项工程的验收程序与组织

检验批由专业监理工程师组织项目专业质量检验员等进行验收；分项工程由专业监理工程师组织项目专业技术负责人等进行验收。

检验批和分项工程是建筑工程施工质量基础，因此，所有检验批和分项工程均应由监理工程师或建设单位项目技术负责人组织验收。验收前，施工单位先填好"检验批和分项工程的验收记录"（有关监理记录和结论不填），并由项目专业质量检验员和项目专业技术负责人分别在检验批和分项工程质量检验记录中相关栏目中签字，然后由监理工程师组织，严格按规定程序进行验收。

4.5.3.2 分部工程的验收程序与组织

分部工程应由总监理工程师（建设单位项目负责人）组织施工单位项目负责人和项目技术、质量负责人等进行验收；由于地基基础、主体结构、节能分部技术性能要求严格，技术性强，关系到整个工程的安全，因此规定与地基基础、主体结构、节能分部工程相关的勘察、设计单位工程项目负责人和施工单位技术、质量部门负责人也应参加相关分部工程验收。

4.5.3.3 单位（子单位）工程的验收程序与组织

1. 竣工初验收的程序

当单位工程达到竣工验收条件后，施工单位应在自查、自评工作完成后，填写工程竣工报验单，并将全部竣工资料报送项目监理机构，申请竣工验收。总监理工程师应组织各专业监理工程师对竣工资料及各专业工程的质量情况进行全面检查，对检查出的问题，应督促施工单位及时整改。对需要进行功能试验的项目（包括单机试车和无负荷试车），监理工程师就督促施工单位及时进行试验，并对重要项目进行监督、检查，必要时请建设单位和设计单位参加;监理工程师应认真审查试验报告单并督促施工单位搞好成品保护和现场清理。

经项目监理机构对竣工资料及实物全面检查、验收合格后,由总监理工程师签署工程竣工报验单,并向建设单位提出质量评估报告。

2. 正式验收

建设单位收到工程验收报告后,应由建设单位(项目)负责人组织施工(含量分包单位)、设计、监理等单位(项目)负责人进行单位(子单位)工程验收。单位工程由分包单位施工时,分包单位对所承包的工程项目应按规定的程序检查评定,总包单位应派人参加。分包工程完成后,应将工程有关资料交总包单位。建设工程经验收合格的,方可交付使用。

建设工程竣工验收应当具备下列条件:

(1)完成建设工程设计和合同约定的各项内容;

(2)有完整的技术档案和施工管理资料;

(3)有工程使用的主要建筑材料、建筑构配件和设备的进场试验报告;

(4)有勘察、设计、施工、工程监理等单位分别签署的质量合格文件;

(5)有施工单位签署的工程保修书。

建设工程经验收合格的,方可交付使用。

在一个单位工程中,对满足生产要求或具备使用条件,施工单位已预验,监理工程师已初验通过的子单位工程,建设单位可组织进行验收。有几个施工单位负责施工的单位工程,当其中的施工单位所负责的子单位工程已按设计完成,并经自行检验,也可组织正式验收,办理交工手续。在整个单位工程进行全部验收时,已验收的子单位工程验收资料应作为单位工程验收的附件。

在竣工验收时,对某些剩余工程和缺陷工程,在不影响交付的前提下,经建设单位、设计单位、施工单位和监理单位协商,施工单位应在竣工验收后的限定时间内完成。

参加验收各方对工程质量验收意见不一致时,可请当地建设行政主管部门或工程质量监督协调处理。

4.5.3.4 单位工程竣工验收备案

单位工程质量验收合格后,建设单位应在规定时间内将工程竣工验收报告和有关文件,报建设行政管理部门备案。

(1)凡在中华人民共和国境内新建、扩建、改建各类房屋建筑工程和市政基础设施工程的竣工验收,均应按有关规定进行备案。

(2)国务院建设行政主管部门和有关专业部门负责全国工程竣工验收的监督管理工作。县级以上地方人民政府建设行政主管部门负责本行政区域内工程的竣工验收备案管理工作。

4.5.4 建筑工程施工质量验收的划分

4.5.4.1 分项工程的划分

1. 分项工程的概念

检查验收每个工序、工种的质量的组成部分为分项工程

2. 分项工程划分

分项工程可按主要工种、材料、施工工艺、设备类别等进行划分。

分项工程已按统一标准附录进行划分，没有必要自己再划分。

4.5.4.2 检验批划分

1. 检验批的概念

按同一生产条件或按规定方式汇总起来供检验用，用一定样本组成的检验体。

2. 检验批的划分

检验批可根据施工、质量控制和专业验收的需要，按工程量、楼层、施工段、变形缝等进行划分。

施工前，应由施工单位制定分项工程和检验批的划分方案，并由监理单位审核。对于附录B及相关专业验收规范未涵盖的分项工程和检验批，可由建设单位组织监理、施工等单位协商确定。

一般按楼层、施工段、变形缝，质量验收规范中各专业规范对检验批划分作了具体规定：地基基础的分项工程一般划分为一个检验批，有地下层的基础工程可按不同地下层划分检验批；地基基础中的土方工程、基坑支护工程及混凝土结构工程中的模板工程，虽不构成建筑工程实体，但因其是建筑工程施工中不可缺少的重要环节和必要条件，是对质量形成过程的控制，其质量不仅关系到建筑工程的质量的好坏，同时与施工安全密切相关，往往需进行危险性较大专项施工方案论证，因此将其列入施工验收的内容。

(1)钢筋砼结构，砌体结构：

①楼房按楼层，楼层中有变形缝，按变形缝划分，按大小要求；

②单层建筑一般按变形缝；

③钢筋砼框架结构一般按楼层水平及竖向构件进行再划分，主要是为了便于及时验收。

(2)钢结构：

①单层钢结构按变形缝划分；

②多层、高层钢结构按楼层，划分检验批；

③压型金属板按屋面、楼面、墙面划分。

(3)地面工程：

①普通建筑按每一层或每一施工段(或变形缝)作为检验批；

②高层建筑可按三层作为一个检验批。

(4)装饰工程：

一般按楼层划分检验批；对于工程量较少的分项工程可划为一个检验批。

(5)建筑外门窗节能工程：

①同一厂家的同一品种、类型、规格的门窗及门窗玻璃每100樘划分为一个检验批，不足100樘也为一个检验批；

②同一厂家的同一品种、类型和规格的特种门每50樘划分为一个检验批，不足50樘也为一个检验批；

③对于异形或有特殊要求的门窗，检验批的划分应根据其特点和数量，由监理(建设)单位和施工单位协商确定。

(6)地面节能工程：

①检验批可按施工段或变形缝划分；

②当面积超过 200 m^2 时，每 200 m^2 可划分为一个检验批，不足 200 m^2 时也为一个检验批；

③不同构造做法的地面节能工程应单独划分检验批。

4.5.4.3 分部工程划分

1. 分部工程概念

按专业性质，建筑部位确定质量检验部位。

建筑与结构（土建）四个分部，有地基与基础主体结构、建筑装饰装修、建筑屋面。

安装五个分部，有建筑给水、排水及采暖、建筑电气、智能建筑、通风与空调、电梯

建筑节能一个分部

2. 子分部概念

按材料种类，施工特点，施工顺序，专业系统划分，子分部项目：地基与基础 9 个，主体结构 6 个，装饰装修 10 个，屋面 5 个。

3. 分部工程划分

(1)地基基础分部

①有地下室：地下室作为箱形基础，则地下室划为地基与基础分部。把与土直接接触的部分划归为地基与基础分部，如各种地基、各种基础、基坑支护、地下水控制、土方、边坡、防水层、基础垫层等。而地下室的框架柱、梁、墙柱、剪力墙、隔墙等底板以上部分构件划归主体分部。地基基础分部包括结构，防水分项。地下室装饰粉刷，地面，门窗划入装饰装修分部。

②无地下室：以防潮层为界，以下主体纳入地基基础分部，以上纳入主体分部。

③桩基础：以承台上皮为界。

(2)主体结构，±0.00 以上承重构件均为主体分部

①非承重墙规定，使用板块材料，经砌筑焊接的隔墙，纳入主体分部，如各种砌块，加气条板；

②采用轻型木材，用铁钉，螺丝或胶类黏结，纳入装饰装修分部，如轻钢龙骨，木龙骨隔墙，石膏板隔墙。

(3)屋面工程、防水工程

①地下防水纳入地基基础分部；

②地面防水纳入装饰装修分部；

③墙面防水纳入主体分部。

建筑工程分部、分项工程划分具体见表 4-18 分部（子分部）工程代号索引表

4.5.4.4 单位工程划分

1. 单位工程定义：具备独立施工条件并能形成独立使用功能的建筑构及构筑物为一个单位工程。

2. 子单位工程定义：建筑规模较大的单位工程，可将其能形成独立使用功能的部位分为一个子单位工程。

主要是考虑大体量工程分期验收。

4.5.5 建筑工程施工质量验收

4.5.5.1 检验批的质量验收

1. 检验批质量合格标准

(1)主控项目的质量经抽样检验均应合格。

(2)一般项目的质量经抽样检验合格。当采用计数抽样时,合格点率应符合有关专业验收规范的规定,且不得存在严重缺陷。对于计数抽样的一般项目,正常检验一次、二次抽样可按 GB 50300 附录 D 判定。

2. 检验批由两个项目组成:主控项目、一般项目

(1)主控项目概念:是各专业规范中条文必须达到要求,严禁、必须。是保证工程安全及使用功能的重要检验项目。如不到规定指标,就降低工程项目性能指标。

(2)主控项目的分类:

①重要的材料、构件、配件、成品、半成品、设备性能及构件材质技术性能;

②结构强度,刚度及稳定性数据、工程性能检测;

③使用功能,如屋面天沟、檐沟排水坡度。

(3)一般项目概念:保证工程安全或使用的基本要求,除主控项目外的检验项目。

一般项目的分类:

①对不能确定偏差值而允许出现一定缺陷的项目,以缺陷数量区分,如砌体拉结钢筋间距偏差;

②一些无法定量而采用定性验收,如中级油漆,光滑及光亮度;

③允许偏差项目。

几种类型:

①正负要求偏差:+0 正偏差为 0 如基础土方长宽−0 表示负偏差为 0,不能欠挖,正偏差不限;

②正负值相同±5;

③不标符号:如砼结构表面平整度 8 mm;

④大于或小于某一数值:背瓦坡瓦搭按长度大于等于 40 mm;

⑤在一定范围内间隙要求,木门内门窗与地面留缝 5~8 mm;

⑥相对比值:砼柱全高垂直度小于等于 $H/1000$ mm,不大于 30 mm。

3. 检验批合格标准

(1)主控项目,应 100%合格。

(2)一般项目,分几种情况:

①一般项目检查点数应 100%合格:地下防水,屋面工程。主要原因:一般项目中允许偏差项目较少。

②一般项目抽查点数应 80%合格:地基基础,砌体,砼工程。

③一般项目应有 80%抽查点数符合规定,某余 20%不得超过允许偏差值 1.5 倍:地面工程装饰工程。

④一般项目应有 80%抽查点数符合标准规定,其余 20%不得超过允许偏差值 1.2 倍:钢结构。

4. 检验批表的名称及编号

检验批验收表为 GB 50300-2001 附录 D. 0. 1。

检验批由监理工程师或建设单位项目技术负责人组织项目专业质量检查员等进行验收，表的名称应在制订专用表格时就印好，前边的印上分项工程的名称。表的名称下边注上"质量验收规范的编号"。

检验批表的编号按全部施工质量验收规范系列的分部工程、子分部工程统一为 8 位数的数码编号，写在表的右上角，前 6 位数字均印在表上，后留两个"□"，检查验收时填写检验批的顺序号。

其编号规则为：

前边两个数字是分部工程的代码，01～09。地基与基础为 01，主体结构为 02，建筑装饰装修为 03，建筑屋面为 04，建筑给水排水及采暖为 05，建筑电气为 06，智能建筑为 07，通风与空调为 08，电梯为 09。

第 3、4 位数字是子分部工程的代码。

第 5、6 位数字是分项工程的代码。

其顺序号见 GB 50300-2001 附录 B，表 B. 0. 1，建筑工程分部（子分部）、分项工程划分表。

第 7、8 位数字是各分项工程检验批验收的顺序号。由于在大量高层或超高层建筑中，同一个分项工程会有很多检验批的数量，故留了 2 位数的空位置。如地基与基础分部工程，无支护土方子分部工程，土方开挖分项工程，其检验批表的编号为 010101□□，第一检验批为 01010101。

还需要说明的是，有些子分部工程中有些项目可能在两个分部工程中出现。这就要在同一个表上编 2 个分部工程及相应子分部工程的编号：如钢筋分项工程在地基与基础和主体结构中都有，钢筋分项工程检验批的表编号为：010602□□、020102□□

有些分项工程可能在几个子分部工程中出现，这就应在同一个检验批表上编几个子分部工程及子分部工程的编号。如建筑电气的接地装置安装，在室外电气、变配电室、备用和不间断电源安装及防雷接地安装等子分部工程中都有。

其编号为：060109□□
060206□□
060608□□
060701□□

4 行编号中的第 5、6 位数字的分别是：第一行 09 是室外电气子分部工程的第 9 个分项工程，第二行的 06 是变配电室子分部的第 6 个分项工程，其余类推。

另外，有些规范的分项工程，在验收时也将其划分为几个不同的检验批来验收。如混凝土结构子分部工程的混凝土分项工程，分为原材料及配合比设计、混凝土施工 2 个检验批来验收。又如建筑装饰装修分部工程建筑地面子分部工程中的基层分项工程，其中有几种不同的检验批。故在其表名下加标罗马数字（Ⅰ）、（Ⅱ）、（Ⅲ）……

5.检验批容量问题

指本检验批的工程量，按工程实际填写，计量项目和单位按专业验收规范或验收方式确定。分类有限值，无限值。

（1）有限值容量

例 1　砖砌体：限值 250 m^3。

《砌体结构工程施工质量验收规范》GB 50203-2011 3.0.20 砌体结构工程检验批的划分应同时符合下列规定：

①所用材料类型及同类型材料的强度等级相同；

②不超过 250 m^3 砌体；

③主体结构砌体一个楼层(基础砌体可按一个楼层计)；填充墙砌体量少时可多个楼层合并。

例 2　屋面各分项检验批：限值 1 000 m^2。

《屋面工程质量验收规范》GB 50207-2012 3.0.14 屋面工程各分项工程宜按屋面面积每 500～1 000 m^2 划分为一个检验批，不足 500 m^2 应按一个检验批；每个检验批的抽检数量应按本规范第 4～8 章执行。

例 3　一般抹灰：室外限值 1 000 m^2，室内限值 50 间。

《建筑装饰装修工程质量验收规范》GB 50210-2001 4.1.5 各分项工程的检验批应按下列规定划分：

①相同材料、工艺和施工条件的室外抹灰工程每 500～1 000 m^2 应划分为一个检验批，不足 500 m^2 也应划分为一个检验批。

②相同材料、工艺和施工条件的室内抹灰工程每 50 个自然间(大面积房间和走廊按抹灰面积 30 m^2 为一间)应划分为一个检验批，不足 50 间也应划分为一个检验批。

例 4　木门窗安装：限值 100 樘。

《建筑装饰装修工程质量验收规范》GB 50210-2001 5.1.5 各分项工程的检验批应按下列规定划分：

①同一品种、类型和规格的木门窗、金属门窗、塑料门窗及门窗玻璃每 100 樘应划分为一个检验批，不足 100 樘也应划分为一个检验批。

②同一品种、类型和规格的特种门每 50 樘应划分为一个检验批，不足 50 樘也应划分为一个检验批。

(2)无限值容量

例 1　模板安装。

《混凝土结构工程施工质量验收规范》(2010 版)GB 50204-2002 4.2.6 固定在模板上的预埋件、预留孔和预留洞均不得遗漏，且应安装牢固，其偏差应符合表 4.2.6 的规定。

检查数量：在同一检验批内，对梁、柱和独立基础，应抽查构件数量的 10%，且不少于 3 件；对墙和板，应按有代表性的自然间抽查 10%，且不少于 3 间；对大空间结构，墙可按相邻轴线间高度 5 m 左右划分检查面，板可按纵横轴线划分检查面，抽查 10%，且均不少于 3 面。

例 2　钢筋原材料。

《混凝土结构工程施工质量验收规范》(2010 版)GB 50204-2002 5.2.1 钢筋进场时，应按国家现行相关标准的规定抽取试件作力学性能和重量偏差检验，检验结果必须符合有关标准的规定。

检查数量：按进场的批次和产品的抽样检验方案确定。

检验方法：检查产品合格证、出厂检验报告和进场复验报告。

例 3　钢筋连接。

《混凝土结构工程施工质量验收规范》(2010 版)GB 50204-2002 5.4.5 当受力钢筋采用机械连接接头或焊接接头时，设置在同一构件内的接头宜相互错开。

检查数量:在同一检验批内,对梁、柱和独立基础,应抽查构件数量的 10%,且不少于 3 件;对墙和板,应按有代表性的自然间抽查 10%,且不少于 3 间;对大空间结构,墙可按相邻轴线间高度 5 m 左右划分检查面,板可按纵横轴线划分检查面,抽查 10%,且均不少于 3 面。

例 4 现浇结构外观及尺寸偏差。

《混凝土结构工程施工质量验收规范》(2010 版)GB 50204-2002 8.3.2 现浇结构和混凝土设备基础拆模后的尺寸偏差应符合表 8.3.2-1、表 8.3.2-2 的规定。

检查数量:按楼层、结构缝或施工段划分检验批。在同一检验批内,对梁、柱和独立基础,应抽查构件数量的 10%,且不少于 3 件;对墙和板,应按有代表性的自然间抽查 10%,且不少于 3 间;对大空间结构,墙可按相邻轴线间高度 5 m 左右划分检查面,板可按纵、横轴线划分检查面,抽查 10%,且均不少于 3 面;对电梯井,应全数检查。对设备基础,应全数检查。

例 5 给水管道及配件安装。

《建筑给水排水及采暖工程质量验收规范》GB 50242-2002 规范无明确要求、施工依据。

6.最小/实际抽样数量问题

(1)不用填写

①非抽样项目对于材料、设备及工程试验类规范条文。

②验收不涉及项目。

(2)全/实际数量,样本为总体的抽样项目

例如"全/10","10"指本检验批实际包括的样本总量;实际抽样数量,可根据工程验收方式灵活填写。

(3)按工程量抽样的抽样项目

例如"5/5",即按工程量计算最小抽样数量为 5,实际抽样数量为 5;可根据工程验收实情修改。

7.非抽样项目问题

例 钢筋原材料。

《混凝土结构工程施工质量验收规范》(2010 版)GB 50204-2002 5.2.1 钢筋进场时,应按国家现行相关标准的规定抽取试件作力学性能和重量偏差检验,检验结果必须符合有关标准的规定。

检查数量:按进场的批次和产品的抽样检验方案确定。

检验方法:检查产品合格证、出厂检验报告和进场复验报告。

不需要抽样,不填写。

8.全检问题

例 现浇结构外观及尺寸偏差。

《混凝土结构工程施工质量验收规范》(2010 版)GB 50204-2002 8.2.1 现浇结构的外观质量不应有严重缺陷。对已经出现的严重缺陷,应由施工单位提出技术处理方案,并经监理(建设)单位认可后进行处理。对经处理的部位,应重新检查验收。

检查数量:全数检查。

检验方法:观察,检查技术处理方案。

9.容量 * 百分比,且规定最小抽样数量最小值。

例 现浇结构外观及尺寸偏差。

《混凝土结构工程施工质量验收规范》(2010 版)GB 50204-2002 8.3.2 现浇结构和混凝土设备基础拆模后的尺寸偏差应符合表 8.3.2-1、表 8.3.2-2 的规定。

检查数量:按楼层、结构缝或施工段划分检验批。在同一检验批内,对梁、柱和独立基础,应抽查构件数量的 10%,且不少于 3 件。

10.容量/数值,且规定最小抽样数量。

例　找平层

《屋面工程质量验收规范》GB 50207-2012 4.1.5 基层与保护层工程各分项工程每个检验批的抽检数量,按屋面面积每 100 m^2 抽查一处,每处应为 10 m^2,且不得少于 3 处。

11.固定值

例　砖砌体

《砌体结构工程施工质量验收规范》GB 50203-2011 5.2.2 砌体灰缝砂浆应密实饱满,砖墙水平灰缝的砂浆饱满度不得低于 80%;砖柱水平灰缝和竖向灰缝饱满度不得低于 90%。

抽检数量:每检验批抽查不应少于 5 处。

检验方法:用百格网查砖底面与砂浆的黏结痕迹面积,没处检测 3 块砖,取其平均值。

检查记录。

12. 检验批质量评定表填表注意事项

(1)检验批表编号的填写:在 2 个方框内填写检验批序号。如为第 11 个检验批则填为 11。

(2)单位(子单位)工程名称:按合同文件上的单位工程名称填写,子单位工程标出该部分的位置。分部(子分部)工程名称,按验收规范划定的分部(子分部)名称填写。验收部位是指一个分项工程中的验收的那个检验批的抽样范围,要标注清楚,如“一层墙”。

施工单位、分包单位、填写施工单位的全称,与合同上公章名称相一致。项目经理填写合同书中指定的项目负责人。在装饰、安装分部工程施工中,有分包单位时,也应填写分包单位全称,分包单位的项目经理也应是合同中指定的项目负责人。这些人员由填表人填写不要本人签字,只是标明他是项目负责人。

(3)施工执行标准名称及编号

由于验收规范只列出验收质量指标,其工艺等只提出一个原则要求,具体的操作工艺就靠企业标准了,可以将一些协会标准、施工指南、施工手册等转化为企业标准。只有按照不低于国家质量验收规范的企业标准来操作,才能保证国家验收规范的实施,填写表时要将施工工程中使用的主要的施工工艺标准、企业标准及地方性标准图集名称及编号填写上。

(4)质量验收规范的规定栏

由于表格的地方小,不能将多数指标全部内容填写下,所以,只将质量指标归纳、简化描述或题目及条文号填写上,作为检查内容提示,以便查对验收规范的原文。验收资料的填写,应依据现场检查结果和实测数据,表格规定栏及背面不全文抄录也规避了“编造”资料的情况。

(5)填表注意事项

①文字描述

计量检验项目:说明实际质量验收内容及结论。例如“试验合格,报告编号……”多为对材料、设备及工程试验类结果的检查项目。

②查 * 处,合格 * 处

计数检验项目依据《原始记录》填写:抽检、抽查 5 处,合格 5 处;全检:共 10 处,全部检查，合格10处。

③写“/”验收不涉及项目。

④检查结果合格“√”，不合格“×”。

检查记录为文字描述的验收项目，主控项目、抽样项目，无论定性还是定量描述，全数合格为合格，其余情形为不合格。

⑤百分比（例如“90%”）

一般项目且为抽样项目，定性描述类，全数合格为合格；定量描述类，80%（混凝土保护层为90%）以上抽样点合格，其余20%按各专业验收规范规定，不能大于1.5倍（钢结构1.2倍）。

⑥“/”（验收不涉及项目）

施工单位检查结果由施工单位质量检查员填写。

举例：主控项目全部合格，一般项目符合验收规范要求。

如果检验批中含有混凝土、砂浆试件强度验收等内容，应待试验报告出来后再作判定。

专业质量检查员和专业工长应签字确认并按实际填写日期。

先有现场验收检查原始记录，再归纳汇总形成检验批质量验收记录。

⑦“检查记录”栏填写

a.对于计量检验项目，采用文字描述方式，说明实际质量验收内容及结论；此类多为对材料、设备及工程试验类结果的检查项目。

b.对于计数检验项目，必须依据对应的《检验批验收现场检查原始记录》中验收情况记录，按下列形式填写：

抽样检查的项目，填写描述语，例如“抽查5处，合格4处”，或者“抽查5处，全部合格”。

全数检查的项目，填写描述语，例如“共5处，检查5处，合格4处”，或者“共5处，检查5处，全部合格”。

c.本次检验批验收不涉及此验收项目时，此栏写入“/”。

⑧“检查结果”栏填写

a.采用文字描述方式的验收项目，合格打“√”，不合格打“×”；

b.对于抽样项目且为主控项目，无论定性还是定量描述，全数合格为合格，有1处不合格即为不合格，合格打“√”，不合格打“×”；

c.对于抽样项目且为一般项目，“检查结果”栏填写合格率，例如“100%”；定性描述项目所有抽查点全部合格（合格率为100%），此条方为合格；定量描述项目，其中每个项目都必须有80%以上（混凝土保护层为90%）检测点的实测数值达到规范规定，其余20%按各专业施工质量验收规范规定，不能大于1.5倍，钢结构为1.2倍，就是说有数据的项目，除必须达到规定的数值外，其余可放宽的，最大放宽到1.5倍。

d.本次检验批验收不涉及此验收项目时，此栏写入“/”。

⑨“施工单位检查结果”栏的填写

施工单位质量检查员按依据的规范、规程判定该检验批质量是否合格，填写检查结果。填写内容通常为“符合要求”、“不符合要求”，“主控项目全部合格，一般项目符合验收规范（规程）要求”等评语。

如果检验批中含有混凝土、砂浆试件强度验收等内容，应待试验报告出来后再作判定。

施工单位项目专业质量检查员和专业工长应签字确认并按实际填写日期。

4.5.5.2 检验批的质量验收步骤

1.手动填写原始记录

检验批验收现场检查原始记录

（GB50300—2013）

共 页第 1 页

单位（子单位）工程名称	××综合楼工程			
检验批名称	砖砌体	检验批编号	02020101004	
编号	验收项目	验收部位	验收情况记录	备注
5.2.2	砂浆灰缝砂浆饱满度≥80%	二层A/1~3轴墙	95%.90%.88%，平均91%	
		二层B/2~4轴墙	96%，92%.94%，平均94%	
		二层C~D/6轴墙	90%，94%、95%，平均93%	
		二层F/3~5轴墙	88%.85%.91%，平均88%	
		二层E~F/8轴墙	90%.93%.96%，平均93%	
5.2.3	砖砌体的转角处和交接处应同时砌筑	二层A/5轴	同时砌筑	
		二层C/8轴	同时砌筑	
		二层D/4轴	同时砌筑	
		二层F/8轴	同时砌筑	
		二层B/9轴	同时砌筑	
5.2.4	直槎留置及拉结钢筋敷设	二层1/D~E轴	施工洞留直槎，240mm墙，2Φ6.5拉结筋，末端弯钩，沿墙高400mm间距，埋入长度[illegible]	
		二层3/D~E轴	✓	

校核：王×　检查：丁工　记录：李×　验收日期：2014年××月××日

2.移动验收设备开展验收，原始数据导入资料软件，直接形成检验批验收表格

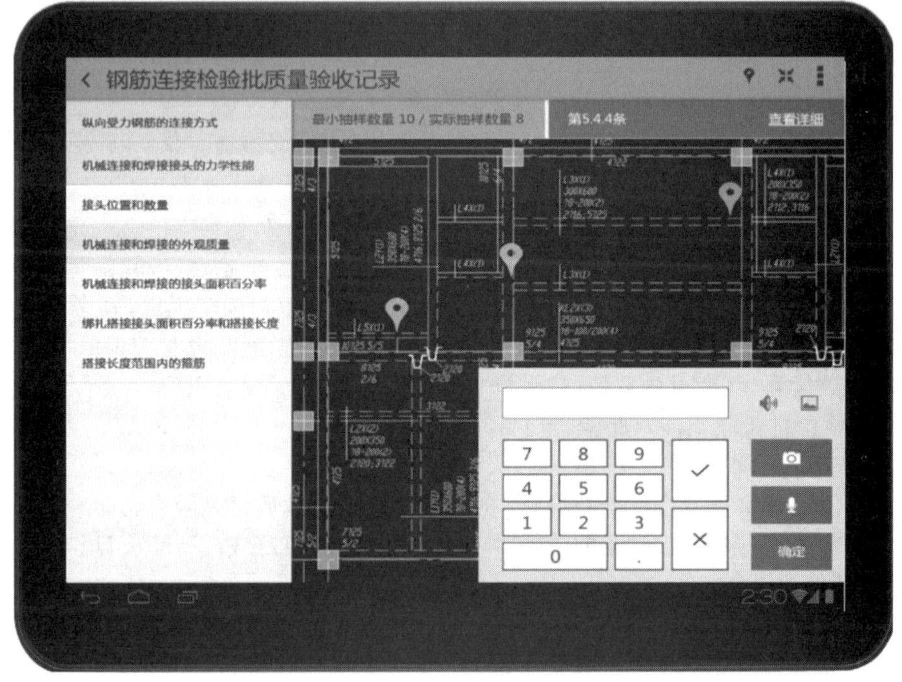

3.归纳总结形成检验批验收表格

填充墙砌体工程检验批质量验收记录

02020501001

<table>
<tr><td colspan="3">单位(子单位)工程名称</td><td colspan="2">×××小区 1 号住宅楼</td><td>分部(子分部)工程名称</td><td>砌体结构</td><td>分项工程名称</td><td>填充墙砌体</td></tr>
<tr><td colspan="3">施工单位</td><td colspan="2">福建省××建筑工程公司</td><td>项目技术负责人</td><td>×××</td><td>检验批容量</td><td>200 m³</td></tr>
<tr><td colspan="3">分包单位</td><td colspan="2">/</td><td>分包单位项目负责人</td><td>/</td><td>检验批部位</td><td>(1)～(10)轴二层砌体</td></tr>
<tr><td colspan="3">施工依据</td><td colspan="3">砌体工程施工工艺企业标准</td><td>验收依据</td><td colspan="2">砌体工程施工质量验收规范(GB 50203-2011)</td></tr>
<tr><td rowspan="5">主控项目</td><td colspan="3">验收项目</td><td>设计要求及规范规定</td><td>样本容量</td><td>最小/实际抽样数量</td><td>检查记录</td><td>检查结果</td></tr>
<tr><td>1</td><td colspan="2">块材强度等级</td><td>设计要求 Mu5.0</td><td></td><td>/</td><td>产品合格证一份,检测报告一份,Mu5.3 符合要求</td><td>√</td></tr>
<tr><td>2</td><td colspan="2">砂浆强度等级</td><td>设计要求 M5.0</td><td></td><td>/</td><td>试验报告一份,M5.6 符合要求</td><td>√</td></tr>
<tr><td>3</td><td colspan="2">与主体结构连接</td><td>第 9.2.2 条</td><td></td><td>5/5</td><td>抽查 5 处,全部合格</td><td>√</td></tr>
<tr><td>4</td><td colspan="2">植筋实体检测</td><td>第 9.2.3 条</td><td></td><td>5/5</td><td>抽查 5 处,全部合格</td><td>√</td></tr>
<tr><td rowspan="16">一般项目</td><td>1</td><td colspan="2">轴线位移</td><td>≤10 mm</td><td></td><td>5/5</td><td>抽查 5 处,全部合格</td><td>100%</td></tr>
<tr><td rowspan="2">2</td><td rowspan="2">垂直度</td><td>≤3 m</td><td>≤5 mm</td><td></td><td>5/5</td><td>抽查 5 处,全部合格</td><td>100%</td></tr>
<tr><td>≥3 m</td><td>≤10 mm</td><td></td><td>/</td><td>/</td><td>/</td></tr>
<tr><td>3</td><td colspan="2">表面平整度</td><td>≤8 mm</td><td></td><td>5/5</td><td>抽查 5 处,全部合格</td><td>100%</td></tr>
<tr><td>4</td><td colspan="2">门窗洞口高、宽(后塞口)</td><td>±10 mm</td><td></td><td>5/5</td><td>抽查 5 处,全部合格</td><td>100%</td></tr>
<tr><td>5</td><td colspan="2">外墙上下窗口偏移</td><td>≤20 mm</td><td></td><td>5/5</td><td>抽查 5 处,全部合格</td><td>100%</td></tr>
<tr><td rowspan="2">6</td><td rowspan="2">空心砖砌体砂浆饱满度</td><td>水平</td><td>≥80%</td><td></td><td>5/5</td><td>抽查 5 处,全部合格</td><td>100%</td></tr>
<tr><td>垂直</td><td>第 9.3.2 条</td><td></td><td>5/5</td><td>抽查 5 处,全部合格</td><td>100%</td></tr>
<tr><td rowspan="2">7</td><td rowspan="2">蒸压加气混凝土砌块、轻骨料混凝土小型空心砌块砂浆饱满度</td><td>水平</td><td>≥80%</td><td></td><td>/</td><td>/</td><td>/</td></tr>
<tr><td>垂直</td><td>≥80%</td><td></td><td>/</td><td>/</td><td>/</td></tr>
<tr><td>8</td><td colspan="2">拉结筋、网片位置</td><td>第 9.3.3 条</td><td></td><td>5/5</td><td>抽查 5 处,全部合格</td><td>100%</td></tr>
<tr><td>9</td><td colspan="2">拉结筋、网片埋置长度</td><td>第 9.3.3 条</td><td></td><td>5/5</td><td>抽查 5 处,全部合格</td><td>100%</td></tr>
<tr><td>4</td><td colspan="2">搭砌长度</td><td>第 9.3.4 条</td><td></td><td>5/5</td><td>抽查 5 处,全部合格</td><td>100%</td></tr>
<tr><td rowspan="2">5</td><td colspan="2">水平灰缝厚度</td><td>第 9.3.5 条</td><td></td><td>5/5</td><td>抽查 5 处,全部合格</td><td>100%</td></tr>
<tr><td colspan="2">竖向灰缝厚度</td><td>第 9.3.5 条</td><td></td><td>5/5</td><td>抽查 5 处,全部合格</td><td>100%</td></tr>
<tr><td colspan="4">施工单位检查结果</td><td colspan="5">专业工长:
合格项目专业质量检查员:
(项目部章)　　年　月　日</td></tr>
<tr><td colspan="4">监理单位验收结果</td><td colspan="5">专业监理工程师:
年　月　日</td></tr>
</table>

摘录一：

3.0.20 砌体结构工程检验批的划分应同时符合下列规定：

1.所用材料类型及同类型材料的强度等级相同。

2.不超过 250 m^3 砌体。

3.主体结构砌体一个楼层(基础砌体可按一个楼层计)；填充墙砌体量少时可多个楼层合并。

摘录二：

9.1 一般规定

9.1.1 本章适用于烧结空心砖、蒸压加气混凝土砌块、轻骨料混凝土小型空心砌块等填充墙砌体工程。

9.1.2 砌筑填充墙时，轻骨料混凝土小型空心砌块和蒸压加气混凝土砌块的产品龄期不应小于 28 d，蒸压加气混凝土砌块的含水率宜小于 30%。

9.1.3 烧结空心砖、蒸压加气混凝土砌块、轻骨料混凝土小型空心砌块等的运输、装卸过程中，严禁抛掷和倾倒；进场后应按品种、规格堆放整齐，堆置高度不宜超过 2 m。蒸压加气混凝土砌块在运输与堆放中应防止雨淋。

9.1.4 吸水率较小的轻骨料混凝土小型空心砌块及采用薄灰砌筑法施工的蒸压加气混凝土砌块，砌筑前不应对其浇(喷)水浸润；在气候干燥炎热的情况下，对吸水率较小的轻骨料混凝土小型空心砌块宜在砌筑前喷水湿润。

9.1.5 采用普通砌筑砂浆砌筑填充墙时，烧结空心砖、吸水率较大的轻骨料混凝土小型空心砌块应提前 1～2 d 浇(喷)水湿润。蒸压加气混凝土砌块采用蒸压加气混凝土砌块砌筑砂浆或普通砌筑砂浆砌筑时，应在砌筑当天对砌块砌筑面喷水湿润。块体湿润程度宜符合下列规定：

1.烧结空心砖的相对含水率 60%～70%；

2.吸水率较大的轻骨料混凝土小型砌块、蒸压加气混凝土砌块的相对含水率 40%～50%。

9.1.6 在厨房、卫生间、浴室等处采用轻骨料混凝土小型空心砌块、蒸压加气混凝土砌块砌筑墙体时，墙底部宜现浇混凝土坎台，其高度宜为 150 mm。

9.1.7 填充墙拉结筋处的下皮小砌块宜采用半盲孔小砌块或用混凝土灌实孔洞的小砌块；薄灰砌筑法施工的蒸压加气混凝土砌块砌体，拉结筋应放置在砌块上表面设置的沟槽内。

9.1.8 蒸压加气混凝土砌块、轻骨料混凝土小型空心砌块不应与其他块体混砌，不同强度等级的同类砌块也不得混砌。

注：窗台处和因安装门窗需要，在门窗洞口处两侧填充墙上、中、下部可采用其他块体局部嵌砌；对与框架柱、梁不脱开方法的填充墙，填塞填充墙顶部与梁之间缝隙可采用其他块体。

9.1.9 填充墙砌体砌筑，应待承重主体结构检验批验收合格后进行。填充墙与承重主体结构间的空(缝)隙部位施工，应在填充墙砌筑 14 d 后进行。

9.2 主控项目

9.2.1 烧结空心砖、小砌块和砌筑砂浆的强度等级应符合设计要求。

抽检数量:烧结空心砖每 10 万块为一验收批,小砌块每 1 万块为一验收批,不足上述数量时按一批计,抽检数量为一组。砂浆试块的抽检数量执行本规范第 4.0.12 条的有关规定。

检验方法:检查砖、小砌块进场复验报告和砂浆试块试验报告。

9.2.2 填充墙砌体应与主体结构可靠连接,其连接构造应符合设计要求,未经设计同意,不得随意改变连接构造方法。每一填充墙与柱的拉结筋的位置超过一皮块体高度的数量不得多于一处。

抽检数量:每检验批抽查不应少于 5 处。

检验方法:观察检查。

9.2.3 填充墙与承重墙、柱、梁的连接钢筋,当采用化学植筋的连接方式时,应进行实体检测。锚固钢筋拉拔试验的轴向受拉非破坏承载力检验值应为 6.0 kN。抽检钢筋在检验值作用下应基材无裂缝、钢筋无滑移宏观裂损现象;持荷 2 min 期间荷载值降低不大于 5%。检验批验收可按本规范表 b.0.1 通过正常检验一次、二次抽样判定。填充墙砌体植筋锚固力检测记录可按本规范表 c.0.1 填写。

抽检数量:按表 9.2.3 确定。

表 9.2.3 检验批抽检锚固钢筋样本最小容量

检验批的容量	样本最小容量	检验批的容量	样本最小容量
≤90	5	281～500	20
91～150	8	501～1 200	32
151～280	13	1 201～3 200	50

检验方法:原位试验检查。

9.3 一般项目

9.3.1 填充墙砌体尺寸、位置的允许偏差及检验方法应符合表 9.3.1 的规定。

表 9.3.1 填充墙砌体尺寸、位置的允许偏差及检验方法

<table>
<tr><th>项次</th><th colspan="2">项目</th><th>允许偏差(mm)</th><th>检验方法</th></tr>
<tr><td>1</td><td colspan="2">轴线位移</td><td>10</td><td>用尺检查</td></tr>
<tr><td rowspan="2">2</td><td rowspan="2">垂直度(每层)</td><td>≤3 m</td><td>5</td><td rowspan="2">用 2 m 托线板或吊装、尺检查</td></tr>
<tr><td>>3 m</td><td>10</td></tr>
<tr><td>3</td><td colspan="2">表面平整度</td><td>8</td><td>用 2 m 靠尺和楔形尺检查</td></tr>
<tr><td>4</td><td colspan="2">门窗洞口高、宽(后塞口)</td><td>±10</td><td>用尺检查</td></tr>
<tr><td>5</td><td colspan="2">外墙上、下窗口偏移</td><td>20</td><td>用经纬仪或吊线检查</td></tr>
</table>

抽检数量:每检验批抽查不应少于 5 处。

9.3.2 填充墙砌体的砂浆饱满度及检验方法应符合表 9.3.2 的规定。

表 9.3.2 填充墙砌体的砂浆饱满度及检验方法

<table>
<tr><th>砌体分类</th><th>灰缝</th><th>饱满度及要求</th><th>检验方法</th></tr>
<tr><td rowspan="2">空心砖砌体</td><td>水平</td><td>≥80%</td><td rowspan="4">采用百格网检查块体底面或侧面砂浆的黏结痕迹面积</td></tr>
<tr><td>垂直</td><td>填满砂浆、不得有透明缝、瞎缝、假缝</td></tr>
<tr><td rowspan="2">蒸压加气混凝土砌块、轻骨料混凝土小型空心砌块砌体</td><td>水平</td><td>≥80%</td></tr>
<tr><td>垂直</td><td>≥80%</td></tr>
</table>

抽检数量:每检验批抽查不应少于 5 处。

9.3.3 填充墙留置的拉结钢筋或网片的位置应与块体皮数相符合。拉结钢筋或网片应置于灰缝中，埋置长度应符合设计要求，竖向位置偏差不应超过一皮高度。

抽检数量：每检验批抽查不应少于 5 处。

检验方法：观察和用尺量检查。

9.3.4 砌筑填充墙时应错缝搭砌，蒸压加气混凝土砌块搭砌长度不应小于砌块长度的 1/3；轻骨料混凝土小型空心砌块搭砌长度不应小于 90 mm；竖向通缝不应大于 2 皮。

抽检数量：每检验批抽检不应少于 5 处。

检查方法：观察和用尺检查。

9.3.5 填充墙的水平灰缝厚度和竖向灰缝宽度应正确。烧结空心砖、轻骨料混凝土小型空心砌块砌体的灰缝应为 8～12 mm。蒸压加气混凝土砌块砌体当采用水泥砂浆、水泥混合砂浆或蒸压加气混凝土砌块砌筑砂浆时，水平灰缝厚度及竖向灰缝宽度不应超过 15 mm；当蒸压加气混凝土砌块砌体采用蒸压加气混凝土砌块黏结砂浆时，水平灰缝厚度和竖向灰缝宽度宜为 3～4 mm。

抽检数量：每检验批抽查不应少于 5 处。

检查方法：水平灰缝厚度用尺量 5 皮小砌块的高度折算；竖向灰缝宽度用尺量 2 m 砌体长度折算。

4.5.5.3 分项工程质量验收

1. 分项工程合格标准

(1)分项工程所含检验批均应符合合格质量规定。

(2)分项工程所含检验批质量验收记录应完整。分项工程质量验收是在检验批，基础上进行的，分项工程和验收批具有相同或相近的性质，只是批量的大小不同而已。

2. 验收时具体步骤

(1)核对检验批部位，区段是否全部覆盖分项工程范围，不能有漏项、缺项或不合格的检验批。

(2)验收记录内容与验收人员签字是否齐全、正确。

3. 分项工程质量评定表填表注意事项

(1)分项工程名称填写具体和检验批表名称一致。

(2)检验批逐项填写，并注明部位、区段，以便检查是否没查到的部位。

(3)由项目专业技术负责人和监理工程师签字。

4.填表注意事项

(1)分项工程质量验收记录编号

编号按“建筑工程的分部工程、分项工程划分”(《统一标准》(GB 50300-2013)的附录 B)规定的分部工程、子分部工程、分项工程的代码编写，写在表的右上角。对于一个工程而言，一个分项只有一个分项工程质量验收记录，所以不编写顺序号。其编号规则具体说明如下：

①第 1、2 位数字是分部工程的代码；

②第 3、4 位数字是子分部工程的代码；

③第 5、6 位数字是分项工程的代码。

(2)"检验批名称、检验批容量、部位/区段、施工单位检查结果、监理单位验收结论"栏的填写

①填写本分项工程汇总的所有检验批依次排序,并填写其名称、检验批容量及部位/区段,注意要填写齐全;

②"施工单位检查结果"栏,由填表人依据检验批验收记录填写,填写"符合要求"或"验收合格";

③"监理单位验收结论"栏,由填表人依据检验批验收记录填写,同意项填写"合格"或"符合要求",如有不同意项应做标记但暂不填写。

(3)"说明"栏的填写

①如有不同意项应做标记但暂不填写,待处理后再验收;对不同意项,监理工程师应指出问题,明确处理意见和完成时间;

②应说明所含检验批的质量验收记录是否完整。

(4)表下部"施工单位检查结果"栏的填写

①由施工单位项目技术负责人填写,填写"符合要求"或"验收合格",并填写日期;注:分项验收记录,项目专业技术负责人签字,如果没有项目专业技术负责人,那就项目技术负责人签字。或者说代表施工单位参加分项验收;

②分包单位施工的分项工程验收时,分包单位人员不签字,但应将分包单位名称及分包单位项目负责人、分包单位项目技术负责人姓名输入到对应单元格内;

表下部"监理单位验收结论"栏,专业工程监理工程师在确认各项验收合格后,填入"验收合格",并填写日期。

4.5.5.4 分部(子分部)工程质量验收

1. 分部工程合格标准

(1)分部(子分部)工程所含的分项工程质量均应验收合格。

(2)质量控制资料完整。

(3)有关安全功能检验和抽样检测结果,应符合规定。

(4)观感质量验收应符合规定。

2. 分部(子分部)所含分项工程质量均应验收合格

主要是统计工作:

(1)检查每个分项工程验收是否正确。

(2)注意查对所含分项工程,有否缺漏,没有归纳进来或没有进行验收。

(3)注意检查分项工程资料是否完整,每个验收资料是否有缺项,以及分项工程验收人员签字是否齐全及符合规定。

3. 质量控制资料应完整

每个分部工程均有规定的质量控制资料,具体应根据各专业规范进行确定。包括三个方面:

(1)检查归纳各检验批验收记录资料,查对是否完整。

(2)检查归纳各检验批,施工操作依据,质量检查记录,施工工艺(企业标准)原材料出厂合格证,构配件出厂合格证。

(3)注意核对各项资料内容,数据及验收人员签字是否规范。

4. 地基基础,主体结构和设备安装筹分部工程有关安全室及功能检验,及抽样检测结果应符合有关规定

包括功能及安全两方面:抽测、检测项目,各专业规范有明确规定。

(1)砼结构,结构实体检验:

同条件养护试件;

钢筋保护层厚度检测。

(2)地下防水功能检测,渗漏水调查。

(3)屋面蓄水,淋水检验。

(4)装饰工程:

门窗:三性检验;

饰面板:后置埋件,现场拉拔强度;

饰面砖板件拉拨强度;

幕墙:硅酮结构胶相容性试验,后置埋件拉拨强度,幕墙三性及平面变形性能。

(5)钢结构,焊缝,高强螺栓施工质量。网架节点,主要构件变形。

(6)地面:有防水要求地面蓄水检验。

5. 观感质量检查

(1)评价方法,基本上是检验批一般项目。

(2)评定结果,分为好、中、差。

没有明显达不到要求,评为一般,某些部位质量较好细部处理到位评为好,某些部位达不到要求,有明显缺漏,不影响使用安全或功能,评为差,评为好,中,差,均通过验收,评为差应返修,不能返修应折价验收。

观感施工企业自行检查合格后,由监理单位组织验收。

6. 填表注意事项

(1)分部,子分部工程名称填写具体,注明分部,子分部。

(2)分项工程填写应是全部分项工程,并注明检验批数量。

(3)资料核查按子分部工程分别检查,要按层次进行,并判断能否达到要求

(4)安全功能检查每项检查应有单项报告,其结果能否达到设计要求

(5)观感质量验收按单位工程程序要求进行建筑节能分部工程质量验收

7. 分部工程验收具体规定

(1)分部(子分部)工程的划分、验收组织应符合现行标准《建筑工程施工质量验收统一标准》GB 50300 的规定,应在工程施工前制定检验批划分预案,并报专业监理工程师确认,以利实施。实施时,施工单位可视具体情况做出调整。

(2)分部(子分部)工程质量验收应符合现行国家、地方标准的规定。

(3)分部工程的划分应按专业性质、工程部位确定;当分部工程较大或较复杂时,可按材料种类、施工特点、施工程序、专业系统及类别等划分为若干子分部工程。

(4)分部工程应由总监理工程师组织施工单位项目负责人、项目技术负责和工程总承包单位项目负责人等进行验收;其中,地基与基础分部工程的验收,勘察、设计单位项目负责人和施工单位的技术、质量部门负责人应参加,主体结构、节能分部工程的验收,设计单位项目负责人和施工单位的技术、质量部门负责人应参加,且地基与基础、主体结构、建筑节能分部工程验收记录参加单位应加盖单位公章。

(5)子分部工程验收,应由总监理工程师组织施工单位项目负责人、项目技术负责人和工程总承包单位项目负责人等进行验收,重要子分部工程验收尚应符合下列要求:

①地基与基础分部中地基、基础、基坑支护、地下水控制、土方、边坡6个子分部工程的验收,施工单位技术、质量部门负责人和勘察、设计单位工程项目负责人应参加,地下防水子分部施工单位技术、质量部门负责人和设计单位工程项目负责人应参加,且地基和基础子分部工程验收记录参加单位应加盖单位公章;

②主体结构分部中的混凝土结构、砌体结构、钢结构、型钢混凝土结构、钢管混凝土结构、铝合金结构、木结构、网架和索膜结构8个子分部,设计单位工程项目负责人和施工单位技术、质量部门负责人应参加,且子分部工程验收记录参加单位应加盖单位公章;;

③建筑装饰装修分部中的幕墙子分部验收,设计单位工程项目负责人和施工单位技术、质量部门负责人应参加,且子分部工程验收记录参加单位应加盖单位公章。

4.5.5.5 单位工程(子单位工程)质量竣工验收

1. 单位工程合格标准。

(1)单位(子单位)工程所含分部(子分部)工程的质量均应验收合格。

(2)质量控制资料应完整。

(3)单位(子单位)工程所含分部工程有关安全和功能的检测资料应完整。

(4)主要功能项目的抽查结果应符合相关专业质量验收验收规范的规定。

(5)观感质量验收符合要求。

验收方法总体上分为五个步骤,统计性审核及符合性评价

2. 单位工程所含分部(子分部)工程均应验收合格。

(1)检查各分部中所含子分部工程是否齐全。

(2)检查各分部(子分部)工程质量验收记录表的质量评价是否完善。

①分部,子分部工程质量综合评价。

②质量控制资料评价。

③地基基础,主体,设备安装分部(子分部)工程有关安全及功能检测项目,检测记录,分部(子分部)观感质量评价。

(3)检查分部(子分部)工程质量验收是否规定,人员签字是否完整。

填充墙砌体分项工程质量验收记录

编号 **002204**

<table>
<tr><td>单位(子单位)
工程名称</td><td colspan="3">×××小区 1 号住宅楼</td><td>分部(子分部)
工程名称</td><td colspan="2">主体结构分部
砌体结构子分部</td></tr>
<tr><td>分项工程数量</td><td colspan="3">1 000 m³</td><td>检验批数量</td><td colspan="2">5</td></tr>
<tr><td>施工单位</td><td colspan="2">福建省××建筑工程公司</td><td>项目负责人</td><td>×××</td><td>项目技术负责人</td><td>×××</td></tr>
<tr><td>分包单位</td><td colspan="2">/</td><td>分包单位
负责人</td><td>/</td><td>分包内容</td><td>/</td></tr>
</table>

序号	检验批名称	检验批容量	部位/区段	施工单位检查评定结果	监理单位验收结论
1	填充墙砌体	200 m^3	(1)～(10)轴一层	所查项目全部合格	验收合格
2	填充墙砌体	200 m^3	(1)～(10)轴二层	所查项目全部合格	验收合格
3	填充墙砌体	200 m^3	(1)～(10)轴三层	所查项目全部合格	验收合格
4	填充墙砌体	200 m^3	(1)～(10)轴四层	所查项目全部合格	验收合格
5	填充墙砌体	200 m^3	(1)～(10)轴五层	所查项目全部合格	验收合格
6					
7					
8					
9					

<table>
<tr><td colspan="2">说明：</td></tr>
<tr><td>施工单位检查结果</td><td>项目专业技术负责人：
(项目部章)
年　月　日</td></tr>
<tr><td>监理单位验收结论</td><td>项目监理工程师：
年　月　日</td></tr>
</table>

子分部工程质量验收记录(砌体结构)

质控(建)表 C.0.64

<table>
<tr><td colspan="2">单位(子单位)工程名称</td><td colspan="2">×××小区1号住宅楼</td><td colspan="2">分项工程数量</td><td colspan="2">1</td></tr>
<tr><td colspan="2">验收部位</td><td colspan="2">一至五层填充墙砌体</td><td colspan="2">结构类型层数</td><td colspan="2">框架结构，五层</td></tr>
<tr><td colspan="2">施工单位</td><td>福建省××建筑工程公司</td><td>项目负责人</td><td>×××</td><td>(技术)质量部门负责人</td><td colspan="2">×××</td></tr>
<tr><td colspan="2">分包单位</td><td>/</td><td>分包单位负责人</td><td>/</td><td>分包内容</td><td colspan="2">/</td></tr>
<tr><td>序号</td><td colspan="2">分项工程名称</td><td>检验批数量</td><td colspan="2">施工单位检查结果</td><td colspan="2">监理单位验收结论</td></tr>
<tr><td>1</td><td colspan="2">砖砌体</td><td></td><td colspan="2"></td><td colspan="2"></td></tr>
<tr><td>2</td><td colspan="2">混凝土小型空心砌块砌体</td><td></td><td colspan="2"></td><td colspan="2"></td></tr>
<tr><td>3</td><td colspan="2">石砌体</td><td></td><td colspan="2"></td><td colspan="2"></td></tr>
<tr><td>4</td><td colspan="2">配筋砖砌体</td><td></td><td colspan="2"></td><td colspan="2"></td></tr>
<tr><td>5</td><td colspan="2">填充墙砌体</td><td>5</td><td colspan="2">所查项目全部合格</td><td colspan="2">验收合格</td></tr>
<tr><td colspan="3">质量控制资料</td><td colspan="3">共10份，齐全有效</td><td colspan="2">合格</td></tr>
<tr><td colspan="3">安全和功能检验(检测)报告</td><td colspan="3">抽查1项，检测合格</td><td colspan="2">合格</td></tr>
<tr><td colspan="3">观感质量验收</td><td colspan="3">好</td><td colspan="2"></td></tr>
<tr><td colspan="3">验收意见</td><td colspan="5">同意验收</td></tr>
<tr><td rowspan="5">验收单位</td><td colspan="2">分包单位(公章)</td><td colspan="5">项目负责人：　年　月　日</td></tr>
<tr><td colspan="2">施工单位(公章)</td><td colspan="5">项目负责人：　年　月　日</td></tr>
<tr><td colspan="2">设计单位(公章)</td><td colspan="5">项目负责人：　年　月　日</td></tr>
<tr><td colspan="2">工程总承包单位(公章)</td><td colspan="5">项目负责人：　年　月　日</td></tr>
<tr><td colspan="2">监理(建设)单位(公章)</td><td colspan="5">总监理工程师：
(建设单位项目负责人)：　年　月　日</td></tr>
</table>

分部工程质量验收记录(主体结构)

质控(建)表 C.0.89

<table>
<tr><td>单位(子单位)工程名称</td><td colspan="2">×××小区 1 号住宅楼</td><td colspan="2">子分部工程数量</td><td>2</td></tr>
<tr><td>验收部位</td><td colspan="2">一至五层</td><td colspan="2">结构类型层数</td><td>框架结构，五层</td></tr>
<tr><td>建筑面积</td><td>5 000 m^2</td><td>施工起止日期</td><td>2016.1.1
2017.5.1</td><td>验收日期</td><td>2017.5.30</td></tr>
<tr><td>施工单位</td><td>福建省××建筑工程公司</td><td>项目负责人</td><td>×××</td><td>(技术)质量部门负责人</td><td>×××</td></tr>
<tr><td>分包单位</td><td>/</td><td>分包单位负责人</td><td>/</td><td>分包内容</td><td>/</td></tr>
<tr><td>序号</td><td>项　　目</td><td colspan="3">施工单位检查结果</td><td>监理单位验收结论</td></tr>
<tr><td>1</td><td>子分部工程名称
混凝土结构 √
砌体结构 √
钢结构 □
钢管混凝土结构 □
型钢混凝土结构 □
铝合金结构 □
木结构 □
网架和索膜结构 □</td><td colspan="3">共 2 子分部，经查 2 子分部，符合规范及设计要求 2 子分部</td><td></td></tr>
<tr><td>2</td><td>质量控制资料</td><td colspan="3">共 10 项，经核查符合要求 10 项，经核定符合规范要求 0 项</td><td></td></tr>
<tr><td>3</td><td>安全和功能检验(检测)报告</td><td colspan="3">共抽查 5 项，符合要求 5 项，经返工处理符合要求 0 项</td><td></td></tr>
<tr><td>4</td><td>观感质量</td><td colspan="3">共抽查 5 项，符合要求 5 项，不符合要求 0 项</td><td></td></tr>
<tr><td>综合验收意见</td><td colspan="5">同意验收</td></tr>
<tr><td rowspan="6">验收单位</td><td>分包单位(公章)</td><td colspan="4">项目负责人：　　年　月　日</td></tr>
<tr><td>施工单位(公章)</td><td colspan="4">项目负责人：　　年　月　日</td></tr>
<tr><td>设计单位(公章)</td><td colspan="4">项目负责人：　　年　月　日</td></tr>
<tr><td>工程总承包单位(公章)</td><td colspan="4">项目负责人：　　年　月　日</td></tr>
<tr><td>监理单位(公章)</td><td colspan="4">总监理工程师：　　年　月　日</td></tr>
<tr><td>建设单位(公章)</td><td colspan="4">项目负责人：　　年　月　日</td></tr>
</table>

3. 质量控制资料应完整。

4. 单位(子单位)工程所含分部工程有关安全功能检测资料应完善。

(1)检测程序:由施工单位在分部(子分部)工程验收时进行检测,检测过程中,可请监理工程师或建设单位有关负责人参加监督,检测达到要求形成检测记录签字认可。在单位,子单位工程验收时,监理工程师应对应检测项目进行核对,对检测资料数据,检测方法标准,程序进行核查,填入核查意见。

(2)主要功能项目抽查结果应符合相关专业规范要求,建设单位组织工程验收时,抽测项目应由验收委员会确定。

(3)项目应在表 B.0.3 中,不能随便检查其他项目,如需检查验收表 B.0.3 未有项目时,应进行专门研究决定。

(4)通常主要功能抽测项目,应为有关项目最终综合性使用功能,如:室内环境检测,屋面淋水检测,照明全负荷检测。只有最终抽测效果不好,才进行中间有关过程检测,应制定成品保护方案。

(5)验收组对主要功能抽测项目,可对照项目检测记录逐项检查,可重新做抽测记录表,也可不做抽测记录,在原检测记录上注明鉴认。

5. 填表注意事项。

(1)项目分别进行核查及检查,对分部子分部中已抽查项目,核查其结论是否符合设计要求。对单位工程(子单位工程)抽查项目,应进行全面检查,并核实其结论是否符合设计要求。

(2)由总监理工程师组织,有关监理工程师核查,检查,有关施工单位项目经理,技术负责人参加。

6. 观感质量验收应符合要求。

(1)新规范弱化观感验收,单位工程观感验收与分部,子分部。评价一样。单位工程范围大一些,针对建筑物主要部位,有代表性房间,部位。三种评价方法:逐点评价、综合评价和逐项评价。

(2)填表注意事项:

其他表格均由施工单位先验收合格填写,监理验收。单位工程观感检查记录,由总监理工程师组织三人以上(监理工程师)共同参加验收,进行全面检查。听取有关人员意见后,由总监理工程师为主与监理工程师共同确定质量评价,评价好,一般,差。只要不影响安全使用功能,都可以通过验收。评为差时,能修应修,不能修,折价协商验收。

单位(子单位)工程质量竣工验收记录

表 B.0.1

<table>
<tr><td colspan="2">工程名称</td><td>×××小区 1 号住宅楼</td><td>结构类型</td><td>框架结构</td><td>层数/建筑面积</td><td>5/5000</td></tr>
<tr><td colspan="2">施工单位</td><td>福建省××建筑工程公司</td><td>技术负责人</td><td>×××</td><td>开工日期</td><td>2016.1.1</td></tr>
<tr><td colspan="2">项目负责人</td><td>×××</td><td>项目技术负责人</td><td>×××</td><td>竣工日期</td><td>2017.12.1</td></tr>
<tr><td>序号</td><td>项目</td><td colspan="3">验收记录(施工单位填写)</td><td colspan="2">验收结论(监理单位填写)</td></tr>
<tr><td>1</td><td>分部工程验收</td><td colspan="3">共 7 分部,经查符合设计及标准规定 7 分部</td><td colspan="2"></td></tr>
<tr><td>2</td><td>质量控制资料核查</td><td colspan="3">共 29 项,经核查符合规定 29 项</td><td colspan="2"></td></tr>
<tr><td>3</td><td>安全和主要使用功能核查及抽查结果</td><td colspan="3">共核查 17 项,符合要求 17 项,共抽查 2 项,符合要求 2 项,经返工处理符合要求 0 项</td><td colspan="2"></td></tr>
<tr><td>4</td><td>观感质量验收</td><td colspan="3">共抽查 15 项,达到"好"和"一般"的 15 项,经返修处理符合要求的 0 项</td><td colspan="2"></td></tr>
<tr><td>5</td><td>综合验收结论(建设单位填写)</td><td colspan="5">符合设计及施工质量验收规范要求,合格,同意验收</td></tr>
<tr><td rowspan="2">参加验收单位</td><td>建设单位</td><td>工程总承包单位</td><td>监理单位</td><td>施工单位</td><td>设计单位</td><td>勘察单位</td></tr>
<tr><td>(公章)
项目负责人:
年 月 日</td><td>(公章)
项目负责人:
年 月 日</td><td>(公章)
总监理工程师:
年 月 日</td><td>(公章)
项目负责人:
项目技术负责人:
年 月 日</td><td>(公章)
项目负责人:
年 月 日</td><td>(公章)
项目负责人:
年 月 日</td></tr>
</table>

单位(子单位)工程质量控制资料核查记录

表 B.0.2

工程名称		×××小区1号住宅楼		施工单位		福建省××建筑工程公司	
序号	项目	资料名称	份数	施工单位		监理(建设)单位	
				核查意见	核查人	核查意见	核查人
1	建筑与结构	图纸会审记录、设计变更通知单、工程洽商记录	7	符合要求	×××	符合要求	×××
2		工程定位测量、放线记录	5	符合要求		符合要求	
3		原材料出厂合格证书及进场检验、试验报告	26	符合要求		符合要求	
4		施工试验报告及见证检测报告	7	符合要求		符合要求	
5		隐蔽工程验收记录	17	符合要求		符合要求	
6		施工记录	29	符合要求		符合要求	
7		地基、基础、主体结构检验及抽样检测资料	15	符合要求		符合要求	
8		检验批、分项、分部(子分部)工程质量验收记录	89	符合要求		符合要求	
9		工程质量事故调查处理资料	/				
10		新技术论证、备案及施工记录	1	符合要求		符合要求	
1	给排水与采暖	图纸会审记录、设计变更通知单、工程洽商记录	6	符合要求	×××	符合要求	×××
2		材料、配件、设备出厂合格证及进场检验、试验报告	15	符合要求		符合要求	
3		管道、设备强度试验、严密性试验记录	5	符合要求		符合要求	
4		隐蔽工程验收记录	8	符合要求		符合要求	
5		系统清洗、灌水、通水、通球试验记录	7	符合要求		符合要求	
6		给水设备试运转记录	5	符合要求		符合要求	
7		施工记录	20	符合要求		符合要求	
8		检验批、分项、分部(子分部)工程质量验收记录	56	符合要求		符合要求	
9		新技术论证、备案及施工记录	1	符合要求		符合要求	
1	通风与空调	图纸会审记录、设计变更通知单、工程洽商记录					
2		原材料、部件、设备出厂合格证书及进场检验、试验报告					
3		制冷、空调、水管道强度试验、严密性试验记录					
4		隐蔽工程验收记录					
5		制冷设备运行调试记录					
6		通风、空调系统调试记录					
7		施工记录					
8		检验批、分项、分部(子分部)工程质量验收记录					
9		新技术论证、备案及施工记录					

续表 B.0.2

工程名称	×××小区1号住宅楼			施工单位	福建省××建筑工程公司		
序号	项目	资料名称	份数	施工单位		监理(建设)单位	
				核查意见	核查人	核查意见	核查人
1	建筑电气	图纸会审记录、设计变更通知单、工程洽商记录	3	符合要求	×××	符合要求	×××
2		主要设备、器具、材料合格证和进场验收记录	15	符合要求		符合要求	
3		电气设备交接试验检验记录	13	符合要求		符合要求	
4		接地电阻测试记录	2	符合要求		符合要求	
5		绝缘电阻测试记录	3	符合要求		符合要求	
6		隐蔽工程验收记录	15	符合要求		符合要求	
7		施工记录	3	符合要求		符合要求	
8		检验批、分项、分部(子分部)工程质量验收记录	15	符合要求		符合要求	
9		新技术论证、备案及施工记录					
1	智能建筑	图纸会审记录、设计变更通知单、工程洽商记录	2	符合要求	×××	符合要求	×××
2		材料、设备出厂合格证及进场检验、试验报告	3	符合要求		符合要求	
3		隐蔽工程验收记录	3	符合要求		符合要求	
4		施工记录	5	符合要求		符合要求	
5		系统功能测定及设备调试记录	3	符合要求		符合要求	
6		系统技术、操作和维护手册					
7		系统管理、操作人员培训记录					
8		系统检测报告	3	符合要求		符合要求	
9		检验批、分项、分部(子分部)工程质量验收记录	10	符合要求		符合要求	
10		新技术论证、备案及施工记录					
1	建筑节能	墙体节能					
2		幕墙节能					
3		门窗节能					
4		屋面节能					
5		地面节能					
6		采暖节能					
7		通风与空调节能					
8		空调与采暖系统的冷热源及管网节能					
9		配电与照明节能					
10		监测与控制节能					

结论(由监理或建设单位填写):符合设计及施工质量验收规范要求,合格,同意验收

施工单位项目负责人（项目部章）：　　年　月　日

总监理工程师（建设单位项目负责人）：　　年　月　日

单位(子单位)工程安全和功能检验资料核查及主要功能抽查记录

表B.0.3

工程名称		×××小区1号住宅楼	施工单位		福建省××建筑工程公司	
序号	项目	安全和功能检查项目	份数	核查意见	抽查结果	核查(抽查)人
1	建筑与结构	地基承载力检验报告	3	符合要求		×××
2		桩基承载力检验报告	4	符合要求		
3		混凝土强度试验报告	15	符合要求		
4		砂浆强度试验报告	5	符合要求		
5		主体结构尺寸、位置抽查记录	6	符合要求		
6		建筑物垂直度、标高、全高测量记录	3	符合要求		
7		屋面淋水(蓄水)试验记录	3	符合要求		
8		地下室渗漏水检测记录	4	符合要求		×××
9		有防水要求的地面蓄水(泼水)试验记录	6	符合要求	符合要求	
10		有防水要求的外墙面淋水检验记录	5	符合要求	符合要求	
11		抽气(风)道检查记录	5	符合要求		
12		外窗气密性、水密性、耐风压检测报告	3	符合要求		
13		幕墙气密性、水密性、耐风压及平面内变形检测报告				
14		幕墙后置埋件的现场拉拔试验报告		符合要求		
15		建筑物沉降观测测量记录	3	符合要求		
16		节能、保温测试记录	2	符合要求		
17		室内环境检测报告	1	符合要求		
18		土壤氡气浓度检测报告				
1	给排水与采暖	给水管道通水试验记录	5	符合要求		×××
2		暖气管道、散热器压力试验记录	6	符合要求		
3		卫生器具满水试验记录	4	符合要求	符合要求	
4		消防管道、燃气管道压力试验记录	3	符合要求		
5		排水干管通球试验记录	1	符合要求		

续表 B.0.3

工程名称		×××小区1号住宅楼	施工单位		福建省××建筑工程公司	
序号	项目	安全和功能检查项目	份数	核查意见	抽查结果	核查(抽查)人
1	通风与空调工程	通风、空调系统试运行记录				
2		风量、温度测试记录				
3		空气能量回收装置测试记录				
4		洁净室洁净度测试记				
5		制冷机组试运行调试记录				
1	建筑电气	电气设备(系统)空载试运行和负荷试运行记录	3	符合要求		×××
2		建筑照明通电试运行记录	2	符合要求	符合要求	
3		灯具固定装置及悬吊装置的载荷强度试验记录	3	符合要求		
4		绝缘电阻测试记录	3	符合要求	符合要求	
5		剩余电流动作保护器(RCD)测试记录	2	符合要求		
6		EPS应急持续供电时间检验记录				
7		接地电阻测试记录	2	符合要求		
8		等电位联通导电性测试记录	4	符合要求		
9		接地故障回路阻抗测试记录				
1	智能建筑	系统试运行记录				
2		系统电源及接地检测报告				
1	建筑节能	围护结构现场实体检验				
2		系统节能性能检测				

结论(由监理或建设单位填写):符合设计及施工质量验收规范要求,合格,同意验收

施工单位项目负责人
(项目部章):

年 月 日

总监理工程师
(建设单位项目负责人):

年 月 日

注:抽查项目由验收组协商确定

单位(子单位)工程观感质量检查记录

表 B.0.4

工程名称		×××小区1号住宅楼	施工单位	福建省××建筑工程公司		
序号	项目		抽查质量状况	质量评价		
				好	一般	差
1	建筑与结构	主体结构外观	共检查　点(处),其中符合要求　点(处)			
2		室外墙面	共检查　点(处),其中符合要求　点(处)			
3		变形缝、雨水管	共检查　点(处),其中符合要求　点(处)			
4		屋面	共检查　点(处),其中符合要求　点(处)			
5		室内墙面	共检查　点(处),其中符合要求　点(处)			
6		室内顶棚	共检查　点(处),其中符合要求　点(处)			
7		室内地面	共检查　点(处),其中符合要求　点(处)			
8		楼梯、踏步、护栏	共检查　点(处),其中符合要求　点(处)			
9		门窗	共检查　点(处),其中符合要求　点(处)			
10		雨罩、台阶、坡道、散水	共检查　点(处),其中符合要求　点(处)			
1	给排水与采暖	管道接口、坡度、支架	共检查　点(处),其中符合要求　点(处)			
2		卫生器具、支架、阀门	共检查　点(处),其中符合要求　点(处)			
3		检查口、扫除口、地漏	共检查　点(处),其中符合要求　点(处)			
4		散热器、支架	共检查　点(处),其中符合要求　点(处)			
1	通风与空调	风管、支架	共检查　点(处),其中符合要求　点(处)			
2		风口、风阀	共检查　点(处),其中符合要求　点(处)			
3		风机、空调设备	共检查　点(处),其中符合要求　点(处)			
4		管道、阀门、支架	共检查　点(处),其中符合要求　点(处)			
5		水泵、冷却塔	共检查　点(处),其中符合要求　点(处)			
6		绝热	共检查　点(处),其中符合要求　点(处)			
1	建筑电气	配电箱、盘、板、接线盒	共检查　点(处),其中符合要求　点(处)			
2		设备器具、开关、插座	共检查　点(处),其中符合要求　点(处)			
3		防雷、接地、防火	共检查　点(处),其中符合要求　点(处)			
1	智能建筑	机房设备安装及布局	共检查　点(处),其中符合要求　点(处)			
2		现场设备安装	共检查　点(处),其中符合要求　点(处)			
观感质量综合评价						
检查结论(由监理或建设单位填写):符合设计及施工质量验收规范要求,合格,同意验收 施工单位项目负责人 (项目部章): 年　月　日			总监理工程师 (建设单位项目负责人): 年　月　日			

注:观感质量综合评价由各方协商确定,也可按以下原则确定:项目检查中有60%及以上的项目观感质量评价为“好”的,观感质量综合评价可评价为“好”;项目检查中有1项及以上的项目观感质量评价为“差”的,观感质量综合评价可评价为“差”,且评价为差的项目,应进行返修;其余情况观感质量综合评价可评价为“一般”。

单位(子单位)工程观感质量抽查数量及评价表

项目	序号	观感抽查项目	抽查数量
建筑与结构	1	主体结构外观、室外墙面、变形缝、雨水管及屋面	全数检查
	2	室内墙面、室内顶棚、室内地面	按不同类型各自总量的10%抽查,且不少于3个自然间,不足3间时应全数检查
	3	楼梯、踏步、护栏	按楼层数的10%抽查,且不少于3层
	4	门窗	按不同类型各自总量的5%抽查,且不少于3樘,不足3樘时应全数检查;高层建筑的外窗,按不同类型各自总量的10%抽查,且不少于6樘,不足6樘时应全数检查
	5	雨罩、台阶、坡道、散水	全数检查
给排水与采暖	1	管道接口、坡度、支架	管道接口、支架按不同类型各抽查不少于10个,不足10个时应全数检查;管道坡度按不同类型各自总量的10%抽查,且各不少于5段,不足5段时应全数检查
	2	卫生器具、支架、阀门	按不同类型各自总量的10%抽查,且不少于5组(处),不足5组(处)时应全数检查
	3	检查口、扫除口、地漏	按各自总量的10%抽查,且各不少于5处(个),不足5处(个)时应全数检查
	4	散热器、支架	按不同类型各自总量的10%抽查,且不少于5组(处),不足5组(处)时应全数检查
建筑电气	1	配电箱、盘、板、接线盒	配电箱(盘、板)按各自总量的10%抽查,且各不少于5台,不足5台时应全数检查;接线盒一般按总量的5%抽查,且不少于10个
	2	设备器具、开关、插座	按各自总量的10%抽查,且不少于10个,不足10个时应全数检查
	3	防雷、接地、防火	防雷、工作、重复接地、系统保护接地及防火封堵应全数检查;线路、设备接地及等电位联结等按各自总量的10%抽查,且不少于10处,不足10处时应全数检查
智能建筑	1	机房设备安装及布局	按各自总量的10%抽查,且各不少于5台,不足5台时应全数检查
	2	现场设备安装	按各自总量的5%抽查,且不少于10台(个),不足10台(个)时应全数检查

续表

项目	序号	观感抽查项目	抽查数量
通风与空调	1	风管、支架	按总量的 10%抽查，且不少于 5 件，不足 5 件时应全数检查；洁净工程按制作总量的 20%抽查，且不少于 5 件，不足 5 件时应全数检查
	2	风口、风阀	按总量的 10%抽查，且不少于 5 件，不足 5 件时应全数检查；洁净工程按制作总量的 20%抽查，且不少于 5 件，不足 5 件时应全数检查
	3	风机、空调设备	按总量的 10%抽查，且不少于 1 台
	4	管道、阀门、支架	按总量的 10%抽查，且不少于 5 件，不足 5 件时应全数检查；洁净工程按制作总量的 20%抽查，且不少于 5 件，不足 5 件时应全数检查
	5	水泵、冷却塔	全数检查
	6	绝热	按总量的 10%抽查，其中风管部件、阀门不少于 2 个，管道阀门、过滤器不少于 5 个，不足最低数时应全数检查
质量评价	1	抽查结果有 90%及以上的点、处符合相应专业施工质量验收规范规定的外观质量，其余量不得有影响使用功能或明显影响外观质量的缺陷，评价为好。	
	2	抽查结果有 80%及以上的点、处符合相应专业施工质量验收规范规定的外观质量，其余量不得有影响使用功能或明显影响外观质量的缺陷，评价为一般。	
	3	抽查结果达不到 80%的点、处符合相应专业施工质量验收规范规定的外观质量，评价为差。评价为差的子目应进行返修。	

4.5.6 工程施工质量不符合要求时的处理

一般情况下，不合格现象在检验批的验收时就应发现并及时处理，所有质量隐患必须快消灭在萌芽状态，否则将影响后续检验批和相关的分项工程、分部工程的验收。但非正常情况可按下述规定进行处理：

1. 经返工重做或更换器具、设备检验批，应重新进行验收。这种情况是指主控项目不能满足验收规范规定或一般项目超过偏差限制的子项不符合检验规定的要求时，应及时进行处理的检验批。其中，严重的缺陷应推倒重来，一般的缺陷通过反修或更换器具、设备予以解决，应允许施工单位在采取相应的措施后重新验收。如能够符合相应的专业工程质量验收规范，则应认为该检验批合格。

2. 经有资质的检测单位鉴定达到设计要求的检验批，应予以验收。这种情况是指个别检验批发现试块强度等不满足要求等问题，难以确定是否验收时，应请具有资质的法定检测单位检测，当鉴定结果能够达到设计要求时，该检验批应允许通过验收。

3. 经有资质的检测单位鉴定达不到设计要求，但经原设计单位核算认可能满足结构安全和使用功能的检验批，可予以验收。

这种情况是指，一般情况下，规范标准给出了满足安全和功能的最低限度要求，而设计往往在此基础上留有一些余量。不满足设计要求和符合相应规范标准的要求，两者并不矛盾。

4. 经返修或加固的分项、分部工程，虽然改变外形尺寸但仍能满足安全使用要求，可按技术处理方案和协商文件进行二次验收。

这种情况是指更为严重缺陷或范围超过检验批的更大范围内的缺陷可能影响结构的安全性和使用功能。如经法定检测单位鉴定以后认为达不到规范标准的相应要求，即不能满足最低限度的安全储备和使用功能，则必须按一定的技术方案进行加固处理，使之能保证其满意足安全使用的基本要求。这样会造成一些永久而久之性的缺陷，如改变结构的外形尺寸，影响一些次要的使用功能等。为了避免社会财富更大的损失，在不影响安全和主要使用功能条件下可按处理技术方案和协商文件进行验收，但不能作为轻视质量而回避责任的一种出路，这是应该特别注意的。

5. 通过返修或加固仍不能满足安全使用要求的分部工程，单位（子单位）工程，严禁验收。

4.6 室外工程

室外单位可根据专业类别和工程规模划分单位（子单位）工程。室外单位（子单位）工程、分部工程按表 4-17 采用。

表 4-17 室外工程划分

单位工程	子单位工程	分部工程
室外设施	道路	路基、基层、面层、广场与停车场、人行道、人行地道、挡土墙、附属构筑物
	边坡	土石方、挡土墙、支护
附属建筑及室外环境	附属建筑	车棚，围墙，大门，挡土墙、化粪池
	室外环境	建筑小品，亭台，水景，连廊，花坛，场坪绿化，景观桥
室外安装	给水排水	室外给水系统，室外排水系统
	供热	室外供热系统
	电气	室外供电系统，室外照明系统

4.6.1 室外设施工程

室外设施工程资料整理应符合下列要求：

1.室外设施单位工程由道路、边坡子单位工程组成，道路子单位工程包括路基、基层、面层、广场与停车场、人行道、人行地道、挡土墙、附属构筑物分部工程；边坡子单位工程包括土石方、挡土墙、支护分部工程。

2.室外设施工程的分部工程，其施工文件管理除本章节规定的要求外，应符合本章中有关建筑工程质量控制资料和建筑工程安全和功能检验资料的规定。

3.室外设施工程的分部工程所使用的表格应从本章中有关建筑工程质量控制资料和建筑工程安全和功能检验资料及涉及的相关规范、规程中的表格中

4.室外设施工程中各检验批、分项工程所涉及的材料均应具备原材料出厂合格证书、原材料进场检(试)验报告，除本章规定的要求外，应按照建筑工程及涉及的相关规范、规程有关章节的规定进行检(试)验。

5.室外设施单位工程质量验收记录应按本章表 E.0.1 规定填写。

4.6.1.1 道路工程

1.道路工程的基本要求和内容可按照现行标准《城镇道路工程施工与质量验收规范》CJJ1、《市政工程施工技术文件管理规程》DBJ/T 13-135 及《园林绿化工程施工及验收规范》CJJ 82 的有关规定执行。其中广场与停车场、人行道分部工程中园路与广场铺装工程分项工程划分，应按《园林绿化工程施工及验收规范》CJJ 82 附录 A 进行划分，相关表格应按《园林绿化工程施工及验收规范》CJJ 82 要求表格中选用。

2.道路工程资料的核查办法可按现行标准《市政工程施工技术文件管理规程》DBJ/T 13-135 及《园林绿化工程施工及验收规范》CJJ 82 的有关规定进行。

3.道路工程资料的核定可按现行标准《市政工程施工技术文件管理规程》DBJ/T 13-135 及《园林绿化工程施工及验收规范》CJJ 82 的有关规定进行。

4.6.1.2 边坡工程

1.边坡子单位工程验收应按照现行标准《建筑边坡工程技术规范》GB 50330、《建筑地基基础工程施工质量验收规范》GB 50202 及《混凝土结构工程施工质量验收规范》GB 50204 中有关规定进行验收。

2.边坡工程验收应有下列资料：

(1)图纸会审、设计变更、工程洽商记录；

(2)原材料出厂合格证书及进场检(试)验报告；

(3)施工试验报告及见证检测报告，锚杆抗拔试验等现场实体检测报告；

(4)隐蔽工程验收记录；

(5)检验批，分项，分部工程质量验收记录；

(6)边坡工程与周围建(构)筑物位置关系图；

(7)边坡工程与周围建(构)筑物监测报告；

(8)施工记录和竣工图；

(9)工程质量事故调查处理资料；

(10)新技术论证、备案及施工记录。

4.6.2 室外附属建筑工程

1.附属建筑及室外环境单位工程由附属建筑与室外环境子单位工程组成。附属建筑工程包括车棚、围墙、大门、挡土墙、化粪池分部工程，室外环境工程包括建筑小品、亭台、水景、连廊、花坛、场坪绿化、景观桥分部工程。

2.附属建筑工程、室外环境工程的分部工程，其施工文件管理除本章节规定的要求外，应符合本章中有关建筑工程质量控制资料和建筑工程安全和功能检验资料的规定。

3.室外建筑环境单位工程的各分部工程验收，除设计另有要求外，应按下列规定进行验收。

(1)附属建筑子单位工程中的各分部工程验收应按下列要求进行：

①车棚、围墙、大门等应按涉及的房屋建筑工程各专业验收规范进行验收；

②挡土墙应按现行标准《建筑边坡工程技术规范》GB 50330 进行验收。

③化粪池应按涉及的房屋建筑工程各专业验收规范及《给排水管道工程施工及验收规范》GB 50268 进行验收。

(2)室外环境子单位工程中的各分部工程验收应按下列要求进行：

①建筑小品、亭台、连廊、花坛结构部分应按现行标准《混凝土结构工程施工质量验收规范》GB 50204、《木结构工程施工质量验收规范》GB 50206、《钢结构工程施工质量验收规范》GB 50205 等结构专业验收规范进行验收；非结构工程应按现行标准《建筑装饰装修工程质量验收规范》GB 50210 等验收规范进行验收；建筑小品分部工程中的假山叠石工程应按现行标准《园林绿化工程施工及验收规范》CJJ 82 进行验收。

②水景工程应按现行标准《给水排水构筑物工程施工及验收规范》GB 50141、《园林绿化工程施工及验收规范》CJJ 82 进行验收；

③场坪绿化及其附属设施应按现行标准《园林绿化工程施工及验收规范》CJJ 82 进行验收。

④景观桥工程应按现行标准《城市桥梁工程施工与质量验收规范》CJJ 2 进行验收。

4.附属建筑工程、室外环境工程的分部工程所使用的表格，除本节第 3 条所涉及的专业规范外，应从本规程中有关建筑工程质量控制资料和建筑工程安全和功能检验资料的表格中选用。

5.附属建筑工程、室外环境工程中各检验批、分项工程所涉及的材料均应具备原材料出厂合格证书、原材料进场检(试)验报告，除本章规定的要求外，应按照建筑工程或本节第 3 条所涉及的规范要求决定是否进行检(试)验。

6.附属建筑及室外环境单位工程质量验收记录应按本章表 E.0.2 规定填写。

4.6.2.1 车棚

适用于永久性的钢筋混凝土结构、钢结构及索膜结构等各种类型车棚，其主要构件包括基础、墙柱、围护、膜结构构件等。

车棚工程验收应有下列资料：

1.图纸会审、设计变更、工程洽商记录；

2.工程定位测量、放线记录；

3.原材料出厂合格证书及进场检(试)验报告，膜材及其材料的产品质量保证书和检测报告；

4.施工试验报告及见证检测报告；

5.隐蔽工程验收记录；

6.预制构件、预拌混凝土合格证；

7.地基基础、主体结构检验及抽样检测资料，膜单元安装和施加预张力过程的质量检验记录；

8.检验批，分项工程质量验收记录；

9.施工记录和竣工图等；

10.工程质量事故调查处理资料；

11.新技术论证、备案及施工记录。

4.6.2.2 围墙的基本要求和内容应符合下列规定

适用于永久性的各种类型围墙，其主要构件包括基础、墙柱、栅栏等。

工程验收应有下列资料：

1.图纸会审、设计变更、工程洽商记录；

2.工程定位测量、放线记录；

3.原材料出厂合格证书及进场检(试)验报告；

4.施工试验报告及见证检测报告；

5.地基基础等隐蔽工程验收记录；

6.检验批，分项工程质量验收记录

7.围墙与周围建筑物位置关系图；

8.施工记录和竣工图等。

9.地基基础、主体结构检验及抽样检测资料；

10.工程质量事故调查处理资料；

11.新技术论证、备案及施工记录。

4.6.2.3 大门

适用于永久性的各种类型大门，其主要构、部件有门柱(框)、门扇、铰链及其预埋件、轨道、电动机等。

工程验收应有下列资料：

1.图纸会审、设计变更、工程洽商记录；

2.工程定位测量、放线记录；

3.原材料出厂合格证书及进场检(试)验报告，门扇、铰链及其预埋件、轨道、电动机出厂合格证等；

4.施工试验报告及见证检测报告；

5.检验批，分项工程质量验收记录

6.地基基础等隐蔽工程验收记录；

7.施工记录和竣工图等。

8.地基基础、主体结构检验及抽样检测资料;

9.工程质量事故调查处理资料;

10.新技术论证、备案及施工记录。

4.6.2.4 挡土墙的基本要求和内容应符合下列规定

适用于永久性的各种类型挡土墙,其施工程序及工艺应按现行标准《建筑边坡工程技术规范》GB 50330 实施,挡土墙的主要构件包括基础、墙身、滤水层等。

工程验收应有下列资料:

1.图纸会审、设计变更、工程洽商记录。

2.工程定位测量、放线记录;

3.原材料出厂合格证书及进场检(试)验报告;

4.施工试验报告及见证检测报告;

5.隐蔽工程验收记录;

6.检验批,分项工程质量验收记录;

7.挡土墙工程与周围建筑物位置关系图;

8.挡土墙工程与周围建筑物监测报告;

9.施工记录和竣工图;

10.工程质量事故调查处理资料;

11.新技术论证、备案及施工记录。

4.6.2.5 化粪池的基本要求和内容应符合下列规定:

适用于永久性的各种类型化粪池,主要有砖砌化粪池、钢筋混凝土化粪池、玻璃钢化粪池。其中砖砌化粪池、钢筋混凝土化粪池,施工程序及工艺应按涉及的房屋建筑工程各专业验收规范及《给排水管道工程施工及验收规范》GB 50268 实施,玻璃钢化粪池施工程序及工艺应按《给排水管道工程施工及验收规范》GB 50268 实施。

工程验收应有下列资料:

1.图纸会审、设计变更、工程洽商记录;工程定位测量、放线记录;

2.原材料出厂合格证书及进场检(试)验报告;玻璃钢化粪池出厂合格证及出厂检验报告。

3.施工试验报告及见证检测报告;回填土压实度检测报告,满水试验记录

4.检验批,分项工程质量验收记录

5.地基基础等隐蔽工程验收记录;

6.施工记录和竣工图等;

7.工程质量事故调查处理资料;

8.新技术论证、备案及施工记录。

4.6.3 室外环境工程

4.6.3.1 建筑小品

适用于钢筋混凝土结构、砖石结构、钢铝结构、木结构、假山叠石工程、城市雕塑等工程。

1.建筑小品应有相应的安全和功能要求，其分项工程除应遵守本节规定外，尚应遵守现行标准《建筑工程施工质量验收统一标准》GB 50300 中的有关分项工程的规定；假山叠石工程分项工程划分，应按《园林绿化工程施工及验收规范》CJJ 82 附录 A 进行划分，相关表格应按《园林绿化工程施工及验收规范》CJJ 82 要求表格中选用。

2.钢木组合的建筑小品所采用的钢材及附件的材质、型号、规格和连接构造等必须符合设计要求和规范规定；钢木组合的钢板、杆平直，螺帽数量及螺杆伸出螺帽长度应符合规范规定，各钢件均应作防腐处理，木构件与砖石砌体、混凝土的接触处，以及支座垫物有防腐处理要求的应符合规范规定。

3.使用在建筑小品工程上的原材料应符合本章第 4.3 节的有关规定。

4.工程验收应提供下列资料：

(1)图纸会审、设计变更、洽商记录；

(2)工程定位测量、放线记录；

(3)原材料出厂合格证书及进场试验、检验报告；

(4)施工试验报告及见证检测报告；

(5)隐蔽工程验收记录；

(6)施工记录及竣工图

(7)预制构件、预拌砼合格证；

(8)检验批，分项工程质量验收记录；

(9)工程质量事故调查处理资料；

(10)新技术论证、备案及施工记录。

4.6.3.2 亭台

适用于建筑室外环境中的亭台工程，亭台的常用材料包括木、砖、石、青瓦、琉璃瓦、茅草和钢筋混凝土等。

1.亭台的基座必须达到设计要求的强度、刚度和稳定性，其表面应平整、清洁能满足设计要求；

2.亭台工程中属木结构工程的应按《古建筑修建工程质量检验评定标准》CJJ 70、《木结构工程施工质量验收规范》GB 50206 的标准和设计要求选用材质，并进行相应的防腐、防蛀、防火处理和记录；

3.亭台工程验收资料应符合本章第 4.6.2.1 条的规定。

4.6.3.3 水景工程

适用于室外环境中的水景工程；水景工程主要有水景水池及园林驳岸工程，水景工程应有相应的安全和功能要求，其分项工程除应遵守本节规定外，水景工程结构施工及验收应执行现行标准《建筑工程施工质量验收统一标准》GB 50300 及《给水排水构筑物工程施工及验收规范》GB 50141 有关分项工程的规定。

1.水景工程中的水景和岸景应定位准确，符合设计要求；水池结构应牢固，表面平整，无渗漏水；有弧形的水池，岸边弧线过渡应自然流畅；水景工程施工应按照《给水排水构筑物工程施工及验收规范》GB 50141、《园林绿化工程施工及验收规范》CJJ 82 中园林理水工程的有关规定执行；

2.工程验收应提供下列资料：

(1)图纸会审、设计变更、洽商记录；

(2)工程定位测量、放线记录;
(3)原材料出厂合格证书及进场试验、检验报告;
(4)施工试验报告及见证检测报告;灌水试验记录;
(5)隐蔽工程验收记录;
(6)施工记录及竣工图
(7)预制构件、预拌砼合格证;
(8)检验批,分项工程质量验收记录;
(9)地基基础、主体结构检验及抽样检测资料;
(10)工程质量事故调查处理资料;
(11)新技术论证、备案及施工记录。

4.6.3.4 连廊

适用于永久性的钢筋混凝土结构或钢结构和木结构等各种类型的连廊。

1.连廊施工应按照本节的规定执行,木、竹结构的连廊应按现行标准《木结构工程施工质量验收规范》GB 50206 的规定执行;

2.连廊工程的验收资料应符合本章第 4.6.2.1 条的规定。

4.6.3.5 花坛(花池)

1.本条仅适用于永久性的各种类型的花坛(花池)。

2.花坛(花池)的施工要求应按本规程第 15.1 节的规定执行。

3.花坛(花池)的排水措施应符合设计要求。

4.工程验收应提供下列资料:
(1)图纸会审,设计变更,洽商记录;
(2)工程定位测量,放线记录;
(3)原材料出厂合格证书及进场试验,检验报告;
(4)施工试验报告及见证检测报告;
(5)地基基等隐蔽工程验收记录;
(6)检验批,分项工程质量验收记录;
(7)预制构件,预拌砼合格证;
(8)施工记录及竣工图等;
(9)工程质量事故调查处理资料;
(10)新技术论证、备案及施工记录。

4.6.3.6 场坪绿化工程

适用于室外环境工程中的场坪绿化工程,场坪绿化及其附属设施分部工程应按《园林绿化工程施工及验收规范》CJJ 82 进行验收。

1.工程验收应提供下列资料:
(1)图纸会审、设计变更、洽商记录、定点放线记录;
(2)施工组织设计、施工方案及审批记录;
(3)园林植物进场检验记录以及材料、配件出厂合格证书和进场检验记录;
(4)隐蔽工程验收记录及相关材料检测试验记录;

(5)施工记录；

(6)工程质量事故调查处理资料；

(7)新技术论证、备案及施工记录。

2.施工单位应编制施工组织设计(施工方案)，应在工程开工前完成并与开工申请报告一并报予建设单位和监理单位，经监理(建设单位)批准后实施。

3.施工测量应按照园林绿化工程总平面或根据建设单位提供的现场高程控制点及坐标控制点，建立工程测量控制网。根据建立的工程测量控制网进行测量放线，监理单位应进行复测，并经监理(建设单位)签证。

4.原材料出厂合格证书及进场检(试)验报告应包括苗木出圃单、种子产品质量证明书、自外地引进种子的检疫合格证、介质肥料合格证、附属设施用材合格证或试验报告。

5.施工试验报告及见证检测报告应包括栽培土化验报告及种子发芽率试验报告，种植或播种前应对该地区的土壤理化性质进行化验分析，应采取见证取样的方式。种子播种前要求进行发芽率试验，应提供发芽率试验报告，并由监理见证。

6.隐蔽工程验收记录应由监理(建设)单位及施工单位双方签字，隐蔽验收记录应按质控(建)表C.0.49的要求填写，记录应翔实、完整，必要时应附图说明，下列工序应进行中间验收并填写隐蔽工程验收记录：

(1)应在未换种植土及施基肥前，进行种植的穴槽开挖尺寸、深度验收；

(2)应在挖穴槽后，进行更换种植土施肥情况及种植土层厚度验收；

(3)应在播种或花圃(含球根)种植前，进行草土坪和花卉整地，种植土层厚度验收。

7.场坪绿化分部工程验收时应按《园林绿化工程施工及验收规范》CJJ82要求进行，验收时应进行植物成活率等检测，并应按表E.0.2的要求填写附属建筑及室外环境单位(子单位)工程质量竣工验收记录。

4.6.3.7 景观桥

1.本条仅适用于永久性的各种类型景观桥，其施工程序及工艺应按现行标准《城市桥梁工程施工与质量验收规范》CJJ 2实施。

2.工程验收应有下列资料：

(1)图纸会审、设计变更、洽商记录；

(2)工程定位测量、交桩、放线、复核记录；

(3)施工组织设计、施工方案及审批记录

(4)原材料出厂合格证书及进场试验，检验报告；

(5)成品、半成品出厂合格证及试验报告；

(6)施工试验报告及见证检测报告；

(7)隐蔽工程验收记录；

(8)施工记录；

(9)检验批，分项工程质量验收记录；

(10)工程质量事故调查处理资料；

(11)新技术论证、备案及施工记录。

室外设施单位工程质量竣工验收记录

质控(外)表 E.0.1

<table>
<tr><td>工程名称</td><td colspan="3"></td><td>工程规模</td><td></td></tr>
<tr><td>施工单位</td><td></td><td>技术负责人</td><td></td><td>开工日期</td><td></td></tr>
<tr><td>项目负责人</td><td></td><td>项目技术负责人</td><td></td><td>竣工日期</td><td></td></tr>
</table>

<table>
<tr><td>序号</td><td>子单位工程</td><td>分部工程</td><td>验收记录</td><td>验收结论</td></tr>
<tr><td rowspan="8">1</td><td rowspan="8">道路</td><td>路基 □</td><td rowspan="8">共____分部，经查符合规范及设计要求____分部</td><td rowspan="8"></td></tr>
<tr><td>基层 □</td></tr>
<tr><td>面层 □</td></tr>
<tr><td>广场与停车场 □</td></tr>
<tr><td>人行道 □</td></tr>
<tr><td>人行地道 □</td></tr>
<tr><td>挡土墙 □</td></tr>
<tr><td>附属构筑物 □</td></tr>
<tr><td rowspan="3">2</td><td rowspan="3">边坡</td><td>土石方 □</td><td rowspan="3">共____分部，经查符合规范及设计要求____分部</td><td rowspan="3"></td></tr>
<tr><td>挡土墙 □</td></tr>
<tr><td>支护 □</td></tr>
<tr><td colspan="2">验收结论
（建设单位填写）</td><td colspan="3"></td></tr>
</table>

<table>
<tr><td rowspan="2">参加验收单位</td><td>建设单位</td><td>工程总承包单位</td><td>监理单位</td><td>施工单位</td><td>设计单位</td></tr>
<tr><td>（公章）

项目负责人：
年　月　日</td><td>（公章）

项目负责人：
年　月　日</td><td>（公章）

总监理工程师：
年　月　日</td><td>（公章）

项目负责人：
年　月　日</td><td>（公章）

项目负责人：
年　月　日</td></tr>
</table>

附属建筑及室外环境单位工程质量竣工验收记录

质控(外)表 E.0.2

<table>
<tr><td>工程名称</td><td colspan="4"></td><td>工程规模</td><td></td></tr>
<tr><td>施工单位</td><td></td><td colspan="2">技术负责人</td><td></td><td>开工日期</td><td></td></tr>
<tr><td>项目负责人</td><td></td><td colspan="2">项目技术负责人</td><td></td><td>竣工日期</td><td></td></tr>
<tr><td>序号</td><td>子单位工程</td><td colspan="2">分部工程</td><td>验收记录</td><td colspan="2">验收结论</td></tr>
<tr><td rowspan="5">1</td><td rowspan="5">附属建筑</td><td>车棚</td><td>□</td><td rowspan="5">共____分部，经查符合规范及设计要求____分部</td><td colspan="2" rowspan="5"></td></tr>
<tr><td>围墙</td><td>□</td></tr>
<tr><td>大门</td><td>□</td></tr>
<tr><td>挡土墙</td><td>□</td></tr>
<tr><td>化粪池</td><td>□</td></tr>
<tr><td rowspan="7">2</td><td rowspan="7">室外环境</td><td>建筑小品</td><td>□</td><td rowspan="7">共____分部，经查符合规范及设计要求____分部</td><td colspan="2" rowspan="7"></td></tr>
<tr><td>亭台</td><td>□</td></tr>
<tr><td>水景</td><td>□</td></tr>
<tr><td>连廊</td><td>□</td></tr>
<tr><td>花坛</td><td>□</td></tr>
<tr><td>场坪绿化</td><td>□</td></tr>
<tr><td>景观桥</td><td>□</td></tr>
<tr><td colspan="2">验收结论
(建设单位填写)</td><td colspan="5"></td></tr>
<tr><td rowspan="2">参加验收单位</td><td>建设单位</td><td>工程总承包单位</td><td>监理单位</td><td>施工单位</td><td colspan="2">设计单位</td></tr>
<tr><td>(公章)
项目负责人：
年 月 日</td><td>(公章)
项目负责人：
年 月 日</td><td>(公章)
总监理工程师：
年 月 日</td><td>(公章)
项目负责人：
年 月 日</td><td colspan="2">(公章)
项目负责人：
年 月 日</td></tr>
</table>

4.7 建筑工程竣工文件

4.7.1 工程竣工测量

工程竣工测量的基本要求和内容应符合下列规定：

1. 建筑物标高和全高的测量，应注明水准点名称、水准点标高、建筑物±0.00 标高相对于水准点的标高，并测出建筑物的全高。

2. 对于竣工的建筑物的主要控制点位置应标出其纵坐标和横坐标，或者标出与邻近建筑物的距离尺寸。

3. 所测量或计算的数据、距离等的位置应和《建设工程规划许可证》附图所标注的位置相对应。

4. 工程竣工测量记录表应按附录 F 施表 F.0.4 的要求填写。

4.7.2 工程竣工报告

工程竣工报告基本要求和内容应符合下列规定：

1. 工程竣工后，施工单位必须编写工程竣工报告。

2. 工程竣工报告应包括下列内容：

(1)工程概况及实际完成情况；

(2)工程建设情况及质量验收情况；

(3)施工技术资料和施工管理资料情况；

(4)主要建筑设备和系统调试情况；

(5)有关检测项目的检测情况；

(6)存在问题的整改情况。

4.7.3 单位(子单位)工程质量竣工验收记录

单位(子单位)工程质量竣工验收记录的基本要求和内容按 4.5 节的规定执行。

4.7.4 工程质量保修书

工程质量保修书基本要求和内容应符合下列规定：

1. 对房屋建筑工程竣工验收后在保修期限内出现的质量缺陷，应予以修复。

2. 在正常使用下，房屋建筑工程的最低保修期限应符合下列规定：

(1)地基基础和主体结构工程，应为设计文件规定的该工程的合理使用年限；

(2)屋面防水工程、有防水要求的卫生间、房间和外墙面的防渗漏，应为 5 年；

(3)供热和供冷系统,应为2个采暖期、供冷期;

(4)电气系统、给排水管道、设备安装应为2年;

(5)装修工程应为2年。

(6)其他项目的保修期限应由建设单位和施工单位约定。

3. 房屋建筑工程保修期应自工程竣工验收合格之日起计算。

4. 房屋建筑工程质量保修书的格式应按建设行政主管部门相关规定执行。

4.8 建筑节能分部工程资料管理

4.8.1 基本规定

1. 建设、勘察、设计、监理等单位应按《福建省建筑节能工程施工文件管理规程》J11358-2009要求做好建筑节能工程施工文件的相关工作,应提供相关资料,协助施工单位完成节能工程施工文件的单独归档整理工作。

2. 材料和设备进场验收应遵守下列规定:

(1)对材料和设备的品种、规格、包装、外观和尺寸等进行检查验收,并应经监理工程师(建设单位代表)确认,形成相应的验收记录。

(2)对材料和设备的质量证明文件进行核查,并应经监理工程师(建设单位代表)确认,纳入工程技术档案。进入施工现场用于节能工程的材料和设备均应具有出厂合格证、中文说明书及相关性能检测报告;定型产品和成套技术应有型式检验报告,进口材料和设备应按规定进行出入境商品检验,并提供相关文件。

(3)材料和设备应按照表A建筑节能工程进场材料和设备的复验项目及规程的规定在施工现场抽样复验。

3. 建筑节能工程设计图纸应经图审机构审查合格后方可使用;当设计变更涉及建筑节能效果时,应经原施工图设计审查机构重新审查,在实施前应办理设计变更手续,并获得监理或建设单位的确认。

4. 建筑节能工程施工前,施工单位应编制建筑节能工程施工专项方案,经公司技术负责人审批后,并按施表F.0.1填写施工方案报审表,报监理或建设单位审查批准。技术交底应结合工程的特点和实际情况,详细列出节能各分项工程的工艺操作方法、质量标准、分项工程和检验批的划分、检查验收要求等内容,并按施表F.0.2做好相应的记录。

5. 建筑节能工程为单位建筑工程的一个分部工程。其分项工程和检验批的划分,应符合下列规定:

(1)建筑节能分项工程应按表7-2分部(子分部)工程代号索引表划分。

(2)建筑节能工程应按照分项工程进行验收。当建筑节能分项工程的工程量较大时,可以将分项工程划分为若干个检验批进行验收。其分项工程质量验收汇总表见表B.0.2

(3)当建筑节能工程无法按照要求划分分项工程或检验批时,可由建设、监理、施工等各方协商进行划分。但验收项目、验收内容、验收标准和验收记录均应遵守国家规范及地方规

建筑节能工程进场材料和设备的复验项目

表 A

章号	分项工程	复验项目	抽查数量
4	墙体节能工程	保温隔热材料的导热系数、密度、抗压强度或压缩强度	可做导热系数的保温隔热材料的检查数量按同一厂家同一品种，当单位工程建筑面积在 20000 m^2 以下时各抽查不少于 3 次；当单位工程建筑面积在 20000 m^2 以上时各抽查不少于 6 次；同一施工许可证当单位工程建筑面积在 800 m^2 以下，累计施工面积每 10000 m^2 取样不得少于一次，每增加 10000 m^2 应增加一次，不足 10000 m^2 的按 10000 m^2 计。 不能进行导热系数检测的保温隔热材料应进行传热系数检验。按同一厂家同一品种，当单位工程建筑面积在 20000 m^2 以下时各抽查不少于 1 次；当单位工程建筑面积在 20000 m^2 以上时各抽查不少于 2 次；同一施工许可证当每个单位工程建筑面积在 800 m^2 以下，累计施工建筑面积在每 10000 m^2 可作为一个检验批各抽查不少于 1 次。
		1. 保温材料的导热系数、密度、抗压强度或压缩强度； 2. 黏结材料的黏结强度； 3. 增强网的力学性能、抗腐蚀性能	同一厂家同一品种的产品，当单位工程建筑面积在 20000 m^2 以下时各抽查不少于 3 次；当单位工程建筑面积在 20000 m^2 以上时各抽查不少于 6 次。
5	幕墙节能工程	1. 保温材料：导热系数、密度； 2. 幕墙玻璃：可见光透射比、传热系数、遮阳系数、中空玻璃露点； 3. 隔热型材：抗拉强度、抗剪强度	同一厂家的同一种产品抽查不少于一组。当幕墙面积大于 3000 m^2 或建筑外墙面积 50%时，应现场抽取材料和配件，在检测试验室安装制作试件进行气密性能进行检验；试件应按照幕墙工程施工图进行设计。试件设计应经建筑设计单位项目负责人、监理工程师同意并确认。气密性能检测应对一个单位工程中面积超过 1000 m^2 的每一种幕墙均抽取一个试件进行检测。

续表

章号	分项工程	复验项目	抽查数量
6	门窗节能工程	1. 严寒、寒冷地区：气密性、传热系数和中空玻璃露点； 2. 夏热冬冷地区：气密性、传热系数、玻璃遮阳系数、可见光透射比、中空玻璃露点； 3. 夏热冬暖地区：气密性、玻璃遮阳系数、可见光透射比、中空玻璃露点	同一厂家同一品种同一类型的产品各抽查不少于 3 樘(件)。
7	屋面节能工程	保温隔热材料的导热系数、密度、抗压强度或压缩强度	同一厂家同一品种，当单位工程建筑面积在 20000 m^2 以下时各抽查不少于 3 次；当单位工程建筑面积在 20000 m^2 以上时各抽查不少于 6 次；同一施工许可证当单位工程建筑面积在 800 m^2 以下，累计施工面积在每 10000 m^2 可作为一个抽查批各抽查不少于 3 次。
8	地面节能工程	保温材料的导热系数、密度、抗压强度或压缩强度	同一厂家同一品种当单位工程建筑面积在 20000 m^2 以下时各抽查不少于 3 次；当单位工程建筑面积在 20000 m^2 以上时各抽查不少于 6 次；同一施工许可证当单位工程建筑面积在 800 m^2 以下，累计施工面积在每 10000 m^2 可作为一个检验批各抽查不少于 3 次。
9	采暖节能工程	1. 散热器的单位散热量、金属热强度； 2. 保温材料的导热系数、密度、吸水率	同一厂家同一规格的散热器按其数量的 1%进行见证取样送检，但不得少于 2 组；同一厂家同材质的保温材料见证取样送检的次数不得少于 2 次。
10	通风与空调节能工程	1. 风机盘管机组的供冷量、供热量、风量、出口静压、噪声及功率； 2. 绝热材料的导热系数、密度、吸水率	同一厂家的风机盘管机组按数量复验 2%，但不得少于 2 台；同一厂家同材质的绝热材料复验次数不得少于 2 次。
11	空调与采暖系统冷、热源及管网节能工程	绝热材料的导热系数、密度、吸水率	同一厂家同材质的绝热材料复验次数不得少于 2 次。
12	配电与照明节能工程	电缆、电线截面和每芯导体电阻值	同厂家各种规格总数的 10%，且不少于 2 个规格

程的相关规定。

(4)建筑节能分部工程质量验收表见表 B.0.1

6. 建筑节能工程验收时应按《建筑节能工程施工质量验收规范》GB 50411 的规定进行分项、分部验收和对工程质量控制资料进行核查，并按表 B 建筑节能分部工程质量控制资料核查记录表填写。

4.8.2 建筑节能工程质量控制资料

4.8.2.1 墙体节能工程

1. 材料、构件出厂合格证及进场验收基本要求和内容

(1)用于墙体节能工程的材料、构件等，其品种、规格应符合设计要求和相关标准的规定。

(2)墙体节能工程采用的材料、构件应有出厂合格证和相关性能检验报告，保温隔热材料的导热系数、密度、抗压强度或压缩强度、燃烧性能应符合设计要求。当采用外保温定型产品或成套技术时其型式检验报告中应包括安全性和耐候性检验。

(3)所有材料、构件进场时应对品种、规格、外观和尺寸等进行检查验收，按进场批次随机抽取 3 组样品进行尺寸偏差与外观质量检查并形成相应的验收记录，验收记录按表 D.0.1 填写。

(4)预制保温墙板现场安装的墙体应有型式检测报告，报告中应包含安装性能的检验。

2. 施工试验报告及见证检测报告基本要求和内容

(1)安全和功能检测资料中墙体节能工程采用的保温材料和黏结材料等应按规定对有关性能进行复验，复验应见证取样、旁证检验，并按表 D.0.4 填写。

(2)保温板材与基层的黏结强度应作现场拉拔试验，当墙体节能工程的保温层采用预埋或后置锚固件固定时，后置锚固件应进行锚固力现场拉拔试验。按每检验批次抽取不少于 3 处。

(3)采用保温浆料做保温层时，应制作同条件养护试件检测导热系数、干密度和压缩强度。同条件养护试件应见证取样送检。其检查数量按每个检验批同条件养护试件留置不少于 3 组。

(4)外墙外保温工程当采用饰面砖做面层时，其安全性与耐久性必须符合设计要求。饰面砖应做黏结强度拉拔试验，结果应符合设计和有关规范、标准规定。

(5)预制保温墙板应有淋水试验记录，淋水检查记录按检验(建)表 D.0.4 填写。

(6)保温砌体砂浆强度等级应符合设计要求。

3. 隐蔽工程验收记录基本要求和内容

墙体节能工程应对下列部位或内容进行隐蔽工程验收，并应有详细的文字记录和必要的图像资料：

(1)保温层附着的基层及其表面处理；

(2)保温板黏结或固定；

(3)锚固件；

(4)增强网铺设；

(5)墙体热桥部位处理；

(6)预置保温板或预制保温墙板的板缝及构造节点；

(7)现场喷涂或浇注有机类保温材料的界面；

(8)被封闭的保温材料厚度；

(9)保温隔热砌块填充墙。

验收记录按质控(建)表 C.0.49 填写。

4.8.2.2 幕墙节能工程

1. 材料、构件出厂合格证及进场验收基本要求和内容

(1)用于幕墙节能工程的材料、构件等，其品种、规格应符合设计要求和相关标准的规定；

(2)所有材料、构件进场时应对品种、规格、外观和尺寸等进行检查验收并形成相应的验收记录，验收记录按表 D.0.1 填写；

(3)幕墙节能工程采用的材料应有产品出厂合格证和相关性能检测报告；当采用隔热型材时，生产厂家应提供型材所使用的隔热材料的力学性能和热变形性能试验报告。

2. 施工试验报告及见证检测报告，基本要求和内容

(1)幕墙节能工程应有施工方案和见证取样送检计划；

(2)幕墙节能工程使用的材料、构件等进场时，应按表 A 建筑节能工程进场材料和设备的复验项目

进行复验，复验应见证取样、旁证检验，并按表 D.0.4 填写。

3. 隐蔽工程验收记录基本要求和内容

幕墙节能工程施工中应对以下部位或项目进行隐蔽工程验收，并应有详细的文字记录和必要的图像资料：

(1)被封闭的保温材料厚度和保温材料的固定；

(2)幕墙周边与墙体的接缝处保温材料的填充；

(3)构造缝、结构缝；

(4)隔气层；

(5)热桥部位、断热节点；

(6)单元式幕墙板块间的接缝构造；

(7)冷凝水收集和排放构造；

(8)幕墙的通风换气装置。

验收记录按质控(建)表 C.0.49 填写。

4.8.2.3 门窗节能工程

1. 材料、构件出厂合格证及进场验收基本要求和内容

(1)建筑外门窗节能工程使用的保温材料，其品种、规格应符合设计要求和相关标准的规定。

(2)所有建筑外门窗进场后，应对外观、品种、规格及附件等进行检查验收并形成相应的验收记录，验收记录按附录D表D.0.1填写。

(3)建筑外门窗进场时应有玻璃、型材及半成品等出厂合格证和相关性能检测报告；使用的附件应有产品合格证；使用的密封条其物理性能应符合相关标准的规定，中空玻璃应有两道密封并有相应的质量证明文件。

2. 施工试验报告及见证检测报告基本要求和内容

建筑外门窗进入施工现场时，应按《建筑节能工程施工质量验收规范》GB 50411第6.2.3条的规定对复验项目进行见证取样送检，见证取样应按《福建省建筑工程文件管理规程》DBJ 13-56质控(建)表4.1.4.8填写。

3. 隐蔽工程验收记录基本要求和内容

建筑外门窗工程施工中，应对门窗框与墙体接缝处的保温填充做法进行隐蔽工程验收，并应有隐蔽工程验收记录和必要的图像资料。

4.8.2.4 屋面节能工程

1. 材料、构件出厂合格证及进场验收基本要求和内容

(1)保温隔热使用的材料，其品种、规格应符合设计要求和相关标准的规定；

(2)材料进场时，应对品种、规格、外观和尺寸等进行检查验收并形成相应的验收记录，验收记录按附录D表D.0.1填写；

(3)材料应有出厂合格证和相关性能检测报告。

2. 施工试验报告及见证检测报告基本要求和内容

屋面保温隔热材料进场时，应按《建筑节能工程施工质量验收规范》GB 50411第7.2.3条的规定进行复验，复验应见证取样、旁证检验，并按《福建省建筑工程文件管理规程》DBJ 13-56质控(建)表4.1.4.8和附录D表D.0.4填写。

3. 隐蔽工程验收记录基本要求和内容

屋面保温隔热工程应对下列部位进行隐蔽工程验收，并应有详细的文字记录和必要的图像资料：

(1)基层；

(2)保温层的敷设方式、厚度；板材缝隙填充质量；

(3)屋面热桥部位；

(4)隔气层。

4.8.2.5 地面节能工程

1. 材料、构件出厂合格证及进场验收基本要求和内容

(1)地面节能工程使用的保温材料，其品种、规格应符合设计要求和相关标准的规定；

建筑节能分项工程质量验收汇总表

表 B.0.2

<table>
<tr><td>工程名称</td><td colspan="3"></td><td>检验批数量</td><td></td></tr>
<tr><td>设计单位</td><td colspan="3"></td><td>监理单位</td><td></td></tr>
<tr><td>施工单位</td><td></td><td>项目经理</td><td></td><td>项目技术负责人</td><td></td></tr>
<tr><td>分包单位</td><td></td><td>分包单位负责人</td><td></td><td>分包项目经理</td><td></td></tr>
<tr><td>序号</td><td>检验批部位、区段、系统</td><td colspan="2">施工单位检查评定结果</td><td colspan="2">监理(建设)单位验收结论</td></tr>
<tr><td>1</td><td></td><td colspan="2"></td><td colspan="2"></td></tr>
<tr><td>2</td><td></td><td colspan="2"></td><td colspan="2"></td></tr>
<tr><td>3</td><td></td><td colspan="2"></td><td colspan="2"></td></tr>
<tr><td>4</td><td></td><td colspan="2"></td><td colspan="2"></td></tr>
<tr><td>5</td><td></td><td colspan="2"></td><td colspan="2"></td></tr>
<tr><td>6</td><td></td><td colspan="2"></td><td colspan="2"></td></tr>
<tr><td>7</td><td></td><td colspan="2"></td><td colspan="2"></td></tr>
<tr><td>8</td><td></td><td colspan="2"></td><td colspan="2"></td></tr>
<tr><td>9</td><td></td><td colspan="2"></td><td colspan="2"></td></tr>
<tr><td>10</td><td></td><td colspan="2"></td><td colspan="2"></td></tr>
<tr><td>11</td><td></td><td colspan="2"></td><td colspan="2"></td></tr>
<tr><td>12</td><td></td><td colspan="2"></td><td colspan="2"></td></tr>
<tr><td>13</td><td></td><td colspan="2"></td><td colspan="2"></td></tr>
<tr><td>14</td><td></td><td colspan="2"></td><td colspan="2"></td></tr>
<tr><td>15</td><td></td><td colspan="2"></td><td colspan="2"></td></tr>
<tr><td colspan="3">施工单位检查结论：

项目专业质量(技术)负责人
年 月 日</td><td colspan="3">验收结论：

监理工程师：
(建设单位项目专业技术负责人)
年 月 日</td></tr>
</table>

建筑节能分部工程质量验收表

表 B. 0. 1

工程名称		结构类型		层数	
施工单位		技术部门负责人		质量部门负责人	
分包单位		分包单位负责人		分包技术负责人	

序号	分项工程名称	验收结论	监理工程师签字	备注
1	墙体节能工程			
2	幕墙节能工程			
3	门窗节能工程			
4	屋面节能工程			
5	地面节能工程			
6	采暖节能工程			
7	通风与空调节能工程			
8	空调与采暖系统的冷热源及管网节能工程			
9	配电与照明节能工程			
10	监测与控制节能工程			
质量控制资料				
外墙节能构造现场实体检验				
外窗气密性现场实体检测				
系统节能性能检测				
验收结论				
其他参加验收人员：				

验收单位		
	分包单位：	项目经理： 年　月　日
	施工单位：	项目经理： 年　月　日
	设计单位：	项目负责人： 年　月　日
	监理（建设）单位：	总监理工程师： （建设单位项目负责人） 年　月　日

建筑节能分部工程质量控制资料核查记录表

表 B

工程名称			施工单位		
序号	项目	资料名称	份数	核查意见	核查人
1	墙体节能	图纸会审、设计变更、洽商记录			
2		原材料出厂合格证及进场检(试)验报告			
3		施工试验报告及见证检测报告			
4		隐蔽工程验收记录			
5		预制构件合格证			
6		检验批、分项、分部工程质量验收记录			
7		围护结构现场实体检验记录			
8		新材料、新工艺施工记录			
1	幕墙节能	图纸会审、设计变更、洽商记录			
2		原材料出厂合格证及进场检(试)验报告			
3		施工试验报告及见证检测报告			
4		隐蔽工程验收记录			
5		预制构件合格证			
6		检验批、分项、分部工程质量验收记录			
1	门窗节能	图纸会审、设计变更、洽商记录			
2		原材料出厂合格证及进场检(试)验报告			
3		施工试验报告及见证检测报告			
4		隐蔽工程验收记录			
5		预制构件合格证			
6		检验批、分项、分部工程质量验收记录			
1	屋面节能	图纸会审、设计变更、洽商记录			
2		原材料出厂合格证及进场检(试)验报告			
3		施工试验报告及见证检测报告			
4		隐蔽工程验收记录			
5		预制构件合格证			
6		检验批、分项、分部工程质量验收记录			
1	地面节能	图纸会审、设计变更、洽商记录			
2		原材料出厂合格证及进场检(试)验报告			
3		施工试验报告及见证检测报告			
4		隐蔽工程验收记录			
5		预制构件合格证			
6		检验批、分项、分部工程质量验收记录			
1	采暖节能工程	图纸会审、设计变更、洽商记录			
2		材料、设备出厂合格证书及进场检(试)验报告			
3		采暖系统试运行、调试记录			
4		隐蔽工程验收记录			
5		检验批、分项、分部(子分部)工程质量验收记录			

续表

工程名称			施工单位		
序号	项目	资料名称	份数	核查意见	核查人
1	通风与空调节能工程	图纸会审、设计变更、洽商记录			
2		材料、设备出厂合格证及进场检(试)验报告			
3		隐蔽工程验收记录			
4		风管及机组严密性试验记录			
5		通风与空调采统调试记录			
6		分项、分部(子分部)工程质量验收记录			
1	空调与采暖系统的冷热源及管网节能工程	图纸会审、设计变更、洽商记录			
2		材料、设备出厂合格证书及进场检(试)验报告			
3		空调与采暖系统冷热源及管网试运行调试记录			
4		隐蔽工程验收记录			
5		检验批、分项、分部(子分部)工程质量验收记录			
1	配电与照明节能工程	图纸会审、设计变更、洽商记录			
2		材料、设备出厂合格证书及进场检(试)验报告			
3		隐蔽工程验收记录			
4		低压配电电源质量性能指标检测记录			
5		照明系统的照度和功率密度值检测记录			
6		三相照明配电干线的各相负荷平衡情况检测记录			
7		母线与母线(或电器接线端子)搭接螺栓拧紧力矩测量报告			
8		分项、分部(子分部)工程质量验收记录			
1	监测与控制节能工程	图纸会审、设计变更、洽商记录			
2		材料、设备出厂合格证书及进场检(试)验报告			
3		隐蔽工程验收记录			
4		系统控制功能及故障报警功能运行检测记录			
5		监测与计算装置检测计量数据比对记录			
6		照明自动控制系统功能检测记录			
7		综合控制系统功能检测记录			
8		建筑能源管理系统功能检查记录			
9		子系统检测记录			
10		检验批、分项、分部(子分部)工程质量验收记录			

结论：

总监理工程师：

施工单位项目经理：　　　　（建设单位项目负责人）

年　月　日　　　　年　月　日

材料、构件、设备进场抽样检查记录表

表 D.0.1　　　　　　　　　　　　　　　　共　页　第　页

单位(子单位)工程名称										
施工单位						分项工程				
名称	规格	外观质量	产品包装	尺寸	品种	进场数量	进场日期	抽检数量	抽检结论	备注
专业监理工程师(建设单位项目专业技术负责人)			施工单位	质检员			施工员		材料员	

表 D.0.4　旁证检验记录表

表 D.0.1　　　　　　　　　　　　　　　　共　页　第　页

工程名称			施工单位		旁证材料类别		
见证单位			见证员		见证证号	发证单位	
旁证单位			旁证员				
取样日期	取样部位	取样数量	见证人签名	旁证人签名	送检日期数量	收到报告日期	报告编号
备注							

(2)材料进场时，应对品种、规格、外观和尺寸等进行检查验收并形成相应的验收记录，验收记录按附录D表D.0.1填写；

(3)材料应有出厂合格证和相关性能检测报告。

2. 施工试验报告及见证检测报告基本要求和内容

地面节能工程使用的保温材料进场时，应按《建筑节能工程施工质量验收规范》GB 50411第8.2.3条的规定进行复验，复验应见证取样，并按《福建省建筑工程文件管理规程》DBJ 13-56质控(建)表4.1.4.8填写。

3. 隐蔽工程验收记录基本要求和内容

地面节能工程应对下列部位进行隐蔽工程验收，并应有详细的文字记录和必要的图像资料：

(1)基层；

(2)被封闭的保温材料厚度；

(3)保温材料黏结；

(4)隔断热桥部位；

4.8.3 建筑节能工程现场检验

围护结构现场实体检验：

外墙节能构造和外窗气密性现场实体检测基本要求和内容

建筑围护结构施工完成后，应对围护结构的外墙节能构造和夏热冬冷地区的外窗气密性进行现场实体检测。当条件具备时，也可直接对围护结构的传热系数进行检测。检验记录按《建筑节能工程施工质量验收规范》GB 50411表C.0.9填写。

表4-18为分部(子分部)工程代号索引表。

表4-18 分部(子分部)工程代号索引表

序号	分部工程	子分部工程	分项工程
1	地基与基础	地基	素土、灰土地基，砂和砂石地基，土工合成材料地基，粉煤灰地基，强夯地基，注浆地基，预压地基，砂石桩复合地基，高压旋喷注浆地基，水泥土搅拌桩地基，土和灰土挤密桩复合地基，水泥粉煤灰碎石桩复合地基，夯实水泥土复合地基
		基础	无筋扩展基础，钢筋混凝土扩展基础，筏形与箱型基础，钢结构基础，钢管混凝土结构基础，型钢混凝土结构基础，钢筋混凝土预制桩基础，泥浆护壁成孔灌注桩基础，干作业成孔桩基础，长螺旋钻孔压灌注桩基础，沉管灌注桩基础，钢桩基础，锚杆静压桩基础，岩石锚杆基础，沉井与沉箱基础
		基坑支护	灌注桩排桩围护墙，板桩围护墙，咬合桩围护墙，型钢水泥土搅拌墙，土钉墙，地下连续墙，水泥土重力式挡墙，内支撑，锚杆，与主体结构相结合的基坑支护
		地下水控制	降水与排水，回灌
		土方	土方开挖，土方回填，场地平整
		边坡	喷锚支护，挡土墙，边坡开挖
		地下防水	主体结构防水，细部构造防水，特殊结构防水，排水，注浆

续表

序号	分部工程	子分部工程	分项工程
2	主体结构	混凝土结构	模板，钢筋，混凝土，预应力，现浇结构，装配式结构
		砌体结构	砖砌体，混凝土小型空心砌块砌体，石砌体，配筋砌体，填充墙砌体
		钢结构	钢结构焊接，紧固件连接，钢零部件加工，钢构件组装及预拼装，单层钢结构安装，多层及高层钢结构安装，钢管结构安装，预应力钢索和膜结构，压型金属板，防腐涂料涂装，防火涂料涂装
		钢管混凝土结构	构件现场拼装，构件安装，钢管焊接，构件连接，钢管内钢筋骨架，混凝土
		型钢混凝土结构	型钢焊接，紧固件连接，型钢与钢筋连接，型钢构件组装及预拼装，型钢安装，模板，混凝土
		铝合金结构	铝合金焊接，紧固件连接，铝合金零部件加工，铝合金构件组装，铝合金构件预拼装，铝合金框架结构安装，铝合金空间网格结构安装，铝合金面板，铝合金幕墙结构安装，防腐处理
		木结构	方木与原木结构，胶合木结构，轻型木结构，木结构的防护
3	建筑装饰装修	建筑地面	基层铺设，整体面层铺设，板块面层铺设，木、竹面层铺设
		抹灰	一般抹灰，保温层薄抹灰，装饰抹灰，清水砌体勾缝
		外墙防水	外墙砂浆防水，涂膜防水，透气膜防水
		门窗	木门窗安装，金属门窗安装，塑料门窗安装，特种门窗安装，门窗玻璃安装
		吊顶	整体面层吊顶，板块面层吊顶，格栅吊顶
		轻质隔墙	板材隔墙，骨架隔墙，活动隔墙，玻璃隔墙
		饰面板	石板安装，陶瓷板安装，木板安装，金属板安装，塑料板安装
		饰面砖	外墙饰面砖黏粘，内墙饰面砖粘贴
		幕墙	玻璃幕墙安装，金属幕墙安装，石材幕墙安装，陶瓷幕墙安装
		涂饰	水性涂料涂饰，溶剂型涂料涂饰，美术涂饰
		裱糊与软包	裱糊，软包
		细部	橱柜制作与安装，窗帘盒和窗台板制作与安装，门窗套制作与安装，护栏和扶手制作与安装，花饰制作与安装
4	屋面	基层与保护	找坡层，找平层，隔气层，隔离层，保护层
		保温与隔热	板状材料保温层，纤维材料保温层，喷涂硬泡聚氨酯保温层，现浇泡沫混凝土保温层，种植隔热层，架空隔热层，蓄水隔垫层
		防水与密封	卷材防水层，涂膜防水层，复合防水层，接缝密封防水层
		瓦面与板面	烧结瓦和混凝土瓦铺装，沥青瓦铺装，金属板铺装，玻璃采光顶铺装
		细部构造	檐口，檐沟和天沟，女儿墙和山墙，水落口变形缝，伸出屋面管道，屋面出入口，反梁过水孔，设施基座，屋脊，屋顶窗
5	建筑给水排水及供暖	室内给水系统	给水管道及配件安装，给水设备安装，室内消火栓系统安装，消防喷淋系统安装，防腐，绝热，管道冲洗、消毒，试验与调试
		室内排水系统	排水管道及配件安装，雨水管道及配件安装，防腐，试验与调试
		室内热水系统	管道及配件安装，辅助设备安装，防腐，绝热，试验与调试
		卫生器具	卫生器具安装，卫生器具给水配件安装，卫生器具排水管道安装，试验与调试

续表

序号	分部工程	子分部工程	分项工程
5	建筑给水排水及供暖	室内供暖系统	管道及配件安装,辅助设备安装,散热器安装,低温热水地板辐射供暖系统安装,电加热供暖系统安装,燃气红外辐射供暖系统安装,热风供暖系统安装,热计量及调控装置安装,试验与调试,防腐,绝热
		室外给水管网	给水管道安装,室外消火栓系统安装,试验与调试
		室外排水管网	排水管道安装,排水管沟与井池,试验与调试
		室外供热管网	管道及配件安装,系统水压试验,土建结构,防腐,绝热,试验与调试
		建筑饮用水供应系统	管道及配件安装,水处理设备及控制设施安装,防腐,绝热,试验与调试
		建筑供水系统及雨水利用系统	建筑中水系统、雨水利用系统管道及配件安装,水处理设备及控制设施安装,防腐,绝热,试验与调试
		游泳池及公共浴池水系统	管道及配件系统安装,水处理设备及控制设施安装,防腐,绝热,试验与调试
		水景喷泉系统	管道系统及配件安装,防腐,绝热,试验与调试
		热源及辅助设备	锅炉安装,辅助设备及管道安装,安全附件安装,换热站安装,防腐,绝热,试验与调试
		监测与控制仪表	检测仪器及仪表安装,试验与调试
6	通风与空调	送风系统	风管与配件制作,部件制作,风管系统安装,风机与空气处理设备安装,风管与设备防腐,旋流风口、岗位送风口、织物(布)风管安装,系统调试
		排风系统	风管与配件制作,部件制作,风管系统安装,风机与空气处理设备安装,风管与设备防腐,吸风罩及其他空气处理设备安装,厨房、卫生间排风系统安装,系统调试
		防排烟系统	风管与配件制作,部件制作,风管系统安装,风机与空气处理设备安装,风管与设备防腐,排烟风阀(口)、常闭正压风口、防火风管安装,系统调试
		除尘系统	风管与配件制作,部件制作,风管系统安装,风机与空气处理设备安装,风管与设备防腐,除尘器与排污设备安装,吸尘罩安装,高温风管绝热,系统调试
		舒适性空调系统	风管与配件制作,部件制作,风管系统安装,风机与空气处理设备安装,风管与设备防腐,组合式空调机组安装,消声器、静电除尘器、换热器、紫外线灭菌器等设备安装,风机盘管、变风量与定风量送风装置、射流喷口等末端设备安装,风管与设备绝热,系统调试
		恒温恒湿空调系统	风管与配件制作,部件制作,风管系统安装,风机与空气处理设备安装,风管与设备防腐,组合式空调机组安装,电加热器、加湿器等设备安装,精密空调机组安装,风管与设备绝热,系统调试

续表

序号	分部工程	子分部工程	分项工程
6	通风与空调	净化空调系统	风管与配件制作，部件制作，风管系统安装，风机与空气处理设备安装，风管与设备防腐，净化空调机组安装，消声器、静电除尘器、换热器、紫外线灭菌器等设备安装，中、高效过滤器及风机过滤器单元等末端设备清洗与安装，洁净度测试，风管与设备绝热，系统调试
		地下人防通风系统	风管与配件制作，部件制作，风管系统安装，风机与空气处理设备安装，风管与设备防腐，过滤吸收器、防爆波活门、防爆超压排气活门等专用设备安装，系统调试
		真空吸尘系统	风管与配件制作，部件制作，风管系统安装，风机与空气处理设备安装，风管与设备防腐，管道安装，快速接口安装，风机与滤尘设备安装，系统压力试验及调试
		冷凝水系统	管道系统及部件安装，水泵及附属设备安装，管道冲洗，管道、设备防腐，板式热交换器，辐射板及辐射供热、供冷地埋管，热泵机组设备安装，管道、设备绝热，系统压力试验及调试
		空调(冷、热)水系统	管道系统及部件安装，水泵及附属设备安装，管道冲洗，管道、设备防腐，冷却塔与水处理设备安装，防冻伴热设备安装，管道、设备绝热，系统压力试验及调试
		冷却水系统	管道系统及部件安装，水泵及附属设备安装，管道冲洗，管道、设备防腐，系统灌水渗漏及排放试验，管道、设备绝热
		土壤源热泵换热系统	管道系统及部件安装，水泵及附属设备安装，管道冲洗，管道、设备防腐，埋地换热系统与管网安装，管道、设备绝热，系统压力试验及调试
		水源热泵换热系统	管道系统及部件安装，水泵及附属设备安装，管道冲洗，管道、设备防腐，地表水源换热管及管网安装，除垢设备安装，管道、设备绝热，系统压力试验及调试
		蓄能系统	管道系统及部件安装，水泵及附属设备安装，管道冲洗，管道、设备防腐，蓄水罐与蓄冰槽、罐安装，管道、设备绝热，系统压力试验及调试
		压缩式制冷(热)设备系统	制冷机组及附属设备安装，管道、设备防腐，制冷剂管道及部件安装，制冷剂灌注，管道、设备绝热，系统压力试验及调试
		吸收式制冷设备系统	制冷机组及附属设备安装，管道、设备防腐，系统真空试验，溴化锂溶液加灌，蒸汽管道系统安装，燃气或燃油设备安装，管道、设备绝热，试验及调试
		多联机(热泵)空调系统	室外机组安装，室内机组安装，制冷剂管路连接及控制开关安装，风管安装，冷凝水管道安装，制冷剂灌注，系统压力试验及调试
		太阳能供暖空调系统	太阳能集热器安装，其他辅助能源、换热设备安装，蓄能水箱、管道及配件安装，防腐，绝热，低温热水地板辐射采暖系统安装，系统压力试验及调试
		设备自控系统	温度、压力与流量传感器安装，执行机构安装调试，防排烟系统功能测试，自动控制及系统智能控制软件调试

续表

序号	分部工程	子分部工程	分项工程
7	建筑电气	室外电气	变压器、箱式变电所安装，成套配电柜、控制柜（屏、台）和动力、照明配电箱（盘）及控制柜安装，梯架、支架、托盘和槽盒安装，导管敷设，电缆敷设，管内穿线和槽盒内敷线，电缆头制作、导线连接和线路绝缘测试，普通灯具安装，专用灯具安装，建筑照明通电试运行，接地装置安装
		变配电室	变压器、箱式变电所安装，成套配电柜、控制柜（屏、台）和动力、照明配电箱（盘）安装，母线槽安装，梯架、支架、托盘和槽盒安装，电缆敷设，电缆头制作、导线连接和线路绝缘测试，接地装置安装，接地干线敷设
		供电干线	电气设备试验和试运行，母线槽安装，梯架、支架、托盘和槽盒安装，导管敷设，电缆敷设，管内穿线和槽盒内敷线，电缆头制作、导线连接和线路绝缘测试，接地干线敷设
		电气动力	成套配电柜、控制柜（屏、台）和动力配电箱（盘）安装，电动机、电加热器及电动执行机构检查接线，电气设备试验和试运行，梯架、支架、托盘和槽盒安装，导管敷设，电缆敷设，管内穿线和槽盒内敷线，电缆头制作、导线连接和线路绝缘测试
		电气照明	成套配电柜、控制柜（屏、台）和照明配电箱（盘）安装，梯架、支架、托盘和槽盒安装，导管敷设，管内穿线和槽盒内敷线，塑料护套线直敷布线，钢索配线，电缆头制作、导线连接和线路绝缘测试，普通灯具安装，专用灯具安装，开关、插座、风扇安装，建筑照明通电试运行
		备用和不间断电源	成套配电柜、控制柜（屏、台）和动力、照明配电箱（盘）安装，柴油发电机组安装，不间断电源装置及应急电源装置安装，母线槽安装，导管敷设，电缆敷设，管内穿线和槽盒内敷线，电缆头制作、导线连接和线路绝缘测试，接地装置安装
		防雷及接地	接地装置安装，防雷引下线及接闪器安装，建筑物等电位连接，浪涌保护器安装
8	智能建筑	智能化集成系统	设备安装，软件安装，接口及系统调试，试运行
		信息接人系统	安装场地检查
		用户电话交换系统	线缆敷设，设备安装，软件安装，接口及系统调试，试运行
		信息网络系统	计算机网络设备安装，计算机网络软件安装，网络安全设备安装，网络安全软件安装，系统调试，试运行
		综合布线系统	梯架、托盘、槽盒和导管安装，线缆敷设，机柜、机架、配线架安装，信息插座安装，链路或信道测试，软件安装，系统调试，试运行
		移动通信室内信号覆盖系统	安装场地检查
		卫星通信系统	安装场地检查
		有线电视及卫星电视接收系统	梯架、托盘、槽盒和导管安装，线缆敷设，设备安装，软件安装，系统调试，试运行

续表

序号	分部工程	子分部工程	分项工程
8	智能建筑	公共广播系统	梯架、托盘、槽盒和导管安装，线缆敷设，设备安装，软件安装，系统调试，试运行
		会议系统	梯架、托盘、槽盒和导管安装，线缆敷设，设备安装，软件安装，系统调试，试运行
		信息导引及发布系统	梯架、托盘、槽盒和导管安装，线缆敷设，显示设备安装，机房设备安装，软件安装，系统调试，试运行
		时钟系统	梯架、托盘、槽盒和导管安装，线缆敷设，设备安装，软件安装，系统调试，试运行
		信息化应用系统	梯架、托盘、槽盒和导管安装，线缆敷设，设备安装，软件安装，系统调试，试运行
		建筑设备监控系统	梯架、托盘、槽盒和导管安装，线缆敷设，传感器安装，执行器安装，控制器、箱安装，中央管理工作站和操作分站设备安装，软件安装，系统调试，试运行
		火灾自动报警系统	梯架、托盘、槽盒和导管安装，线缆敷设，探测器类设备安装，控制器类设备安装，其他设备安装，软件安装，系统调试，试运行
		安全技术防范系统	梯架、托盘、槽盒和导管安装，线缆敷设，设备安装，软件安装，系统调试，试运行
		应急响应系统	设备安装，软件安装，系统调试，试运行
		机房	供配电系统，防雷与接地系统，空气调节系统，给水排水系统，综合布线系统，监控与安全防范系统，消防系统，室内装饰装修，电磁屏蔽，系统调试，试运行
		防雷与接地	接地装置，接地线，等电位连接，屏蔽设施，电涌保护器，线缆敷设，系统调试，试运行
9	建筑节能	围护系统节能	墙体节能，幕墙节能，门窗节能，屋面节能，地面节能
		供暖空调设备及管网节能	供暖节能，通风与空调设备节能，空调与供暖系统冷热源节能，空调与供暖系统管网节能
		电气动力节能	配电节能，照明节能
		监控系统节能	监测系统节能，控制系统节能
		可再生能源	地源热泵系统节能，太阳能光热系统节能，太阳能光伏节能
10	电梯	电力驱动的曳引式或强制式电梯	设备进场验收，土建交接检验，驱动主机，导轨，门系统，轿厢，对重，安全部件，悬挂装置，随行电缆，补偿装置，电气装置，整机安装验收
		液压电梯	设备进场验收，土建交接检验，液压系统，导轨，门系统，轿厢，对重，安全部件，悬挂装置，随行电缆，电气装置，整机安装验收
		自动扶梯、自动人行道	设备进场验收，土建交接检验，整机安装验收

本章小结

本章阐述了建筑工程施工资料管理的基本知识。对建筑工程施工资料编制提出了明确的规定要求；对建筑工程施工资料的分类、编号、形成、收集、整理等一系列工作提出了具体要求。

复习思考题

1. 简述施工技术资料的形成过程。
2. 简述施工物资资料的形成过程。
3. 施工现场质量管理检查记录由谁填写及由谁审核。
4. 施工现场质量管理检查记录包括哪些资料?
5. 主要专业工种操作上岗证书、分包方资质与分包合同由谁来收集? 向谁收集?
6. 施工组织设计编制人、审批人及报审人分别是谁?
7. 危险性较大分部分项工程专项方案与超过一定规模的危险性较大的分部分项工程专项方案审查程序有何区别?
8. 技术交底包括那三种形式，主要分项工程技术交底由谁编制、谁审批? 交底人和被交底人是谁?
9. 施工日志由谁填写? 主要内容有哪些?
10. 图纸会审由谁组织? 哪些单位参加? 会议主要解决什么问题?
11. 图纸会审记录由谁整理编制? 哪些单位签字盖章?
12. 工程定位测量、放线记录包括那三种形式，验收次数有什么不同?
13. 设计变更记录与工程洽商记录应用方面有什么不同?
14. 主体分部工程有哪些原材料质量证明资料及进场复验报告?
15. 原材料质量证明资料由谁收集、谁整理并编制汇总表?
16. 原材料进场复验有哪些规定?
17. 哪些原材料必须实行见证取样送检? 见证人和取样人是谁? 填写什么资料?
18. 原材料复验报告由谁收集? 谁整理并编制汇总表?
19. 预拌混凝土合格证包括哪些资料?
20. 地基与基础工程有哪些施工试验报告?
21. 基境、基槽、房心回填土要做哪两项试验? 试验取样数量为多少? 要收集哪两项试验报告?
22. 砌体工程所用砂浆有哪些试验报告? 砂浆试块如何留置?
23. 如何进行砂浆试块强度评定?
24. 在什么情况下需要做砂浆非破损或微破损检测?
25. 混凝土工程有哪些试验报告? 混凝土试块如何留置? 由凝土试块如何委托试验?

26. 如何进行混凝土标准养护及同条件养护试块强度评定？
27. 在什么情况下需要做混凝土非破损或局部破损检测？
28. 钢筋焊接接头取样有何规定？
29. 钢筋机械连接接头取样有何规定？
30. 结构实体检测报告包括哪两项？
31. 地基与基础工程包括哪些施工记录资料？
32. 在验槽工作中形成哪些施工记录资料？
33. 在地基处理工作中形成哪些施工记录资料？
34. 混凝土工程在施工过程中形成哪些施工记录资料？
35. 混凝土试块有哪几种？标准养护试块的作用是什么？同条件养护试块的作用是什么？
36. 标准养护试块如何留置？
37. 结构实体检验用同条件养护试块如何留置？
38. 抗渗混凝土试块如何留置？
39. 混凝土试块取样送样有何规定？
40. 混凝土结构拆模工作形成什么资料？
41. 混凝土测温记录有哪几种？
42. 结构实体检验用同条件养护试件等效养护龄期如何确定？有何要求？
43. 地基与基础工程施工测量记录有哪些？
44. 工程定位测量的依据是什么？
45. 如何进行工程施工测量报验？
46. 地基与基础工程隐蔽工程检查验收记录有哪些？
47. 各类桩型的桩基施工记录应填写那些内容？
48. 混凝土开盘鉴定应提供那些资料？
49. 各类桩静载试验检测数量分别是多少？
50. 桩身完整性检测主要有那些方法？
51. 如何进行地基与基础工程隐蔽工程报验？
52. 如何进行主体工程隐蔽工程报验？
53. 如何进行装饰工程隐蔽工程报验？
54. 如何进行屋面工程隐蔽工程报验？
55. 地基与基础分部工程是如何划分的？检验批是如何划分的？
56. 主体分部工程是如何划分的？检验批是如何划分的？检验批质量验收记录填写人、质量验收组织人及参加人分别是谁？
57. 分项工程质量验收记录填写人、质量验收组织人及参加人分别是谁？
58. 分部（子分部）工程质量验收记录填写人、质量验收组织人及参加人分别是谁？
59. 检验批不合格项如何处理？
60. 地基与基础工程施工质量验收规范标准名称及代号？
61. 主体分部工程有哪些原材料、构件质量证明资料及进场复验报告？
62. 主体工程哪些原材料必须实行见证取样送检？

63. 水泥、钢筋、骨料、外加剂、掺合料、砖、砌块等复验项目、组批规则、取样规则有何规定？

64. 主体工程有哪些施工试验项目及检测报告？

65. 砂浆及混凝土配合比为重量比还是体积比？

66. 预应力施工有哪些施工记录？

67. 钢结构施工有哪些施工记录？

68. 主体工程施工有哪些测量记录？

69. 主体工程施工有哪些隐蔽工程验收记录？

70. 主体工程有哪些子分部、分项？

71. 主体工程混凝土子分部有哪些分项？

72. 主体工程钢筋子分部有哪些分项？主体结构及砌体工程施工质量验收规范名称及代号是什么？

73. 装饰装修分部工程有哪些原材料、构件质量证明资料及进场复验报告？

74. 装饰装修分部工程哪些进场材料需要做复验？检验批有何规定？

75. 装饰装修分部工程有哪些施工试验报告？

76. 装饰装修分部工程有哪些施工记录？

77. 装饰装修分部工程有哪些隐蔽工程验收记录？

78. 装饰装修工程施工质量验收规范标准名称及代号是什么？

79. 层面分部工程有哪些原材料、构件质量证明资料及进场复验报告？

80. 屋面保温材料及防水材料组批规则及取样规则有什么规定？

81. 屋面工程施工质量验收规范标准名称及代号是什么？

82. 室外建筑环境单位工程由哪些子单位工程、分部(子分部)工程组成？

83. 沉降观测点布设的要求有哪些？

84. 工程施工质量不符合要求时如何处理？

85. 检验批，分项，分部和单位工程质量验收合格应符合哪些规定？

86. 检验批及分项工程的验收程序与组织有哪些？

87. 分部工程及单位工程的验收程序与组织有哪些？

参考文献

1.《建筑工程施工质量验收统一标准》GB 50300

2.《建筑地基基础工程施工质量验收规范》GB 50202

3.《混凝土结构工程施工质量验收规范》GB 50204

4.《屋面工程质量验收规范》GB 50207

5.《地下防水工程质量验收规范》GB 50208

6.《建筑地面工程施工质量验收规范》GB 50209

7.《建筑节能工程质量验收规范》GB 50411

8.《建筑工程资料管理规程》JGJ/T 185

9.《建筑桩基技术规范》JGJ 94
10.《玻璃幕墙工程技术规范》JGJ 102
11.《民用建筑工程室内环境污染控制规范》GB 50235
12.《钢结构工程施工质量验收规范》GB 50205
13.《建筑装饰装修工程质量验收规范》GB 50210
14.《砌体工程施工质量验收规范》GB 50203
15.《大体积混凝土施工规范》GB 50496
16.《无黏结预应力钢绞线》JG 161
17.《无黏结预应力筋专用防腐润滑脂》JG 3007
18.《预应力筋用锚具、夹具和连接器应用技术规程》JGJ 85
19.《预应力混凝土用金属波纹管》JG 225
20.《砌墙砖试验方法》GB/T 2542
21.《混凝土小型空心切块试验方法》GB/T 4111
22.《蒸压加气混凝土性能试验方法》GB/T 11969
23.《普通混凝土用砂、石质量及检验方法标准》JGJ 52
24.《混凝土外加剂》GB 8076
25.《混凝土外加剂应用技术规范》GB 50119
26.《粉煤灰混凝土应用技术规范》GBJ 146
27.《涂料类产品取样方法》GB 3160
28.《普通混凝土配合比设计规程》JGJ 55
29.《混凝土强度检验评定标准》GB/T 50107
30.《钢筋焊接及验收规程》JGJ 18
31.《钢筋机械连接通用技术规程》JGJ 107
32.《建筑基桩检测技术规范》JGJ 106
33.《钢网架螺栓球节点》JG/T 10
34.《建筑钢结构焊接技术规程》JGJ 81
35.《钢结构超声波探伤及质量分级法》JG/T 203
36.《建筑边坡工程技术规范》GB 50330
37.《城镇道路工程施工及质量验收规范》CJJ1
38.《木结构工程施工质量验收规范》GB 50206
39.《城市绿化工程施工及质量验收规范》CJJ/T 82
40.《福建省建筑工程施工文件管理规程》DBJ/T 13

第5章　建筑施工现场安全管理资料

建筑施工现场安全管理资料是建筑工程各参与方在工程建设过程中形成的有关生产安全和文明施工管理的各种信息记录，资料形式包括电子、纸质和音像等，简称安全管理资料。施工现场安全管理资料的管理是工程项目施工管理的重要组成部分；是贯彻执行“安全第一，预防为主，综合治理”方针的具体体现；是预防安全生产事故和提高文明施工管理的必要措施。它对实现施工现场安全达标和加强科学化安全管理起着考核和指导的作用。

施工现场安全管理资料的填写、编制、审核、审批、收集、整理、组卷和归档等工作统称为施工现场安全管理资料的管理，简称安全管理资料管理。安全管理资料管理应按照中国工程建设标准化协会批准发布的《建设工程施工现场安全资料管理规程》(CECS 266:2009)执行。本章主要介绍施工现场安全管理资料的管理要求。

5.1　安全管理资料管理的基本要求

安全管理资料管理是建设项目各参与单位，按照法律、法规、规范和规程的要求对工程建设有关安全生产的重要活动、主要过程和现状的记载，并将具有保存价值的各种载体的文件进行收集、按照《建设工程施工现场安全资料管理规程》(CECS 266:2009)的分类，建设项目责任主体应各司其职共同完成安全管理资料管理的工作。

1.各参建单位应负责各自的安全管理资料管理工作，逐级建立健全施工现场安全资料管理岗位责任制，明确负责人，落实各岗位责任。建设单位、监理单位和施工单位应建立安全管理资料的管理制度，规范安全管理资料的形成、收集、整理、组卷和归档工作。

2.安全管理资料应随施工现场安全管理工作同步形成，各参建单位应纳入工程建设管理的全过程，并对各自的真实性、完整性和有效性负责。

3.施工现场安全管理资料应字迹清晰，签字、盖章等手续齐全，计算机形成的资料可打印、手写签名。

4.施工现场安全管理资料应为原件，因故不能为原件时，可为复印件。复印件上应注明原件存放处，加盖原件存放单位公章，有经办人签字并注明日期。

5.建设单位、监理单位、施工单位应参加超过一定规模的危险性较大的分部分项工程专家论证，监理单位、施工单位应留存施工方案、专家论证意见及验收记录等相关管理资料。

5.1.1　建设单位的管理职责

1.建设单位应负责本单位施工现场安全管理资料的管理工作，并监督施工、监理单位施工现场安全管理资料的管理。

2.建设单位在申请领取施工许可证时，应提供该工程安全生产监管备案登记表。

3.建设单位在编制工程概算时，应将建设工程安全防护、文明施工措施等所需费用专项列出，按时支付并监督其使用情况。

4.建设单位应向施工单位提供施工现场供电、供水、排水、供气、供热、通信、广播电视等地上、地下管线资料，气象水文地质资料，毗邻建筑物、构筑物和相关的地下工程等资料。

5.1.2 监理单位的管理职责

1.监理单位应负责施工现场监理安全管理资料的管理工作，在工程项目监理规划、监理安全实施细则中，明确安全监理资料的项目及责任人。

2.监理安全管理资料应随监理工作同步形成，并及时进行整理组卷。

3.监理单位应对施工单位报送的施工现场安全生产专项措施资料进行重点审查认可。

5.1.3 施工单位的管理职责

1.施工单位应负责施工现场施工安全管理资料的管理工作，在施工组织设计中列出安全管理资料的管理方案，按规定列出各阶段安全管理资料的项目。

2.施工单位应指定施工现场安全管理资料责任人，负责安全管理资料的收集、整理和组卷。

3.施工现场安全管理资料应随工程建设进度形成，保证资料的真实性、有效性和完整性。

4.实行总承包施工的工程项目，总包单位应督促检查各分包单位施工现场安全管理资料的管理。分包单位应负责其分包范围内施工现场安全管理资料的形成、收集和整理。

5.施工单位的安全生产专项措施资料应遵循“先报审、后实施”的原则，实施前向建设单位和监理单位报送有关安全生产的计划、方案、措施等资料，得到审查认可后方可实施。

5.2 安全管理资料分类与整理

5.2.1 安全管理资料分类

安全管理资料分类应以形成资料的单位来划分。安全管理资料的代号应为 SA。

1.建设单位形成的施工现场安全管理资料代号应为 SA-A。当有多种资料时，资料代号可按 SA-A-1、SA-A-2、SA-A-3……依次排列。

2.监理单位形成的施工现场安全管理资料代号应为 SA-B；监理单位自身形成的有关施

工现场安全管理资料，资料代号为 SA-B1。建立单位对施工单位申报审核的有关施工现场安全管理资料，资料代号为 SA-B2。当一项中有多种资料时，资料代号可按 SA-B1-1、SA-B1-2、SA-B1-3……依次排列。

3.施工单位形成的施工现场安全管理资料代号应为 SA-C。施工单位形成的施工现场安全管理资料有多项，其资料代号可按项目依次分为 SA-C1、SA-C2……当一项中有多种资料时，资料代号可分别按 SA-C1-1、SA-C1-2、SA-C1-3……依次排列。

安全管理资料具体代号详见表 5-1 建设工程施工现场安全管理资料分类整理及组卷表。

5.2.2 安全管理资料整理及组卷

施工现场安全管理资料整理应以单位工程分别进行整理和组卷，并应按资料形成的参与单位组卷。一卷为建设单位形成的资料；二卷为监理单位形成的资料；三卷为施工单位形成的资料，各分包单位形成的资料单独组成为第三卷内的独立卷。

每卷资料排列顺序为封面、目录、资料及封底。封面应包括工程名称、案卷名称、编制单位、编制人员及编制日期。案卷页号应以独立卷为单位顺序编写。

施工现场安全管理资料按表 5-1 分类整理及组卷。

表 5-1 建设工程施工现场安全管理资料分类整理及组卷表

编号	施工现场安全管理资料名称	资料表格编号或责任单位	工作相关及资料保存单位				
			建设单位	监理单位	施工单位	租赁单位	安装/拆卸单位
SA-A 类	建设单位施工现场安全管理资料						
	施工现场安全生产监管备案登记表	表 SA-A-1	●	●	●		
	施工现场变配电站、变压器、地上、地下管线及毗邻建筑物、构筑物资料移交单（如有）	表 SA-A-2	●	●	●		
	建设工程施工许可证	建设单位	●	●	●		
	夜间施工审批手续（如有）	建设单位	●	●	●		
	施工合同	建设单位	●	●	●		
	施工现场安全生产防护、文明施工措施费用支付统计	建设单位	●	●	●		
	向建设行政主管部门报送的（危险性较大的分部分项工程清单）	建设单位	●	●	●		
	上级管理部门、政府主管部门检查记录	建设单位	●	●	●		

续表

编号	施工现场安全管理资料名称	资料表格编号或责任单位	工作相关及资料保存单位				
			建设单位	监理单位	施工单位	租赁单位	安装/拆卸单位
SA-B 类	监理单位施工现场安全管理资料						
SA-B1	监理安全管理资料						
	监理合同	监理单位	●	●			
	监理规划、安全监理实施细则	监理单位	●	●	●		
	安全监理专题会议纪要	监理单位	●	●	●		
SA-B2	监理安全审核工作记录						
	工程技术文件报审表	表 SA-B2-1	●	●	●		
	施工现场施工起重机械安装/拆卸报审表	表 SA-B2-2		●	●	●	●
	施工现场施工起重机械验收审核表	表 SA-B2-3		●	●	●	●
	施工现场安全隐患报告书	表 SA-B2-4	●	●	●		
	工作联系单	表 SA-B2-5	●	●	●		
	监理通知	表 SA-B2-6	●	●	●		
	工程暂停令	表 SA-B2-7	●	●	●		
	工程复工报审表	表 SA-B2-8	●	●	●		
	安全生产防护、文明施工措施费用支付申请表	表 SA-B2-9	●	●	●		
	安全生产防护、文明施工措施费用支付证书	表 SA-B2-10	●	●	●		
	施工单位安全生产管理体系审核资料	监理单位		●	●		
	施工单位专项安全施工方案及工程项目应急救援预案审核资料	监理单位		●	●		
SA-C 类	施工单位施工现场安全管理资料						
SA-C1	安全控制管理资料						
	施工现场安全生产管理概况表	SA-C1-1	●	●	●		
	施工现场重大危险源识别汇总表	SA-C1-2	●	●	●		
	施工现场重大危险源控制措施总表	SA-C1-3	●	●	●		
	施工现场危险性较大的分部分项工程专项工程专项施工方案表	SA-C1-4	●	●	●		

续表

编号	施工现场安全管理资料名称	资料表格编号或责任单位	工作相关及资料保存单位				
			建设单位	监理单位	施工单位	租赁单位	安装/拆卸单位
SA-C1	施工现场超过一定规模危险性较大的分部分项工程专家论证表	SA-C1-5	●	●	●		
	施工现场安全生产检查汇总表	SA-C1-6		●	●		
	施工现场安全生产管理检查评分表	SA-C1-7			●		
	施工现场文明施工检查评分表	SA-C1-8			●		
	施工现场落地式脚手架检查评分表	SA-C1-9-1			●		
	施工现场悬挑式脚手架检查评分表	SA-C1-9-2			●		
	施工现场门型脚手架检查评分表	SA-C1-9-3			●		
	施工现场挂脚手架检查评分表	SA-C1-9-4			●		
	施工现场吊篮脚手架检查评分表	SA-C1-9-5			●		
	施工现场附着式升降脚手架提升架或爬架检查评分表	SA-C1-9-6			●		
	施工现场基坑土方及支护安全检查评分表	SA-C1-10			●		
	施工现场模板工程安全检查评分表	SA-C1-11			●		
	施工现场“三宝”“四口”及“临边”防护检查评分表	SA-C1-12			●		
	施工现场施工用电检查评分表	SA-C1-13			●		
	施工现场物料提升机(龙门架、井字架)检查评分表	SA-C1-14-1			●		
	施工现场外用电梯(人货两用电梯)检查评分表	SA-C1-14-2			●		
	施工现场塔吊检查评分表	SA-C1-15			●		
	施工现场起重吊装安全检查评分表	SA-C1-16			●		
	施工现场施工机具检查评分表	SA-C1-17			●		
	施工现场安全技术交底汇总表	SA-C1-18		●	●		
	施工现场安全技术交底表	SA-C1-19			●		
	施工现场作业人员安全教育记录表	SA-C1-20			●		
	施工现场安全事故原因调查表	SA-C1-21	●	●	●		

续表

编号	施工现场安全管理资料名称	资料表格编号或责任单位	工作相关及资料保存单位				
			建设单位	监理单位	施工单位	租赁单位	安装/拆卸单位
SA-C1	施工现场特种人员作业人员登记表	SA-C1-22		●	●		
	施工现场地上、地下管线保护措施验收记录表	SA-C1-23		●	●		
	施工现场安全防护用品合格证及检测资料登记表	SA-C1-24			●		
	施工现场施工安全日志表	SA-C1-25			●		
	施工现场班(组)班前讲话记录表	SA-C1-26			●		
	施工现场安全检查隐患整改记录表	SA-C1-27	●	●	●		
	监理通知回复单	SA-C1-28	●	●	●		
	施工现场安全生产责任制	施工单位		●	●		
	施工现场总分包安全管理协议书	施工单位		●	●		
	施工现场施工组织设计及专项安全技术措施	施工单位		●	●		
	施工现场冬雨风季施工方案	施工单位		●	●		
	施工现场安全资金投入记录	施工单位		●	●		
	施工现场生产安全事故应急预案	施工单位	●	●	●		
	施工现场安全标识	施工单位			●		
	施工现场自身检查违章处理记录	施工单位			●		
	本单位上级管理部门、政府主管部门检查记录	施工单位	●	●	●		
SA-C2	施工现场消防保卫安全管理资料						
	施工现场消防重点部位登记表	SA-C2-1	●	●	●		
	施工现场用火作业审批表	SA-C2-1			●		
	施工现场消防保卫定期检查表	SA-C2-1			●		
	施工现场居民来访记录	施工单位			●		
	施工现场消防设备平面图	施工单位		●	●		
	施工现场消防保卫制度及应急预案	施工单位		●	●		
	施工现场消防保卫协议	施工单位		●	●		
	施工现场消防保卫组织机构及活动记录	施工单位		●	●		

续表

编号	施工现场安全管理资料名称	资料表格编号或责任单位	工作相关及资料保存单位				
			建设单位	监理单位	施工单位	租赁单位	安装/拆卸单位
SA-C2	施工现场消防审批手续	施工单位		●	●		
	施工现场消防设施、器材维修记录	施工单位			●		
	施工现场防火等高温作业施工安全措施及交底	施工单位		●	●		
	施工现场警卫人员值班、巡查工作记录	施工单位			●		
SA-C3	脚手架安全管理资料						
	施工现场钢管扣件式脚手架支撑体系验收表	SA-C3-1		●	●		
	施工现场落地式(悬挑)脚手架搭设验收表	SA-C3-2		●	●		
	施工现场工具式脚手架安装验收表	SA-C3-3		●	●		
	施工现场脚手架、卸料平台及支撑体系设计及施工方案	施工单位		●	●		
SA-C4	基坑支护与模板工程安全管理资料						
	施工现场基坑支护验收表	SA-C4-1		●	●		
	施工现场基坑支护沉降观测记录表	SA-C4-2		●	●		
	施工现场基坑支护水平位移观测记录表	SA-C4-3		●	●		
	施工现场人工挖孔桩防护检查表	SA-C4-4		●	●		
	施工现场特殊部位气体检测记录表	SA-C4-5		●	●		
	施工现场模板工程验收表	SA-C4-6		●	●		
	施工现场基坑、土方、护坡及模板施工方案	施工单位		●	●		
SA-C5	“三宝”、“四口”及“临边”防护安全管理资料						
	施工现场“三宝”“四口”及“临边”防护检查记录表	SA-C5-1		●	●		
	施工现场“三宝”“四口”及“临边”防护措施方案	施工单位			●		

续表

编号	施工现场安全管理资料名称	资料表格编号或责任单位	工作相关及资料保存单位				
			建设单位	监理单位	施工单位	租赁单位	安装/拆卸单位
SA-C6	临时用电安全管理资料						
	施工现场施工临时用电验收表	SA-C6-1		●	●		
	施工现场电气线路绝缘强度测试记录表	SA-C6-2		●	●		
	施工现场临时用电接地电阻测试记录表	SA-C6-3		●	●		
	施工现场电工巡检维修记录表	SA-C6-4			●		
	施工现场临时用电施工组织设计及变更资料	施工单位		●	●		
	施工现场总、分包临时用电安全管理协议	施工单位		●	●		
	施工现场电气设备测试、调试技术资料	施工单位			●		
SA-C7	施工升降机安全管理资料						
	施工现场施工升降机安装/拆卸任务书	SA-C7-1			●	●	●
	施工现场施工升降机安装/拆卸安全和技术交底记录表	SA-C7-2			●	●	●
	施工现场施工升降机基础验收表、	SA-C7-3			●	●	●
	施工现场施工升降机安装/拆卸过程记录表	SA-C7-4			●	●	●
	施工现场施工升降机安装验收记录表	SA-C7-5			●	●	●
	施工现场施工升降机接高验收记录表	SA-C7-6			●	●	●
	施工现场施工升降机运行记录	施工单位			●	●	
	施工现场施工升降机维修保养记录	施工单位			●	●	
	施工现场机械租赁、使用、安装/拆卸安全管理协议书	施工单位		●	●	●	●
	施工现场施工升降机安装/拆卸方案	施工单位			●	●	●
	施工现场施工升降机安装/拆卸报审报告	施工单位		●	●	●	●
	施工现场施工升降机使用登记台账	施工单位			●		
	施工现场施工升降机登记备案记录	施工单位			●		

续表

编号	施工现场安全管理资料名称	资料表格编号或责任单位	工作相关及资料保存单位				
			建设单位	监理单位	施工单位	租赁单位	安装/拆卸单位
SA-C8	塔吊及起重吊装安全管理资料						
	施工现场塔式起重机安装/拆卸任务书	SA-C8-1			●	●	●
	施工现场塔式起重机安装/拆卸安全和技术交底	SA-C8-2			●	●	●
	施工现场塔式起重机基础验收记录表	SA-C8-3			●		●
	施工现场塔式起重机轨道验收记录表	SA-C8-4			●		●
	施工现场塔式起重机安装/拆卸过程记录表	SA-C8-5			●	●	●
	施工现场附着检查验收记录表	SA-C8-6			●	●	●
	施工现场塔式起重机顶升检验记录表	SA-C8-7			●	●	●
	施工现场塔式起重机安装验收记录表	SA-C8-8			●	●	●
	施工现场塔式起重机安装垂直度测量记录表	SA-C8-9			●	●	●
	施工现场塔式起重机运行记录表	SA-C8-10			●		
	施工现场塔式起重机维修保养记录表	SA-C8-11			●		
	施工现场塔式起重机检查记录表	SA-C8-12			●	●	●
	施工现场塔式起重机租赁、使用、安装/拆卸安全管理协议书	施工单位 租赁单位		●	●	●	●
	施工现场塔式起重机安装/拆卸方案及群塔作业方案、起重吊装作业专项施工方案	施工单位 租赁单位		●	●	●	●
	施工现场塔式起重机安装/拆卸报审报告	施工单位		●	●	●	●
	施工现场塔吊机组与信号工安全技术交底	施工单位			●		
SA-C9	施工机具安全管理资料						
	施工现场施工机具(物料提升机)检查验收记录表	SA-C9-1			●	●	●
	施工现场施工机具(电动吊篮)检查验收记录表	SA-C9-2			●	●	●

续表

编号	施工现场安全管理资料名称	资料表格编号或责任单位	工作相关及资料保存单位				
			建设单位	监理单位	施工单位	租赁单位	安装/拆卸单位
SA-C9	施工现场施工机具(龙门吊)检查验收记录表	SA-C9-3			●	●	●
	施工现场施工机具(打桩、钻孔机械)检查验收记录表	SA-C9-4			●	●	●
	施工现场施工机具(装载机)检查验收记录表	SA-C9-5			●	●	
	施工现场施工机具(挖掘机)检查验收记录表	SA-C9-6			●	●	
	施工现场施工机具(混凝土泵)检查验收记录表	SA-C9-7			●	●	
	施工现场施工机具(混凝土搅拌机)检查验收记录表	SA-C9-8			●	●	
	施工现场施工机具(钢筋机械)检查验收记录表	SA-C9-9			●	●	
	施工现场施工机具(木工机械)检查验收记录表	SA-C9-10			●	●	
	施工现场施工机具安装验收记录表	SA-C9-11			●	●	
	施工现场施工机具维修保养记录表	SA-C9-12			●	●	
	施工现场施工机具使用单位与租赁单位租赁、使用、安装/拆卸安全管理协议	施工单位 租赁单位		●	●	●	
	施工现场施工机具安装/拆卸方案	租赁单位			●	●	
SA-C10	施工现场文明生产(现场料具堆放、生活区)安全管理资料						
	施工现场施工噪声监测记录表	SA-C10-1			●	●	
	施工现场文明生产定期检查表	SA-C10-2				●	
	施工现场办公室、生活区、食堂等卫生管理制度	施工单位				●	
	施工现场应急药品、器材的等级及使用记录	施工单位				●	
	施工现场急性职业中毒应急预案	施工单位				●	

续表

编号	施工现场安全管理资料名称	资料表格编号或责任单位	工作相关及资料保存单位				
			建设单位	监理单位	施工单位	租赁单位	安装/拆卸单位
SA-C10	施工现场食堂卫生许可证及炊事人员的卫生、培训、体检证件	施工单位				●	
	施工现场各阶段现场存放材料堆放平面图及责任区划分,材料保存、保管制度	施工单位			●	●	
	施工现场成品保护措施	施工单位		●	●	●	
	施工现场各种垃圾存放、消纳管理制度	施工单位			●	●	
	施工现场环境保护管理方案	施工单位			●	●	

5.3 建设单位安全管理资料的形成与收集

1.施工现场安全生产监管备案登记表(表 SA-A-1)。

应由建设单位形成报当地建设行政主管部门备案。

2.施工现场变配电站、变压器、地上、地下管线及毗邻建筑物、构筑物资料移交单(SA-A-2)。

建设单位应在工程施工现场场地平整及槽、坑、沟土方开挖、打桩施工前,向施工单位提供施工现场及毗邻区域内变配电站、变压器、地上、地下管线资料,毗邻建筑物和构筑物的有关资料,交施工单位使用。对一些资料不完整或、有疑义时,建设单位应委托相关部门进行探查,并做好记录,经建设单位签字盖章认可后,交施工单位使用。

3.建设工程施工许可证。

建设单位应在工程开工前到当地建设行政主管部门办理领取建设工程施工许可证。

4.夜间施工审批手续。

如需夜间施工,建设单位应在夜间施工前到当地建设行政主管部门办理。

5.施工合同。

直接收集。

6.施工现场安全生产防护、文明施工措施费用支付统计。

建设单位应按施工合同约定,及时支付安全防护、文明施工措施费用,并应对其实施情况进行检查。

7.建设单位向当地建设行政主管部门报送的《危险性较大的分部分项工程清单》。

建设单位应督促施工单位提出危险性较大的分部分项工程专项施工方案,建设单位将工程项目填表报当地建设行政主管部门备案。

8.上级主管部门、政府主管部门检查记录。

包括建设单位上级主管部门、当地建设行政主管部门或其委托的机构的检查记录。

5.4 监理单位安全管理资料的形成与收集

5.4.1 监理安全管理资料(SA-B1)

1.监理合同。

监理单位与建设单位签订监理合同时,应将安全监理工作作为一项重要内容,在合同中明确。

2.监理规划、安全监理实施细则。

项目监理部在制订监理规划时,应包括安全监理方案,并编制专项安全监理实施细则。

3.安全监理专题会议纪要。

项目监理部应定期召开安全监理例会及安全生产专题会议,并形成会议纪要。

4.安全监理人员应填写监理安全工作日志。应收集整理和保存以下资料:

(1)施工现场安全专题会议纪要和监理安全工作日志;

(2)施工现场安全隐患报告、处理意见及相关的文件、监理指令等有关资料;

(3)危险性较大的分部分项工程验收等资料。

5.监理单位应查验并留存以下资料:

(1)安全监理人员安全生产教育培训证书;

(2)项目负责人、专职安全生产管理人员的安全生产考核合格证书;

(3)特种作业人员操作资格证书;

(4)分包单位现场负责人任职证明及身份证明等相关文件及审核资料;

(5)施工单位安全管理体系、安全生产责任制、安全生产管理制度、安全生产许可证等相关文件及审核资料;

(6)施工单位施工组织设计中的安全技术措施;

(7)危险性较大的分部分项工程安全专项施工方案,超过一定规模的危险性较大的分部分项工程安全专项施工方案应附专家论证报告;

(8)应急救援预案相关资料。

5.4.2 监理安全审核工作记录(SA-B2)

1.工程技术文件报审表(表SA-B2-1)。

施工单位应填写《工程技术文件报审表》,报送施工组织设计、安全生产管理体系及有关人员执业资格证书、危险性较大的专项施工方案等,项目监理部应及时进行审核。

2.施工现场施工起重机械安装/拆卸报审表(表SA-B2-2)。

项目监理部应对施工单位报送的塔式起重机、施工升降机、电动吊篮、物料提升机械等安装/拆卸方案、机械性能检测报告、安装/拆卸人员及操作人员上岗证书、安装/拆卸单位资质等进行复核。

3.施工现场施工起重机械验收核查表(表 SA-B2-3)。

项目监理部应对施工单位报送的施工现场施工起重机械验收表进行核查。其中:塔吊、物料提升机、升降机应有安装告知手续。

4.施工现场安全隐患报告书(表 SA-B2-4)。

监理人员在实施监理过程中,发现施工现场存在重大安全隐患,施工单位不及时进行有效整改的,项目监理部应填写表 SA-B2-4,向建设单位和工程所在地建设行政主管部门报告。

5.工作联系单(表 SA-B2-5)。

监理人员在施工监理过程中发现安全措施不到位,可能产生安全隐患,认为口头指令不足以引起施工单位重视时,可填写表表 SA-B2-5,要求施工单位进行整改,凡发出工作联系单表表 SA-B2-5 的监理人员应按时复查整改结果,并在监理日记中记录说明。施工单位整改后应及时书面回复。

6.监理通知(表 SA-B2-6)。

监理人员在施工监理过程中,发现安全隐患,及时签发《监理通知》表 SA-B2-6,要求施工单位限期整改,并抄报建设单位。施工单位整改后应有书面回复,监理人员应按时复查整改结果。

7.工程暂停令(表 SA-B2-7)。

监理人员在施工监理过程中,发现施工现场存在重大安全隐患,总监理工程师应及时签发《工程暂停令》表表 SA-B2-7,暂停部分或全部在施工程的施工,责令限期整改,并抄报建设单位。施工单位整改后应书面回复,经监理人员复查合格,总监理工程师批准后,方可复工。

8.工程复工报审表(表 SA-B2-8)。

项目监理部发出《工程暂停令》表 SA-B2-7 后,施工单位应立即停止施工,组织人员查找原因制订措施,进行整改。自行检查合格后,填写《工程复工报审表》表 SA-B2-8,报项目监理部,经监理复查合格,总监理工程师批准后方可复工。

9.安全生产防护、文明施工措施费用支付申请表(表 SA-B2-9)。

施工单位应按合同约定向监理单位提出安全生产防护、文明施工措施费用支付申请。

10.安全生产防护、文明施工措施费用支付证书(表 SA-B2-10)。

项目监理部收到施工单位申请支付安全生产防护、文明施工措施费用表 SA-B2-9,审查后应填写表 SA-B2-10,向建设单位提出安全生产防护、文明施工措施费用支付证书。

11.施工单位安全生产管理体系审核资料。

项目监理部应审查施工单位报送的安全生产管理机构、安全生产责任制、安全管理规章制度等资料。

12.施工单位专项安全施工方案及工程项目应急救援预案审核资料。

项目监理部应及时进行审查。

5.5 施工单位安全管理资料的形成与收集

施工单位安全管理资料包括：

1.安全控制管理资料(表 SA-C1)。

2.施工现场消防保卫安全管理资料(表 SA-C2)。

3.脚手架安全管理资料(表 SA-C3)。

4.基坑支护与模板工程安全管理资料(表 SA-C4)。

5.“三宝”、“四口”及“临边”防护安全管理资料(表 SA-C5)。

6.临时用电安全管理资料(表 SA-C6)。

7.施工升降机安全管理资料(表 SA-C7)。

8.塔吊及起重吊装安全管理资料(表 SA-C8)。

9.施工机具安全管理资料(表 SA-C9)。

10.施工现场文明生产(现场料具堆放、生活区)安全管理资料(表 SA-C10)。

5.5.1 安全控制管理资料(SA-C1)

1.施工现场安全生产管理概况表(表 SA-C1-1)。

项目经理部应将工程基本信息、相关单位情况和施工现场安全管理组织及主要安全管理人员情况，填写表 SA-C1-1，向当地建设行政主管部门施工安全监督机构备案。并报建设单位、监理单位备案。

2.施工现场重大危险源识别汇总表(表 SA-C1-2)。

项目经理部应对施工现场存在的重大危险源进行识别汇总，并报项目监理部备案。

3.施工现场重大危险源控制措施表(表 SA-C1-3)。

项目经理部对施工过程中可能出现的重大危险源事前应进行评价，制定重大危险源控制措施，每张表格只记录一种危险源，按建设行政部建质〔2009〕87 号关于印发《危险性较大的分部分项工程安全管理办法》的通知，由项目经理批准实施，并报项目监理部备案。

4.施工现场危险性较大的分部分项工程专项施工方案表(表 SA-C1-4)。

危险性较大的分部分项工程应编制专项施工方案。专项施工方案经施工单位技术负责人批准，报项目监理部审查认可后，报项目所在地建设行政主管部门施工安全监督机构。

需编制专项安全施工方案的危险性较大的分部分项工程，应按当地建设行政主管部门的规定执行，当地建设行政主管部门没有规定时，应按下列项目进行：

(1)基坑支护、降水工程。

开挖深度超过 3 m(含 3 m)或虽未超过 3 m 但地质条件和周边环境复杂的基坑(槽)支护、降水工程。

(2)土方开挖工程。

开挖深度超过 3 m(含 3 m)的基坑(槽)的土方开挖工程。

(3)模板工程及支撑体系。

①各类工具式模板工程:包括大模板、滑模、爬模、飞模等工程。

②混凝土模板支撑工程:搭设高度 5 m 及以上;搭设跨度 10 m 及以上;施工总荷载 10 kN/m^2 及以上;集中线荷载 15 kN/m^2 及以上;高度大于支撑水平投影宽度且相对独立无联系构件的混凝土模板支撑工程。

③承重支撑体系:用于钢结构安装等满堂支撑体系。

(4)起重吊装及安装拆卸工程。

①采用非常规起重设备、方法,且单件起吊重量在 10 kN 及以上的起重吊装工程。

②采用起重机械进行安装的工程。

③起重机械设备自身的安装、拆卸。

(5)脚手架工程。

搭设高度 24 m 及以上的落地式钢管脚手架工程,附着式整体和分片提升脚手架工程,悬挑式脚手架工程,吊篮脚手架工程,自制卸料平台、移动操作平台工程,新型及异型脚手架工程。

(6)拆除、爆破工程。

建筑物、构筑物拆除工程,采用爆破拆除的工程。

(7)其他。

建筑幕墙安装工程,钢结构、网架和索膜结构安装工程,人工挖扩孔桩工程,地下暗挖、顶管及水下作业工程,预应力工程,采用新技术、新工艺、新材料、新设备及尚无相关技术标准的危险性较大的分部分项工程。

专项施工方案编制应包括的下列内容:

(1)工程概况:危险性较大的分部分项工程概况、施工平面布置、施工要求和技术保证条件。

(2)编制依据:有关法律、法规、规范性文件、标准、规范及图纸(图集)、施工组织设计。

(3)施工计划:施工进度、人员进场、材料及设备计划。

(4)施工工艺技术:技术参数、工艺流程、施工方法、检查验收等。

(5)施工安全保证措施:组织保障、技术措施、应急预案、监测监控等。

(6)劳力计划:专职安全生产管理人员、特种作业人员等。

(7)计算书及相关图纸。

5.施工现场超过一定规模危险性较大的分部分项工程专家论证表(SA-C1-5)。

超过一定规模危险性较大的分部分项工程专项安全施工方案应经专家论证。项目经理部应编制专项安全施工方案,组织专家组进行论证,并按表 SA-C1-5 进行记录。专项安全施工方案,报项目监理部核查确认后,报项目所在地建设行政主管部门施工安全监督机构备案。

必须组织专家论证超过一定规模危险性较大的分部分项工程应按当地建设行政主管部门规定执行,当地建设行政主管部门没有规定时,应按下列项目进行:

(1)深基坑工程。

①开挖深度超过 5 m(含 5 m)的基坑(槽)的土方开挖、支护、降水工程。

②开挖深度虽未超过 5 m,但地质条件、周围环境和地下管线复杂,或影响毗邻建筑(构

筑)物安全的基坑(槽)的土方开挖、支护、降水工程。

(2)模板工程及支撑体系。

①工具式模板工程:包括滑模、爬模、飞模工程。

②混凝土模板支撑工程:搭设高度 8 m 及以上、搭设跨度 18 m 及以上、施工总荷载 15 kN/m^2 及以上、集中线荷载 20 kN/m^2 及以上。

③承重支撑体系:用于钢结构安装等满堂支撑体系,承受单点集中荷载 700 kg 以上。

(3)起重吊装及安装拆卸工程。

①采用非常规起重设备、方法,且单件起吊重量在 100 kN 及以上的起重吊装工程。

②起重量 300 kN 及以上的起重设备安装工程;高度 200 m 及以上内爬起重设备的拆除工程。

(4)脚手架工程。

①搭设高度 50 m 及以上落地式钢管脚手架工程。

②提升高度 150 m 及以上附着式整体和分片提升脚手架工程。

③架体高度 20 m 及以上悬挑式脚手架工程。

(5)拆除、爆破工程。

①采用爆破拆除的工程。

②码头、桥梁、高架、烟囱、水塔或拆除中容易引起有毒、有害气(液)体或粉尘扩散、易燃易爆事故发生的特殊建、构筑物的拆除工程。

③可能影响行人、交通、电力设施、通信设施或其他建、构筑物安全的拆除工程。

④文物保护建筑、优秀历史建筑或历史文化风貌区控制范围的拆除工程。

(6)其他。

①施工高度 50 m 及以上的建筑幕墙安装工程。

②跨度大于 36 m 及以上的钢结构安装工程;跨度大于 60 m 及以上的网架和索膜结构安装工程。

③开挖深度超过 16 m 的人工挖孔桩工程。

④地下暗挖工程、顶管工程、水下作业工程。

⑤采用新技术、新工艺、新材料、新设备及尚无相关技术标准的危险性较大的分部分项工程。

专家论证应包括下列内容:

(1)方案内容是否完整、可行。

(2)方案计算书和验算依据是否符合有关标准。

(3)安全施工的基本条件是否满足现场实际情况。

6.施工现场安全生产检查汇总表(表 SA-C1-6,汇总的内容含表 SA-C1-7 至表 SA-C1-17)。

项目经理部根据当地建设行政主管部门的规定,对施工现场的一些安顿措施、设施定期进行检查评价,并督促整改。用表 SA-C1-6 进行汇总。

各项检查内容按专项表格 SA-C1-7 至表 SA-C1-17 进行。专项检查评分表,保证项目为 60 分,一般项目为 40 分。当保证项目中有一项不得分或保证项目小计得分不足 40 分时,此项检查表不应得分。

表 SA-C1-7 至表 SA-C1-17 检查评分,实际得分填入表 SA-C1-6 各相应项目中,根据得分情况和保证项目达标情况分为优良、合格、不合格三个等级。

优良:保证项目达标,汇总表分值达 80 分及其以上;

合格:保证项目达标,汇总表分值达 70 分及其以上;

不合格:汇总表 SA-C1-6 得分不足 70 分;有一份表未得分,且汇总表得分在 75 分以下;当起重吊装或施工机具分表未得分,且汇总表得分在 80 分以下都为不合格。

7.施工现场安全技术交底汇总表(表 SA-C1-18)。

项目经理部应将各项安全技术交底按照作业内容及施工先后顺序依次汇总,存放施工现场,以备查验。并报项目监理部备案。

8.施工现场安全技术交底表(表 SA-C1-19)。

分部分项工程施工前及有特殊风险项目作业前,应由项目技术负责人对施工作业人员进行书面安全技术交底,并填写表 SA-C1-19。存放施工现场,以备查验。

9.施工现场作业人员安全教育记录表(表 SA-C1-20)。

项目经理部对新入场、转场及变换工种的施工人员必须进行安全教育,经考试合格后方准上岗作业;同时应对施工人员每年至少进行两次安全生产培训,并对被教育人员、教育内容、教育时间等基本情况按表 SA-C1-20 进行记录。

10.施工现场安全事故原因调查表(表 SA-C1-21)。

施工现场凡发生生产安全事故的,应按照表 SA-C1-21 的要求进行原因调查与分析并记录。报项目监理部备案。

11.施工现场特种作业人员登记表(表 SA-C1-22)。

电工、焊(割)工、架子工、起重机械作业工(包括司机、安装/拆卸、信号指挥等)、场内机动车驾驶等特种作业人员上岗前,项目经理部应审查特种作业人员的操作证,核对资格证原件后在复印件上盖章并由项目经理部存档,填入表 SA-C1-22。并报项目监理部核查。

12.施工现场地上、地下管线保护措施验收记录表(表 SA-C1-23)。

施工现场应在平整场地、槽、坑、沟土方开挖前,编制地上、地下管线保护措施,由项目技术负责人组织相关人员进行审查,填写表 SA-C1-23。并报项目监理部审查。

13.施工现场安全防护用品合格证及检测资料登记表(表 SA-C1-24)。

项目经理部对采购和租赁的安全防护用品和涉及施工现场安全的重要物资应认真审核生产许可证、产品合格证、检测报告等相关文件,按表 SA-C1-24 予以登记存档。

14.施工现场施工安全日志表(表 SA-C1-25)。

施工安全日志应由专职安全员按照日常安全活动和安全检查情况,逐日按表 SA-C1-25 记录。

施工安全日志应装订成册(防拆的),页次、日期应连续,不得缺页缺日,填写错可划“×”作废,但不能撕掉。工程项目部安全负责人应定期对安全日志进行检查,并签名示以负责。

15.施工现场班(组)班前讲话记录表(表 SA-C1-26)。

各作业班(组)长于每班工作开始前必须对本班(组)全体人员进行班前安全交底,并填写表 SA-C1-26。

本表可以班(组)为单位或工程项目为单位装订成册。由安全员将班(组)活动记录,以天装订,然后按日期顺序成册。定期对其内容、活动情况进行讲评。

16.施工现场安全检查隐患整改记录表(表 SA-C1-27)。

项目安全负责人组织检查过程中,针对存在的安全隐患填写表 SA-C1-27。其中应包括检查情况及安全隐患、整改要求、整改后复查情况等内容,并签字负责。

17.监理通知回复单(表 SA-C1-28)。

项目负责人接到监理通知后应积极组织整改,整改后自行检查符合要求后,填写此表,报项目监理部复查。

18.施工现场安全生产责任制。

项目经理部应将现场安全机构设置、制度、生产安全目标、管理责任书形成文字,并公布在施工现场。并报项目监理部备案。

19.施工现场总分包安全管理协议书。

总分包应签订安全管理协议书,落实有关安全事项,并形成文件。并报项目监理部备案。

20.施工现场施工组织设计及专项安全技术措施。

项目经理部应针对工程项目编制施工组织设计及专项安全技术措施。并报项目监理部备案。

21.施工现场冬雨风季施工方案。

项目经理部应对冬雨季、台风季节施工的项目,制订针对性的,专项施工方案,即冬季施工方案、雨季防雨防涝方案、防台风方案等,并应有检查记录,以保证工程质量和施工正常进行。并报项目监理部备案。

22.施工现场安全资金投入记录。

项目经理部应在工程开工前编制安全资金投入计划,并取得项目监理部的认可,并以月为单位对项目安全资金使用情况进行小结,并报项目监理部备案。

23.施工现场生产安全事故应急预案。

项目经理部应编制生产安全事故应急预案,成立应急救援组织,配备必要的应急救援器材和物资。对全体施工人员进行培训,定期组织演练,并有相应的记录,并报建设单位、项目监理部备案。

24.施工现场安全标识。

施工现场各类安全标识发放、使用情况应进行登记;现场安全标识设置应与施工现场安全标识布置平面图相符,使安全标识起到应有的效果。

25.施工现场自身检查违章处理记录。

施工现场的违章作业、违章指挥及处理整改情况应及时进行记录,建立违章处理记录台账。

26.本单位上级管理部门、政府主管部门检查记录。

本单位上级管理部门、政府主管部门来施工现场检查的有关情况,检查出的不足之处,整改建议等。

5.5.2 施工现场消防保卫安全管理资料(SA-C2)

1.施工现场消防重点部位登记表(表 SA-C2-1)。

项目经理部应根据施工总平面图中消防设施布置将施工现场消防重点部位进行登记。如施工现场消防重点部位发生变化后，应重新进行登记，登记表应保持与现场实际情况一致。并报建设单位、项目监理部备案。

2.施工现场用火作业审批表(表 SA-C2-2)。

作业人员每次用火作业前，必须到项目经理部办理用火申请，并填写表 SA-C2-2，经项目经理部审批同意后，方可用火作业。

3.施工现场消防保卫定期检查表(表 SA-C2-3)。

项目经理部安全负责人应根据施工消防的要求，定期组织有关人员对施工现场消防、保卫设施进行检查，并按表 SA-C2-3 进行记录。

4.施工现场居民来访记录。

施工现场应设置居民来访接待室，对居民来访内容进行登记，并记录处理结果。

5.施工现场消防设备平面图。

施工现场消防设施、器材平面图应明确现场各类消防设施、器材的布置位置和数量。并报项目监理部核查。

6.施工现场消防保卫制度及应急预案。

项目经理部应制定施工现场的保卫消防制度、现场消防保卫管理方案、重大事件、重大节日管理方案、现场火灾应急救援预案和消防安全操作规程等相关技术文件，并将文件向相关人员进行交底。并报项目监理部审查。

7.施工现场消防保卫协议。

建设单位与总包单位、总包单位与分包单位必须签订现场保卫消防协议，明确各方相关责任，协议必须履行签字、盖章手续。并报项目监理部备案。

8.施工现场消防保卫组织机构及活动记录。

施工现场应设立消防保卫组织机构，成立义务消防队，定期组织教育培训和消防演练，各项活动应有文字和图片记录。并报项目监理部备案。

9.施工现场消防审批手续。

项目经理部应在工程施工前，到当地消防部门进行申报登记，以便消防部门了解施工现场的消防布置，取得审批手续。并将消防安全许可证存档，以备查验。并报项目监理部核查。

10.施工现场消防设施、器材维修记录。

施工现场各类消防设施、器材，应经项目经理部验收合格，并应定期对消防设施、器材进行检查。以及按使用期限及时更换、补充、维修等。并应形成文字记录。

11.施工现场防火等高温作业施工安全措施及交底。

施工现场防火等高温作业施工时，应制定相关的防中暑、防火灾的安全防范技术措施，并对所有参与防火作业的施工人员进行书面交底，所有被交底人必须履行签字手续。并报项目监理部备案。

12.施工现场警卫人员值班、巡查工作记录。

施工现场警卫人员应在每班作业后填写警卫人员值班、巡查工作记录，对当班期间主要事项进行登记。

5.5.3 脚手架安全管理资料(SA-C3)

1.施工现场钢管扣件式脚手架支撑体系验收表(表SA-C3-1)。

钢管扣件式脚手架支撑体系应根据实际情况分段、分部位,由施工单位项目技术负责人组织相关单位人员验收。六级以上大风及大雨后、停用超过一个月均要进行相应的检查验收。并报项目监理部备案。

2.施工现场落地式(悬挑)脚手架搭设验收表(表SA-C3-2)。

落地式或悬挑脚手架搭设完成,施工单位项目技术负责人应组织有关单位人员验收。六级以上大风及大雨后、停用超过一个月均要进行相应的检查。并报项目监理部备案。

3.施工现场工具式脚手架安装验收表(表SA-C3-3)。

包括门式外挂脚手架、吊篮脚手架、附着式升降脚手架、卸料平台等。由施工单位项目技术负责人组织有关单位验收。并报项目监理部备案。

4.施工现场脚手架、卸料平台和支撑体系设计及施工方案。

落地式钢管扣件式脚手架、工具式脚手架、卸料平台及支撑体系等应在施工前编制相应专项施工方案。应按施工方案进行搭设、安装,保证脚手架安全。施工方案应存放施工现场备查。并报项目监理部备案。

5.5.4 基坑支护与模板工程安全管理资料(SA-C4)

1.施工现场基坑支护验收表(表SA-C4-1)。

基坑支护完成后施工单位应组织相关单位按照设计文件、施工组织设计、施工专项方案及相关规范进行验收。并报项目监理部审查。

2.施工现场基坑支护沉降观测记录表(表SA-C4-2)。

3.施工现场基坑支护水平位移观测记录表(表SA-C4-3)。

基坑支护沉降观测和水平位移观测,施工单位和专业承包单位应按规定指派专人对基坑、土方、护坡开挖及开挖后的支护结构进行监测,并按表SA-C4-2或表SA-C4-3进行数据记录。项目监理部对监测的程序进行审核。如发现监测数据异常,应立即采取必要的措施纠正。

4.施工现场人工挖孔桩防护检查表(表SA-C4-4)。

人工挖孔桩工程应编制专项施工方案。超过16m时应进行专家论证。项目经理部应每天派专人对人工挖孔桩作业进行安全检查。项目监理部应定期对检查表及实物进行抽查。并用表SA-C4-4进行记录。

5.施工现场特殊部位气体检测记录表(表SA-C4-5)。

对人工挖孔桩和密闭空间等施工中,可能存在有害气体的场所应有专项施工方案。应在每班作业前进行气体检测,按表SA-C4-5进行记录,并报项目监理部备案。

6.施工现场模板工程验收表(表SA-C4-6)。

模板工程应按工程施工质量验收规范进行验收。对一些特殊的模板工程,如搭设高度8 m及以上、搭设跨度18 m及以上、施工总荷载15 kN/m^{2}及以上、集中线荷载20 kN/m^2

及以上、大面积满堂支模等，在施工组织设计、专项施工方案中应明确进行稳定性、强度等安全验收。除按规范验收外，还应专门对安全性进行验收，按表 SA-C4-6 进行记录。并报项目监理部审查。

7.施工现场基坑、土方、护坡及模板施工方案。

基坑、土方、护坡、模板施工必须按有关规定做到有方案、有审批；模板工程还应有设计计算书。方案报项目监理部审查认可。

5.5.5 “三宝”“四口”及“临边”防护安全管理资料(SA-C5)

1.施工现场“三宝”、“四口”及“临边”防护检查记录表(表 SA-C5-1)。

施工现场“三宝”、“四口”及“临边”防护应按当地建设行政主管部门的规定定期进行检查。当地没有具体规定的，每周至少应检查一次。凡出现风、雨天气过后及每升高一层施工时，都应及时进行检查。并报项目监理部备案。

每发现一个人、一处存在安全防护措施不到位的情况应及时做出处理，并责成立即改正。

2.施工现场“三宝”、“四口”及“临边”防护措施方案。

项目经理部应在施工组织设计或有关专项安全技术方案中对“三宝”、“四口”及“临边”防护做出详细规定，包括材料器具的品种、规格、数量、安装方式、质量要求及安装时间、责任人等。

5.5.6 临时用电安全管理资料(SA-C6)

1.施工现场施工临时用电验收表(表 SA-C6-1)。

施工现场临时用电架设安装完成后必须由总包单位组织验收，合格后方可使用，验收时可根据施工进度分项、分回路进行。项目监理部对验收资料及实物进行核查。

2.施工现场电气线路绝缘强度测试记录表(表 SA-C6-2)。

电气线路绝缘测试包括临时用电动力、照明线路等绝缘强度测试，可按系统回路进行测试，测试结果报项目监理部备案。

3.施工现场临时用电接地电阻测试记录表(表 SA-C6-3)。

临时用电接地电阻测试包括临时用电系统、设备的重复接地、防雷接地、保护接地以及设计有要求的接地电阻测试。将测量结果报项目监理部备案。

4.施工现场电工巡检维修记录表(表 SA-C6-4)。

施工现场电工应按有关要求进行巡检维修，并由值班电工每日填写记录表。项目安全负责人要定期进行检查，以保证巡检维修的到位有效。

5.施工现场临时用电施工组织设计及变更资料。

临时用电设备在 5 台及以上或设备总容量在 50 kW 及以上者，均应编制临时用电施工组织设计，并按《施工现场临时用电安全技术规范》JGJ 46 的要求进行审批手续。如发生变更应重新办理审批手续。并报项目监理部备案。

6.施工现场总、分包临时用电安全管理协议。

总包单位、分包单位必须订立临时用电管理协议，明确各方相关责任，协议必须履行签字、盖章手续。并报项目监理部备案。

7.施工现场电气设备测试调试技术资料。

电气设备的测试、检验单和精度记录应由设备生产者或专业维修者提供。

5.5.7 施工升降机安全管理资料(SA-C7)

1.施工现场施工升降机安装/拆卸任务书(表SA-C7-1)。

施工升降机械安装/拆卸均应有明确的任务书，以保证安装质量和落实安装/拆卸的安全责任。

2.施工现场施工升降机安装/拆卸安全和技术交底记录表(表SA-C7-2)。

施工升降机安装/拆卸任务书下达后，安装/拆卸单位安全负责人、技术负责人应对升降机安装/拆卸的安全、技术措施进行详细的安全技术交底，以保证安装/拆卸质量和安全。

3.施工现场施工升降机基础验收表(表SA-C7-3)。

施工升降机基础验收应根据升降机安装技术要求的承载力、强度、基础尺寸、底脚螺栓规格数量等进行。基础完工后达到一定强度，升降机安装前应进行全面验收。

4.施工现场施工升降机安装/拆卸过程记录表(表SA-C7-4)。

施工升降机安装/拆卸施工中，应对各安装/拆卸环节情况进行记录，包括各项工作的分工，每个施工人员的工作内容以及周围环境安装/拆卸过程中的一些情况。以便验收时了解安装/拆卸全过程的情况。

5.施工现场施工升降机安装验收记录表(表SA-C7-5)。

施工升降机安装验收是在升降机安装完毕，由安装单位组织有关单位负责人进行全面验收，判定是否符合标准。特别是试运行及坠落实验以及安全装置，应经过实地实验和检查。报项目监理部核查。日常和定期检查参照此表执行。

6.施工现场施工升降机接高验收记录表(表SA-C7-6)。

施工升降机每次接高都应经过验收后才能运行使用。在接高过程中应按表SA-C1-4进行记录，接高完成后应按表SA-C7-6的内容检查验收记录。并报项目监理部核查。

7.施工现场施工升降机运行记录。

施工升降机在使用过程中，每日应对运行情况进行记录，并对发生的事项详细记录。每周使用单位的负责人应检查记录。

8.施工现场施工升降机维修保养记录。

施工升降机应由产权单位负责定期维修保养。

9.施工现场机械租赁、使用、安装/拆卸安全管理协议书。

出租和承租双方应签订租赁合同和安全管理协议书，明确双方安全责任和义务。并报项目监理部备案。

10.施工现场施工升降机安装/拆卸方案。

施工升降机安装前，应编制设备的安装/拆卸方案，经安装/拆卸单位技术负责人审核批准后方可进行作业。

11.施工现场施工升降机安装/拆卸报审报告。

施工升降机安装/拆卸报审报告，按当地建设行政主管部门规定执行。

12.施工现场施工升降机使用登记台账。

施工单位应建立施工升降机使用台账，每台机械使用情况应详细记录。

13.施工现场施工升降机登记备案记录。

内容有设备登记编号、使用情况登记资料、安装告知手续等。

5.5.8 塔吊及起重吊装安全管理资料(SA-C8)

1.施工现场塔式起重机安装/拆卸任务书(表SA-C8-1)。

塔式起重机安装/拆卸均应有专项任务书，以保证安装质量和落实安装/拆卸的安全责任。

2.施工现场塔式起重机安装/拆卸安全和技术交底(表SA-C8-2)。

塔式起重机安装/拆卸任务下达后，安装/拆卸单位的安全负责人、技术负责人应对塔式起重机安装/拆卸的安全和技术措施进行详细交底。以确保安装/拆卸的质量和安全。

3.施工现场塔式起重机基础验收记录表(表SA-C8-3)。

塔式起重机基础验收应根据塔式起重机安装技术要求的承载力、场地环境、固定支脚、基础的尺寸、平整度及预埋螺栓情况、接地电阻等，在塔式起重机安装前进行一次全面验收，以保证塔式起重机安装和使用期间的安全。

4.施工现场塔式起重机轨道验收记录表(表SA-C8-4)。

轨道行走式塔式起重机轨道验收应根据安装技术要求进行全面检查验收。对其路基碎石厚度、钢轨接头、轨距、轨顶面倾斜度及接地装置等在钢轨铺设完成塔吊安装前进行全面检查验收。

5.施工现场塔式起重机安装/拆卸过程记录表(表表SA-C8-5)。

塔式起重机安装/拆卸过程中，应对安装/拆卸过程中的有关环节情况进行记录，包括各项工作的分工、每个人员的工作内容、重点环节的检查等一些情况，以便验收检查时了解安装/拆卸过程的情况。

6.施工现场塔式起重机附着检查记录表(表SA-C8-6)。

塔式起重机安装过程或安装后，或每次提升后增加的附着都应进行全面检查合格。

7.施工现场塔式起重机顶升检验记录表(表SA-C8-7)。

塔式起重机需要顶升的委托原安装单位或具有相应资质的安装单位按照专项施工方案实施。每次顶升完毕，使用单位组织有关人员进行检查验收，合格后才能投入使用。并报项目监理部备案。

8.施工现场塔式起重机安装验收记录表(表SA-C8-8)。

塔式起重机安装完成后，安装/拆卸单位应先自行检查合格。总包单位应组织施工单位、有关分包单位等有关人员进行全面检查验收，须进行检测的应委托有相应资质的检测单位检测合格后才能投入使用。并报项目监理部审查。日常和定期检查参照此表执行。

9.施工现场塔式起重机安装垂直度测量记录表(表SA-C8-9)。

由安装单位测量，按表SA-C8-9记录，报施工单位及租赁单位。

10.施工现场塔式起重机运行记录表(表 SA-C8-10)。

是一张通用表格。施工现场使用的塔式起重机、施工电梯、移动式起重机、物料提升机等起重机械操作人员应在每班作业后填写,运行中如发现设备有异常情况,应立即停机检查报修,排除故障后方可继续运行。运行记录通常是装订成册,连续编页码,不得缺页数。起重机械运行记录每个台班都必须填写。产权单位安全负责人至少应每周审查一次,签字负责。运行记录由设备产权单位和使用单位存档。

11.施工现场塔式起重机维修保养记录表(表 SA-C8-11)。

塔式起重机在使用过程中,应按设备使用说明书要求定期请专业人员对设备进行维修保养。维修保养工作应由设备租赁单位或产权单位负责按期进行。机械设备都应在维修保养的有效期内使用。

12.施工现场塔式起重机检查记录表(表 SA-C8-12)。

由施工单位组织有关人员定期或雨、风天、停用一周之后进行检查。

13.施工现场塔式起重机租赁、使用、安装 7 拆卸安全管理协议书。

租赁的塔式起重机等施工机具,出租和承租双方应签订租赁合同,并签订使用、安装/拆卸过程中的安全管理协议书,明确双方在租赁、使用期间、安装/拆卸过程中的安全责任和义务。委托安装/拆卸单位安装/拆卸塔式起重机时,还应签订安装/拆卸合同,也应明确安装/拆卸安全考任。塔式起重机的安装/拆卸单位资质、相关人员的资格证书,及设备统一编号存档备查。并报项目监理部备案。

14.施工现场塔式起重机安装/拆卸方案及群塔作业方案、起重吊装作业专项施工方案。

塔式起重机安装/拆卸、起重吊装作业等必须编制专项施工方案,涉及群塔(2 台及以上)作业时必须制定相应的方案和措施,确保每个相邻塔式起重机之间的安全距离。制定起重作业的安全措施,并绘制平面布置图。并报项目监理部核查。

15.施工现场塔式起重机安装/拆卸报审报告。

报审报告按当地建设行政主管部门规定执行。

16.施工现场塔吊机组与信号工安全技术交底

塔式起重机使用前,总承包单位与机械出租单位应共同对塔吊机组人员和信号工进行联合安全技术交底,并做好记录。

5.5.9 施工机具安全管理资料(SA-C9)

1.施工现场施工机具检查验收记录表(表 SA-C9-1)。

施工机具有物料提升机械、电动吊篮、龙门吊、打桩及钻孔机械、挖掘机、装载机、浪凝土泵、混凝土搅拌机、钢筋机械、木工机械等中小型机械。

施工机具检查验收由租赁单位主动向施工单位提供有关资料,提供已经过检查的有关资料及必须现场检查的部位情况,并按表 SA-C9-1 至表 SA-C9-10 进行记录,签字负责,报项目监理部(其中 1～8 每台一验,9～10 可每棚、每房一验)。

2.施工现场施工机具安装验收记录表(表 SA-C9-11)

为保证施工机具正常运行和使用安全,凡进入施工现场需安装的机具都应根据实际情况进行安装验收。

3.施工现场施工机具维修保养记录表(表 SA-C9-12)。

施工单位自有施工机具,由项目经理部负责;租赁的由出租单位负责,建立机械设备的检查、维修和保养制度,编制设备保修计划。

4.施工现场施工机具使用单位与租赁单位租赁、使用、安装/拆卸安全管理协议。

施工机具凡是租赁来的,使用单位与租赁单位签订租赁、使用、安装/拆卸过程中的安全管理协议,明确双方责任和义务。

凡由租赁单位负责维修保养及责任安全管理的,由租赁单位建立施工机具检查、维修和保养制度,编制保修计划,保证施工机具的安全使用。

5.施工现场施工机具安装/拆卸方案。

施工机具凡需安装/拆卸的,都必须由安装单位编制安装/拆卸施工方案。并经技术负责人批准,按施工方案进行安装/拆卸。

5.5.10 施工现场文明生产(现场料具堆放、生活区)安全管理资料(SA-C10)

1.施土现场施工噪声监测记录表(表 SA-C10-1)。

施工现场作业过程中,各类设备产生的噪声在场界边缘应符合国家有关标准。项目经理部应定期在施工现场场地边界对噪音进行监测,将监测结果填入表 SA-C10-1,并报项目监理部备案。

2.施工现场文明生产定期检查表(表 SA-C10-2)。

项目经理部项目安全负责人应根据施工安全制度及施工现场文明施工的情况,组织有关人员定期对 4.5.10 的 1～10 条各项内容等进行检查。并按表 SA-C10-2 记录。

3.施工现场办公室、生活区、食堂等卫生管理制度。

办公区、生活区、食堂等各类场所应制定相应的卫生管理制度、卫生设施布置图,明确各区域负责人。

4.施工现场应急药品、器材的登记及使用记录。

施工现场应配备必要的急救药品和器材,并对药品、器材的配备品种、数量及使用情况进行登记。

5.施工现场急性职业中毒应急预案。

施工现场应编制急性中毒应急预案,发生中毒事故时,应定期演练,保证有效启动。

6.施工现场食堂卫生许可证及炊事人员的卫生、培训、体检证件。

施工现场设置食堂时,必须办理卫生许可证和炊事人员的健康合格证、培训证,并将相关证件在食堂明示,复印件存档备案。

7.施工现场各阶段现场存放材料平面图及责任区划分,材料保存、保管制度。

施工现场应绘制材料堆放平面图,现场内各种材料应按照平面图进行堆放,并明确各责任区的划分,确定责任人。

各种材料建立材料保存、保管、领取、使用的各项制度。抄报项目监理部备案。

8.施工现场成品保护措施。

施工现场应制定各类成品、半成品的保护措施,并将措施落实到相关管理部门和作业人员。并报项目监理部审查。

9.施工现场各种垃圾存放、消纳管理制度。

项目经理部应对施工现场的垃圾、建筑渣土建立处理制度,并对处理结果进行检查,并及时对运输和处理情况进行记录。并报项目监理部审查。

10.施工现场环境保护管理方案。

项目经理部应识别和评价作业过程中可能出现的环境危害因素,制定环境污染控制措施,编制项目环境保护管理方案。成立由项目经理负责的环境保护管理机构,制定相关责任制度,明确控制对象及责任人。并报项目监理部审查。

本章小结

本章小结

建筑施工现场安全管理资料的管理是工程项目施工管理的重要组成部分;是贯彻执行“安全第一,预防为主”方针的具体体现;是预防安全生产事故和提高文明施工管理的有效措施。它对实现施工现场安全达标和加强科学化安全管理起着考核和指导的作用。通过本章学习要充分理解安全管理资料管理工作的重要性。掌握建设单位、监理单位、施工单位安全管理资料形成和收集要求,学会各种资料表格的使用。

复习思考题

复习思考题

1.安全管理资料有什么基本要求?

2.安全管理资料的管理中建设单位、监理单位、施工单位各有什么职责?

3.安全控制管理资料有哪些内容?

4.施工现场消防保卫安全管理资料有哪些内容?

5.脚手架安全管理资料有哪些内容?

6.基坑支护与模板工程安全管理资料有哪些内容?

7.临时用电安全管理资料有哪些内容?

参考文献

《建设工程施工现场安全资料管理规程》CECS266:2009

第6章　竣工图的编制与整理

6.1　竣工图的作用、职责与分工

6.1.1　竣工图的作用

1. 竣工图是建筑工程新建、改建、扩建及工程维护、管理的技术依据

工程项目在开始建设时一般要通过查阅原工程竣工图或实地调查来了解周围工程的概况，特别是在敷设地下管线或进行隐蔽工程维修时要通过竣工图来掌握原地下管线的走向、管径、标高和转折点、交叉点的详细位置。

建筑工程在进行改建、扩建时也必须通过竣工图来弄清楚它的基础及结构形式，否则盲目的改建、扩建必将造成重大安全隐患。

对原有建筑的电线、电缆、给排水管线等进行维修增容时，也必须通过完整准确的竣工图来获得原有管线的走向、位置、管沟大小等。

2. 竣工图是城市规划、建设、管理等工作的重要依据

随着城市现代化程度的不断提高，地下隐蔽工程越来越多，在城市规划、建设、管理工作中特别是在城市的地下建筑和地下管线空间的规划中，完整准确的竣工图是必不可少的基础资料。必须借助竣工图来合理安排新建地下建筑物和地下管线的布置。

3. 竣工图是司法鉴定裁决建筑纠纷的法律凭证

在做重大工程质量事故的技术鉴定时，首先要对工程图纸进行核对，检查施工单位是否按图施工，有变更的部位是否经过设计单位同意，签字手续是否完备；然后才对设计计算、材料是否合格、施工过程是否符合规范要求等进行检查。

4. 竣工图是抗震防灾、战后恢复重建的重要保障

完整准确的竣工图对于抗震救灾、战后恢复重建具有雪中送炭之功效，当地震灾害发生后，及时恢复灾区通讯、供电、供水、交通（桥梁、隧涵）等基础设施工程是燃眉之急，完整准确的灾区地下管线工程、地下构筑物工程竣工图将会发挥重大的其他物质不可替代的作用。因此，完整、准确的竣工图与城镇居民的正常生活及生命财产息息相关，必须以高度的职业道德和责任感做好这一工作。

5. 竣工图是工程结算的依据

竣工图能准确定位已完工程的工程量，复核认定已完工程量的真实性，正确判定变更的合理性和合规性。对已完成竣工图编制并且通过竣工验收的工程项目，审计人员能从图中正确判断计算出工程造价。竣工图在投资审计决算中与施工图、中标价、施工合同、签证、地

方定额、当期材料价格等资料一样具有同等重要的结算依据作用。

6.1.2 编制竣工图的职责与分工

1. 竣工图编制与整理工作由建设单位负责，也可由建设单位委托施工单位、监理单位、设计单位或其他单位编制。

2. 建设项目实行总包制的各分包单位应负责编制各自承包范围工程的竣工图总包单位除编制自行施工的竣工图外，还应负责审核、整理和汇总各分包单位编制的竣工图。总包单位在交工时应向建设单位提交全部工程竣工图。

3. 建设单位将建设项目分包给几个施工单位时，各施工单位应负责编制各自承包工程的竣工图，建设单位负责审查、整理和汇总。

4. 竣工图的编制工作应实行谁施工谁负责的原则。

(1)建筑工程由项目部施工技术人员编制，项目技术负责人审核、批准和汇总。

(2)安装工程由各专业施工技术人员编制，项目技术负责人审核、批准和汇总。

(3)施工技术人员调离时应将个人负责的竣工图整理完毕，经审核无误后与项目技术负责人做好交接。

(4)大中型工程的竣工图，由项目技术负责人主持编制，经公司技术部门复核，总工程师审查和主管档案部门验收。

6.2 竣工图的类型、绘制方法及编制竣工图的基本要求

6.2.1 竣工图的类型

竣工图按照形成过程一般分为以下几类：

1. 利用施工蓝图改绘的竣工图；
2. 在硫酸纸图上修改晒制的竣工图；
3. 重新绘制的竣工图；
4. 用 CAD 绘制的竣工图。

6.2.2 竣工图的绘制方法

6.2.2.1 在施工蓝图上改绘竣工图

对于取消、增加、变更部分内容等情况，一般采用杠(划)改、叉改法进行改绘，具体的改绘方法通常视图面、改动范围和位置、繁简程度等实际情况而定。常用的改绘方法为：圈出更改部位，引画索引线并注明更改依据，在原图空白处绘出更改内容。

杠(划)改法就是在原施工图上用细实线划去需要更改的部分，从修改的位置引出带箭头的索引线，在索引线上注明修改依据。杠(划)改法是目前一般性变更中使用的一种基本

方法.无论建筑、结构还是设备安装施工的竣工图,要求均以这种方法为基础来编制竣工图

1. 取消部分内容的改绘方法

(1)取消诸如尺寸、门窗型号、钢筋型号和数量、注解说明等数字、文字、符号时,一最采用杠(划)改法,即将取消的数字、文字、符号等用横杠划掉(不得涂抹掉),从修改的位置引出带箭头的索引线,在索引线上注明修改依据。例如××号洽商××条。

(2)取消诸如隔墙、门窗、钢筋等内容时,一般采用叉改法,即在图上将取消的部分打“×”当图上描绘取消的部分较长时,可视情况多打几个“×”,并在图上修改处用箭头索引线引出,注明修改依据

2. 增加部分内容的改绘方法

(1)在建筑物某一部分增加隔墙、门窗、钢筋等内容时,一般在图上实际位置用正规制图方法绘出,并注明修改依据。

(2)如果增加的内容在原位置绘不清楚时,应在本图适当位置(空白处)按需要绘制准确清楚的大样图,并注明修改依据如本图上无位置可绘时,另页补绘图附在本专业图纸之后,但注意应在修改位置和补绘图纸上均注明修改依据。

3. 变更部分内容的改绘方法

(1)当诸如尺寸、门窗型号、钢筋型号和数量、注解说明等数字、文字、符号变更时,一般在图上用杠改法将取消的内容划去,在其附近空白处增加更正后的内容,并注明修改依据。

(2)当诸如墙体、门窗、钢筋等内容变更时,一般在图上实际位置改绘,并注明修改依据,当改绘部分内容变化较大或在实际位置改绘有困难时,可在该图纸的适当位置(空白处)按需要补绘大样图或另绘补图修改,并在图上修改处和大样图处同时注明修改依据。

4. 增加说明

凡工程设计变更、洽商的内容应在竣工图上修改。当修改后的图纸仍然有些内容没有表示清楚时,可用精练的语言,条理清楚地适当加以说明。

(1)一张图上某一种构件、门窗等的型号改变涉及多处时,修改时要对所有涉及的部位全部加以改绘,其修改依据可标注在一个修改处,但需在此处加以简单说明。

(2)钢筋代换、混凝土强度等级的改变,墙、板、内外装修材料的变化在图上修改难以用作图方法表达清楚时,可用文字加注或用索引的形式加以说明。

(3)凡涉及用文字说明设计变更和洽商的类型,应在图纸适当位置用规范化的言语来写清楚设计变更或洽商的内容。

6.2.2.2 绘制大样图或另补绘图纸当图纸某部位变化较大、在原位置上改绘有困难、改绘后会显得混乱时,可以采用绘制大样图或另外补绘图纸的方法

1. 画大样图改绘

在原图上先标出应修改部位的范围,然后在图面空白处改绘修改部位的样图,并在原图变更修改范围和改绘的大样图处均注明变更依据。

2. 另补绘图修改

如修改图纸无空白处,可把应变更的部位另绘制一张补充图作为竣工图纸的一部分,附在本专业原图纸之后。具体做法为:在原图纸上画出变更修改范围,并注明变更依据和见某图及大样图名,在附图上注明图号并写清图名,说明是某图某部位的附图,并注明设计变更修改依据。

6.2.2.3 在硫酸纸图上修改晒制的竣工图

在硫酸纸施工底图上及时修改设计变更、洽商中的有关内容，是目前常见的一种施工技术管理办法，基本上做到了设计变更与施工同步进行。

1. 在硫酸纸图上修改时，依据设计变更、工程洽商等内容，刮去需要更改的部分，重新绘制工程竣工图的真实情况，并在图中空白处制作一个修改内容备注表，注明变更、洽商编号和修改内容，再重新晒成竣工蓝图。备注表形式如表 6-1 所示。修改内容应简要地书写在备注表中，做到不看设计变更、洽商原件即知修改的部位和基本内容。

表 6-1 修改内容备注表

设计变更、洽商编号	简要变更内容

2. 修改的部位用语言描述不清楚时，也可用细实线在图上画出修改范围。

3. 修改后的硫酸纸图或蓝图作为竣工图时，要在硫酸纸图或蓝图上加盖竣工图章。没有改动的硫酸纸图转做竣工图也要加盖竣工图章。

4. 如果硫酸纸图修改次数较多，个别图面可能出现模糊不清等问题，必须进行技术处理或重绘，以期达到图面整洁、字迹清楚等质量要求。

6.2.2.4 重新绘制竣工图

凡是结构形式改变、工艺改变、平面布置改变、项目改变及其他重大改变，或者在一张图纸上改动部分超过 40%，或虽然改动不超过 40%但修改后图面混乱、分辨不清的个别图纸，需要重新绘制竣工图。重绘的图纸应按国家制图标准和绘制竣工图的规定制图，竣工图要求与原图比例相同，有标准的图框和内容齐全的图签，图签中应有明确的“竣工图”字样或加盖竣工图章。

用 CAD 绘制的竣工图，在电子版施工图上依据设计变更、工程洽商的内容进行修改，修改后用圆圈圈出修改部位，并在图中空白处制作一个修改备注表，同时在其图签上必须有原设计人员签字。

6.2.3 编制竣工图的基本要求

6.2.3.1 竣工图编制的有关规定

1. 当施工过程中未发生设计变更时，在原施工图纸(新图纸)上注明“竣工图”标志，即可作为竣工图使用。

2. 当施工中虽然有一般性的设计变更，但没有较大的结构性的或重要管线等方面的设计变更，可不再重新绘制竣工图，由施工单位在原施工图纸(新蓝图)上修改或补充，清楚地注明修改后的实际情况，并注明设计变更编号及施工说明，然后加盖竣工图章即可作为竣工图。

3. 当建筑工程结构形式、标高、施工工艺、平面布置、项目等有重大变更，或变更部分不宜在原施工图上修改、补充的，应按照变更后的实际工程情况重新绘制竣工图。设计原因造成的变更由设计单位重新绘图；施工原因造成的变更由施工单位重新绘图；其他原因造成的变更由建设单位自行绘制或委托设计单位绘制。施工单位在新图上加盖竣工图章，并标注有关记录和说明将其作为竣工图。

重大的改建、扩建工程涉及原有工程项目变更时，应将相关项目的竣工图资料统一整理归档，并在原案卷内增补必要的说明。

6.2.3.2 编制竣工图的技术要求

1. 必须使用图形线条深、反差大的全新蓝图编制竣工图。

2. 竣工图的数量、图名、图号，应该与竣工图目录完全一致，使竣工图具有合法性。“合法”是指在任何时候，竣工图图纸都能得到他人的认可。只有盖有出图章的施工图才是合法的。

“一致”是指竣工图的数量、图名、图号应与竣工图目录完全一致。竣工图目录是设计单位认定的归档范围，目录与案卷中的资料关系是统计与被统计的关系。

(1)只有图纸上图号、图名与目录上图号、图名完全一致的图纸归入卷中才具有合法性，所以，在检查中如果发现有不一致的情况，应该及时向设计单位提出处理要求，例如出具书面说明并签字盖章，或是修改图纸上的图号、图名，使之与目录上的图号、图名一致并加盖设计单位公章。

(2)只有图纸的数量与目录上的数量完全一致，图纸才具有合法性，也才能保证竣工图案卷的完整性。

目录上有的图纸，案卷中没有，说明案卷中的图纸资料不完整，应该按照目录补足案卷中的图纸资料(补人案卷的竣工图，必须用新图纸编制)。

案卷中有的图纸，在目录上没有，说明这是多出来的图纸，不具有合法性，应该向设计单位了解清楚；如果这些图纸是不应该归档的，则须清除出案卷；如果这些图纸是应该归档的，则应请设计单位使其合法化，比如在这些图纸上标注“说明”，加盖设计单位公章。施工单位资料管理人员应将这些补充归档的图纸登记到目录表上，如果目录表上空格不够用，可与设计单位商量，请其重新出一份归档目录(晒图目录)。

(3)作废图纸处理

经设计单位明确作废的图纸，应从案卷中抽出来处理掉。然后用碳素墨水笔在目录表上将作废图纸的目录内容“杠改”掉，并注明修改依据，使案卷中的图纸与目录一致。

(4)“补图”的处理

首先应该使“补图”与原图之间建立起明确的“主、附件”关系，然后将“补图”的图号、图名、登记在目录表上，使图纸与目录一致。

3. 经多次反复修改的施工图纸，如果已经搞不清楚究竟应该将哪些图纸归档，则应该到设计单位将问题搞清楚，必要时可商请设计单位重新出一份准确的归档图纸目录(晒图目录)。(施工单位或建设单位要主动送审，与设计单位协商解决)

6.2.3.3 竣工图上“修改依据”的规范性标注

1. 修改、标注要全，标注内容要规范。

“修改要全”是指所有变更内容都在图纸上修改到位。

“标注要全”是指所有修改处都标注有修改依据。

“标注内容要规范”是指“修改依据”内容的组成要规范。有两种标注方法：

“修改依据”一般由五个部分内容组成：“根据＋修改依据文件编号＋修改依据文件名称＋修改依据文件条款内容的序号＋修改”。例如“根据×××号建修1设计变更通知单第3条修改”。“修改依据”也可由四个部分组成的，例如“根据×××号建修1设计变更通知单第3条”。

2. 有若干处“相同修改”的标注。

(1)在较容易看到的修改处标注，并在“修改依据”的标注后面补充注明“本图相同修改共有×处。”且应将这几处的修改编上号。

(2)也可以在每个修改处都标注。

(3)只标注一处，且在这一处标注中不给予补充说明是不允许的。

6.2.3.4 关联性修改

凡是关联性修改，相关图纸应全部修改到位。

有时修改了一张图中的内容，其他相关的图纸也应修改，比如“标高”改了，只修改一张图纸可能还不能解决问题。遇到类似这种情况的修改，要认真检查、复核相关图纸的修改是否有遗漏。

6.2.3.5 有关绘制“补图”工作的规范性要求

在什么情况下，需要绘制“补图”，例如图纸上某个修改处需要修改的内容比较多，若在原图纸上修改，空白处的大小不够用，就只能另用纸来详细绘制修改图，这时就需要绘制“补图”。对绘制“补图”工作的要求如下：

1. 用来绘制“补图”的白纸，应是80 g的A3或A4纸。

2. 绘制“补图”，必须使用制图工具规范地绘制，不允许徒手操作。

3. 无论是使用绘图笔还是钢笔来绘制补图，都必须使用黑色碳素墨水。

4. 绘制“补图”，必须绘制出图纸的“外框线”和“标题栏”。标题栏的设置格式可借鉴原图，必须设置有图号、图名、编制日期及相关责任人签字等栏目。

补图的图号及图名编制方法：补图的图号用原图纸的图号十补，补图的图名用原图的部分＋部位名称＋补图。例如给1号楼“结施－5”(一层结构平面图)的“补图”编制图号、图名：补国的图号可定为“结施－5补”；补图的图名可定为“一层结构3-3剖面修改图”(这里假设原图上需要修改的部位是3-3剖面)。

5. 在“补图”的上方，应用合适的大号字设置图纸标题。

(1)设置标题的目的是为了醒目地标示出“补图”与原图之间的从属关系。

(2)标题设置要求简洁而醒目，故建议用“原图号＋补图”的方法设置，例如将标题设置为：结施－5补充修改图或结施－5补图。在原图纸需修改处，按“圈改法”处理，并注明：修改情况详见结施－5补。

6. 补图上须注明修改依据，例如：本修改图根据×××号设计变更通知单第×条内容绘制。

7.“补图”上须加盖竣工章。

8. 将补图的图号、图名补充登记在原晒图目录表中。

9. 补图在案卷中的位置，须紧跟在原图之后。

6.2.3.6 重新编制竣工图

竣工图的修改面积超过整张图纸的40%，应该要求设计单位重新编制整张竣工图。尤其是大面积的高密度修改，必须要求设计单位重新绘制竣工图。

6.3 竣工图章内容、尺寸及使用要求

6.3.1 竣工图章内容、尺寸

1. 竣工图章的基本内容应包括“竣工图”字样、施工单位、编制人、审核人、技术负责人、编制日期、监理单位、现场监理工程师、总监理工程师。

2. 竣工图章尺寸为50 mm×80 mm。其中竣工图一栏15 mm×80 mm，其余行间距均为7 mm，每列间距均为20 mm。竣工图章的内容、尺寸示例如图6-1所示。

竣工图			
施工单位			
编制人		审核人	
技术负责人		编制日期	
监理单位			
总监		现场监理	

图6-1 竣工图标题栏式样

6.3.2 竣工图章使用要求

1. 竣工图章的位置：竣工图章应使用不易褪色的红印泥，应盖在图标栏上方空白处；如果在此处有内容，可在原图签附近空白处加盖；如原图签周围均有内容，可另找一内容比较少的位置加盖。用硫酸纸图修改的竣工图，应将竣工图章盖在原图签右上方。重新绘制的竣工图应绘制竣工图签，图签位置放在图纸右下角。

2. 竣工图章是把原施工图改变为竣工图的标志，竣工图章是竣工图的依据，要按规定填写图章上的内容。

竣工图章各栏内容的填写要求如下所述。

(1)编制单位：必须写全称(在刻竣工章时，可刻好单位全称)。

(2)责任人签字：竣工图章中签名必须由本人签，不得代签；竣工图编制单位、编制人、审核人、技术负责人、监理单位现场监理、总监要对竣工图负责，签字要工整。

(3)编制日期：统一填写同一个日期。年份的四位数字要全写，月、日都必须填写两位数，不足两位数的，前面添加“0”以补足两位数。例如：2011年04月09日。

(4)书写工具:一律用黑色碳素墨水笔。

3. 原施工蓝图的封面、图纸目录也要加盖竣工图章,作为竣工图归档,并置于各专业图纸之前。但重新绘制的竣工图的封面、图纸目录,可不绘制竣工图签。

6.4 竣工图的折叠、立卷和目录编制

6.4.1 竣工图的折叠

6.4.1.1 一般要求(图 6-2)

1. 图纸折叠前应将图纸裁剪整齐,其幅面应符合表 6-2 的规定。

表 6-2 图纸幅面尺寸(单位:mm)

基本幅面代号	0	1	2	3	4
b×l	841×1189	594×841	420×594	297×420	297×210
c	10			5	
a	25				

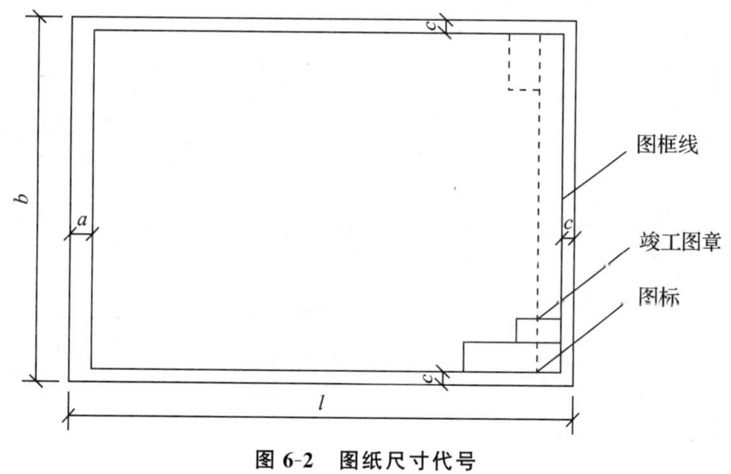

图 6-2 图纸尺寸代号

2. 竣工图无论装订与否,应按 A4(279 mm×210 mm)幅面规格折叠,图面朝里,图标要外露,页号标在右上角。

6.4.1.2 折叠方法

1. 不装订成册的复制图

(1)第一种折叠方法:首先沿平行于标题栏的长边方向折叠,然后再沿标题栏的短边方向折叠成 A4 规格,使标题栏露在外面,如图 6-3～图 6-6 所示。

(2)第二种折叠方法:首先沿平行于标题栏的短边方向折叠,然后再沿标题栏的长边方向折叠成 A4 规格,使标题栏露在外面,如图 6-3～图 6-6 所示。

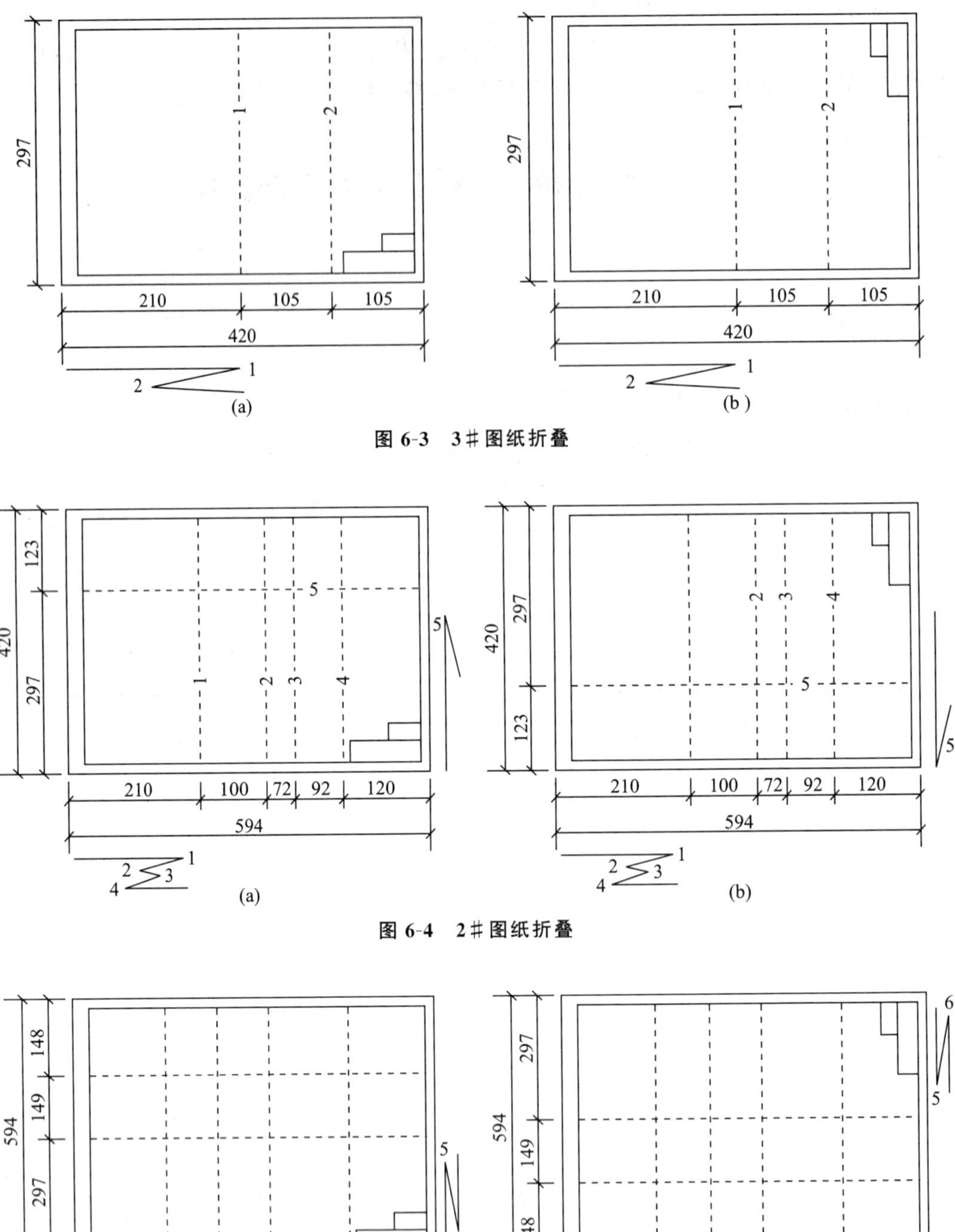

图 6-3　3＃图纸折叠

图 6-4　2＃图纸折叠

图 6-5　1＃图纸折叠

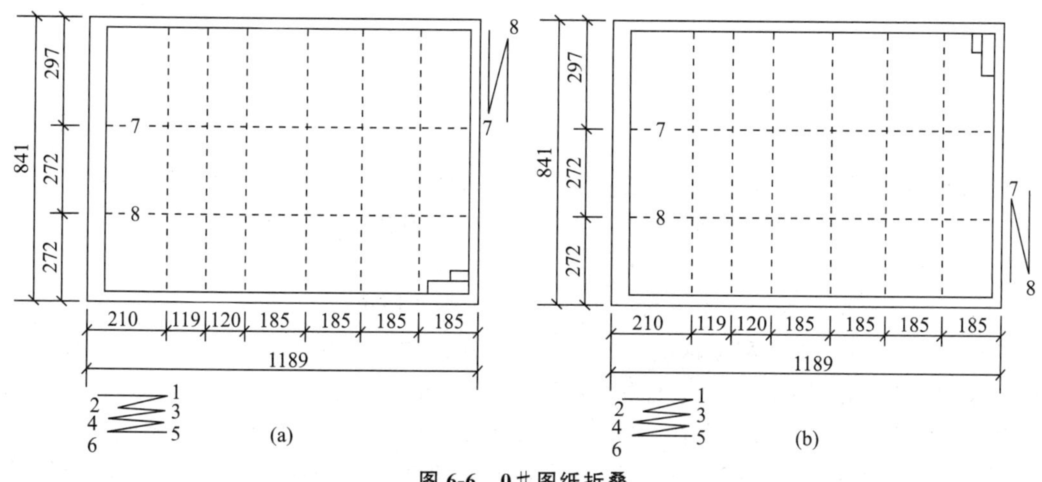

图 6-6 0#图纸折叠

2. 需装订成册的复制图

首先沿平行于标题栏的短边方向折叠，然后再沿标题栏的长边方向折叠，并在复制图的左上角折出三角形的藏边，最后折叠成 A4 规格，使标题栏露在外面。

3. 加长幅画复制图的折叠方法

根据标题栏在图纸幅面上的方位，可参照前述方法折叠。

(1)需装订成册的加长幅面复制图

当标题栏位于复制图的长边时，可将加长复制图的长边部分先折出 210 mm，再将其余部分折成小于或等于 185 mm 的尺寸，使标题栏露在外面。当标题栏位于复制图的短边上时，可将加长复制图的长边部分折叠成小于或等于 297 mm 的尺寸，使标题栏露在外面。

(2)不需装订成册的加长幅面复制图

当标题栏位于复制图的长边上时，可将加长复制图的加长部分折叠成小于或等于 210 mm 的尺寸，使标题栏露在外面。当标题栏位于复制图的短边上时，可将加长复制图的长边部分折叠成小于或等于 297 mm 的尺寸，使标题栏露在外面。

6.4.2 竣工图的立卷

房屋建筑工程竣工图按单位工程排列，单位工程中按专业组卷。土建工程按建筑、结构分别组成两卷，每卷单独设置目录和备考表。

6.4.3 竣工图的目录编制

1. 每张图纸的图号、图名都要填写在目录中。

2. 在目录的第一行“题名”栏内，须将项目名称、“×楼”、图纸的专业名称和图纸名称一起写人，如“××花苑 1 号住宅建筑工程竣工图原晒图目录”。从第二行开始，只需写目录上的图纸名称即可。

3. 最后一张图纸的“页号”应写成“×/×”的形式。例如，最后一张图的页号是 31，则在

“页次栏内”写“31/31”，其含义是本卷共有图纸31张。

6.4.4 竣工图的份数及归档要求

根据国家档案局有关建设项目档案管理工作和编制建设工程竣工图的有关规定，竣工图的份数及归档要求与单位工程交工技术档案要求的份数及归档要求相同，其具体内容应符合以下要求：

1. 小型建设项目的竣工图不得少于一套，交生产使用单位保存。

2. 国家大、中型项目和穿越城市的地下管道、电力电缆、通信电缆工程的竣工图，以及关系到所在城镇规划区建设的送变电所和线路、工业或民用液化气站、供水加压站等重要工程的竣工图，不得少于两套，其中一套交生产使用单位保存，一套交所在地区档案部门保存。

3. 对特殊及重要的国家建设项目，在上述两套的基础上，还应增加一套交国家档案馆保存。

因编制竣工图及特殊要求而增加的费用，应在签订工程合同时予以明确。

4. 工程交工前，建设单位(或总承包单位)应及时督促、协助各施工单位、设计单位，按要求做好竣工图的编制工作，发现不准确或缺少内容时，应及时修改、补齐。

5. 竣工图不准确、不完整、不符合归档要求时，不能交工验收；交工验收时应将竣工图与其他交工文件同时交付；在特殊情况下，由建设单位、施工单位协商，可在议定的期限内交付竣工图。

6. 为保证竣工图的质量和作用，对指定进入地区或国家档案馆的竣工图，经施工单位认真整理、汇总后，应同时与其他规定的交工技术档案文件，在工程竣工后1个月内交总公司主管技术档案部门、监督部门验收、认证后，方可提交档案馆。

7. 合资建设工程的竣工图的份数及归档内容，除按合同规定及外商特殊要求外，其余应按上述规定内容执行。

本章小结

本章阐述了竣工图的作用、职责与分工。对竣工图的类型、绘制方法及编制竣工图的基本要求等一系列工作提出了具体要求。

复习思考题

1. 竣工图的价值是什么？
2. 竣工图由谁来编制？
3. 竣工图的类型有几种？绘制竣工图有几种方法？
4. 如何折叠竣工图？
5. 竣工图的份数及归档要求是什么？

参考文献

1.《建筑工程资料管理规程》JGJ/T 185

2.《建设工程文件归档整理规范》GB/T 50328

第7章　建设工程档案的整理与归档

本章主要内容有建设工程归档范围及质量要求，工程文件的立卷，工程文件的归档，工程档案的验收与移交。

7.1　建设工程文件归档基本要求

7.1.1　有关概念

1. 建设工程文件

在工程建设过程中形成的各种形式的信息记录，包括工程准备阶段文件、监理文件、施工文件、竣工图和竣工验收文件，简称为工程文件。

2. 建设工程档案

在工程建设活动中直接形成的具有归档保存价值的文字、图纸、图表、声像、电子文件等各种形式的历史记录，简称工程档案。

3. 建设工程电子文件

在工程建设过程中通过数字设备及环境生成，以数码形式存储于磁带、磁盘或光盘等载体，依赖计算机等数字设备阅读、处理，并可在通信网络上传送的文件。

4. 建设工程电子档案

工程建设过程中形成的，具有参考和利用价值并作为档案保存的电子文件及其元数据。

5. 建设工程声像档案

记录工程建设活动，具有保存价值的，用照片、影片、录音带、录像带、光盘、硬盘等记载的声音、图片和影像等历史记录。

6. 永久保管

工程档案保管期限的一种，指工程档案无限期地、尽可能长远地保存下去。

7. 长期保管

工程档案保管期限的一种，指工程档案保存到该工程被彻底拆除。

8. 短期保管

工程档案保管期限的一种，指工程档案保存10年以下。

7.1.2　工程文件管理的基本规定

1. 工程文件的形成和积累应纳入工程建设管理的各个环节和有关人员的职责范围，工程文件管理人员应具备规定的资格。

2. 工程文件应随工程建设进度同步形成，不得事后补编。每项建设工程应编制一套电子档案，随纸质档案一并移交档案管理机构，电子档案签署了具有法律效力的电子印章或电子签名的，可不移交相应的纸质档案。

3. 建设单位按下列流程开展工程文件的整理、归档、验收、移交等工作：

(1)在工程招标及与勘察、设计、施工、监理等单位签订协议、合同时，应明确竣工图的编制单位、工程档案的编制套数。

(2)收集和整理工程准备阶段形成的文件，并进行立卷归档。

(3)组织、监督和检查勘察、设计、施工、监理等单位的工程文件的形成、积累和立卷归档工作。收集和汇总勘察、设计、施工、监理等单位立卷归档的工程档案。

(4)收集和整理竣工验收文件，并进行立卷归档。

(5)建设工程档案的验收应纳入建设工程竣工联合验收环节。在组织工程竣工验收前，应按照现行国家标准《建设工程文件归档规范》GB/T 50328 的要求将全部文件材料收集齐全并完成工程档案的立卷；在组织竣工验收时，应组织对工程档案进行验收，验收结论应在工程竣工验收报告、专家组竣工验收意见中明确。

(6)对列入城建档案管理机构接收范围的工程，工程竣工验收备案前，应向当地城建档案管理机构移交一套符合规定的工程档案。

4. 勘察、设计、施工、监理等单位应将本单位形成的工程文件立卷后向建设单位移交。

5. 建设工程项目实行总承包管理的，总包单位应负责收集、汇总各分包单位形成的工程档案，并应及时向建设单位移交；各分包单位应交本单位形成的工程文件整理、立卷后及时移交总包单位。建设工程项目由几个单位承包的，各承包工程单位应负责收集、整理立卷其承包项目的工程文件，并应及时向建设单位移交。

6. 城建档案管理机构应对工程文件的立卷归档工作进行指导和服务。并按照现行国家标准的要求对建设单位移交的建设工程档案进行联合验收。

7.2 归档文件及其质量要求

7.2.1 归档文件范围

1. 对与工程建设有关的重要活动、记载工程建设主要过程和现状、具有保存价值的各种载体的文件，均应收集齐全、整理立卷后归档。建设工程文件归档范围详见表 7-1、7-2、7-3、7-4。

2. 声像资料的归档范围和质量要求应符合现行行业标准《城建档案业务管理规范》CJJ/T 158 的要求。

3. 不属于归档范围、没有保存价值的工程文件，文件形成单位可自行组织销毁。

表 7-1 建设工程文件归档范围

类别	归档文件	保存单位				
		建设单位	设计单位	施工单位	监理单位	城建档案馆
工程准备阶段文件(A 类)						
A1	立项文件					
1	项目建议书批复文件及项目建议书	▲				▲
2	可行性研究报告批复文件及可行性研究报告	▲				▲
3	专家论证意见、项目评估文件	▲				▲
4	有关立项的会议纪要、领导批示	▲				▲
A2	建设用地、拆迁文件					
1	选址申请及选址规划意见通知书	▲				▲
2	建设用地批准书	▲				▲
3	拆迁安置意见、协议、方案等	▲				△
4	建设用地规划许可证及其附件	▲				▲
5	土地使用证明文件及其附件	▲				▲
6	建设用地钉桩通知单	▲				▲
A3	勘察、设计文件					
1	工程地质勘察报告	▲	▲			▲
2	水文地质勘察报告	▲	▲			▲
3	初步设计文件(说明书)	▲	▲			▲
4	设计方案审查意见	▲	▲			▲
5	人防、环保、消防等有关主管部门(对设计方案)审查意见	▲	▲			▲
6	设计计算书	▲	▲			△
7	施工图设计文件审查意见	▲	▲			▲
8	节能设计备案审查报告	▲				▲
A4	招投标文件					
1	勘察、设计招投标文件	▲	▲			
2	勘察、设计合同	▲	▲			▲
3	施工招投标文件	▲		▲	△	
4	施工合同	▲		▲	△	▲
5	工程监理招投标文件	▲			▲	
6	监理合同	▲			▲	▲
A5	开工审批文件					
1	建设工程规划许可证及其附件	▲		△	△	▲

续表

类别	归档文件	保存单位				
		建设单位	设计单位	施工单位	监理单位	城建档案馆
2	建设工程施工许可证	▲		▲	▲	▲
A6	工程造价文件					
1	工程投资估算材料	▲				
2	工程设计概算材料	▲				
3	招标控制价格文件	▲				
4	合同价格文件	▲		▲		△
5	结算价格文件	▲		▲		△
A7	工程建设基本信息					
1	工程概况信息表	▲		△		▲
2	建设单位工程项目负责人及现场管理人员名册	▲				▲
3	监理单位工程项目总监及监理人员名册	▲			▲	▲
4	施工单位工程项目经理及质量管理人员名册	▲		▲		▲
	监理文件(B类)					
B1	监理管理文件					
1	监理规划	▲			▲	▲
2	监理实施细则	▲		△	▲	▲
3	监理月报	△			▲	
4	监理会议纪要	▲		△	▲	
5	监理工作日志				▲	
6	监理工作总结				▲	▲
7	工作联系单	▲		△	△	
8	监理工程师通知	▲		△	△	△
9	监理工程师通知回复单	▲		△	△	△
10	工程暂停令	▲		△	△	▲
11	工程复工报审表	▲		▲	▲	▲
B2	进度控制文件					
1	工程开工报审表	▲		▲	▲	▲
2	施工进度计划报审表	▲		△	△	
B3	质量控制文件					
1	质量事故报告及处理资料	▲		▲	▲	▲
2	旁站监理记录	△		△	▲	
3	见证取样和送检见证人员备案表	▲		▲	▲	

续表

类别	归档文件	保存单位				
		建设单位	设计单位	施工单位	监理单位	城建档案馆
4	见证记录	▲		▲	▲	
5	工程技术文件报审表			△		
B4	工程造价文件					
1	工程款支付	▲		△	△	
2	工程款支付证书	▲		△	△	
3	工程变更费用报审表	▲		△	△	
4	费用索赔申请表	▲		△	△	
5	费用索赔审批表	▲		△	△	
B5	工期管理文件					
1	工程延期申请表	▲		▲	▲	▲
2	工程延期审批表	▲			▲	▲
B6	监理验收文件					
1	竣工移交证书	▲		▲	▲	▲
2	监理资料移交书	▲			▲	
施工文件(C类)						
C1	施工管理文件					
1	工程概况表	▲		▲	▲	△
2	施工现场质量管理检查记录			△	△	
3	企业资质证书及相关专业人员岗位证书	△		△	△	△
4	分包单位资质报审表	▲		▲	▲	
5	建设工程质量事故调查、勘查记录	▲		▲	▲	▲
6	建设工程质量事故报告书	▲		▲	▲	▲
7	施工检测计划	△		△	△	
8	见证试验检测汇总表	▲		▲	▲	▲
9	施工日志			▲		
C2	施工技术文件					
1	工程技术文件报审表	△		△	△	
2	施工组织设计及施工方案	△		△	△	△
3	危险性较大分部分项工程施工方案	△		△	△	△
4	技术交底记录	△		△		
5	图纸会审记录	▲	▲	▲	▲	▲
6	设计变更通知单	▲	▲	▲	▲	▲

续表

类别	归档文件	保存单位				
		建设单位	设计单位	施工单位	监理单位	城建档案馆
7	工程洽商记录(技术核定单)	▲	▲	▲	▲	▲
C3	进度造价文件					
1	工程开工报审表	▲	▲	▲	▲	▲
2	工程复工报审表	▲	▲	▲	▲	▲
3	施工进度计划报审表			△	△	
4	施工进度计划			△	△	
5	人、机、料动态表			△	△	
6	工程延期申请表	▲		▲	▲	▲
7	工程款支付申请表	▲		△	△	
8	工程变更费用报审表	▲		△	△	
9	费用索赔申请表	▲		△	△	
C4	施工物资出厂质量证明及进场检测文件					
	出厂质量证明文件及检测报告					
1	砂、石、砖、水泥、钢筋、隔热保温、防腐材料、轻骨料出厂证明文件	▲		▲	▲	
2	其他物资出厂合格证、质量保证书、检测报告和报关单或商检证等	△		▲	△	
3	材料、设备的相关检验报告、形式检测报告、3C 强制认证合格证书或 3C 标志	△		▲	△	
4	主要设备、器具的安装使用说明书	▲		▲	△	
5	进口的主要材料设备商检证明文件	△		▲		
6	涉及消防、安全、卫生、环保、节能的材料、设备的检测报告或法定机构出具的有效证明文件	▲		▲	▲	△
7	其他施工物资产品合格证、出厂检验报告					
	进场检验通用表格					
1	材料、构配件进场检验记录			△	△	
2	设备开箱检验记录			△	△	
3	设备及管道附件试验记录	▲		▲	△	
	进场复试报告					
1	钢材试验报告	▲		▲	▲	▲
2	水泥试验报告	▲		▲	▲	▲
3	砂试验报告	▲		▲	▲	▲

续表

类别	归档文件	保存单位				
		建设单位	设计单位	施工单位	监理单位	城建档案馆
4	碎(卵)石试验报告	▲		▲	▲	▲
5	外加剂试验报告	△		▲	▲	▲
6	防水涂料试验报告	▲		▲	△	
7	防水卷材试验报告	▲		▲	△	
8	砖(砌块)试验报告	▲		▲	▲	▲
9	预应力筋复试报告	▲		▲	▲	▲
10	预应力锚具、夹具和连接器复试报告	▲		▲	▲	▲
11	装饰装修用门窗复试报告	▲		▲	△	
12	装饰装修用人造木板复试报告	▲		▲	△	
13	装饰装修用花岗石复试报告	▲		▲	△	
14	装饰装修用安全玻璃复试报告	▲		▲	△	
15	装饰装修用外墙面砖复试报告	▲		▲	△	
16	钢结构用钢材复试报告	▲		▲	▲	▲
17	钢结构用防火涂料复试报告	▲		▲	▲	▲
18	钢结构用焊接材料复试报告	▲		▲	▲	▲
19	钢结构用高强度大六角头螺栓连接副复试报告	▲		▲	▲	▲
20	钢结构用扭剪型高强螺栓连接副复试报告	▲		▲	▲	▲
21	幕墙用铝塑板、石材、玻璃、结构胶复试报告	▲		▲	▲	▲
22	散热器、采暖系统保温材料、通风与空调工程绝热材料、风机盘管机组、低压配电系统电缆的见证取样复试报告	▲		▲	▲	▲
23	节能工程材料复试报告	▲		▲	▲	▲
24	其他物资进场复试报告					
	施工记录文件					
1	隐蔽工程验收记录	▲		▲	▲	▲
2	施工检查记录			△		
3	交接检查记录			△		
4	工程定位测量记录	▲		▲	▲	▲
5	基槽验线记录	▲		▲	▲	▲
6	楼层平面放线记录			△	△	△
7	楼层标高抄测记录			△	△	△
8	建筑物垂直度、标高观测记录	▲		▲	△	△

续表

类别	归档文件	保存单位				
		建设单位	设计单位	施工单位	监理单位	城建档案馆
9	沉降观测记录	▲		▲	△	▲
10	基坑支护水平位移监测记录			△	△	
11	桩基、支护测量放线记录			△	△	
12	地基验槽记录	▲	▲	▲	▲	▲
13	地基钎探记录	▲		△	△	▲
14	混凝土浇灌申请书			△	△	
15	预拌混凝土运输单			△		
16	混凝土开盘鉴定			△	△	
17	混凝土拆模申请单			△	△	
18	混凝土预拌测温记录			△		
19	混凝土养护测温记录			△		
20	大体积混凝土养护测温记录			△		
21	大型构件吊装记录	▲		△	△	▲
22	焊接材料烘焙记录			△		
23	地下工程防水效果检查记录	▲		△	△	
24	防水工程试水检查记录	▲		△	△	
25	通风(烟)道、垃圾道检查记录	▲		△	△	
26	预应力筋张拉记录	▲		▲	△	▲
27	有粘结预应力结构灌浆记录	▲		▲	△	▲
28	钢结构施工记录记录	▲		▲	△	
29	网架(索膜)施工记录	▲		▲	△	▲
30	木结构施工记录	▲		▲	△	
31	幕墙注胶检查记录	▲		▲	△	
32	自动扶梯、自动人行道的相邻区域检查记录	▲		▲	△	
33	电梯电气装置安装检查记录	▲		▲	△	
34	自动扶梯、自动人行道电气装置检查记录	▲		▲	△	
35	自动扶梯、自动人行道整机安装质量检查记录	▲		▲	△	
36	其他施工记录文件					
C6	施工试验记录及检测文件					
	通用表格					
1	设备单机试运转记录	▲		▲	△	△
2	系统试运转调试记录	▲		▲	△	△

续表

类别	归档文件	保存单位				
		建设单位	设计单位	施工单位	监理单位	城建档案馆
3	接地电阻测试记录	▲		▲	△	△
4	绝缘电阻测试记录	▲		▲	△	△
	建筑与结构工程					
1	锚杆试验报告	▲		▲	△	△
2	地基承载力检验报告	▲		▲	△	▲
3	桩基检测报告	▲		▲	△	▲
4	土工击实试验报告	▲		▲	△	▲
5	回填土试验报告(应附图)	▲		▲	△	▲
6	钢筋机械连接试验报告	▲		▲	△	△
7	钢筋焊接连接试验报告	▲		▲	△	△
8	砂浆配合比申请单、通知单			△	△	△
9	砂浆抗压强度试验报告	▲		▲	△	▲
10	砌筑砂浆试块强度统计、评定记录	▲		▲		△
11	混凝土配合比申请单、通知单	▲		△	△	△
12	混凝土抗压强度试验报告	▲		▲	△	▲
13	混凝土试块强度统计、评定记录	▲		▲	△	△
14	混凝土抗渗试验报告	▲		▲	△	△
15	砂、石、水泥放射性指标报告	▲		▲	△	△
16	混凝土碱总量计算书	▲		▲	△	△
17	外墙饰面砖样板粘结强度试验报告	▲		▲	△	△
18	后置埋件抗拔试验报告	▲		▲	△	△
19	超声波探伤报告	▲		▲	△	△
20	钢构件射线探伤报告	▲		▲	△	△
21	磁粉探伤报告	▲		▲	△	△
22	高强度螺栓抗滑移系数检测报告	▲		▲	△	△
23	钢结构焊接工艺评定			△	△	△
24	网架节点承载力试验报告	▲		▲	△	△
25	钢结构防腐、防火涂料厚度检测报告	▲		▲	△	△
26	木结构胶缝试验报告	▲		▲	△	
27	木结构构件力学性能试验报告	▲		▲	△	△
28	木结构防护剂试验报告	▲		▲	△	△
29	幕墙双组分硅酮结构胶混匀性及拉断试验报告	▲		▲	△	△

续表

类别	归档文件	保存单位				
		建设单位	设计单位	施工单位	监理单位	城建档案馆
30	幕墙的抗风压性能、空气渗透性能、雨水渗透性能及平面内变形性能检测报告	▲		▲	△	△
31	外门窗抗风压性能、空气渗透性能和雨水渗透性能检测报告	▲		▲	△	△
32	墙体节能工程保温板材与基层粘结强度现场拉拔试验	▲		▲	△	△
33	外墙保温浆料同条件养护试件试验报告	▲		▲	△	△
34	结构实体混凝土强度检验记录	▲		▲	△	△
35	结构实体钢筋保护层厚度检验记录	▲		▲	△	△
36	围护结构现场实体检验	▲		▲	△	△
37	室内环境检测报告	▲		▲	△	△
38	节能性能检测报告	▲		▲	△	▲
39	其他建筑与结构施工试验记录与检测文件					
	给水排水及供暖工程					
1	灌(满)水试验记录	▲		△	△	
2	强度严密性试验记录	▲		▲	△	△
3	通水试验记录	▲		△	△	
4	冲(吹)洗试验记录	▲		▲	△	
5	通球试验记录	▲		△	△	
6	补偿器安装记录			△	△	
7	消火栓试射记录	▲		▲	△	
8	安全附件安装检查记录			▲	△	
9	锅炉烘炉试验记录			▲	△	
10	锅炉煮炉试验记录			▲	△	
11	锅炉试运行记录	▲		▲	△	
12	安全阀定压合格证书	▲		▲	△	
13	自动喷水灭火系统联运试验记录	▲		▲	△	△
14	其他给水排水及供暖施工试验记录与检测文件					
	建筑电气工程					
1	电气接地装置平面示意图表	▲		▲	△	△
2	电气器具通电安全检查记录	▲		△	△	
3	电气设备空载试运行记录	▲		▲	△	△

续表

类别	归档文件	保存单位				
		建设单位	设计单位	施工单位	监理单位	城建档案馆
4	建筑物照明通电试运行记录	▲		▲	△	△
5	大型照明灯具承载试验记录	▲		▲	△	
6	漏电开关模拟试验记录	▲		▲	△	
7	大容量电气线路结点测温记录	▲		▲	△	
8	低压配电电源质量测试记录	▲		▲	△	
9	建筑物照明系统照度测试记录	▲		△	△	
10	其他建筑电气施工试验记录与检测文件					
	智能建筑工程					
1	综合布线测试记录	▲		▲	△	△
2	光纤损耗测试记录	▲		▲	△	△
3	视频系统末端测试记录	▲		▲	△	△
4	子系统检测记录	▲		▲	△	△
5	系统试运行记录	▲		▲	△	△
6	其他智能建筑施工试验记录与检测文件					
	通风与空调工程					
1	风管漏光检测记录	▲		△	△	
2	风管漏风检测记录	▲		▲	△	
3	现场组装除尘器、空调机漏风检测记录			△	△	
4	各房间室内风量测量记录	▲		△	△	
5	管网风量平衡记录	▲		△	△	
6	空调系统试运转调试记录	▲		▲	△	△
7	空调水系统试运转调试记录	▲		▲	△	△
8	制冷系统气密性试验记录	▲		▲	△	△
9	净化空调系统检测记录	▲		▲	△	△
10	防排烟系统联合试运行记录	▲		▲	△	△
11	其他通风与空调施工试验记录与检测文件					
	电梯工程					
1	轿厢平层准确度测量记录	▲		△	△	
2	电梯层门安全装置检测记录	▲		▲	△	
3	电梯电气安全装置检测记录	▲		▲	△	
4	电梯整机功能检测记录	▲		▲	△	
5	电梯主要功能检测记录	▲		▲	△	

续表

类别	归档文件	保存单位				
		建设单位	设计单位	施工单位	监理单位	城建档案馆
6	电梯负荷运行试验记录	▲		▲	△	△
7	电梯负荷运行试验曲线图表	▲		▲	△	
8	电梯噪声测试记录	△		△	△	
9	自动扶梯、自动人行道安全装置检测记录	▲		▲	△	
10	自动扶梯、自动人行道整机性能、运行试验记录	▲		▲	△	△
11	其他电梯施工试验记录与检测文件					
C7	施工质量验收文件					
1	检验批质量验收记录	▲		△	△	
2	分项工程质量验收记录	▲		▲	▲	
3	分部(子分部)工程质量验收记录	▲		▲	▲	▲
4	建筑节能分部工程质量验收记录	▲		▲	▲	▲
5	自动喷水系统验收缺陷项目划分记录	▲		△	△	
6	程控电话交换系统分项工程质量验收记录	▲		▲	△	
7	会议电视系统分项工程质量验收记录	▲		▲	△	
8	卫星数字电视系统分项工程质量验收记录	▲		▲	△	
9	有线电视系统分项工程质量验收记录	▲		▲	△	
10	公共广播与紧急广播系统分项工程质量验收记录	▲		▲	△	
11	计算机网络系统分项工程质量验收记录	▲		▲	△	
12	应用软件系统分项工程质量验收记录	▲		▲	△	
13	网络安全系统分项工程质量验收记录	▲		▲	△	
14	空调与通风系统分项工程质量验收记录	▲		▲	△	
15	变配电系统分项工程质量验收记录	▲		▲	△	
16	公共照明系统分项工程质量验收记录	▲		▲	△	
17	给排水系统分项工程质量验收记录	▲		▲	△	
18	热源和热交换系统分项工程质量验收记录	▲		▲	△	
19	冷冻和冷却水系统分项工程质量验收记录	▲		▲	△	
20	电梯和自动扶梯系统分项工程质量验收记录	▲		▲	△	
21	数据通信接口分项工程质量验收记录	▲		▲	△	
22	中央管理工作站及操作分站分项工程质量验收记录	▲		▲	△	
23	系统实时性、可维护性、可靠性分项工程质量验收记录	▲		▲	△	

续表

类别	归档文件	保存单位				
		建设单位	设计单位	施工单位	监理单位	城建档案馆
24	现场设备安装及检测分项工程质量验收记录	▲		▲	△	
25	火灾自动报警及消防联动分项工程质量验收记录	▲		▲	△	
26	综合防范功能分项工程质量验收记录	▲		▲	△	
27	视频安防功能分项工程质量验收记录	▲		▲	△	
28	入侵报警系统分项工程质量验收记录	▲		▲	△	
29	出入口控制(门禁)系统分项工程质量验收记录	▲		▲	△	
30	巡更管理系统分项工程质量验收记录	▲		▲	△	
31	停车场(库)管理系统分项工程质量验收记录	▲		▲	△	
32	安全防范综合管理系统分项工程质量验收记录	▲		▲	△	
33	综合布线系统安装分项工程质量验收记录	▲		▲	△	
34	综合布线系统性能检测分项工程质量验收记录	▲		▲	△	
35	系统集成网络连接分项工程质量验收记录	▲		▲	△	
36	系统数据集成分项工程质量验收记录	▲		▲	△	
37	系统集成整体协调分项工程质量验收记录	▲		▲	△	
38	系统集成综合管理及冗余功能分项工程质量验收记录	▲		▲	△	
39	系统集成可维护性和安全性分项工程质量验收记录	▲		▲	△	
40	电源系统分项工程质量验收记录	▲		▲	△	
41	其他智能建筑施工试验记录与检测文件					
C8	施工验收文件					
1	单位(子单位)工程竣工预验收报验表	▲		▲		▲
2	单位(子单位)工程质量竣工验收记录	▲	△	▲		▲
3	单位(子单位)工程质量控制资料核查记录	▲		▲		▲
4	单位(子单位)工程安全和功能检验资料核查及主要功能抽查记录	▲		▲		▲
5	单位(子单位)工程观感质量检查记录	▲		▲		▲
6	施工资料移交书	▲		▲		
7	其他施工验收文件					
	竣工图(D类)					
1	建筑竣工图	▲		▲		▲
2	结构竣工图	▲		▲		▲

续表

类别	归档文件	保存单位				
		建设单位	设计单位	施工单位	监理单位	城建档案馆
3	钢结构竣工图	▲		▲		▲
4	幕墙竣工图	▲		▲		▲
5	室内装饰竣工图	▲		▲		
6	建筑给水排水与供暖竣工图	▲		▲		▲
7	建筑电气竣工图	▲		▲		▲
8	建筑智能化竣工图	▲		▲		▲
9	通风与空调竣工图	▲		▲		▲
10	室外工程竣工图	▲		▲		▲
11	规划红线内的室外给水、排水、供热、供电、照明管线等竣工图	▲		▲		▲
12	规划红线内的室外道路、园林绿化、喷灌设施等竣工图	▲		▲		▲
	工程竣工验收文件(E 类)					
E1	竣工验收与备案文件					
1	勘察单位工程质量检查报告	▲		△	△	▲
2	设计单位工程质量检查报告	▲	▲	△	△	▲
3	施工单位工程竣工报告	▲		▲	△	▲
4	监理单位工程质量评估报告	▲		△	▲	▲
5	工程竣工验收报告	▲	▲	▲	▲	▲
6	工程竣工验收会议纪要	▲	▲	▲	▲	▲
7	专家组竣工验收意见	▲	▲	▲	▲	▲
8	工程竣工验收证书	▲	▲	▲	▲	▲
9	规划、消防、环保、民防、防雷、档案等部门出具的验收文件或意见	▲	▲	▲	▲	▲
10	房屋建筑工程质量保修书	▲				▲
11	住宅质量保证书、住宅使用说明书	▲		▲		▲
12	建设工程竣工验收备案表	▲	▲	▲	▲	▲
13	此项删除					
14	城市建设档案移交书	▲				▲
E2	竣工决算文件					
1	施工决算文件	▲		▲		△
2	监理决算文件	▲			▲	△

续表

类别	归档文件	保存单位				
		建设单位	设计单位	施工单位	监理单位	城建档案馆
E3	工程声像资料等					
1	开工前原貌、施工阶段、竣工新貌照片	▲		△	△	▲
2	工程建设过程的录音、录像资料(重大工程)	▲		△	△	▲
E4	其他工程文件					

注:表中符号“▲”表示必须归档保存;“△”表示选择性归档保存。

表 7-2 道路工程文件归档范围

类别	归档文件	保存单位				
		建设单位	设计单位	施工单位	监理单位	城建档案馆
工程准备阶段文件(A类):同表 7-1						
监理文件(B类):同表 7-1						
施工文件(C类)						
C1	施工管理文件:同表 7-1					
C2	施工技术文件:同表 7-1					
C3	进度造价文件:同表 7-1					
C4	施工物资出厂质量证明及进场检测文件					
	出厂质量证明文件及检测报告					
1	水泥产品合格证、出厂检验报告	△		▲	▲	△
2	各类砌块、砖块合格证、出厂检验报告			▲	▲	
3	砂、石料产品合格证、出厂检验报告	△		▲	▲	
4	钢材产品合格证、出厂检验报告	△		▲	▲	△
5	粉煤灰产品合格证、出厂检验报告	△		▲	▲	
6	混凝土外加剂产品合格证、出厂检验报告	△		▲	△	
7	商品混凝土产品合格证	▲		▲	△	△
8	商品混凝土出厂检验报告	△		▲	△	
9	预制构件产品合格证、出厂检验报告	△		▲	△	
10	道路石油沥青产品合格证、出厂检验报告	△		▲	△	
11	沥青混合料(用粗集料、用细集料、用矿粉)产品合格证、出厂检验报告	△		▲	△	
12	沥青胶结料(用粗集料、用细集料、用矿粉)产品合格证、出厂检验报告	△		▲	△	
13	石灰产品合格证、出厂检验报告	△		▲	△	

续表

类别	归档文件	保存单位				
		建设单位	设计单位	施工单位	监理单位	城建档案馆
14	土体试验检验报告	▲		▲	△	△
15	土的有机质含量检验报告	▲		▲	△	△
16	集料检验报告	▲		▲	△	△
17	石材检验报告	▲		▲	△	△
18	土工合成材料力学性能检验报告	▲		▲	△	△
19	其他施工物资产品合格证、出厂检验报告					
	进场检验表格					
1	材料、构配件进场验收记录			△	△	
2	见证取样送检汇总表			△	△	
	进场复试报告					
1	主要材料、半成品、构配件、设备进场复检汇总表	▲		▲	▲	△
2	见证取样送检检验成果汇总表			△	▲	
3	钢材进场复试报告	▲		▲	▲	△
4	水泥进场复试报告	▲		▲	▲	△
5	各类砌块、砖块进场复试报告	▲		▲	▲	△
6	砂、石进场复试报告	▲		▲	▲	△
7	粉煤灰进场复试报告	▲		▲	▲	△
8	混凝土外加剂进场复试报告	△		▲	▲	△
9	道路石油沥青进场复试报告	▲		▲	△	▲
10	沥青混合料(用粗集料、用细集料、用矿粉)进场复试报告	▲		▲	△	▲
11	沥青胶结材料进场复试报告	▲		▲	△	▲
12	石灰进场复试报告	▲		▲	△	
13	预制小型构件复检报告	▲		▲	△	
14	其他物资进场复试报告					
C5	施工记录文件					
1	测量交接桩记录	▲		▲	△	▲
2	工程定位测量记录	▲		▲	△	▲
3	水准点复测记录	▲		▲	△	▲
4	导线点复测记录	▲		▲	△	▲
5	测量复核记录	▲		▲	△	▲
6	沉降观测记录	▲		▲	△	▲

续表

类别	归档文件	保存单位				
		建设单位	设计单位	施工单位	监理单位	城建档案馆
7	道路高程测量成果记录(路床、基层、面层)	▲		▲	△	▲
8	隐蔽工程检查验收记录	▲		▲	△	△
9	工程预检记录	▲		△	△	
10	中间检查交接记录	▲		△	△	△
11	水泥混凝土浇筑施工记录	▲		▲	△	△
12	同条件养护混凝土试件测温记录			△	△	
13	混凝土开盘鉴定			△	△	
14	沥青混合料到场及摊铺、碾压测温记录			▲	△	
15	桩施工成果汇总表	▲		▲	△	▲
16	桩施工记录	▲		▲	△	▲
17	其他施工记录文件					
C6	施工试验记录及检测文件					
1	土工击实试验报告	▲		▲	△	▲
2	沥青混合料马歇尔试验报告	▲		▲	△	▲
3	地基钎探试验报告	▲		▲	△	▲
4	路基压实度检验汇总表	▲		▲	△	△
5	基层/沥青面层压实度检验汇总表	▲		▲	△	△
6	压实度检验报告	▲		▲	△	△
7	压实度检验记录	▲		▲		
8	沥青混合料压实度检验报告	▲		▲	△	△
9	填土含水率检测记录	▲		▲	△	△
10	石灰(水泥)剂量检验报告(钙电击法)	▲		▲	△	△
11	石灰、水泥稳定土中含灰量检测记录(EDTA法)	▲		▲	△	△
12	基层混合料无侧限饱水抗压强度检验汇总表	▲		▲	△	△
13	无侧限饱水抗压强度检验报告	▲		▲	△	△
14	沥青混合料(矿料级配及沥青用量)检验报告	▲		▲	△	△
15	水泥混凝土强度检验汇总表	▲		▲	△	△
16	水泥混凝土抗压强度统计评定表	▲		▲	△	△
17	水泥混凝土配合比申请单、通知单			△	△	
18	水泥混凝土抗压强度试验报告	▲		▲	△	△
19	水泥混凝土抗折强度统计评定表	▲		▲	△	▲
20	水泥混凝土抗折强度检验报告	▲		▲	△	▲

续表

类别	归档文件	保存单位				
		建设单位	设计单位	施工单位	监理单位	城建档案馆
21	水泥混凝土配合比设计试验报告	▲		▲	△	
22	道路基层、面层厚度检测报告	▲		▲	△	△
23	砂浆试块强度检验汇总表	▲		▲	△	△
24	砂浆抗压强度统计评定表	▲		▲	△	△
25	砂浆抗压强度检验报告	▲		▲	△	△
26	砂浆配合比申请单、通知单			△	△	
27	砂浆配合比设计试验报告	▲		▲	△	
28	承载比(CBR)试验报告	▲		▲	△	△
29	平整度检测报告(3 m直尺、测平仪检查)	▲		▲	△	△
30	道路弯沉值测试成果汇总表	▲		▲	△	▲
31	道路(沥青面层)弯沉值检验报告	▲		▲	△	▲
32	道路(路床、基层)弯沉值检验报告	▲		▲	△	▲
33	道路弯沉值检验记录	▲		▲	△	
34	路面抗滑性能检验报告	▲		▲	△	△
35	相对密度试验报告	▲		▲	△	△
36	其他施工试验及检验文件					
C7	施工质量验收文件					
1	路基分部(子分部)工程质量验收记录	▲		▲	▲	▲
2	路基检验批质量验收记录	▲		△	△	
3	基层分部(子分部)工程质量验收记录	▲		▲	▲	▲
4	基层检验批质量验收记录	▲		△	△	
5	面层分部(子分部)工程质量验收记录	▲		▲	▲	▲
6	面层工程检验批质量验收记录	▲		△	△	
7	广场与停车场分部(子分部)工程质量验收记录	▲		▲	▲	▲
8	广场与停车场工程检验批质量验收记录	▲		△	△	
9	人行道分部(子分部)工程质量验收记录	▲		▲	▲	▲
10	人行道工程检验批质量验收记录	▲		△	△	
11	人行道结构分部(子分部)工程质量验收记录	▲		▲	▲	▲
12	人行道结构工程检验批质量验收记录	▲		△	△	
13	档土墙分部(子分部)工程质量验收记录	▲		▲	▲	▲
14	档土墙工程检验批质量验收记录表	▲		△	△	
15	附属构筑物分部、分项工程质量验收记录	▲		▲	▲	▲

续表

类别	归档文件	保存单位				
		建设单位	设计单位	施工单位	监理单位	城建档案馆
16	附属构筑物工程检验批质量验收记录	▲		△	△	
17	道路工程各分部分项工程质量验收记录	▲		▲	△	
18	其他施工质量验收文件					
C8	施工验收文件:同表 7-1					
	竣工图(D类)					
1	道路竣工图	▲		▲		▲
	工程竣工验收文件(E类)					
E1	竣工验收与备案文件					
1	勘察单位工程评价检查报告	▲		△	△	▲
2	设计单位工程评价检查报告	▲	▲	△	△	▲
3	施工单位工程竣工报告	▲		▲	△	▲
4	监理单位工程质量评估报告	▲		△	▲	▲
5	建设单位工程竣工验收报告	▲	▲	▲	▲	▲
6	工程竣工验收会议纪要	▲	▲	▲	▲	▲
7	专家组竣工验收意见	▲	▲	▲	▲	▲
8	工程竣工验收证书	▲	▲	▲	▲	▲
9	规划、消防、环保、人防、档案等部门出具的验收文件或意见	▲	▲	▲	▲	▲
10	市政工程质量保修单	▲				▲
11	市政基础设施工程竣工验收与备案表	▲		▲		▲
12	此项删除					
13	城建档案移交书	▲		△		▲
14	其他工程竣工验收与备案文件	▲				▲
E2	竣工决算文件					
1	施工决算文件	▲		▲		△
2	监理决算文件	▲			▲	△
E3	工程声像资料等					
1	开工前原貌、施工阶段、竣工新貌照片	▲		△	△	▲
2	工程建设过程的录音、录像资料(重大工程)	▲		△	△	▲
E4	其他工程文件					

注:表中符号“▲”表示必须归档保存;“△”表示选择性归档保存。

表 7-3　桥梁工程文件归档范围

类别	归档文件	保存单位				
		建设单位	设计单位	施工单位	监理单位	城建档案馆
工程准备阶段文件(A 类):同表 7-1						
监理文件(B 类):同表 7-1						
施工文件(C 类)						
C1	施工管理文件:同表 7-1					
C2	施工技术文件:同表 7-1					
C3	进度造价文件:同表 7-1					
C4	施工物资出厂质量证明及进场检测文件					
	出厂质量证明文件及检测报告					
1	水泥产品合格证、出厂检验报告	△		▲	▲	△
2	各类砌块、砖块合格证、出厂检验报告			▲	▲	△
3	砂、石料产品合格证、出厂检验报告	△		▲	▲	△
4	钢材产品合格证、出厂检验报告	△		▲	▲	△
5	粉煤灰产品合格证、出厂检验报告	△		▲	▲	△
6	混凝土外加剂产品合格证、出厂检验报告	△		▲	△	△
7	商品混凝土产品合格证	▲		▲	△	△
8	商品混凝土出厂检验报告	△		▲	△	△
9	预制构件产品合格证、出厂检验报告	△		▲	△	△
10	道路石油沥青产品合格证、出厂检验报告	△		▲	△	△
11	沥青混合料(用粗集料、用细集料、用矿粉)产品合格证、出厂检验报告	△		▲	△	△
12	沥青胶结料(用粗集料、用细集料、用矿粉)产品合格证、出厂检验报告	△		▲	△	△
13	石灰产品合格证、出厂检验报告	△		▲	△	△
14	土体试验检验报告	▲		▲	△	△
15	土的有机质含量检验报告	▲		▲	△	△
16	集料检验报告	▲		▲	△	△
17	石材检验报告	▲		▲	△	△
18	土工合成材料合格证、出厂检验报告	▲		▲	△	△
19	土工合成材料力学性能检验报告	▲		▲	△	△
20	预应力筋用锚具连接器、支座伸缩装置合格证	▲		▲	△	▲
21	钢铁构件合格证、出厂检验报告	△		▲	△	△
22	扭剪型高强度螺栓连接副紧固预接力检验报告	▲		▲	△	▲

续表

类别	归档文件	保存单位				
		建设单位	设计单位	施工单位	监理单位	城建档案馆
23	高强度大六角头螺栓连接副扭矩系数检验报告	▲		▲	△	▲
24	高强度螺栓洛氏硬度检验报告	▲		▲	△	▲
25	钢绞线力学性能检验报告	▲		▲	△	▲
26	桥梁用结构钢力学性能检验报告	▲		▲	△	▲
27	桥梁用结构钢化学性能检验报告	▲		▲	△	▲
28	防腐(防火)涂料产品合格证、出厂检验报告	△		▲	△	▲
29	其他施工物资合格证、出厂检验报告					
	进场检验表格					
1	材料、构配件进场验收记录			△	△	△
2	见证取样送检汇总表			△	△	
	进场复试报告					
1	主要材料、半成品、构配件、设备进场复检汇总表	▲		▲	△	▲
2	见证取样送检检验成果汇总表			△	△	▲
3	钢材进场复试报告	▲		▲	△	▲
4	水泥进场复试报告	▲		▲	△	▲
5	各类砌块、砖块进场复试报告	▲		▲	△	▲
6	砂、石进场复试报告	▲		▲	△	▲
7	粉煤灰进场复试报告	▲		▲	△	▲
8	混凝土外加剂进场复试报告	△		▲	▲	▲
9	道路石油沥青进场复试报告	▲		▲	△	▲
10	沥青混合料(用粗集料、用细集料、用矿粉)进场复试报告	▲		▲	△	▲
11	沥青胶结材料进场复试报告	▲		▲	△	▲
12	石灰进场复试报告	▲		▲	△	
13	预制小型构件复检报告	▲		▲	△	
14	防腐(防火)涂料复试检验报告	▲		▲	△	▲
15	其他物资进场复试报告					
C5	施工记录文件					
1	测量交接桩记录	▲		▲	△	▲
2	工程定位测量记录	▲		▲	△	▲
3	水准点复测记录	▲		▲	△	▲
4	导线点复测记录	▲		▲	△	▲

续表

类别	归档文件	保存单位				
		建设单位	设计单位	施工单位	监理单位	城建档案馆
5	测量复核记录	▲		▲	△	▲
6	沉降观测记录	▲		▲	△	▲
7	桥梁高程测量成果记录	▲		▲	△	▲
8	桥梁竣工测量记录汇总表	▲		▲	△	▲
9	隐蔽工程检查验收记录	▲		▲	△	△
10	工程预检记录	▲		△	△	
11	中间检查交接记录	▲		△	△	△
12	水泥混凝土浇筑施工记录	▲		▲	△	△
13	同条件养护混凝土试件测温记录			△	△	
14	混凝土开盘鉴定			△	△	
15	沥青混合料到场及摊铺、碾压测温记录			▲	△	
16	灌注水下混凝土检验汇总表	▲		▲	△	△
17	灌注桩水下混凝土施工记录	▲		▲	△	△
18	桩施工成果汇总表	▲		▲	△	▲
19	桩施工记录	▲		▲	△	▲
20	沉井下沉施工记录	▲		▲	△	▲
21	大体积混凝土养护测温记录			△	△	
22	冬期施工混凝土养护测温记录			△	△	
23	预应力张拉记录	▲		▲	△	△
24	预应力孔道压浆记录	▲		▲	△	△
25	预应力构件封锚施工记录	▲		▲	△	△
26	构件吊装施工记录	▲		▲	△	△
27	伸缩缝安装施工记录	▲		▲	△	△
28	支座安装施工记录	▲		▲	△	△
29	钢梁预拼装记录	▲		▲	△	△
30	涂装前钢材表面除锈等级检查记录	▲		▲	△	△
31	涂装前钢材表面粗糙度等级检查记录	▲		▲	△	△
32	钢结构防腐(防火)涂料施工记录	▲		▲	△	△
33	高强度螺栓连接施工记录	▲		▲	△	▲
34	箱涵顶进施工记录	▲		▲	△	▲
35	钭拉索安装经拉记录	▲		▲	△	▲
36	钭拉索张拉调整记录	▲		▲	△	▲

续表

类别	归档文件	保存单位				
		建设单位	设计单位	施工单位	监理单位	城建档案馆
37	其他施工记录文件					
C6	施工试验记录及检测文件					
1	土工击实试验报告	▲		▲	△	▲
2	沥青混合料马歇尔试验报告	▲		▲	△	▲
3	地基钎探试验报告	▲		▲	△	▲
4	路基压实度检验汇总表	▲		▲	△	△
5	基层/沥青面层压实度检验汇总表	▲		▲	△	△
6	压实度检验报告	▲		▲	△	△
7	压实度检验记录	▲		▲		
8	沥青混合料压实度检验报告	▲		▲	△	△
9	填土含水率检测记录	▲		▲	△	△
10	石灰(水泥)剂量检验报告(钙电击法)	▲		▲	△	△
11	石灰、水泥稳定土中含灰量检测记录(EDTA 法)	▲		▲	△	△
12	(桥涵)回填土压实度检验汇总表	▲		▲	△	▲
13	(桥涵)回填土压实度检验报告	▲		▲	△	▲
14	(桥涵)回填土压实度检验记录	▲		▲		
15	水泥混凝土强度检验汇总表	▲		▲	△	△
16	水泥混凝土抗压强度统计评定表	▲		▲	△	△
17	水泥混凝土配合比申请单、通知单			△	△	
18	水泥混凝土抗压强度试验报告	▲		▲	△	△
19	水泥混凝土抗折强度统计评定表	▲		▲	△	▲
20	水泥混凝土抗折强度检验报告	▲		▲	△	▲
21	水泥混凝土配合比设计试验报告	▲		▲	△	
22	道路基层、面层厚度检测报告	▲		▲	△	△
23	砂浆试块强度检验汇总表	▲		▲	△	△
24	砂浆抗压强度统计评定表	▲		▲	△	△
25	砂浆抗压强度检验报告	▲		▲	△	△
26	砂浆配合比申请单、通知单			△	△	
27	砂浆配合比设计试验报告	▲		▲	△	
28	水泥碱含量、氯离子含量、氯离子扩散系数核算单	▲		▲	△	△
29	桩身完整性检测报告	▲		▲	△	▲

续表

类别	归档文件	保存单位				
		建设单位	设计单位	施工单位	监理单位	城建档案馆
30	桩承载力测试报告	▲		▲	△	▲
31	钢筋焊接连接试验报告汇总表	▲		▲	△	△
32	钢筋焊接接头试验报告	▲		▲	△	△
33	钢筋机械连接性能检验报告汇总表	▲		▲	△	△
34	钢筋机械连接接头检验报告	▲		▲	△	△
35	焊缝质量综合评价汇总表	▲		▲	△	△
36	焊缝超声波探伤报告	▲		▲	△	△
37	焊缝超声波探伤记录	▲		▲	△	
38	构件射线探伤报告	▲		▲	△	▲
39	高强度螺栓摩擦面抗滑移系数检验报告	▲		▲	△	▲
40	混凝土钢筋保护层厚度检验报告	▲		▲	△	▲
41	钢梁涂装肖粗糙度评定测试报告	▲		▲	△	▲
42	钢结构涂层厚度检验报告	▲		▲	△	▲
43	钢梁焊接工艺评定及焊接工艺	▲		▲	△	△
44	水泥混凝土轴心抗压强度检验报告	▲		▲	△	△
45	水泥混凝土静力受压弹性模量检验报告	▲		▲	△	△
46	沥青混合料马歇尔试验报告	▲		▲	△	△
47	沥青混合料矿料级配及沥青用量检验报告	▲		▲	△	△
48	沥青面层压实度检验汇总评定表	▲		▲	△	△
49	沥青面层压料度报告	▲		▲	△	△
50	沥青面层压实度记录			▲	△	
51	饰面砖粘结强度检验报告	▲		▲	△	▲
52	预制混凝土构件结构性能检验报告	▲		▲	△	▲
53	桥梁锚具、夹具静载锚固性试验报告	▲		▲	△	▲
54	桥梁拉索超张拉检验报告	▲		▲	△	▲
55	桥梁拉索张拉力振动频率检验报告	▲		▲	△	▲
56	桥梁静、动载试验报告	▲		▲	△	▲
57	其他施工试验及检验文件					
C7	施工质量验收文件					
1	地基与基础分部(子分部)工程质量验收记录	▲		▲	▲	▲
2	地基与基础工程检验批质量验收记录	▲		△	△	
3	墩台分部(子分部)工程质量验收记录	▲		▲	▲	▲

续表

类别	归档文件	保存单位				
		建设单位	设计单位	施工单位	监理单位	城建档案馆
4	墩台工程检验批质量验收记录	▲		△	△	
5	盖梁分部(子分部)工程质量验收记录	▲		▲	▲	▲
6	盖梁工程检验批质量验收记录	▲		△	△	
7	支座分部(子分部)工程质量验收记录	▲		▲	▲	▲
8	支座工程检验批质量验收记录	▲		△	△	
9	索塔分部(子分部)工程质量验收记录	▲		▲	▲	▲
10	索塔工程检验批质量验收记录	▲		△	△	
11	锚锭分部(子分部)工程质量验收记录	▲		▲	▲	▲
12	锚锭工程检验批质量验收记录	▲		△	△	
13	桥跨承重结构分部(子分部)工程质量验收记录	▲		▲	▲	▲
14	桥跨承重结构工程检验批质量验收记录表	▲		△	△	
15	顶进箱涵分部、分项工程质量验收记录	▲		▲	▲	▲
16	顶进箱涵工程检验批质量验收记录	▲		△	△	
17	桥面系分部、分项工程质量验收记录	▲		▲	▲	▲
18	桥面系工程检验批质量验收记录	▲		△	△	
19	附属结构分部、分项工程质量验收记录	▲		▲	▲	▲
20	附属结构工程检验批质量验收记录	▲		△	△	
21	装饰与装修分部、分项工程质量验收记录	▲		▲	▲	▲
22	装饰与装修工程检验批质量验收记录	▲		△	△	
23	引道分部、分项工程质量验收记录	▲		▲	▲	▲
24	引道工程检验批质量验收记录	▲		△	△	
25	桥梁工程各分部分项工程质量验收记录	▲		▲	△	
26	其他施工质量验收文件					
C8	施工验收文件:同表 7-1					
	竣工图(D类)					
1	桥梁竣工图	▲		▲		▲
	工程竣工验收文件(E类)					
E1	竣工验收与备案文件					
1	勘察单位工程评价检查报告	▲		△	△	▲
2	设计单位工程评价检查报告	▲	▲	△	△	▲
3	施工单位工程竣工报告	▲		▲	△	▲
4	监理单位工程质量评估报告	▲		△	▲	▲

续表

类别	归档文件	保存单位				
		建设单位	设计单位	施工单位	监理单位	城建档案馆
5	建设单位工程竣工验收报告	▲		▲	△	▲
6	工程竣工验收会议纪要	▲	▲	▲	▲	▲
7	专家组竣工验收意见	▲	▲	▲	▲	▲
8	工程竣工验收证书	▲	▲	▲	▲	▲
9	规划、消防、环保、人防、防雷、档案等部门出具的验收文件或意见	▲	▲	▲	▲	▲
10	市政工程质量保修单	▲	▲	▲		▲
11	市政基础设施工程竣工验收与备案表	▲	▲	▲	▲	▲
12	此项删除					
13	城建档案移交书	▲				▲
14	其他工程竣工验收与备案文件					
E2	竣工决算文件					
1	施工决算文件	▲		△	△	
2	监理决算文件	▲			△	
E3	工程声像资料等					
1	开工前原貌、施工阶段、竣工新貌照片	▲		△	△	▲
2	工程建设过程的录音、录像资料(重大工程)	▲		△	△	▲
E4	其他工程文件					

注:表中符号"▲"表示必须归档保存;"△"表示选择性归档保存。

表 7-4 地下管线工程文件归档范围

类别	归档文件	保存单位				
		建设单位	设计单位	施工单位	监理单位	城建档案馆
工程准备阶段文件(A 类):同表 7-1						
监理文件(B 类):同表 7-1						
施工文件(C 类)						
C1	施工管理文件:同表 7-1					
C2	施工技术文件:同表 7-1					
C3	进度造价文件:同表 7-1					
C4	施工物资出厂质量证明及进场检测文件					
	出厂质量证明文件及检测报告					
1	水泥产品合格证、出厂检验报告	△		▲	▲	△

续表

类别	归档文件	保存单位				
		建设单位	设计单位	施工单位	监理单位	城建档案馆
2	各类砌块、砖块合格证、出厂检验报告			▲	▲	
3	砂、石料产品合格证、出厂检验报告	△		▲	▲	
4	钢材产品合格证、出厂检验报告	△		▲	▲	△
5	粉煤灰产品合格证、出厂检验报告	△		▲	▲	
6	混凝土外加剂产品合格证、出厂检验报告	△		▲	△	
7	商品混凝土产品合格证	▲		▲	△	△
8	商品混凝土出厂检验报告	△		▲	△	
9	预制构件产品合格证、出厂检验报告	△		▲	△	
10	管道构件产品合格证、出厂检验报告	▲		▲	△	▲
11	检查井盖、井框出厂检验报告	△		▲	△	
12	其他施工物资产品合格证、出厂检验报告					
	进场检验通用表格					
1	材料、构配件进场检验记录	▲		▲	△	
2	设备开箱检验记录			△	△	
3	设备及管道附件试验记录	▲		▲	△	
	进场复试报告					
1	主要材料、半成品、构配件、设备进场复检汇总表	▲		▲	▲	△
2	见证取样送检检验成果汇总表			△	▲	
3	钢材进场复试报告	▲		▲	▲	△
4	水泥进场复试报告	▲		▲	▲	△
5	各类砌块、砖块进场复试报告	▲		▲	▲	△
6	砂、石进场复试报告	▲		▲	▲	△
7	粉煤灰进场复试报告	▲		▲	▲	△
8	混凝土外加剂进场复试报告	△		▲	▲	△
9	混凝土构件复检报告	▲		▲	△	▲
10	其他物资进场复试报告					
C5	施工记录文件					
1	测量交接桩记录	▲		▲	▲	▲
2	工程定位测量记录	▲		▲	▲	▲
3	水准点复测记录	▲		▲	▲	▲
4	导线点复测记录	▲		▲	▲	▲
5	测量复核记录	▲		▲	▲	▲

续表

类别	归档文件	保存单位				
		建设单位	设计单位	施工单位	监理单位	城建档案馆
6	沉降观测记录	▲		▲	△	▲
7	隐蔽工程检查验收记录	▲		▲	▲	▲
8	工程预检记录	▲		△	△	
9	中间检查交接记录	▲		▲	△	▲
10	水泥混凝土浇筑施工记录	▲		▲	△	▲
11	预应力筋张拉记录	▲		▲	△	△
12	给水管道冲洗消毒记录	▲		▲	△	△
13	设备、钢构件、管道防腐层质量检查记录	▲		▲	△	
14	箱涵、管道顶进施工记录	▲		▲	△	▲
15	构件吊装施工记录	▲		▲	△	
16	补偿器安装记录	▲		▲	△	
17	其他施工记录文件					
C6	施工试验记录及检测文件					
1	土工击实试验报告	▲		▲	△	▲
2	地基钎探试验报告	▲		▲	△	▲
3	管道沟槽回填土压实度检验汇总表	▲		▲	△	▲
4	管道沟槽回填土压实度检验报告	▲		▲	△	▲
5	管道沟槽回填土压实度检验记录	▲		▲		
6	填土含水率检测记录	▲		▲	△	△
7	石灰(水泥)剂量检验报告	▲		▲	△	△
8	水泥混凝土强度检验汇总表	▲		▲	△	△
9	水泥混凝土抗压强度统计评定表	▲		▲	△	△
10	混凝土抗压强度检验报告	▲		▲	△	△
11	混凝土抗渗性能检验报告	▲		▲	△	△
12	混凝土配合比设计报告	▲		▲	△	
13	砂浆试块强度检验汇总表	▲		▲	△	△
14	砌体砂浆抗压强度统计评定表	▲		▲	△	△
15	砌体砂浆抗压强度检验报告	▲		▲	△	△
16	砂浆配合比设计报告	▲		▲	△	△
17	焊缝质量综合评价汇总表	▲		▲	△	▲
18	焊缝质量检测报告	▲		▲	△	▲
19	钢筋焊接连接接头检验报告	▲		▲	△	▲

续表

类别	归档文件	保存单位				
		建设单位	设计单位	施工单位	监理单位	城建档案馆
20	钢筋机械连接接头检验报告	▲		▲	△	▲
21	无压管道闭水试验记录	▲		▲	△	△
22	压力管道水压试验记录表	▲		▲	△	▲
23	压力管道强度及严密性试验记录	▲		▲	△	▲
24	阀门安装强度及严密性试验记录	▲		▲	△	
25	管道通球试验记录	▲		▲	△	▲
26	设备试运行记录	▲		▲	△	△
27	设备调试记录	▲		▲	△	△
28	其他施工试验记录与检测文件					
C7	施工质量验收文件					
1	土方工程分部(子分部)工程质量验收记录	▲		▲	▲	▲
2	土方工程检验批质量验收记录	▲		△	△	
3	管道主体工程分部(子分部)工程质量验收记录	▲		▲	▲	▲
4	管道工程检验批质量验收记录	▲		△	△	
5	附属构筑物工程分部(子分部)工程质量验收记录	▲		▲	▲	▲
6	附属构筑物工程检验批质量验收记录	▲		△	△	
7	管道工程各分部分项工程质量验收记录	▲		▲	△	
8	其他施工质量验收文件					
C8	施工验收文件:同表 7-1					
	竣工图(D类)					
1	地下管线竣工图	▲		▲		▲
2	地下管线工程竣工测量成果文件	▲		▲	△	▲
	工程竣工验收文件(E类)					
E1	竣工验收与备案文件					
1	勘察单位工程评价意见报告	▲		△	△	▲
2	设计单位工程评价意见报告	▲	▲	△	△	▲
3	施工单位工程竣工报告	▲		▲	△	▲
4	监理单位工程质量评估报告	▲		△	▲	▲
5	建设单位工程竣工验收报告	▲		▲	△	▲
6	工程竣工验收会议纪要	▲	▲	▲	▲	▲
7	专家组竣工验收意见	▲	▲	▲	▲	▲

续表

类别	归档文件	保存单位				
		建设单位	设计单位	施工单位	监理单位	城建档案馆
8	工程竣工验收证书	▲	▲	▲	▲	▲
9	规划、消防、环保、档案等部门出具的验收文件或意见	▲	▲	▲	▲	▲
10	市政工程质量保修单	▲	▲	▲	△	▲
11	市政基础设施工程竣工验收与备案表	▲	▲	▲	▲	▲
12	此项删除					
13	城建档案移交书	▲				▲
14	其他工程竣工验收与备案文件					
E2	竣工决算文件					
1	施工决算文件	▲		▲		△
2	监理决算文件	▲			▲	△
E3	工程声像资料等					
1	开工前原貌、施工阶段、竣工新貌照片	▲		△	△	▲
2	工程建设过程的录音、录像资料(重大工程)	▲		△	△	▲
E4	其他工程文件					

注:表中符号“▲”表示必须归档保存;“△”表示选择性归档保存。

7.2.2 归档文件质量要求

建设工程资料应与建设工程建设过程同步形成,并应真实反映建设工程的建设情况和实体质量。建设工程资料在归档时应满足以下质量要求:

1. 归档的工程文件应为原件。当为复印件时,提供单位应在复印件上加盖单位印章,并应有经办人签字及日期。提供单位应对资料的真实性负责。

2. 工程文件的内容及其深度必须符合国家有关工程勘察、设计、施工、监理等方面的技术规范、标准和规程。

3. 工程文件的内容必须真实、准确,与工程实际相符合。工程资料不得随意修改,当需修改时,应实行划改,并由划改人签署。

4. 计算机输出文字、图件以及手工书写材料,其字迹的耐久性和耐用性应符合现行国家标准《信息与文献　纸张上书写、打印和复印字迹的耐久性和耐用性　要求与测试方法》GB/T 32004 的规定。

5. 工程文件应字迹清楚,图样清晰,图表整洁,签字盖章手续完备。

6. 工程文件中文字材料幅面尺寸规格宜为 A4 幅面(297 mm×210 mm),图纸宜采用国家标准图幅。

7. 工程文件的纸张,其耐久性和耐用性应符合现行国家标准《信息与文献 档案纸耐久性和耐用性要求》GB/T 24422 的规定。

8. 所有竣工图均应加盖竣工图章,竣工图章内容、尺寸及使用要求详见本书 6.3 部分。

9. 归档的建设工程电子文件应采用或转换为表 7-5 所列文件格式。

表 7-5 工程电子文件归档格式表

文件类别	格式
文本(表格)文件	OFD、DOC、DOCX、XLS、XLSX PDF/A、XML、TXT、RTF
图像文件	JPEG、TIFF
图形文件	DWG、PDF/A、SVG
视频文件	AVS、AVI、MPEG2、MPEG4
音频文件	AVS、WAV、AIF、MID、MP3
数据库文件	SQL、DDL、DBF、MBD、ORA
虚拟现实/3D 图像文件	WRL、3DS、VRML、X3D、IFC、RVT、DGN
地理信息数据文件	DXF、SHP、SDB

10. 归档的建设工程电子文件应包含元数据,保证文件的完整性和有效性。元数据应符合现行行业标准《建设电子档案元数据标准》CJJ/T 157 的规定。

11. 归档的建设工程电子文件应采用电子签名等手段,所载内容应真实和可靠。文件的内容必须与其纸质档案一致。

12. 建设工程电子文件离线归档的存储媒体,可采用移动硬盘、闪存盘、光盘、磁带等。

13. 存储移交电子档案的载体应经过检测,应无病毒、无数据读写故障,并应确保接收方能通过适当设备读出数据。

7.3 工程文件立卷与归档

7.3.1 立卷流程、原则和方法

1. 立卷的流程:

对属于归档范围的工程文件进行分类,确定案卷的文件材料;对卷内文件材料进行排列、编目、装订或装盒;排列所有案卷,形成案卷目录。

2. 立卷应遵循的原则:

(1)立卷应遵循工程文件的自然形成规律和工程专业的特点,保持卷内文件的有机联系,便于档案的保管和利用。

(2)工程文件应按不同的形成、整理单位及建设程序,按工程准备阶段文件、监理文件、施工文件、竣工图、竣工验收文件分别进行立卷,并可根据数量多少组成一卷或多卷。

(3)一项建设工程由多个单位工程组成时,工程文件应按单位工程立卷。

(4)不同载体的文件应分别立卷。

3. 立卷的方法:

(1)工程准备阶段文件应按建设程序、形成单位等进行立卷。

(2)监理文件应按单位工程、分部工程或专业、阶段等进行立卷。

(3)施工文件应按单位工程、分部(分项)工程进行立卷;专业承(分)包施工的分部、子分部(分项)工程应分别单独立卷;室外工程应按室外建设环境和室外安装工程单独立卷;当施工文件中部分内容不能按一个单位工程分类立卷时,可按建设工程立卷。

(4)竣工图应按单位工程分专业进行立卷。

(5)竣工验收文件应按单位工程分专业进行立卷。

(6)电子文件立卷时,每个工程应建立多级文件夹,应与纸质文件在案卷设置上一致,并应建立相应的标识关系。

(7)声像资料应按建设工程各阶段立卷,重大事件及重要活动的声像资料应按专题立卷,声像档案与纸质档案应建立相应的标识关系。

4. 不同幅面的工程图纸,应统一折叠成 A4 幅面。应图面朝内,首先沿标题栏的短边方向以 W 形折叠,然后再沿标题栏的长边方向以 W 形折叠,并使标题栏露在外面。

5. 案卷不宜过厚,文字材料卷厚度不宜超过 20 mm,图纸卷厚度不宜超过 50 mm。

6. 案卷内不应有重份文件,印刷成册的工程文件宜保持原状。建设工程电子文件的组织排序可按纸质文件进行。

7.3.2 卷内文件排列

卷内文件应按表 7-1、7-2、7-3、7-4 的类别和顺序排列。

1. 文字材料应按事项、专业顺序排列。同一事项的请示与批复、同一文件的印本与定稿、主体与附件不应分开,并应按批复在前、请示在后,印本在前、定稿在后,主体在前、附件在后的顺序排列。

2. 图纸应按专业排列,同专业图纸应按图号顺序排列。

3. 当案卷内既有文字材料又有图纸时,文字材料应排在前面,图纸应排在后面。

7.3.3 案卷编目

1. 编制卷内文件页号的规定:

(1)卷内文件均应按有书写内容的页面编号。每卷单独编号,页号从“1”开始。

(2)单面书写的文件其页号编写位置在右下角;双面书写的文件其页号编写位置正面在右下角、背面在左下角;折叠后的图纸其页号编写位置一律在右下角。

(3)成套图纸或印刷成册的文件材料,自成一卷的,原目录可代替卷内目录,不必重新编写页码。

(4)案卷封面、卷内目录、卷内备考表不编写页号。

2. 卷内目录的编制规定:

(1)卷内目录排列在卷内文件首页之前,式样宜符合现行国家标准《建设工程文件归档规范》GB/T 50328-2014 附录 C 的要求。

(2)序号应以一份文件为单位编写,用阿拉伯数字从 1 依次标注。

(3)责任者应填写文件的直接形成单位或个人。有多个责任者时,应选择两个主要责任者,其余用“等”代替。

(4)文件编号应填写文件形成单位的发文号或图纸的图号,或设备、项目代号。

(5)文件题名应填写文件标题的全称。当文件无标题时,应根据内容拟定标题,拟定标题外应加“[ ]”符号。

(6)日期应填写文件的形成日期或文件的起止日期,竣工图应填写编制日期。日期中“年”应用四位数字表示,“月”和“日”应分别用两位数字表示。

(7)页次应填写文件在卷内所排的起始页号,最后一份文件应填写起止页号。

(8)备注应填写需要说明的问题。

3. 卷内备考表的编制规定:

(1)卷内务无往不胜应排列在卷内文件的尾页之后,式样宜符合现行国家标准《建设工程文件归档规范》GB/T 50328-2014 附录 D 的要求。

(2)卷内备考表应标明卷内文件的总页数、各类文件页数或照片张数及立卷单位对案卷情况的说明。

(3)立卷单位的立卷人和审核人应在卷内备考表上签名;年、月、日应按立卷、审核时间填写。

4. 卷内封面的编制规定:

(1)案卷封面应印刷在卷盒、卷夹的正表面,也可采用内封面形式。案卷封面的式样宜符合现行国家标准《建设工程文件归档规范》GB/T 50328-2014 附录 E 的要求。

(2)案卷封面的内容应包括档号、案卷题名、编制单位、起止日期、密级、保管期限、本案卷所属工程的案卷总量、本案卷在该工程案卷总量中的排序。

(3)档号应由分类号、项目号和案卷号组成。档号由档案保管单位填写。

(4)案卷题名应简明、准确地揭示卷内文件的内容。

(5)编制单位应填写案卷内文件的形成单位或主要责任者。

(6)起止日期应填写案卷内全部文件形成的起止日期。

(7)保管期限应根据卷内文件的保存价值在永久保管、长期保管、短期保管三种保管期限中选择划定。当同一案卷内有不同保管期限的文件时,该案卷保管期限应从长。

(8)密级应在绝密、机密、秘密三个级别中选择划定。当同一案卷内有不同密级的文件时,应以高密级为本卷密级。

5. 编写案卷题名的规定:

(1)建设工程案卷题名应包括工程名称(含单位工程名称)、分部工程或专业名称及卷内文件概要等内容;当房屋建筑有地名管理机构批准的或正式名称时,应以正式名称为工程名称,建设单位名称可省略;必要时可增加工程地址内容。

(2)道路、桥梁工程案卷题名应包括工程名称(含单位工程名称)、分部工程或专业名称及卷内文件概要等内容;必要时可增加工程地址内容。

(3)地下管线工程案卷题名应包括工程名称(含单位工程名称)、分部工程或专业名称及卷内文件概要等内容；必要时可增加工程地址内容。

(4)卷内文件概要应符合表 7-1、7-2、7-3、7-4 中所列案卷内容(标题)的要求。外文资料的题名及主要内容应译成中文。

6. 案卷脊背应由档号、案卷题名构成，由档案保管单位填写；式样宜符合现行国家标准《建设工程文件归档规范》GB/T 50328-2014 附录 F 的规定。

7. 卷录、卷内备考表、案卷内封面宜采用 70g 以上白色书写纸制作，幅面应统一采用 A4 幅面。

7.3.4 案卷装订与装具

案卷可采用装订与不装订两种形式，文字材料必须装订。装订时不应破坏文件的内容，并保持整齐、牢固，便于保管和利用。案卷装具可采用卷盒、卷夹两种形式，并符合下列规定：

1. 卷盒的外表尺寸应为 310 mm×220 mm，厚度可为 20 mm、30 mm、40 mm、50 mm。

2. 卷夹的外表尺寸应为 310 mm×220 mm，厚度宜为 20～30 mm。

3. 卷盒、卷夹应采用无酸纸制作。

7.3.5 工程文件归档

归档的文件必须经过分类整理，文件的范围和质量应符合相关规定的要求。

1. 电子文件归档应包括在线式归档和离线式归档两种方式。可根据实际情况选择其中一种或两种方式进行归档。

2. 归档时间的规定是：

(1)根据建设程序和工程特点，归档可分阶段分期进行，也可在单位或分部工程通过竣工验收后进行。

(2)勘察、设计单位应在任务完成后，施工、监理单位应在工程竣工验收前，将各自形成的有关工程档案向建设单位归档。

3. 勘察、设计、施工单位在收齐工程文件并整理立卷后，建设单位、监理单位应根据城建档案管理机构的要求，对归档文件完整、准确、系统情况和案卷质量进行审查。审查合格后方可向建设单位。

4. 工程档案的编制不得少于两套，一套应由建设单位保管，一套(原件)应移交当地城建档案管理机构保存。

5. 勘察、设计、施工、监理等单位向建设单位移交档案时，应编制移交清单，双方签字、盖章后方可交接。

6. 设计、施工及监理单位需向本单位归档的文件，应按国家有关规定和表 7-1、7-2、7-3、7-4 的要求立卷归档。

7.4 工程档案验收与移交

7.4.1 工程档案验收

建设工程档案验收应查验的主要内容有：

1. 工程档案齐全、系统、完整，全面反映工程建设活动和工程实际状况。
2. 工程档案已整理立卷，立卷符合规定要求。
3. 竣工图的绘制方法、图式及规格等符合专业技术要求，图面整洁，盖有竣工图章。
4. 文件的形成、来源符合实际，要求单位或个人签章的文件，其签章手续完备。
5. 文件的材质、幅面、书写、绘图、用墨、托裱等符合要求。
6. 电子档案格式、载体等符合要求。
7. 声像档案内容、质量、格式符合要求。

7.4.2 工程档案移交

1. 列入城建档案管理机构接收范围的工程，建设单位在工程竣工验收备案前，必须向城建档案机构移交一套符合规定的工程档案。

2. 停建、缓建建设工程的档案，可暂由建设单位保管。

3. 对改建、扩建和维修工程，建设单位应组织设计、施工单位对改变部位据实编制新的工程档案，并应在工程竣工验收备案前向城建档案管理机构移交。

4. 当建设单位向城建档案管理机构移交工程档案时，应提交移交案卷目录，办理移交手续，双方签字、盖章后方可交接。

本章小结

建筑工程资料是建筑工程在建设过程中形成的各种形式信息记录的统称，也可简称为工程资料。建设工程档案是在工程建设过程中形成的具有归档保存价值的文字、图纸、图表、声像、电子文件等各种形式的历史记录，也可简称为工程档案。资料与档案区别在于：资料是一个相对性的概念，只要对人们研究解决某一问题有信息支持价值，无论其具体内容是什么，均可视为资料；档案是保存备查的历史文件，在工作活动中，总要产生和使用许多文件，由于工作的持续进行和事业发展的客观需要，人们又自然要把日后仍需考查的文件有意识地留存下来，就成为档案；档案没有资料那样的相对性，档案可作为资料使用，资料却不能作为档案看待并使用。

《中华人民共和国建筑法》第十七条规定：建设单位应当严格按照国家有关档案管理的规定，及时收集、整理建设项目各环节的文件资料，建立、健全建设项目档案，并在建设工程竣工验收后,及时向建设行政主管部门或者其他有关部门移交建设项目档案。建设工程档案的形成和积累应纳入工程建设管理的各个环节和有关人员的职责范围。

复习思考题

1. 什么是建设工程文件?
2. 什么是建设工程档案?建筑工程资料与档案有何区别?
3. 建设工程文件如何形成?
4. 建设单位在建设工程档案管理中有什么职责?
5. 勘察、设计、施工、监理等单位在建设工程档案管理中有什么职责?
6. 归档文件有哪些质量要求?
7. 工程文件归档有哪些具体要求?

参考文献

1.《建设工程文件归档规范》GB/T 50328-2014(局部修订)
2.《建筑工程资料管理规程》JGJ/T 185-2009

第8章 工程资料验收与移交

本章主要介绍了工程验收前的准备工作;各种资料验收与移交;工程竣工验收的程序和工作内容。

8.1 工程竣工验收资料

8.1.1 工程竣工验收应具备的条件与内容

为了加强建筑工程施工质量管理,统一建筑工程施工质量验收,保证工程质量,2002年1月1日实施的建设部《建筑工程施工质量验收统一标准》对建筑工程施工质量验收作了明确规定。

8.1.1.1 建筑工程质量验收的条件

工程竣工验收备案应具备以下条件:

1. 建设工程完成设计文件及合同约定的各项内容后,施工单位进行自评,并提出工程竣工报告(A4纸、打印)。该报告须经项目经理和施工单位法定代表人审核签字,并加盖单位公章。

2. 对于委托监理的工程,监理单位对工程进行质量评估,并提出工程质量评估报告(A4纸、打印)。该报告须经总监理工程师和监理单位法定代表人审核签字,并加盖单位公章。

3. 勘察、设计单位对勘察、设计文件及施工过程中由设计单位签署的设计变更通知书进行了检查,并提出质量检查报告(A4纸、打印)。该报告须经勘察、设计项目负责人和勘察、设计单位法定代表人审核签字,并加盖单位公章。

4. 建设单位填报"工程竣工前检查申报表",组织设计、监理进行竣工前检查,质量监督机构提出竣工前检查意见。建设单位已组织施工等单位对设计、监理及质量监督机构等有关部门责令整改的问题全部整改完毕。

5. 建设单位完成上述1、2、3条工作后,经规划、消防、环保、卫生等部门对工程进行检查,建设单位取得上述部门的认可文件或准许使用文件。验收前3日内将综合验收参加的单位及时间通知质量监督机构,并书面提出验收申请要求,验收时质量监督机构现场进行监督。

8.1.1.2 建筑工程质量验收的内容

1. 工程竣工前检查

质量监督机构按照有关规定对工程进行竣工前检查，对具备竣工验收条件的工程，通知建设单位按照规定组织有关单位进行竣工验收。

2. 建设单位组织实施工程竣工验收

(1)建设单位对符合竣工验收条件的工程，组织建设单位项目负责人、监理单位总监理工程师及有关技术人员、勘察、设计单位项目负责人及施工单位技术负责人(或分管质量经理)等单位有关人员组成验收组。

(2)建设单位在工程竣工验收7个工作日前将验收时间、地点及验收组名单书面通知质量监督机构。

(3)质量监督机构对建设单位组织的工程竣工验收组织形式、验收程序及执行验收标准等情况进行现场监督。

(4)工程竣工验收合格后，建设单位及时提出工程竣工验收报告，内容包括工程概况，建设单位执行基本建设程序情况，对工程勘察、设计、施工、监理等方面的评价，工程竣工时间、程序、内容和组织形式，工程验收意见等(A4纸、打印)。该报告须有项目负责人和单位法定代表人签字，并加盖单位公章。

3. 工程竣工验收备案

(1)建设单位在工程竣工验收合格之日起十五日内，将备案所需文件整理齐全，依照《房屋建筑工程和市政基础设施工程竣工验收备案管理暂行办法》的规定，将备案资料报建设行政主管部门申请备案。

(2)对建设单位在工程竣工验收合格之日起十五日内未办理竣工验收备案的，按照《建设工程质量管理条例》第五十六条和建设部第78号令《房屋建筑工程和市政基础设施工程竣工验收备案管理暂行办法》第九条的规定，处20万元以上50万元以下罚款。

(3)建设工程竣工验收合格且备案文件齐全后，由备案机关发放《房屋建筑工程和市政基础设施工程竣工验收备案证》，建设单位凭《备案证》到房产、供水、供电、供热、燃气等单位办理各项手续。

建设工程竣工验收备案文件目录

(1)建设工程竣工验收报告原件(建设单位)；

(2)工程竣工报告原件(施工单位)；

(3)工程质量评估报告原件(监理单位)；

(4)质量检查报告原件(勘察、设计单位)；

(5)工程施工许可证(复印件)；

(6)施工图设计文件审查意见(复印件)；

(7)规划、消防、环保、档案、卫生等部门出具的认可文件或准许使用文件(复印件)；

(8)建设单位和施工单位签订的工程质量保修书(复印件)；

(9)验收组人员签署的工程竣工验收意见表原件；

(10)质量监督机构签署的工程质量监督报告原件；

(11)市政基础设施工程应附有质量检测和功能性试验资料；

注明：以上资料均需采用A4纸打印，复印件应加盖建设单位公章并注明原件存放处。

8.1.2 工程竣工验收的程序

8.1.2.1 建筑工程质量验收程序和组织

1. 检验批及分项工程应由监理工程师(建设单位项目技术负责人)组织施工单位项目专业质量(技术)负责人等进行验收。

2. 分部工程应由总监理工程师(建设单位项目负责人)组织施工单位项目负责人和技术、质量负责人等进行验收。对地基与基础、主体结构分部工程,勘察、设计单位工程项目负责人和施工单位技术、质量部门负责人也应参加相关分部工程的验收。

3. 单位工程完工后,施工单位应自行组织有关人员进行检查评定,并向建设单位提交工程验收报告。

4. 建设单位收到工程验收报告后,应由建设单位(项目)负责人组织施工单位(含分包单位)及设计、监理等单位(项目)负责人进行单位(子单位)工程验收。

5. 单位工程有分包单位施工时,分包单位对所承包的工程项目应按本程序检查评定,总包单位派人参加。分包工程完成后,应将工程有关资料交总包单位。

6. 当参加验收各方对工程质量验收意见不一致时,可请当地建设行政主管部门或工程质量监督机构协调处理。

7. 单位工程质量验收合格后,建设单位应在规定的时间内将工程竣工验收报告和有关文件报建设行政主管部门备案。

8.1.2.2 建设工程竣工验收报告

在工程竣工验收合格后,建设单位提供的工程竣工验收报告应当包括工程开工及竣工的时间,施工许可证号,施工图及设计文件审查意见,建设、设计、勘察、监理、施工单位分别签署的质量合格文件及验收人员签署的竣工验收原始文件,有关工程质量的检测资料以及备案管理部门认为需要提供的有关资料。

8.2 建筑工程档案的验收和移交

8.2.1 建筑工程档案的验收

列入城建档案馆(室)档案接收范围的工程,建设单位在组织工程竣工验收前,应提请城建档案管理机构对工程档案进行预验收。建设单位未取得城建档案管理机构出具的认可文件,不得组织工程竣工验收。

城建档案管理机构在进行工程档案预验收时,应重点验收以下内容:

1. 工程档案齐全、系统、完整;
2. 工程档案的内容真实、准确地反映工程建设活动和工程实际状况;
3. 工程档案已整理立卷,立卷符合的规定;

4. 竣工图绘制方法、图式及规格等符合专业技术要求，图面整洁，盖有竣工图章；

5. 文件的形成、来源符合实际，要求单位或个人签章的文件，其签章手续完备；

6. 文件材质、幅面、书写、绘图、用墨、托裱等符合要求。

8.2.2 建筑工程档案的移交

列入城建档案馆(室)接收范围的工程，建设单位在工程竣工验收后3个月内必须向城建档案馆(室)移交一套符合规定的工程档案。停建、缓建建设工程的档案，暂由建设单位保管。

对改建、扩建和维修工程，建设单位应当组织设计、施工单位据实修改、补充和完善原工程档案。对改变的部位，应当重新编制工程档案，并在工程验收后3个月内向城建档案馆(室)移交。

建设单位向城建档案馆(室)移交工程档案时，应办理移交手续，填写移交目录，双方签字、盖章后交接。

8.3 建筑工程竣工备案

8.3.1 建筑工程竣工备案管理

凡在中华人民共和国境内从事建设工程的新建、改建、扩建等有关活动及实施对建设工程质量监督管理的竣工工程，都需要进行竣工验收备案。

竣工验收备案管理工作，一般由市、区(县)两级建委委托市、区(县)两级监督机构，按现行的工程质量监督范围，具体负责房屋建筑工程和市政基础设施工程的竣工验收备案工作。各建设工程质量监督站负责的工程竣工验收后，由建设单位向建委竣工验收备案管理部门办理竣工验收备案。

8.3.2 竣工验收备案文件

8.3.2.1 竣工验收备案文件

建设单位办理工程竣工验收备案应当提交下列文件：

1. 工程竣工验收备案表；

2. 工程竣工验收报告；

3. 法律、法规规定应当由规划、消防、环保等部门出具的认可文件或者准许使用文件；

4.《房屋建筑工程质量保修书》，商品住宅工程还应同时提供该房地产开发企业签署的《住宅质量保证书》和《住宅使用说明书》；

5. 有关法规、规章规定必须提供的其他文件。

8.3.3 竣工验收备案的程序

8.3.3.1 备案流程图

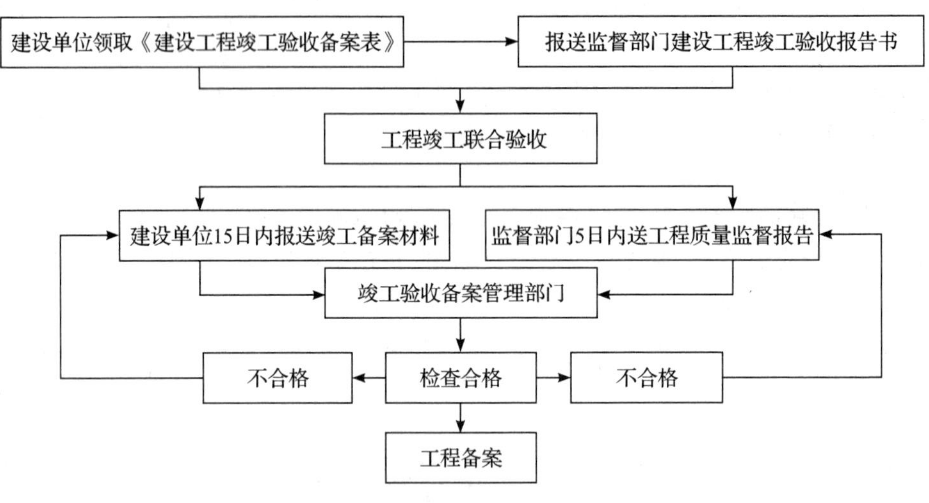

图 8-1 备集流程图

8.3.3.2 备案程序

1. 单位工程竣工验收 5 日前，建设单位到设立在承接监督该工程的监督站工程竣工验收备案管理部门领取《建设工程竣工验收备案表》。

同时，建设单位将竣工验收的时间、地点及验收组名单和各项验收报告报送负责监督该项工程的质量监督部门，准备对该工程竣工验收进行监督。

2. 自工程竣工验收合格之日起 15 个工作日内，建设单位将《建设工程竣工验收备案表》一式两份和竣工验收备案文件报送工程竣工验收备案管理部门，经备案工作人员初审验证符合要求后，在表中备案意见栏加盖“备案文件收讫”章。

3. 工程质量监督部门在工程竣工验收合格后 5 个工作日内，向工程竣工验收备案管理部门报送《工程质量监督报告》。

4. 备案管理机构负责人审阅《建设工程竣工验收备案表》和备案文件，符合要求后，在表中备案管理部门处理意见栏填写“准予该工程竣工验收备案”意见，加盖“工程竣工验收备案专用章”。监督管理费结算完毕后，备案管理部门将备案表一份发给建设单位，一份备案表及全部备案资料和《工程质量监督报告》留存档案。

5. 建设单位报送的《建设工程竣工验收备案表》和竣工验收备案文件如不符合要求的，备案工作人员应填写《备案审查记录表》，提出备案资料存在的问题，双方签字后，交建设单位修改。

6. 建设单位根据规定对存在的问题进行整改和完善，符合要求后重新报送备案管理部门备案。

7. 备案管理部门依据《工程质量监督报告》或其他方式发现在工程竣工过程中存在有违反国家建设工程质量管理规定行为的，应当在收讫工程竣工验收文件 15 个工作日内，责令建设单位停止使用,并重新组织竣工验收。建设单位在重新组织竣工验收前,工程不得自行投入使用,违者按有关规定处理。

8. 建设单位采用虚假证明文件办理竣工验收备案,工程竣工验收无效,责令停止使用,重新组织竣工验收,并按有关规定进行处理。

9. 建设单位在工程竣工验收合格后15日内未办理工程竣工验收备案,责令其限期改正,并按有关规定处理。

8.3.4 工程竣工备案文件要求

8.3.4.1 《工程竣工验收备案表》填表说明

1. 封面

(1)编号:由工程竣工验收备案部门负责统一编写。

(2)工程名称:填写全称。与建设工程规划许可证、建筑工程施工许可证、工程质量监督注册登记表的名称一致。

(3)建设单位:与工程规划许可证、工程施工许可证、工程质量监督注册登记表的名称相符。

2.《工程竣工验收备案表》第一页内容

(1)工程名称:同封面名称。

(2)工程地址:填写邮政地址,写明区(县)街道门牌号码。

(3)工程规模:建筑工程填写竣工建筑面积,市政、公用等工程填写.工程实际造价。若竣工时超出规划允许偏差面积时,要补办规划手续,并附上补办的规划手续。

(4)工程类别:公用或民用等。

(5)结构类型:混合,框架,剪力墙,钢结构等。

(6)规划许可证号:按工程规划许可证号码填写。

(7)施工许可证号:按工程施工许可证号码填写。

(8)监督注册号:按工程质量监督注册登记表的号码填写。

(9)单位名称和负责人:建设单位、勘察单位、设计单位、施工单位、监理单位的名称均用法人单位名称,负责人即法人代表的姓名。监督部门填写监督室、站名称;负责人填写室、站负责人的姓名。

(10)备案理由栏:在建设单位处加盖法人单位公章,负责人处法人代表签字。

(11)报送时间:填写《建设工程竣工验收备案表》和工程验收备案资料初步验收符合要求的日期。

3.《工程竣工验收备案表》第二页内容

表内的竣工验收意见:勘察单位意见、设计单位意见、施工单位意见、建设单位意见均要有结论性评语。如:

(1)勘察单位意见:××××工程地基为我院勘察,勘察报告标号为××××—××××,经验槽槽底土质为××××土,与勘察报告相符。基底局部处理意见见洽商××××号,同意竣工验收。

(2)设计单位意见:××××工程为我院设计,现已施工完毕,经检查施工符合设计图纸和工程洽商要求，同意竣工验收。

(3)施工单位意见：××××工程已按设计图纸及变更洽商和施工合同完成，符合国家施工验收规范及标准，工程质量等级自评为合格，同意竣工验收。

(4)监理单位意见：××××工程为我公司监理，该工程施工符合设计图纸及变更洽商和国家施工验收规范及标准，工程质量等级为合格，同意竣工验收。

(5)建设单位意见：××××工程经我单位组织勘察、设计、施工、监理导位共同检查，满足设计要求，符合国家规范及标准要求，工程质量等级为合格，同意竣工验收。

以上各栏中签字可以是单位负责人，也可以是项目负责人，签字后加盖公章。

4.《工程竣工验收备案表》第三页内容

(1)竣工验收备案文件清单：由建设单位提供。

(2)份数栏：由建设单位填写。

(3)验证情况：由备案经办人员填写，符合要求的加盖"符合要求"章。

(4)备注栏：由备案经办人员填写。

(5)备案意见：由备案室备案经办人填写备案文件收讫的日期，加盖"备案文件收讫"章。

(6)备案管理部门负责人：由备案室主任签字。

(7)经办人：由备案室备案经办人签字。

(8)日期：备案管理部门负责人签字的时间，备案以此日期为准。

(9)公章：加盖备案管理部门竣工验收备案专用章。

5.《工程竣工验收备案表》第四页内容

备案管理部门处理意见：由备案室主任签署同意备案的意见后，填写日期，加盖工程验收备案专用章。

6. 总体填写要求

(1)《建设工程竣工验收备案表》一律用钢笔、墨笔填写。

(2)字迹清楚，字体工整。

(3)所有签字栏，一律由本人手写签字，不得代签。

所填内容必须真实、准确，不得随意涂改。

8.3.4.2 竣工验收备案文件说明

1. 规划许可证及其他规划批复文件。

×××市城市规划管理局颁发的《建设工程规划许可证》。

2. 施工图、设计文件审查报告。

3. 工程质量监督手续。

由×××市建设工程质量监督总站或区(县)监督站、专业监督站办理的《工程质量监督册登记表》。

4. 工程施工许可证或开工报告。

×××市建设委员会颁发的《建筑工程施工许可证》(2000 年 12 月 31 日以前为建设工程开工证)。

按照国务院规定的权限和程序批准开工的为开工报告。

5. 公安消防部门出具的认可(批准)使用文件。

由×××市消防局对该工程的消防工程验收合格后签发的《×××市建筑工程消防验

收意见书》或批复报告。

6. 环保部门出具的认可(准许)使用文件。

工厂、车间、住宅小区、商店、宾馆、饭店等依据《建设项目环境保护管理办法》,由×××市环境保护局或区(县)环保局出具《环境影响报告书》或批复报告。

7. 卫生部门出具的认可(准许)使用文件。

公共或民用建筑工程中,涉及生活饮用水的项目,要有卫生防疫站出具的《水质检验报告》。

8. 质量合格文件。

(1)勘察部门对地基及处理的验收文件

《隐蔽工程检查记录》中的地基验槽记录,建设、勘察、设计、监理、施工单位签字要齐全,未了事项应有明确结论。

(2)单位工程验收记录

由建设单位组织勘察、设计、监理、施工单位在工程竣工验收合格后签署的《单位工程验收记录》各方签字要齐全,并加盖单位公章(提供原件)。

(3)单位工程质量评定文件

依据《建筑工程施工质量验收统一标准》,施工单位自评记录,包括《单位(子单位)工程安全和功能检验资料核查及主要功能抽查记录》、《单位(子单位)工程观感质量检查记录》及室内环境检测报告。

(4)监理部门签署的《竣工移交证书》

依据《×××市工程建设监理规程》,由建设、监理单位共同办理竣工移交手续,《竣工移交证书》由总监理工程师和建设单位代表签字,双方加盖公章。

9. 地基与基础、结构工程验收记录及检测报告。

包括《基础结构工程验收记录》、《主体结构工程验收记录》。建设、设计、监理、施工单位四方签字齐全,并加盖单位公章。

按照国家规范要求,进行检测的应提交检测报告。如:复合地基要有《复合地基检测报告》;工程因质量问题实施的检测,备案时要有检测报告。

10. 工程竣工验收报告。

(1)设计单位提供的《工程质量检查报告》;

(2)勘察单位提供的《工程质量检查报告》;

(3)监理单位提供的《工程质量检查报告》;

(4)施工单位提供的《工程竣工报告》;

(5)建设单位提供的《单位工程竣工验收报告》

以上报告要经项目负责人签字,并加盖公章。

11. 工程质量保修书。

按照《建设工程质量管理条例》(国务院2000年279号令),建设单位和施工单位共同签署《房屋建筑工程质量保修书》,其内容包括:

(1)质量保修范围:包括地基基础工程,主体结构工程,屋面防水工程,有防水要求的卫生间、房间和外墙的防渗漏,供热与供冷系统,电气管线,给排水管道,设备安装和装修工程,以及双方约定的其他项目。

(2)质量保修期:双方要根据《建设工程质量管理条例》规定,约定工程的质量保修期。

(3)质量保修责任。

(4)保修费用。

(5)其他:由双方约定的一些具体事宜。

12. 住宅质量保证书。

住宅质量保证书由建设单位编写,其内容包括:

(1)工程质量监督部门检核的质量等级;

(2)在正常使用条件下,建设工程的最低保修期限为:

①基础设施工程、房屋建筑的地基基础工程和主体结构工程,为设计文件规定的该工程的合理使用年限;

②屋面防水工程j有防水要求的卫生间、房间和外墙面的防渗漏为5年;

③电气管线、给水排水管道、设备安装和装修工程为2年;

④墙面、顶棚抹灰层脱落为1年;

⑤地面空鼓开裂、大面积起砂为1年;

⑥门窗翘裂、五金件损坏为1年;

⑦管道堵塞为2个月;

⑧供热与供冷系统和设备为2个采暖期、供冷期;

⑨卫生洁具为1年;

⑩灯具、电器开关为6个月;

⑪其他部位保修期限,由房地产开发企业与用户自行约定。

13. 住宅使用说明书。

住宅使用说明书由建设单位编写,应当对住宅的结构、性能和各部位(部件)的类型、性能、标准等做出说明,并提出使用注意事项。一般应当包括以下内容:

(1)开发单位、设计单位、施工单位,委托监理的应注明监理单位;

(2)结构类型;

(3)装修、装饰注意事项;

(4)上水、下水、电、燃气、热力、通讯、消防等设施配置的说明;

(5)有关设备、设施安装预留位置的说明和安装注意事项;

(6)门、窗类型,使用注意事项;

(7)配电负荷;

(8)承重墙、保温墙、防水层、阳台等部位注意事项的说明;

(9)其他需说明的问题;

(10)住宅中的设备、设施,生产厂家另有使用说明书的,应附于《住宅使用说明书》中。

14. 其他文件

凡属需要说明、报告的其他事项,不能归到前13项资料中的,可归纳在“其他文件”。

8.3.4.3 备案文件要求

1. 所有备案文件应由建设单位收集、整理,符合要求后由建设单位报送备案。

2. 备案文件要求真实、有效,不得提供虚假证明文件。

3. 备案文件要求提供原件。如为复印件应注明原件存放单位,复印人签名,日期,并加盖设单位公章。复印件应清晰、整洁，无黑斑，歪斜等缺陷。

4. 文件规格尺寸为A4(297 mm×210 mm)，左部预留尺寸3.0 mm，上部预留尺寸25 mm。

本章小结

本章主要介绍了工程竣工验收所应当具备的条件；工程竣工验收的具体内容已经建筑工程档案的验收和移交。在现今工程中，竣工验收工作变得越来越详细，本章着重说明了竣工验收的条件的内容。

复习思考题

1. 工程竣工验收应当具备的条件有哪些？
2. 竣工验收过程中需要备案的文件有哪些？
3. 建筑工程质量验收是如何划分的？
4. 竣工验收文件主要包括哪些？
5. 竣工验收备案表包括哪几个部门？

参考文献

1.《建设工程文件归档整理规范》GB/T 50328-2001
2.《建筑工程资料管理规程》JGJ/T 185-2009

第9章　建筑工程资料管理软件及应用

随着时代的进步，计算机在工程内业资料管理中应用越来越广泛，特别是网络计划技术的应用，使的建设单位，监理单位，施工单位，检测试验单位，设备供应单位，政府建设行政监督部门共享工程数据成为可能，方便工程内业资料的数据查阅及保存。因此，在未来计算机管理内业资料必将成为一个趋势。

本章主要介绍的建筑工程资料管理软件目前大部分软件的主要功能及其基本操作方式及福建省目前比较常用的内业资料软件。

9.1　计算机在资料管理中的应用

9.1.1　计算机在资料管理中的作用

内业资料的编制是工程资料管理的重要内容，围绕这一内容，如何利用计算机进行搜集、整理、计算、测算、项目划分，项目评定直至计算机打印输出，应是最基础的应用；利用专业软件根据施工图纸进行工程内业资料的编制和整理归档材料，是目前工程资料管理中应用计算机最为直接的应用；工程内业资料专业应用软件可以为工程内业资料管理进行项目划分，工程试验收据采据提供方便，通过施工组织管理系统了解工程进度，根据已完成的工程量对基本建设投资计划进行动态调整，在不影响工程进度的条件下调整施工管理，有效减少建设工程质量安全事故发生等等。通过计算机，可以积累大量的工程内业信息，形成经验数据库，而以往用手工手段进行这样大规模的统计、保存和管理几乎是不可能的。施工单位还可以借助计算机系统进行合同管理、质量安全管理、成本核算、材料和设备采购供应计划的编制以及大量的单位内部管理工作，监理单位和施工单位还可以通过计算机系统实现快速查阅工程数据，在工程建设市场中赢得主动。因此，计算机在工程内业资料管理中应用起着举足轻重的作用。

9.1.2　目前计算机在施工内业资料管理中的主要特点及功能

目前计算机软件企业在开发内业资料管理软件中，普遍存在比较简单的表格提供服务中，且部分数据采集需从施工现场人为实测评定后进行输入计算机进行管理，表格打印生成后，再由各家单位手工签字的原因，相比于原传统的手工实测实签形成内业资料，增加了不少工作量。但是由于内业资料表格及数据用计算机打印输出后，比较整洁，美观，有错可改，表格调取方便的特点，使得内业资料管理软件得到了迅速的发展。

目前大部分软件企业提供的专业内业资料软件主要提供如下功能：

1. 智能评定功能

软件自动根据国家标准和企业标准的数据对检验批进行等级评定，对不合格点自动标记△或○。

2. 自动计算功能

包含计算的表格，软件自动计算。

3. 验收数据逐级生成

检验批资料数据自动生成分项工程评定表数据、分部工程评定表数据。

4. 填表示例功能

提供规范的填表示例，资料管理无师自通。用户可编辑示例资料形成新资料，大大提高资料填写效率。

5. 图形编辑器功能

内嵌图形编辑器，可以灵活方便的绘制建设行业常用图形，直接嵌入表格。

6. 施工日记

7. 电子档案功能

为技术资料管理从纸质载体向光盘载体过渡提供优秀的解决方案。

9.2 福建省建筑工程资料管理软件及应用

9.2.1 福建省建筑工程资料管理软件介绍

福建省建筑工程资料管理软件起步较早，自《福建省建筑工程施工文件管理规程》颁布以来，不少本地企业相继开发了工程内业资料软件，且外省软件相继进入，形成了多种软件并存的格局，各种内业资源管理软件，由于其大部分都是提供表格服务，致使其软件定价并不高。目前福建省内内业资料软件如晨曦内业资料管理软件，筑业福建省建筑工程资料管理软件，品茗福建内业资料软件，恒智天成福建省建筑工程资料管理系统等。

9.2.2 福建省建筑工程资料管理软件的应用

以福建省某内业资料管理软件为例：

1. 创建工程

工程台帐
工程名称
更新时间
25
2012-05-14-07:28 PM
南洲花园
2012-05-14 07:27 PM
打开工程(O)
新建工程(N)
删除工程(D)
导出工程
导入工程
保存为模板
关闭(C)

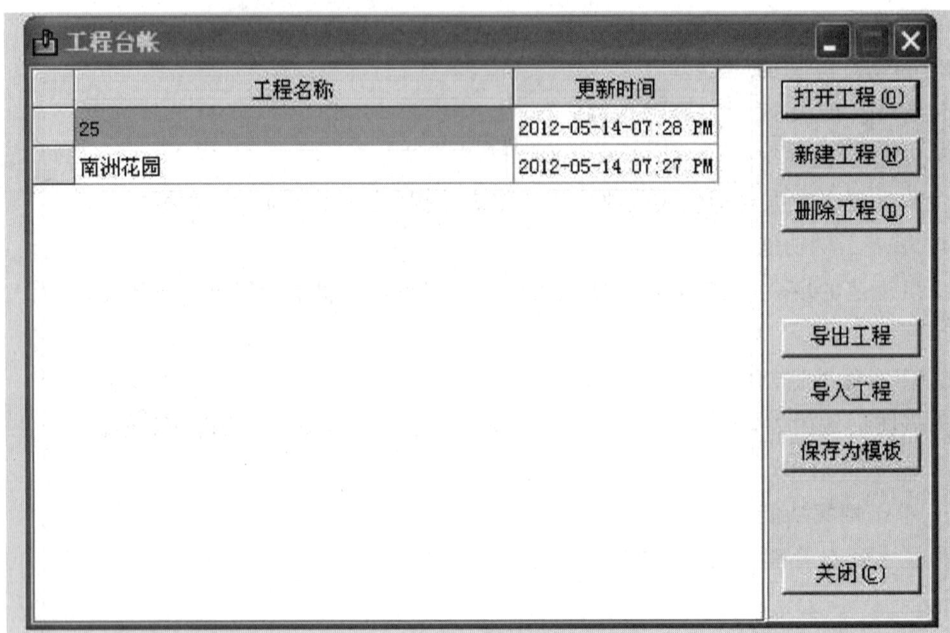

图 9-1 创建工程

双击新建工程，进入下图：

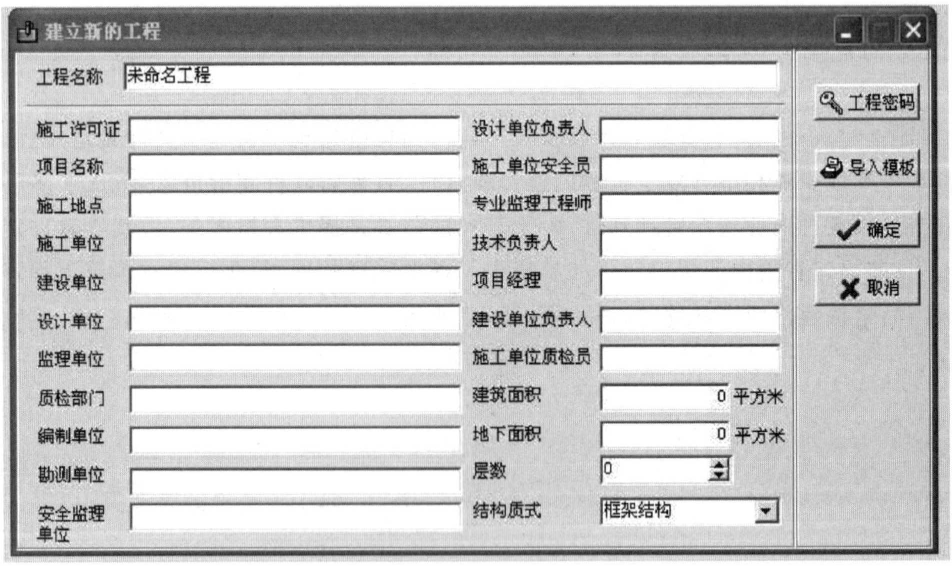

建立新的工程
工程名称
未命名工程
施工许可证
项目名称
施工地点
施工单位
建设单位
设计单位
监理单位
质检部门
编制单位
勘测单位
安全监理单位
设计单位负责人
施工单位安全员
专业监理工程师
技术负责人
项目经理
建设单位负责人
施工单位质检员
建筑面积
0 平方米
地下面积
0 平方米
层数
0
结构质式
框架结构
工程密码
导入模板
确定
取消

图 9-2 新建工程

输入其中的内容，点击确定，进入下列界面：

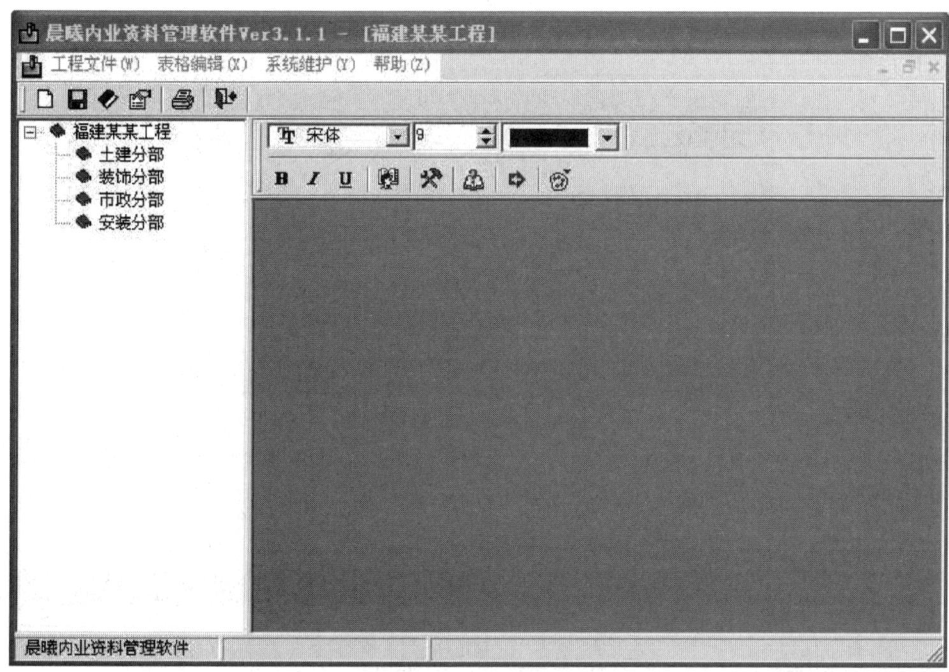

图 9-3 建立工程

右键点击土建分部，进入下列界面

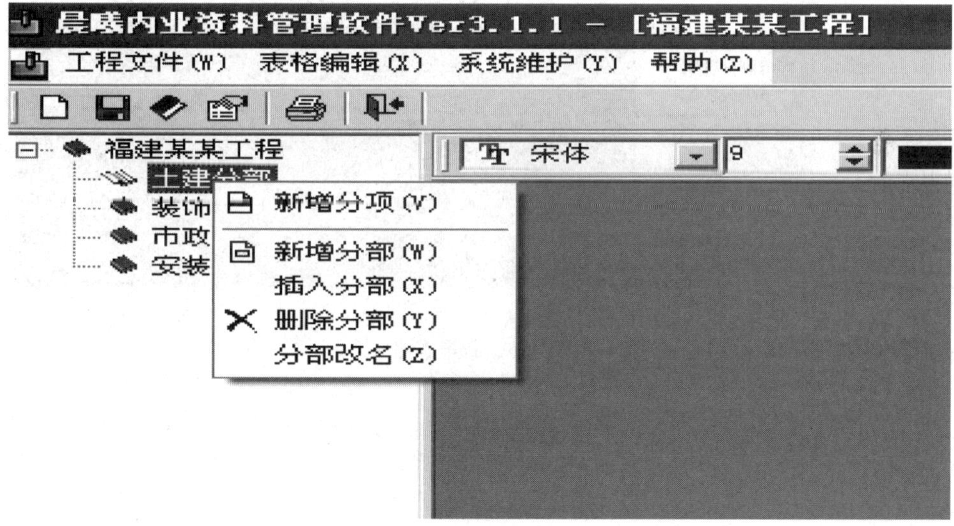

图 9-4 新建分项

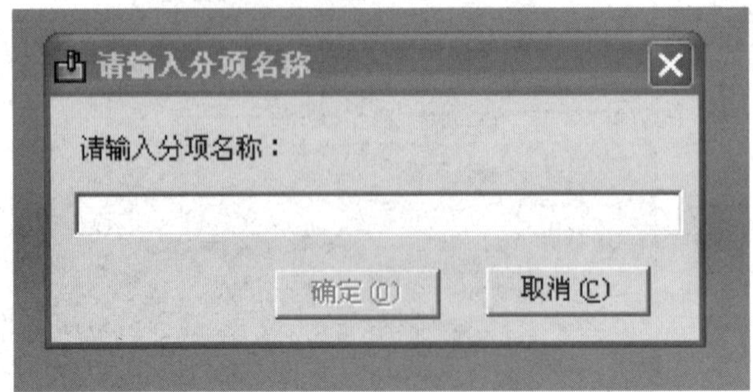

图 9-5　输入分项名称

输入钢筋分项，右击确定，进入下一步，

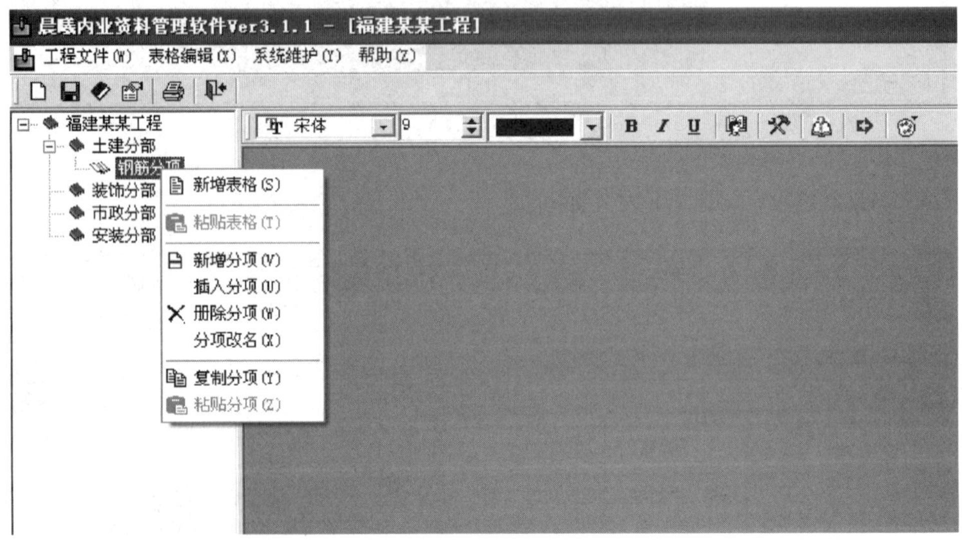

图 9-6　新增表格

点击新增表格后，

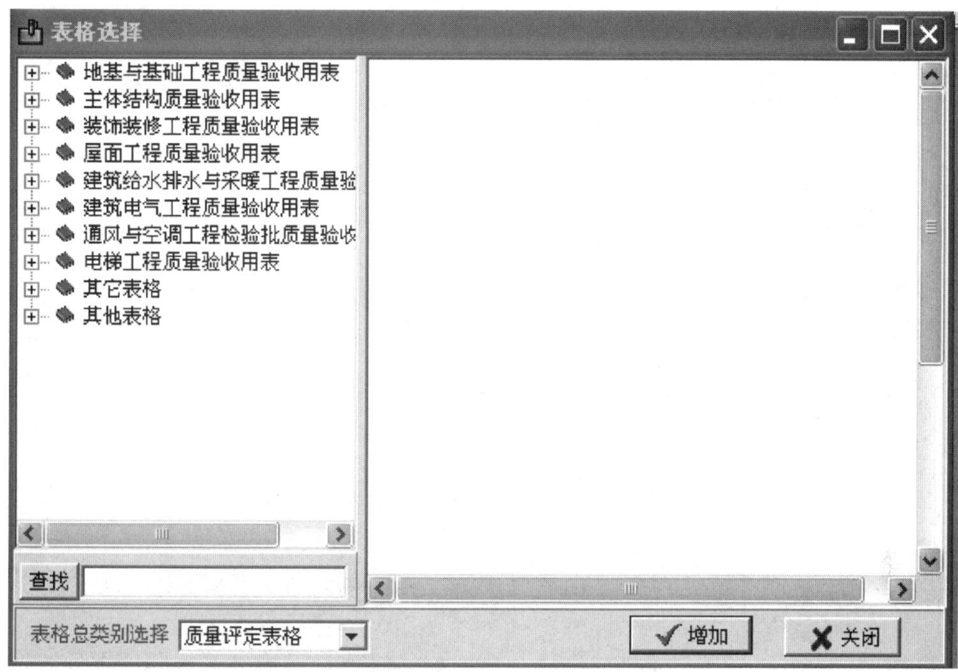

图 9-7　新增表格选择

在这里，可以在“表格总类别选择”选择相应的表格，里面包括了质量评定表格，市政内业表格，安全内业表格，监理内业表格，隐蔽工程内业表格等几种，可供选择。

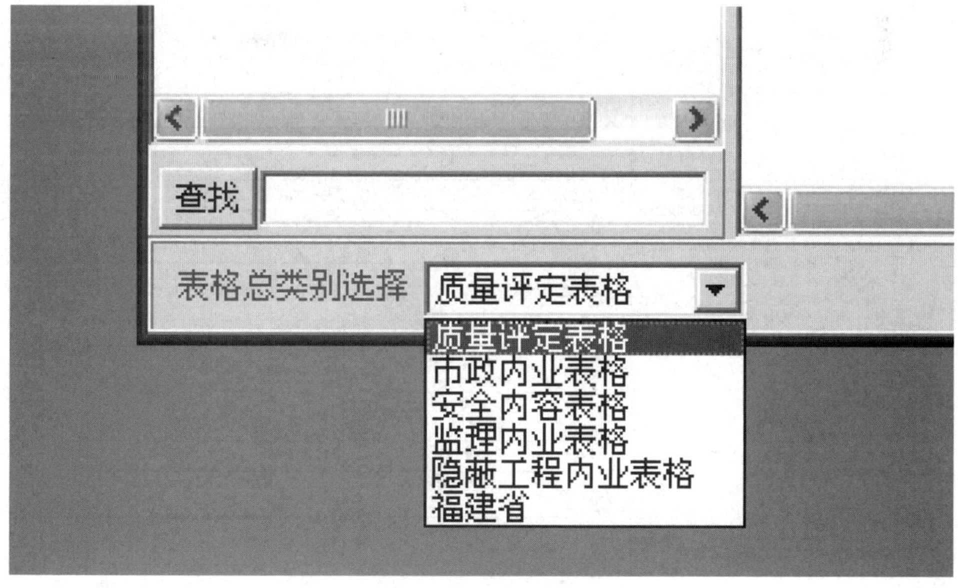

表 9-8　表格类别选项

如选择“安全内业表格”,则进入如下界面,

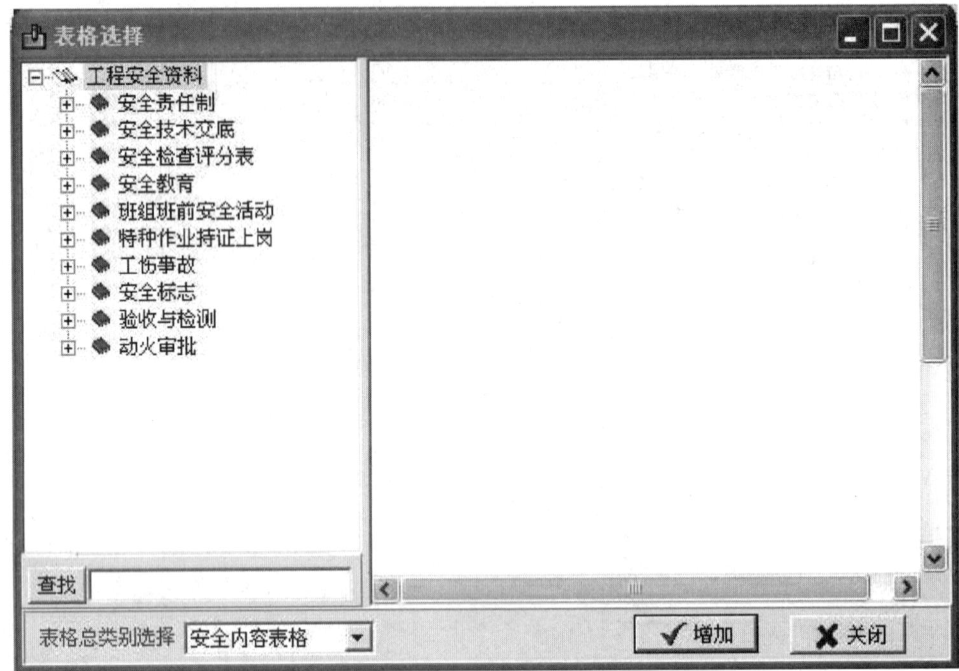

表 9-9　选择“安全内容表格”

3. 进入数据输入

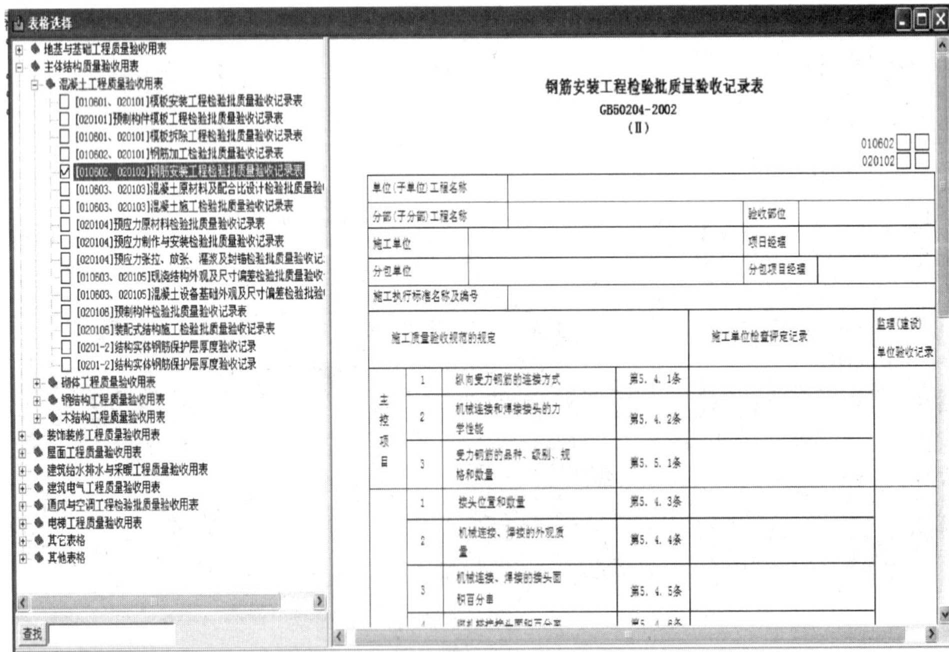

表 9-10　数据输入一

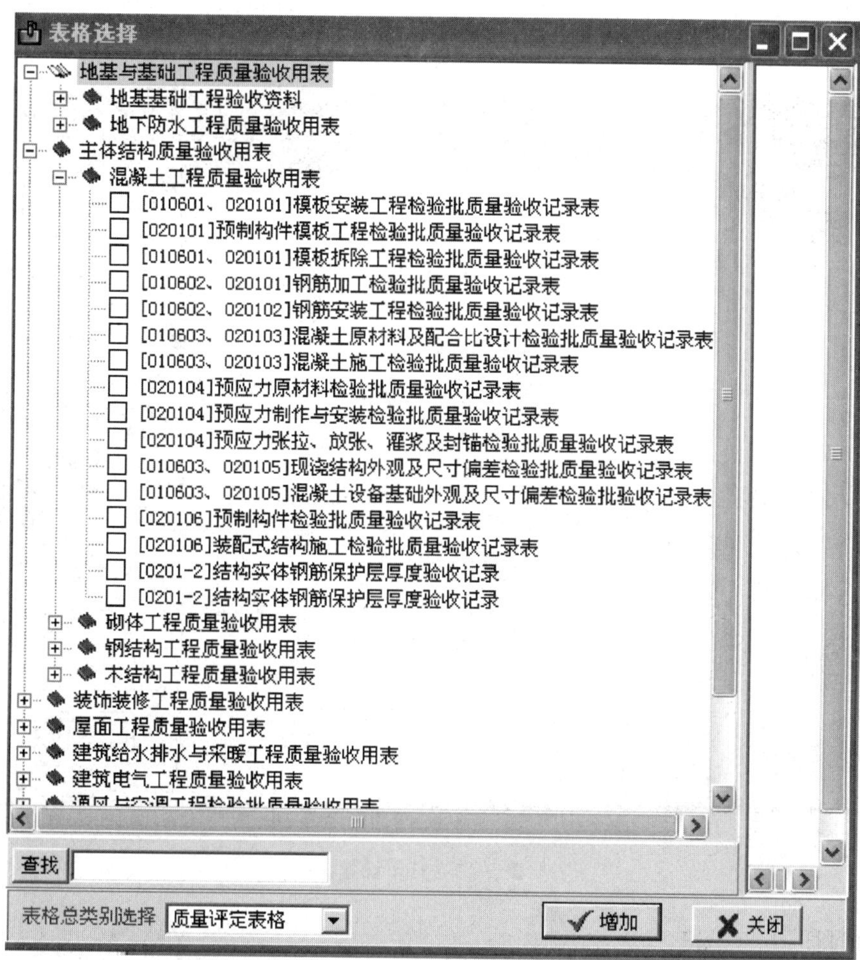

表 9-11　数据输入二

点击增加后，进入数据输入：

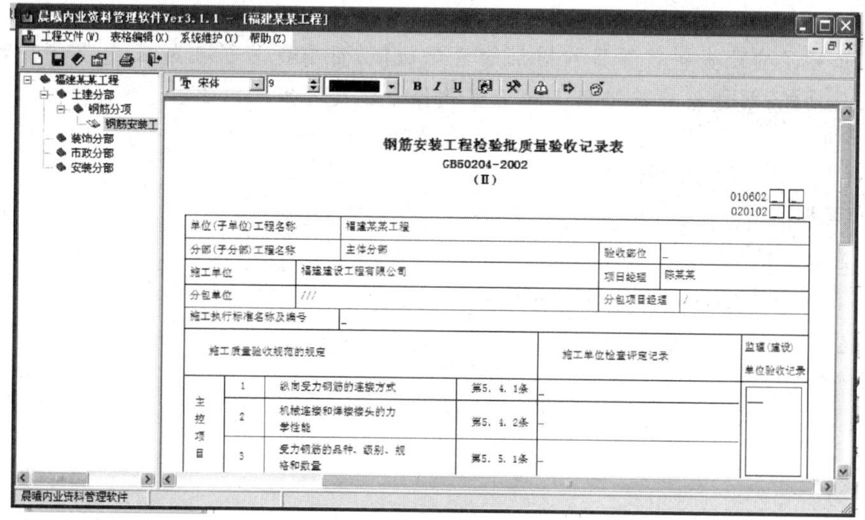

表 9-12　数据输入三

4. 打印，数据保存后进行打印，双击打印图标，进入下列界面：

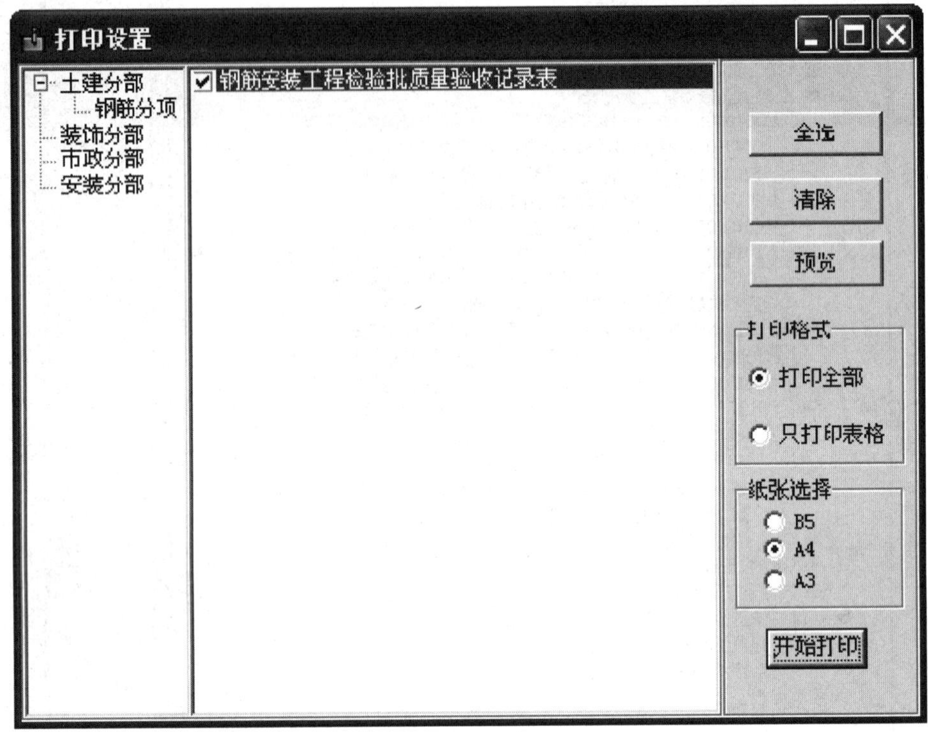

表 9-13 打印设置

进行打印。

本章小结

本章介绍了内业资料软件目前提供的主要功能，目前计算机在施工内业资料管理中的主要特点及功能；福建省建筑工程资料管理软件介绍及应用示例等。

复习思考题

1. 简述目前内业软件提供的主要功能。
2. 简述内业软件的基本操作步骤。